四川省哲学社会科学重点研究基地——四川省教育发展研究中心重点项目
西华师范大学学术著作出版基金资助项目
西华师范大学学科建设经费资助项目

新商科背景下财经职教师资培养模式研究

邱爽（西华师范大学） 著

中国商业出版社

图书在版编目(CIP)数据

新商科背景下财经职教师资培养模式研究/邱爽著.
——北京：中国商业出版社，2023.3
ISBN 978－7－5208－2416－3

Ⅰ.①新… Ⅱ.①邱… Ⅲ.①财政经济－职业教育－师资培养－培养模式－研究 Ⅳ.①F8

中国版本图书馆 CIP 数据核字(2022)第 244283 号

责任编辑：李 飞
（策划编辑：蔡 凯）

中国商业出版社出版发行
（www.zgsycb.com 100053 北京广安门内报国寺 1 号）
总编室：010－63180647 编辑室：010－83114579
发行部：010－83120835/8286
新华书店经销
北京九州迅驰传媒文化有限公司印刷

*

787 毫米×1092 毫米 16 开 21.50 印张 440 千字
2023 年 3 月第 1 版 2023 年 3 月第 1 次印刷
定价：68.00 **元**

* * * *

（如有印装质量问题可更换）

序

2021年4月12至13日，全国职业教育大会在北京召开，习近平总书记对职业教育工作作出重要指示，“优化职业教育类型定位”，“加快构建现代职业教育体系，培养更多高素质技术技能人才、能工巧匠、大国工匠”。这是继国务院2019年《国家职业教育改革实施方案》提出类型教育意见后，总书记代表党和国家再一次肯定职业教育是与普通教育不同且同等重要必须优化的类型教育。总书记的指示为新时代我国职业教育高质量发展指明了方向，提供了遵循。职业教育作为一个重要的教育类型，是我国教育事业的重要组成部分，承担着培养数以亿计的高素质劳动者和数以千万计高技能专门人才的任务，是面向人人、面向社会的教育。职业教育不仅具有鲜明的职业性、社会性和人民性等一般性特征，而且具有跨界性、融合性及重构性等特殊属性。目前我国已建成世界最大规模的职业教育体系，随着科技、经济、社会的快速发展，我国“工匠型”“技能型”“服务型”应用人才的需求日益增大。在全面建设社会主义现代化国家新征程中，我国职业教育进入了发展的快车道。职业教育前途广阔，大有可为。

教师队伍是发展职业教育的第一资源，是支撑新时代国家职业教育改革的关键力量，其专业化发展与整体水平决定着职业教育人才培养的质量。“双师型”是职业教师的本质属性。2019年，《国家职业教育改革实施方案》（“职教20条”），再次强调“多措并举打造‘双师型’教师队伍”。同年，教育部、国家发展改革委、财政部、人力资源社会保障部四部门专门印发《深化新时代职业教育“双师型”教师队伍建设改革实施方案》(简称《“双师型”方案》，对职教教师培养培训工作进行了全面部署。继2017年国内提出新工科建设之后，新商科建设也多次在研讨会上被提及，并于2019年纳入新文科建设范畴。新商科是在现有商科发展的基础上，对新技术、新产业、新业态所带来挑战的积极回应，是融合现代新技术的综合性学科，是产教深度融合的全新培养模式。新商科的建设与发展，与“双师型”教师队伍建设息息相关，直接影响到财经类职业教师的培养。

基于上述，邱爽教授著《新商科背景下财经职教师资培养模式研究》一书，结合时代特点，对新商科背景下财经职教师资培养模式进行了全面、深刻、细致的展示，以期为新时代财经职教师资的培养提供理论思路和应用方法，为政府制定相关政策提供决策依据。该研究取材广博，分析缜密，不仅为我们学习研究新时代职业教育高质量发展提供了案例和范本，也给我国进行新商科背景下财经职教师资培养提供了经验、借鉴与启示，同时也为职业教育学的理论发展提供了新思路、新视野。总体来看，该书展示的最大特点主要表现在以下几方面。

一是进一步丰富完善了财经职教师资培养的理论体系。本研究构建了一个系统、完整的新商科财经师资培养模式的基本理论框架，并对其构成要素进行深入分析，从而进一步丰富完善了财经职教师资培养的理论体系。

二是进一步拓展了财经类职教师资培养的研究思路。本研究根据新时代对财经人才培养提出的新要求，构建一个素质要求—能力结构—职前培养—职后培训四位一体的研究框架，这一研究框架丰富和拓展了财经类职教师资培养的研究思路。尤其是所构建的包含知识、技能、实践及研究四大要件的“四双型”职教师资能力结构模型，全面系统地概括了“双师型”教师的能力特征，为师资培养模式优化创新提供了理论支撑。

三是进一步创新财经类职教师资培养的研究视角。新商科背景下对财经人才培养提出新要求，必然对财经人才培养的重要要素——师资培养提出新的要求。现有职教师资培养研究文献中对新商科背景聚焦度不足，对职教师资的研究也较零星，缺乏系统研究。该研究具有系统性、针对性和创新性等基本特性。

四是为构建新商科背景下财经职教师资培养体系提供决策依据。本研究通过深入分析新商科的时代背景，描述现行财经职教师资现状及培养方式，剖析其中存在的问题及不足，分析其原因，并在此基础上提出相应的对策建议，为科学构建新商科背景下财经职教师资培养体系提供决策依据。

《新商科背景下财经职教师资培养模式研究》，是商学院邱爽教授两年前成功申报四川省教育发展研究中心的重点项目成果。研究过程中，她向我谈到选题的初衷及研究思路，我深感选题意义重大，极具研究价值，鼓励她潜心思考，力争推出精品力作。

邱爽教授师范本科毕业，曾在西南财经大学系统进修学习过财会专业，获得经济学博士学位，此后长期从事经济学、财会等商科课程的教学与研究。无论教育背景、学习经历，还是知识结构上，都具有将财经专业知识与教育教学理论相渗透对接的优势，具有研究该课题的良好条件。尤其是我校 2016 年开始招收财经商贸专业职教硕士研究生，专门面向中职学校培养商科专业教师。身为硕士研究生导师和研究生教育管理者的双重身份，邱爽对财经职教师资培养给予了更多、更深入的思考，也因此促成了她以此作为课题开展专题研究。

自项目立项以来，邱爽教授及团队成员开展了深入细致的工作，结合职教师资培养实践，取得了系列阶段性成果，推进了“双师型”教师专门化培养向更深层次发展。本书的出版可为教育行政部门、职教师资培养单位、职业学校和广大教师进行相关决策、从事相关工作提供参考。

当然，职教师资培养是一项复杂的系统工程，对其研究仍需深入。总体来看，新商科及其背景下财经职教师资培养研究还是一个崭新的领域。随着我国高等教育普及化的深入推进，特别是面临教育数字化转型、高等教育高质量发展的崭新形势，在由高等教育大国迈向高等教育强国、制造大国迈向制造强国的进程中，开展新商科及其背景下财经职教师资培养研究始终应该是一个重要的方向。我以为，新商科背景下财经职教师资培养，既是一个教育问题，更是一个国家发展战略问题。对其研究既要立足我国国情，又要体现学科特质，不断发展创新。同时，还要拓展视野，学习借鉴欧美国家先进经验，吸收其合理成分，推陈出新，为我所用。新技术、新产业、新业态背景下新商科学科建设的时代要求、使命？新商科背景下财经职教“双师型”教师认定标准是什么？西方发达国家及地区职教师资培养基本经验及启示？要科学回答这些问题，需要我国广大政府部门领导、教育行政管理人员、高等院校决策者和理论工作者悉心关注，共同努力。

我希望邱爽教授能够以此为基础，再接再厉，并有更多的新成果问世。

是为序。

李化树①

---

① 李化树，男，四川西充人。西华师范大学四川省教育发展研究中心研究员，硕士研究生导师。四川省人民政府参事，四川省教育学会副会长，享受国务院政府特殊津贴专家，四川省学术和技术带头人，四川省专家评议（审）委员会委员。教育部长江学者评审专家、教育部学位中心学位论文评审专家。中国院校研究会常务理事，四川省院校研究会副理事长兼秘书长。主要从事高等教育区域合作、“一带一路”高等教育发展战略、高等教育发展战略规划、高等院校战略联盟建设研究。

引言：新时代，新职师

百年大计，教育为本。职业教育作为我国一个重要的教育类型，与经济社会发展紧密相连。职业教育对助推经济发展、促进就业创业、增进人民福祉具有非常重要的意义。

长期以来党和国家都高度重视职业教育的发展。党的十八大以来，习近平总书记多次对职业教育做出重要论述和指示、批示，反复强调培养技术技能型人才的重要性，体现了习近平总书记对构建我国现代职业教育体系、实现人才强国的深切期盼[①]。在党的十九大报告中，习近平总书记指出必须把教育事业摆在优先发展的战略地位，健全职业教育培训体系，进一步推进产教融合，校企合作。

2021年4月，全国职教大会传达了习近平总书记对职业教育工作的重要指示："加快构建现代职业教育体系，培养更多高素质技术技能人才、能工巧匠、大国工匠。"2022年8月19—20日，首届世界职业技术教育发展大会在中国天津召开。来自123个国家和地区的政府机构、国际组织、行业企业、学校、研究机构代表出席了大会。大会发布了《天津倡议》，倡议指出：职业教育是创造价值的教育，可帮助人们获取技术技能，增强创新意识和能力，积极应对环境变化；职业教育是以能力为本位、需求为导向、贯穿于人一生的教育，是提升产业效能、促进持久包容和可持续经济增长的重要力量，是促进充分和生产性就业、增进人民福祉、创造美好生活的重要途径。

教育大计，教师为本。职教师资是职业教育高质量发展的本体支撑与重要保证，职教教师的专业化发展与整体建设水平决定着职业教育人才培养的质量。当前，国家现代职业教育摆在日益突出的地位，对职业教育师资的数量需求和质量要求越来越高，职业教育师资培养的重要性日益凸显。为此，国家出台了一系列促进职教师资培养和队伍建设的政策文件。2010年发布的《国家中长期教育改革和发展规划纲要(2010—2020年)》(简称《教育规划纲要(2010—2020年)》)提出，"以'双师型'教师为重点，加强职业院校教师队伍建设"；2014年，国务院颁布

① 推动职教师资培养扩容提质——现代高等职业技术教育网.https://www.tech.net.cn/news/show-95031.html.

《关于加快发展职业教育的决定》提出，“加强职业技术师范院校建设”；2018 年，中共中央、国务院印发《关于全面深化新时代教师队伍建设改革的意见》，对新时代教师队伍建设做出顶层设计，强调“加强职业技术师范院校建设”；2019 年 1 月，国务院印发《国家职业教育改革实施方案》(简称《实施方案》、“职教 20 条”)，再次强调“多措并举打造‘双师型’教师队伍”。2019 年 8 月，教育部等四部门专门印发《深化新时代职业教育“双师型”教师队伍建设改革实施方案》(简称《“双师型”方案》，对职教教师工作进行了全面部署。同年 10 月，教育部印发《职业技术师范教育专业认证标准》，标志着三级五类师范专业认证标准体系正式建立。2021 年 4 月，教育部颁发《中等职业教育专业师范生教师职业能力标准(试行)》，对促进新时代中职教师教育高质量发展具有重要的指导意义。同年 10 月，中共中央、国务院印发《关于推动现代职业教育高质量发展的意见》，提出要全面提升职教师资素养，培养更多高素质技术技能人才、能工巧匠、大国工匠，为全面建设社会主义现代化国家提供有力人才和技能支撑①。2022 年，新修订的《职业教育法》正式实施，对职教教师队伍建设做出了规定，为发展中国特色现代职业教育、建设高质量职教教师队伍夯实了法治基础。以上文件聚焦职业教育师资队伍培养和建设问题，并将“双师型”教师队伍建设作为职业教育改革发展的重点任务。

在社会主义新时代，应该如何培养一支高素质的职教教师队伍？职教教师队伍该如何建设？这是新时代职业教育发展提出的时代之问。职教师资的职前培养是保证教师来源质量的重中之重。财经商贸专业作为职业教育中的一个大类，招生规模大，社会需求旺。同理，其高质量发展必然也需要高素质的财经教师作保障。在当前新商科建设背景下，如何培养适应新时代的财经职教师资，已成为一个亟待解决的重大课题。

令人鼓舞的是，2022 年 10 月，习近平总书记在党的二十大报告中指出，统筹职业教育、高等教育、继续教育协同创新，推进职普融通、产教融合、科教融汇，优化职业教育类型定位，进一步强调了职业教育类型的重要性。

---

① 推动职教师资培养扩容提质——现代高等职业技术教育网 https://www.tech.net.cn/news/show-95031.html.

目　录

第1章 绪论

1.1 研究背景及意义

1.1.1 研究背景

随着科技、经济、社会的快速发展，我国对“工匠型”“技能型”“服务型”应用人才的需求量日益增大。作为以培养专业技能型人才为宗旨的职业教育，是我国教育事业的重要组成部分。职业教育担负着服务于“中国制造2025”“一带一路”“供给侧结构性改革”“大众创业、万众创新”“精准扶贫”“乡村振兴”等国家战略的历史重任。“要想实现国家的富裕，必须首先改革和发展实业，而欲改革和发展实业，则必须振兴职业教育①。”

党的十八大以来，我国职业技术教育进入了发展的快速通道。目前，我国高中阶段职业教育与普通教育的招生比例已趋近于1∶1，高等职业教育的学生规模也占到整个高等教育的半壁江山，职教师资的需求日渐增大。职教师资是职业教育的承担者，是实施职业教育的主体，是技能型职业人才培养质量和水平的重要保障。职教师资作为职业教育发展的第一资源，是推进新时代国家职业教育改革的关键所在。

当前，我国职业教育正经历从工业社会到现代信息、服务社会的深刻转变。社会对职业教育的需求在不断变化。伴随着一些传统工作岗位的日渐消亡，社会变革也催生了一些新兴行业和新兴职业，因而对职业教育提出更高的需求。即使身处传统的工作岗位，也要求员工掌握现代信息技术和具备分析技能。在这样的形势下，职业教育面临深化改革、创新模式、产教融合、校企合作、工学结合、知行合一的内涵式发展的艰巨任务。这就需要我们树立全新的职教师资培养理念，建立全新的职教师资培养制度，激发职业教师的责任心和敬业精神，提升职业教师理论与实践相结合的双师技能，极大地开发职业教师的智力资源，以促进职业教育的“转型升级”。基于我国职教师资的现状，培养一支数量充足、质量优秀、结构合理的职业教育师资队伍，已是我国一项十分紧迫的任务。

① 柳海民，史宁中.专业化教师教育课程的理论样态与基本结构[J].课程·教材·教法，2004，24（10）：73.

财经商贸专业作为我国职业教育中的重要组成部分，其发展必然需要高素质的财经师资作保障。然而，当前新商科专业“双师型”教师正面临着专业知识更迭加速、生源结构多元、进修渠道单一、实践动力不足、能力亟待提升等困境。伴随着“四新”经济的发展，我国经济进入新时代。与此相适应，高等教育学科专业建设也需要不断地调整与改革。继 2017 年提出新工科建设之后，新商科建设也多次在研讨会上被提及。新商科是在当前商科发展的基础上，应对科技、经济和社会快速发展变化所带来挑战的必然产物。我国商贸服务业历经由传统的实体商店向互联网电商的跨越，再到“4G/5G 网络线上加线下”的发展，已经进入消费结构升级，信息、用户、系统互联互通，物联网、云计算、大数据、人工智能、共享经济和商业 3.0 时代。商科作为与社会发展、市场需求结合最紧密的教育领域，变革势在必行，由此新商科应运而生。新商科是当前新技术变革、经济社会发展与市场需求变化融合的产物，是教育领域量变与质变的飞跃。2018 年，以全国教育大会召开为契机，新工科、新医科、新农科、新文科建设、认证工作逐步开展，对我国高等教育领域产生了巨大影响，也直接影响到职业技术教育中财经类师资的培养。

师范教育是教育事业的“工作母机”①，培养教师是师范教育的天然职责。如何更好地建设职教师范教育，培养适应新时代需要的职教师资，是当前师范教育面临的新挑战。

正是基于这种背景，本课题结合时代特点研究新商科背景下财经职教师资培养模式，以期为新时代财经职教师资培养模式的优化与创新，深化职教师资培养改革，提供理论思路和应用方法，为政府及相关部门制定政策或措施提供决策依据。

1.1.2 研究意义

1.1.2.1 理论意义

(1) 进一步完善财经职教师资培养理论体系。本研究全面、系统地梳理了新形势下财经职教师资培养的理论基础；揭示了财经职教师资培养模式的构成要素及实施途径；进一步丰富完善了财经职教师资培养的理论基础，深化了理论认识。

(2) 进一步拓展财经类职教师资培养的研究思路。本研究根据新时代对财经人才培养提出的新要求，构建了一个素质要求—能力结构—模式评析—经验借鉴—模式优化的研究框架，这一研究框架丰富和拓展了财经类职教师资培养的研究思路。

(3) 进一步丰富财经类职教师资培养的研究视角。新商科背景下对财经人才培养提出新要求，必然对财经人才培养的重要要素——师资培养提出新的要求。现有职教师资培养研究文献，对新商科背景聚焦度不足，对职教师资的研究也较多集中在“双师型”教师的零星研究上。目前还缺乏专门对新商科背景下财经类职教师资培养模式的系统研究。

1.1.2.2 现实意义

本项目以新商科背景下财经职教师资培养作为研究对象，具有重要的现实意义。

---

① 毛礼锐，沈灌群.中国教育通史（第六卷）[M].济南：山东教育出版社，1989：45.

(1) 促进新商科背景下财经职教师资培养模式改革，完善师资培养模式。

传统商业模式下，财经专业人才主要是掌握传统的商业技能。但是在新技术革命，尤其是信息技术发展日新月异的新形势下，需要培养更多的新商科人才。新商科是知识、技能的新融合，趋向行业导向，例如新型金融人才需要培养适应财富管理、私人银行客户经理等市场需求。新商科强调行业的特质并通过职业发展技能来培养学生，学生可以根据自己的兴趣确定就业方向。因此，商科人才培养模式改革势在必行，由此引发财经职教师资培养模式改革。

(2) 有利于提升财经职教师资的综合素质，优化能力结构，从而提高财经职业人才培养质量。

本研究将结合新商业时代的新要求，系统地分析适应新要求的财经类职业教育教师的素质要求；高素质财经教师的能力结构，包括较高的财经素养、教育教学能力和专业发展能力等；高素质财经教师的培养模式与机制，探索高素质财经教师培养尤其是职前培养的有效路径。

(3) 为科学构建新商科背景下财经职教师资培养体系提供决策依据。

本研究通过深入分析新商科的时代背景，描述现行财经职教师资现状及培养方式，剖析其中存在的问题及不足，分析其原因，并在此基础上提出相应的对策建议。这将为科学构建新商科背景下财经职教师资培养体系提供决策依据，供决策者参考。

1.2 国内外研究综述

1.2.1 国外

国外学者更多的是对教师专业化发展和教师专业能力结构的研究。在教师专业化发展方面，20 世纪 50 年代，国外开始重视教师的专业成长和发展，并以教师的职业发展为切入点，逐步聚焦教师的专业化发展。1966 年，联合国教科文组织召开国际教育大会，对教师专业化发展提出了新的认识，并在此基础上形成了广泛共识，对教师专业化发展起到了巨大的推动作用。20 世纪 70 年代，日本教育部门审议通过了《关于今后学校教育的综合扩充与调整的基本措施》，并先后出台了一系列加强教师职业化发展的相关文件，完善了教师专业发展的教育体系。20 世纪 80 年代，美国教育专家学者相继发表了《国家为培养 21 世纪的教师做准备》《明天的教师》等文章，把教师专业化发展提到了国家发展大局的层面，并提出了美国教师专业化发展的具体实施方案。20 世纪 90 年代以来，世界各国有关教师专业化发展的理论进一步丰富和完善。

在教师能力结构方面，Kulshrestha A.K.（1998）指出，教师应提高学生学习参与度，帮助学生更好地评估和报告有关学习结论、参加课程措施，理论上要能够指导个体行为的认知架构，实际操作上包括更加广泛领域的各项技术与个体行为，涉及知识、技巧、工作态度、认知和目的性决策。

German Research Foundation（2011）从其资助的项目——教师合作能力的探究中提出教师专业水平模型的构建，包括理论知识、自我约束、个人观念等。Restricted（2013）就教师在实际教学中所具备的理论知识和教学水平进行了探析。伊克斯（Extended）指出教师在教学之外还应具备的知识和掌握的技能。Scott D.G.（2015）运用德尔菲法，识别、开发和确认职业技术教育教师在 8 个生物学科中所需的 54 项技能，其能力结构还将有助于生物、科学教师等教育项目。

Washer B.A.（2008）对美国佛罗里达州进行过一次教师职业能力的探索分析，认为教师的能力有：斟酌和评估学生学习和实践的水平、发展规划的水平、教学水平、承担教师责任与政治任务的水平、交流水平、提升个体素养的水平和帮助学生长期发展的水平。German Research Foundation（2011）资助的教师能力合作探究项目提出了有关教师专业水平架构模型，主要涉及理论知识、个人信念、自我限制、个人价值观。Scott D.G.（2015）运用德尔菲法，对职业技术教育教师所需要的八个生物领域的 54 项技能进行识别、开发和验证，其能力结构还将有助于生物、科学教师等教育项目。

目前，国际上对教师发展的研究取得了较丰硕的成果，但对财经职业教育师资的培养研究甚少。我们可以根据教师培养和职业发展的共性来进行分析，进而探究新商科背景下我国财经职教师资的培养模式问题。

1.2.2 国内

现有文献相关研究主要集中在以下几个方面：

一是对现行职教师资队伍建设问题的研究。贺文瑾（2005）分析了我国职教师资队伍专业化建设的问题与对策；刘丹（2008）对职教师资队伍建设的相关政策——职教师资培养培训基地的政策进行了研究；莫运佳（2009）以广西壮族自治区为例，对高师院校开展职教师资培养进行了思考，积极探索以高师院校为主体，职业学校和企业为两翼的职教师资培养新模式；周伟、卢双盈（2016）探讨了我国职教师资培养宏观上存在的问题与建议；卢建平（2016）研究了职教师资队伍建设的理念与实践，提出在职教师资培养培训体制机制改革的过程中，职教教师教育共同体已经成为重要的理念和路径选择；谢莉花（2016）基于德国职业教育的经验，探究了德国职教师资培养过程中职业科学课程框架与内容的构建；冯贞贞、华冬芳（2021）对高职院校新商科专业“双师型”教师的能力要求、培养困境与提升策略进行了探讨。

二是对职教师资培养模式和机制的研究。江军（2016）探讨了基于“校一企一校”协同的职教师资培养机制构建；周明星（2016）探讨了乡村卓越职教师资的培养模式模式：“三界(政界、学界、业界)协同”、“三双(双导师、双基地、双证书)共生”、“三维(技术维、教术维、学术维)系统”的乡村卓越职教师资“3D”培养模式；卢荷（2016）论述了校企合作下的“双师型”职教师资培养；徐丽华（2014）分析了开放式职教师资培养模式保障体系的构建，强调国家应该利用政策积极引导、支持和完善职教师资资格证书制度和培养机构认证制度，从政策和制度层面切实保障开放式职教师资培养模式的顺利运行；马中宝（2017）采取理论研究与试点项目配套联动的方式，对中、高职衔接培养的关键难点问题开展了深入的研究，提出中、高职衔接贯通的师资队伍建设的新路径；陈振隆（2020）研究了产教融合下高职“双师双能型”师资队伍建设；孙建波等（2020）研究了基于“智能+”的职教师资培养研究，认为“智能+”背景下职教师资培养要构建“智能+”职教师资创新体系、实践体系和管理体系。

三是对财经专业职教师资培养的研究。杜明汉（2007）对“双师型”队伍建设的模式进行了归纳，概括为培训、引进、访问、参与、激励五种模式，并简要评述了其利弊。朱璟（2008）研究了财经类院校教师教育技术素养的培养，认为财经类院校教师应转变观念、创造条件、重视培训、加强引导，提高信息素养和信息技术综合应用能力，以适应基础教育改革与发展；郭艳峥等（2012）对高职会计教育目标进行深入分析，提出应注重对学生理论学习能力、实践能力和社会适应能力进行培养的目标，以贯彻教育部关于高职教育“以服务为宗旨，以就业为导向”的指导思想；尹玉珍（2013）以江苏财经职业技术学院为例，探讨了“双师”培养的对策与措施；朱益湘（2013）分析了现阶段我国中职学校财经类专业的“双师型”师资队伍存在的诸多问题，并在此基础上提出了加强中职财经类专业“双师型”师资队伍建设的建议；蒋颖丽（2014）结合自身的教学经历以及实践经验，对如何积极发挥职业技术师范教育的特色，培养高素质的会计专业职教师资人才提出了建议；杨吉生等（2015）以市场营销专业为例，认为传统职教师资教学模式存在教、学、做三者目标不一致、内容常脱节、联动途径不畅通等问题；农丽艳（2018）认为，中职会计专业教师，应该努力往“双师型”方向发展，除了拥有系统扎实的专业理论知识，还应具备丰富的实践经验及较强的实战操作能力，并探讨了对策；吴丹（2019）认为，在当前“以教为主”的传统教育模式下，会计专业职教师资的培养还存在很多不足，并采用OBE教育理论，对会计专业职教师资人才培养模式创新进行了研究；刘琬仙（2020）提出，中职学校应该根据实际情况积极组织教师到企业参观和参加课外培训，让教师能够理论联系实际，为学生提供更加优质的教学；黄桢菊（2019）提出要推动财经商贸专业教师走向企业、挂职学习，鼓励教师参加行业技能竞赛，促进财经商贸专业“双师型”教师实践操作技能提升；白秀娜（2018）以市场营销专业为例，提出要积极探索实践教学的途径和方法，构建符合营销专业特色的实践教学体系，为培养高水平的“双师型”职教人才奠定基础；佘松涛（2013）探讨了高等金融职业院校师资存在的问题；张慧（2017）对高职金融专业师资队伍建设进行了研究，认为金融业蓬勃发展，对金融人才提出了更高的要求。对高职院校师资队伍建设进行了必要性分析，指出其存在的问题，最后提出建设措施。

四是介绍国外的职教师资培养对我国的启示。李娜、张军翎（2016）国外职教师资培训模式对我国“双师型”教师培养的启示；汤霓（2016）研究了近20年英国职教师资培养变革趋势及其特征；江军（2016）探讨了发达国家职教师资职前培养特点的聚焦及启示；武婧（2017）探讨了德国职教师资职前培养模式及对我国的启示，主要从德国师资培养目标、培养机构、学生来源和培养过程来论述德国职教师资的职前培养模式；杜庆（2017）通过对中德职教师资专业化的比较分析，提出多渠道开展继续教育、多元化加强教学实践等实现职教师资专业化的策略；鄢彩玲（2017）探讨了改革后的德国职教师资培养模式，并提示其对我国职教师资培养的借鉴意义。

经过梳理可以看出，当前国内研究更多的是针对在职职教师资队伍建设和职后培训，对职前培养研究较少。现有研究对后续研究提供了非常有价值的理论框架，但总体来说，对新商科背景下财经职教师资的培养研究较少，系统研究更是缺乏。而且财经商贸专业的师资培养多见于教师教育，师范教育极少，结合新商科背景的专门研究几乎没有。本研究将结合现状展开进一步研究。

1.3 研究内容、方法及技术路线

1.3.1 研究内容

本研究立足当前信息技术革命快速发展的趋势，基于新商科的发展背景，以财经职教师资培养为研究对象，对职业教育财经师资的素质要求、能力结构和培养模式展开研究。围绕当前新商业环境对财经职业人才需求的影响，打造新型商科人才培养的师资队伍这个核心，分析新商科背景下财经职教师资应具备的素质修养及能力结构，探讨高素质财经职教师资的培养模式和路径。本研究旨在总体上构建一个系统的适应新商科发展的财经职教师资培养模式的理论框架，以适应当前新经济时代对财经职业人才的需求，从而促进我国职业技术教育改革和经济社会的健康发展。

1.3.2 研究方法

(1) 文献研究法。全面搜集、整理、研读、鉴别相关文献，进行文献综述；选择权威参考文献，为思路的整理、方法的选择、指标体系的构建以及对策建议提供重要依据。

(2) 比较分析法。比较分析新商科与传统商科、新型财经师资与传统财经师资的区别，从而为新型高质素财经师资的培养提供思路。

(3) 调查研究法。通过问卷、访谈等方法调查，了解用人单位对财经职业人才的需求、职教学生对新形势下财经教师的需求、财经教师对新形势下职业成长的需求，等等。

(4) 定性和定量相结合的方法。既要对财经职教师资的素质和能力结构进行定性分析，也要对财经师资队伍进行定量分析。

此外，还要运用分析与综合、归纳与演绎等研究方法。

1.3.3 技术路线

职教师资培养是一项复杂的系统工程，其包含的内容极其广泛，并且具有较强的政策性。本研究以职教师资培养模式为线索，在科学的理论基础上，分析师资培养模式构成要素，论述新商科背景下财经职教师资应具备的素质修养及能力结构，通过历史视角探析我国职教师资培养政策演进，通过比较视角分析发达国家和地区职教师资培养特征及启示，最后探讨我国高素质财经职教师资的培养模式，从而实现研究目标。

技术路线如下：

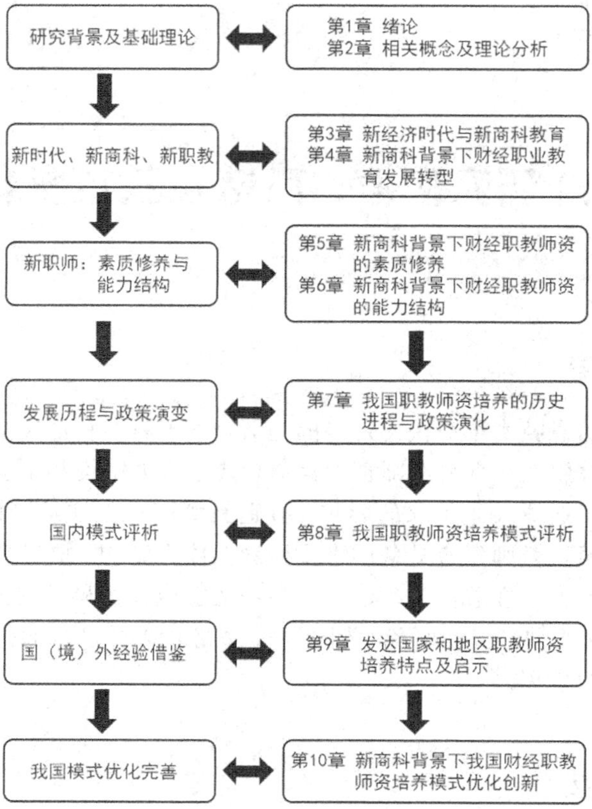

图1—1 技术路线图

1.4 主要研究创新

本项目研究对象主要针对职教师资的职前培养，而现有文献更多是针对教师的在职培训和师资队伍建设的研究。目前基本没有专门针对财经师资职前培养的研究成果。主要创新点如下。

第一，构建比较系统、完整的新商科财经师资培养模式的基本理论框架，并对其构成要素进行深入分析。目前，此类相关研究的文献数量尚不多见，以“新商科职教师资培养”在知网中搜索，搜索结果的论文相关度几乎为“0”。

第二，构建一个“四双型”职教师资能力结构模型。本项目深入分析了新经济时代下，新商科的发展对财经职业教育带来的影响，新时代财经职业教育面临的转型，以及对职教师资人才需求的变化。在此基础上构建了“四双型”职教师资能力结构模型。模型提出职教师资“四双型”能力结构，即教育教学能力＋学科专业发展的两位一体的，包含知识、技能、实践及学术研究四个要件的能力结构。高素质财经职教师资要以“双师”＋“双能”作为培养目标，并向智能型和智能+型发展。目前，相关研究尚不多见。

第三，系统分析了我国职教师资培养的发展历程，概括了我国职教师资培养政策的演化特征，并对我国职教师资培养模式进行了评析。

第四，结合会计、金融、市场营销等财经学科，提出新商科背景下高素质财经职教师资培养模式的优化路径和长效机制。同时结合2016年国家新增教育硕士（职教领域一财经商贸类）专业硕士学位人才培养，探讨新型财经师资的培养模式和路径。目前，尚未查到现成的研究。

第 2 章

相关概念及理论分析

2.1 相关概念及理论基础

2.1.1 相关概念界定

2.1.1.1 职教

职教即职业教育（vocational education）。“职业教育”是基于“职业”而起的。20 世纪初，黄炎培提出“职业”是“个人在社会中所从事的并以其为主要生活来源的工作的种类”①；顾明远将“职业”定义为“为自己谋生，能为社会服务”②。而从经济学角度，职业意味着工作，意味着谋生的手段。

关于职业教育的内涵，学者们从不同的角度进行了不同的阐释。从教育目的来看，职业教育旨在培养社会生产中各个层次的技术人员、管理人员和其他城乡劳动者。从教育过程来看，美国著名哲学家、教育家约翰·杜威认为职业教育就是一个学生将课堂所学习到的知识不断进行转化的过程，学生最终能熟练地运用科学的生产技术；从教育内容来看，“职业教育是给予学生从事某种职业或生产劳动所必需的知识和技能的教育③”。

联合国教科文组织认为，职业教育“主要是为引导学生掌握在某一特定的职业或行业或某类职业中从业所需的实用技能、专门知识和认识而设计的”。④

在已有论述基础上，我们认为，职业教育是指为培养具有从事某种职业能力或者职业发展所需要的职业知识、职业技能和职业道德等综合素质的劳动者而实施的教育活动。

职业教育是一种教育类型，包括职业学校教育和职业培训。职业学校教育是学历性的教

① 中华职业教育社.黄炎培教育文集（第二卷）[M].北京：中国文史出版社，1994：324.

② 顾明远.教育大辞典（第 3 卷）[M].上海：上海教育出版社，1991：234.

③ 中国大百科全书编辑委员会.中国大百科全书·教育卷[M].北京：中国大百科全书出版社，1985：426.

④ 刘春生，张宇，马振华.从社会学视角看高等职业教育的就业导向[J].职教通讯，2005（1）：4—8.

育，分为初等职业教育（主要指职业初中、农民文化技术学校及中小学劳动技术课）、中等职业教育及高等职业教育。职业培训是非学历性的教育，包括岗前培训、学徒培训、在职培训、再就业培训、创业培训及其他职业性培训。

根据研究目的，本文所指的职业教育是指职业学校教育，主要指中等职业学校教育和高等职业学校教育，以下分别简称中职和高职。

中职是指在高中教育阶段进行的职业教育，也包括一部分高中后职业培训，其定位就是在九年义务教育的基础上培养数以亿计的在生产、服务一线工作的劳动者和技能型人才。中职是目前我国职业教育的主体，主要由中等职业学校实施，招生对象主要是初中毕业生和具有初中同等学历的人员，基本学制为三年制。我国中等职业学校分为中专、技工学校、职业高中及成人中专四大类别。截至 2020 年，全国共有中等职业教育学校 9896 所，招生 644.66 万人，在校生 1663.37 万人，占高中阶段教育在校生总数的 39.96%①。

高职包括专科层次职业教育（高职高专）、本科层次职业教育（高职本科）和研究生层次职业教育。本文主要指高职高专和高职本科。

高职高专包括高等职业学院和高等专科学校，是目前我国高职教育的主要形式。2020 年，全国共有高职（专科）院校 1468 所，招生 5243364 人，在校生 14595488 人，占普通本、专科在校生总数的 44.43%②。

高等职业本科（简称高职本科）是全日制本科学历教育的一种，学位为专业学士，高职本科与普通本科共同构成中国高等教育体系的全日制本科层次。2021 年，全国共有本科层次职业学校 32 所，职业本科招生 4.14 万人、在校生 12.93 万人③。

高等职业教育的目的是培养高层次应用人才以及具有一定文化水平和专业知识、技能的高素质劳动者，与普通教育和成人教育相比较，高等职业教育更侧重于实践技能和实际工作能力的培养。

职业教育是经济社会发展的产物，是人类文明发展的产物，也是人自身发展的产物。职业教育受益于经济社会，经济社会也受益于职业教育。

2022 年 5 月 1 日起，新修订的《职业教育法》明确规定，职业教育是与普通教育具有同等重要地位的教育类型。作为我国教育发展中一个重要类型，职业教育肩负着培养面向生产、建设、服务和管理需要的高素质的应用技术型和职业技能型专业人才的使命，对加快推进我国社会主义现代化建设具有不可替代的作用。

2.1.1.2 职教师资

职教师资指从事职业教育的教师，它与普通教育教师相对应，与职业教师同义。我国《教师法》规定："教师是履行教育教学职责的专业人员。"因此，职教师资即职业教育领域内履行教育教学职责的专业人员。

根据我国《教师资格条例》的定义，职教师资是指从事中等职业教育事业的教师群体，

---

① https://baike.so.com/doc/6474260-6687959.html.

② http://www.moe.gov.cn/jyb_sjzl/moe_560/2020/quanguo/202108/t20210831_556364.html.

③ https://baike.so.com/doc/6198913-6412175.html.

主要是中等职业学校教师以及中等职业学校实习指导教师。但习惯上将中职教师和高职教师合称为职教师资，所以往往职教师资包含了中职教师及高职教师两类职业人群。

结合经济社会的发展和职业教育的要求，新时代职业教育教师可以界定为：具有精深扎实的专业知识、宽厚的专业基础知识和广博的科学文化知识，具有较强的专业技能和实践操作能力，以及教育教学能力和创新能力，符合教师专业化要求的复合型人才。

从外延上看，“职教师资”应该包含职业学校的专任教师及教育管理人员，其中专任教师又包含专业课教师、文化课教师。本文所称“职教师资”，特指职业学校专业课教师。从层次来看，包括中职教师和高职教师。

中职教师和高职教师都具有职业教育师资的共性，如良好的职业道德，扎实的理论基础，较强的动手能力，并熟悉生产、建设、管理和服务第一线的情况等。但比较而言，在层次上，高职教育属于职业教育的高层次；在人才培养侧重点上，高职教育更加强调在完成相应的岗位技能训练外，还必须掌握相应的学历层次的基本理论、基本知识，掌握获得新知识的能力和方法，完成高等教育阶段的素质教育，拥有更深厚的理论基础和更宽广的知识面。

相应地，所谓财经职教师资，就是职业教育领域从事财经类课程教学的专任教师。财经是财政、金融、经济的统称，财经课程主要包括财务、会计类、经济金融类课程，在实践中也可延伸到商贸、营销类及管理类等课程。

2.1.1.3 职教师资培养

关于师资培养(teachers'training)的含义，学者顾明远在《教育大辞典》中给出了两种解释：(1) 特指教师的职前教育。此处和师范教育同义。主要由各级各类师范院校、综合大学及其他高等或中等学校承担，有不同层次、学制和类别。(2) 泛指教师职前、在职和继续教育。包括未来教师的培养、初任和试用教师的进修、考核，在职教师的各种培训，骨干教师、老教师乃至退休教师的再训练和再提高。

本文所指的师资培养取第一种释义，主要是教师的职前教育。因此，职教师资培养也主要指职业教师的职前教育。相应地，本文所称的财经职教师资培养，就是职业学校从事财经课程教学的专任教师的职前培养。

从培养层次来看，包括本科和硕士、博士研究生层次，但重点是硕士研究生、本科层次的职教师资培养。

2.1.1.4 职教师资培养模式

按《当代新词语大辞典》的定义：模式，即体现事物的本质和一般特点的基本结构或基本样式，它舍弃了事物的细节，是事物基本特征的体现。

所谓培养模式，是指基于一定教育思想和教育理念，为实现人才培养目标而在培养过程中采取的特定标准构造样式和运行方式。培养模式是由人才培养目标、内容、方法、实施过程、评价体系及保障机制诸要素所构成的相对稳定的教育教学的环节、程序与机制的总称。它主要回答“培养什么人”和“怎样培养人”两大基本问题。

师资培养模式就是在师资培养过程中，在一定教育思想与教育理念指导下，由培养目标、内容、方法、途径、质量评价标准、保障机制等要素构成的教育教学组织过程的总称。

职教教师教育培养模式是在职业教育师资培养过程中，一定的教育思想指导下形成的较为稳定的课程体系、教学方式、评价方式和管理制度等。它是由师资培养目标、内容、方式、质量评价标准等要素所构成的相互协调的系统，是实施职业教育教师培育过程的总和。

相应地，本文所称财经职教师资培养模式，就是从事财经职业教育课程教学的专任教师的培养模式。

师资培养模式反映了师资培养的目标、规格、过程以及评价之间的规律性关系，决定着职业师资的基本特征，集中体现了职业教育思想和教育观念，以及培养主体的办学思想、办学水平和办学特色。

师资培养模式是一个综合型的动态建构过程，建立于具体的教育情境，在不同情境中具有不同的形态和特征，不存在普遍适用的师资培养模式。

2.1.1.5 “双师型”教师

1995 年，“双师型”教师概念由国家教委发布的《关于开展建设示范性职业大学工作的通知》中首次以文件的形式提出。此后，关于“双师型”教师的研究和实践从未停歇，并取得了不少建设性的成果。

现有文献对“双师型”教师的界定表述多种多样，定义也各有侧重，有的侧重形式条件，有的侧重实质条件。其中最基本的是四种，即所谓“双职称说”、“双能力说”、“双证书说”及“双素质说”，其他诸多表述均是上述四种的变形和延伸。

(1)“双职称说”。指教师具有两个不同系列的中级以上职称，即讲师＋工程师、讲师＋会计师、讲师＋经济师等。“双职称说”可以说是“双师型”教师最初始的含义，“双师型”教师的名称也由此而来。“双职称说”不仅在内涵上对教师提出了两方面能力要求，而且在层次上作出了具体的规定。

(2)“双证书说”。强调以资格证书来衡量“双师”特征。指专业教师持有教师资格证与职业技能等级证。教师资格证通过教育部门的教师资格考试认证获得；职业资格证则是通过劳动部门或其他行业部门组织的职业资格考试而获得。

(3)“双能力说”。认为“双师型”教师应该具备两方面的能力：较强的教学能力和较强的动手操作能力。一方面，他们具有坚实的教育教学理论基础和专业知识，掌握教学规律与方法，有较好的教学技能；另一方面，又足够了解行业实践经验，具有较强的实践动手能力。拥有这两方面能力的教师，能够将理论与实践相结合，不仅能胜任专业理论课的教学，而且能在实践实训教学中提供示范和指导。

(4)“双师素质说”。基于双师型教师内涵理解的多样性与不确定性，又提出了“双师素质”概念。双师素质教师是指具有讲师或以上教师职称，又具备相应职业素质的专任教师。对于双素质，不同的职业院校在实践中又有不同的理解，在实际认定上呈现较大的复杂性。对此，2008 年 4 月，教育部在《高等职业院校人才培养工作评估方案》中对“双师素质”教师的内涵进行了界定，即具有教师资格证，且同时具备下列条件之一：本专业中级及以上技术职称，相关行业职业资格，主持过实践教学项目，两年以上企业一线工作经历，参与应用技术研究。

2019 年，《实施方案（2010－2020）》再一次全新地表述了“双师型”。提出“同时具备理论教学和实践教学能力”，“能力”反映了“双师型”的本质，涵盖了技术经历、实践时间、证书形式等。这意味着职业院校“双师型”教师队伍建设不能简单地追求形式、堆砌证书，而必须出实招、下真功夫、提高真本领。

本研究认为，所谓“双师型”教师，是指既能讲授专业理论课，又有一定实践技能，具有在相关专业、行业领域实际工作的背景、经验及表征其水平的专业技术职务(如技师、工程师、会计师等)的教师。简而言之，这种教师集理论教学能力和实践教学能力于一身。当然，“双师型”主要是针对专业课教师而言。

对财经教师来说，既要有较高的财经专业知识水平和应用能力，又要有一定的行业岗位实践经验，具备“教师、会计师、经济师”等复合技能的理实一体化教师。

2.1.2 主要理论基础

理论来源于实践，并指导实践。理论是模式构建的基础，对师资培养产生深刻影响，模式是理论的外在表现，模式的实施是检验理论正确与否的标准。以下是构建职业教育师资培养模式的主要理论基石。

2.1.2.1 杜威职业教育理论

职教师资的培养，必须遵循职业教育本身的发展规律，探索适合职业教育人才培养的师资培养模式。著名教育学家杜威在充分理解职业概念的基础上对“职业教育”做出了全新的解释。他认为：职业教育应该包括职业训练和职业指导。意思就是在培养学生的过程中注重培养学生对自身职业的兴趣，通过各种训练活动使他们能更深刻地理解并且掌握知识，这样才能培养出高素质技能型人才。教学过程中，“学校的学习不能与实验室、实习工厂与车间的劳动生活相脱节”①。学生所学的知识应该体现出专业的特点，要把反映教育本质的教学方法应用到职业教育的实践中。杜威还提倡学校教育要“从做中学”，就是要从实践中不断地总结和积累工作经验。由此也决定职业教师要摒弃传统的只注重理论教学的教学方法，“从做中教”。职业教育的本质就是要培养学生的职业能力和实践能力，这种教育理论培育出来的学生才懂得在生活中进行学习，提升他们的创新能力、动手能力以及适应能力，才能够更好地服务社会。

2.1.2.2 能力本位教育理论

能力本位教育理论，其核心是以提高学生的职业能力为培养目标，教育训练要围绕确定的职业岗位所需能力而展开。

第二次世界大战之后，以美国、加拿大为代表，是根据职业岗位所需知识和技能安排课程内容，以注重培养学生职业操作能力为主要教学目标的教育思想。由此逐渐产生能力本位教育理论。能力本位教育不同于普通的教育模式，更强调的是学生的实操技能，而不是基础理论知识。一切教学目标的确定都从职业岗位需要的能力出发，把培养学生的职业能力作为职业教育的根本目的，在此基础上安排教学内容、设计教学过程、评估教学效果。

---

① 裴立志.杜威职业教育思想对我国发展现代职业教育的启示[J].安徽广播电视大学学报，2017(3)：69.

现代职业教育体系强调以就业为导向，教学培养方向就是“以职业能力为本位”。职业教育是社会经济发展到一定阶段的产物，教育目的和人才培养目标要与社会的职业能力需求相契合。社会职业能力成为职业教育的外向维度之一。因此，职业教育要注意培养学生具备从事不同职业的能力，使学生适应时代需求，跟上日新月异的社会环境和不断改进的生产方式。

职教师资培养过程中，以能力为本就是强调未来教师的学科专业水平，把培养“教育临床专家”作为改革目标，注重教学技能表现，强化师范教育，强调未来教师实际能力的培养，依据卓有成效的实践来组织和实施教学。

对于财经职教师资培养而言，其培养标准的构建当以社会经济发展以及职业学校对财经专业教师的现实需要为出发点，以能力本位的教育理念为指导，突出培养职教教师财经专业和财经教育综合能力培养，以职业能力为导向架构师资培养课程体系和实践训练体系，注重职教师资实践操作能力的训练，以考核职业能力为引导，培养新型职教师资人才。

2.1.2.3 教师“胜任力”理论

“胜任力”模型是哈佛大学戴维·麦克兰德(David Clarence McClelland)教授于 1973 年提出的，后被逐渐引入企业日常管理，成为人力资源领域中一项重要的基石性工具。

所谓胜任力是指在特定工作岗位、组织环境和文化氛围中表现优秀者所具备的任何可以客观衡量的个人特质。这些个人特质包括六个层面：①技能。是指能够做好职业领域的相关事情。②知识。指能够组织和利用对某一职业领域的有用信息。③社会角色。指能承担社会关系中的相关职责，树立相应的社会形象。④自我概念。是指对自我身份的认知。⑤人格特质。是指个人的身心特征、典型的行为方式及表征。⑥动机/需要。是指个人带有某种欲望倾向的自然而稳定的思想，决定着一个人的外显行为表现。

麦克兰德把人的胜任力模型形象地描绘成一座冰山，浮现在水上部分是容易感知的知识、技能等，隐藏在水下的部分是潜在的特征。从上到下的深度不同表示被挖掘与感知的难易程度不同，越往下越不容易被挖掘与感知。胜任力冰山模型如图 2—1 所示[①]。

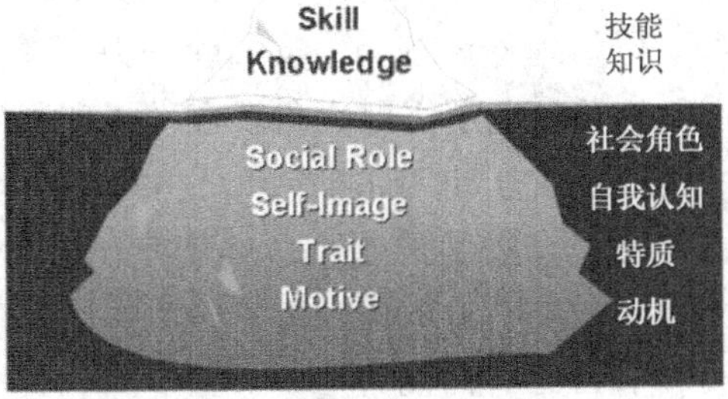

图 2—1　胜任力冰山模型

该模型借喻漂浮于水中的冰山，用“水上部分”的表象层和“水下部分”的潜在层来描述员工的不同个人表现。模型包括容易被观察和感知的外显部分和难以被观察和感知的内隐部

① 马文姝.教师胜任力研究述评[J].西北成人教育学院学报，2020(1):87.

分，其中内隐部分才是最关键的区分要素。

之后，美国学者斯宾塞（1993）在前人研究基础上将其近一步凝练，提出了经过整合的“新胜任力冰山模型”如图 2—2 所示。

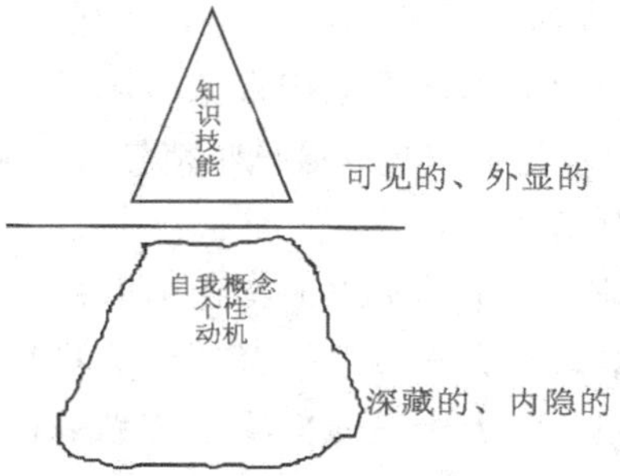

图 2—2　新胜任力冰山模型

总之，胜任力经典模型由两部分构成：通过后天培训与学习部分（外显部分）和隐性的、不易被观察、难以测量和考察的部分（隐性部分），而决定冰山走向的往往是沉于海平面之下的隐性冰山。

早期关于胜任力的研究和应用多集中在企业管理中，是企业用于人力资源管理的工具。

20 世纪末，教育领域开始关注胜任力理论。如唐纳德 · 麦德雷（Donald M Medley）认为，教师的胜任力特征包括专业知识、专业技能或能力、专业态度或价值观。从 21 世纪初开始，我国教育领域学者开始关注教师胜任力研究。如广州大学邢强等学者（2003）认为，教师胜任力是教师个体所具有的、与实施成功教学相关的专业知识、专业技能和专业价值观，它隶属于教师的个体特征，是教师教学成功的必要条件和教师教育机构的主要培养目标①。曾晓东(2004)指出，教师胜任力是指教师所积累的知识、掌握的技能及所树立的价值观等方面的内容②。王强（2011）认为教师胜任力是教师作为一般知识工作者的基本素养，是教师专业素养不断内化之后的教师行为改良③。

在职业教育领域，职业教师胜任力可以这样界定：指职业教师个体所具备的、能够成功实施教学所需要的能力特征，包括理论胜任力、技术胜任力、综合胜任力。其中，理论胜任力是指职业教师理解、应用所教授专业学科理论和教育科学理论的能力，即职业教师在教学过程中能够利用知识储备、文献检索、知识创新等解决出现的新问题；技术胜任力是指职业教师具备的所授学科专业技能和教育教学技能的总和；综合胜任力是指职业教师既能在授业的实践环境中把专业知识与专业技能结合起来，又能在教学过程中将教育科学理论、教学技能与专业知识及专业技能传授有机结合的能力。

胜任力理论有助于促进职教界对“双师型”职教师资人才的识别、培养和评估的标准统一化，为构建职教师资人才培养模式提供了参考，成为职教师资人才培养的依据和指示器。

---

① 李红.高职青年教师理论胜任力及其校本培养方式[J].职业教育研究，2011（4）：76.

② 刘钦瑶，葛列众，刘少英.教师胜任力研究述评[J].高等工程教育研究，2007（1）：65.

③ 马文姝.教师胜任力研究述评[J].西北成人教育学院学报，2020(1)：87.

2.1.2.4 教师专业化发展理论

教师专业化是当今世界教师教育的重要发展趋势，21 世纪的教师必须是接受过专业化训练、有着较高专业素养的教育专业工作者。20 世纪 70 年代以来，在世界教师教育的改革浪潮中，教师专业化一次次被推到现代教育的前台。1996 年召开的第 45 届国际教育大会提出专业化是最有前途的策略。1998 年，在北京召开的“面向 21 世纪师范教育国际研讨会”明确指出“当前师范教育改革的核心是教师专业化问题”。

教师专业化发展理论认为，教师专业化是指在整个教师职业生涯中，通过终身学习和训练，逐步习得教师专业知识和技能，并在教育实践中不断提高自身教育专业知识、专业能力和专业精神等从教素质，从而成为一名优秀教育专业工作者的成长、发展过程。

教师的专业成长与发展是一个可持续的、动态的过程。实现教师专业化发展，不是一次性职前教育就能够终结完成的，而是一个终身可持续的学习、提高过程。一名合格教师的成长与发展，应该由职前培养、入职培训与职后提高三个部分组成，要注重职前培养与职后培训的内容衔接性、连贯性，使前一阶段成为后一阶段的基础和前提，后一阶段成为前一阶段的继续和发展。同时，还要结合教师的专业特性和教师自身个性及专业发展的需求。

教师专业化发展理论反映到师资培养体系中，要求教师教育机构必须适应现代社会的需求，改革传统的培养方式，由只注重培养专业知识，转向注重专业态度、专业技能、专业价值、专业精神等各方面的综合训练。

教师专业发展理论为“双师型”教师的职前培养提供了强大的理论支撑。作为专业化的职教教师，职业特色更加突出。除了基本的学科专业知识和专业实践操作技能的“双师”要求，还需具备专业的教育教学能力及一定的教育素养，从而形成“职业性、技术性、师范性、学术性”“四性”结合的高素质的专业化职教教师，更好地为职业教育服务。

因此，职教教师的培养由于结合了职业教育、专业教育以及师范教育等不同教育内容，专业成长轨迹异于普通学校的教师，专业成长任务也更为艰巨。要科学设置和安排教师培养的专业课程、学习阶段、培养机构等各个部分，构建顺应世界职教师资培养开放化的基本趋势的教师教育新模式，使教师不断走向更加专业化的道路。

财经教师要获得可持续发展，必须朝专业化方向努力和成长。这个群体所从事的职业也属于一种专业性职业，在其专业化的发展过程中，在其培养阶段，需要有另外一群经过长期专门的师范教育训练、职业教育训练、财经实务专业训练，具备财经科学与职业教育科学的系统理论和技能的大学教师，按照职业学校教师专业标准、财经行业标准对其进行专门的教育教学等活动，使之了解掌握职业学校的教学环境、学生身心特点、财经教师岗位职责等，并在大学期间的培养期内获得一定的资格证书，形成一定的修养，具备一定的素质能力，在毕业后通过职业学校的招聘考试进入财经教师岗位，并通过这一职业获取相应的工资报酬、福利待遇以及社会地位。在走上职业学校财经教师这一岗位之后，还必须通过不断的培训进修继续其专业化发展进程。职业学校财经教师的专业化发展不可能一蹴而就，需经历孕育期、萌芽期、成长期、发展期、成熟期等若干阶段，学历教育不可能使其一下子达到成熟期。但是科学完善的职前培养体系，能够为其日后的专业成长奠定坚实的基础。我们既不能将专业培养对财经教师专业化发展的作用夸大其词，也必须承认专业培养阶段作用的有限性，只有专业培养和长期持续的职后培训相结合，才能让职教财经教师在专业化发展道路上顺畅通行。

2.1.2.5 人本主义理论

人本主义心理学被称为西方心理学的“第三势力”，在教育实践和学法指导方面有着十分重要的作用。其主要代表人物是马斯洛（1908－1970）和罗杰斯（1902－1987）。罗杰斯认为，对知识的不断追求是人类与生俱来的学习本能，通过适当的学习环境和条件，可以发掘人们的学习愿望和学习能力。

人本主义以人为本，强调人的价值、尊严、创造力和自我实现。重视人个性的发展，着眼于人的发展，承认人有巨大的发展潜能，肯定人的价值，确定人的立体多样性，重视人的能动性、创造性、身心和谐性。

人本主义理论的教学理念是“以学习者为中心”，认为应该把学习者的自身因素和学习意义作为教学出发点，突出强调激发学习者潜能、人格形成与完善及自我成长空间，激发学生在学习过程中的积极主动性。在教学方式上提倡“非指导性教学”，学生通过教师创造的情境进行体验式学习，在融洽的学习气氛中展现自我，进而实现自我。

在教学过程中，人本主义关注的不只是教学中认知的发展，更关注教学中学生情感、兴趣、动机的发展规律，“注重对学生内在心理世界的了解，以顺应学生的兴趣、需要、经验以及个性差异，达到开发学生的潜能、激发起其认知与情感的相互作用，重视创造能力、认知、动机、情感等心理方面对行为的制约作用”①。

人本主义主张在施教过程中，以学生为主，教师要扮演好教学辅助者的角色；提倡培养学生的主动参与感，善于动手参与，乐于探究思考。着重强调学生的探究能力与动手能力，强调学生要学会学习，进行有意义的学习，这些与职业教育的培养理念极为契合。

在职教师资的培养中，应充分尊重学生的意愿和个性，让有志于从教的人获得学习和接受培养的机会。在培养过程中，采用开放式的培养体制、人性化的培养模式、多元化的培养路径，以达成“双师型”师资培养目标。

2.1.2.6 建构主义理论

建构主义是一种关于知识和学习的理论，强调学习者的主动性。认为学习是学习者基于原有的知识经验生成意义、建构理解的过程。建构主义理论的主要代表人物有：皮亚杰（J.Piaget）、斯滕伯格（R.J.sternberg）、科恩伯格（O.Kernberg）、卡茨（D.Katz）、维果斯基（Vogotsgy）。

建构主义强调创设教学中真实环境的意义建构。提倡学习是教师指导下的、以学习者为中心的学习。教学过程中，教师是意义建构的帮助者、促进者，而不是知识的传授者与灌输者；学生是信息加工的主体，是意义的主动建构者，而不是外部刺激的被动接受者和被灌输的对象。

学生作为意义建构的主动者，在教学中发挥主体作用：

(1)用探索法、发现法去建构知识的意义；

---

① 郭念锋.国家职业资格培训教程 心理咨询师（三级）[M].北京：民族出版社，2005.

(2)在意义建构过程中，主动去搜集并分析有关的信息和资料，对所学习的问题要提出各种假设并努力加以验证；

(3)“联系”与“思考”是意义构建的关键，要把当前学习内容所反映的事物尽量和自己已经知道的事物相联系，并对这种联系加以认真的思考。

教师作为学生建构意义的帮助者，在教学过程中发挥引导作用：

(1) 激发学生的学习兴趣，帮助学生形成学习动机；

(2) 创设与教学内容一致的情景，提示新旧知识间的联系线索，以帮助学生建构已学知识的意义；

(3) 在尽可能的条件下组织学生协作学习，引导其朝着有利于意义建构的目标发展，诱导学生自己去发现规律，不断纠正和补充错误或片面的认知，使意义建构更加高效。

建构主义理论不同于传统的学习理论和教学思想，对教学设计具有重要指导价值。例如，在营销课程教学中，如果仅仅是把一些复杂枯燥的术语和原理传授给学生，就难以激发学生的学习兴趣，不仅难以理解营销理论，也很难让学生具备营销实务的技能。如果把术语和原理结合营销情境来进行设计教学，根据教学内容的需要，创设多种情境，甚至进行角色扮演，使学生在身临其境中深切感受营销理论知识和实务，那么，不仅能激发学生学习兴趣，也能训练学生的营销技能。所以，在建构主义理论指导下，情境设置是教学设计中的重要组成部分。在教学设计时，既要兼顾学习者特征、教学目标以及媒体选择和使用等方面，又要兼顾利于学生建构情境的创设问题。

在职教师资的培养过程中，人才培养的目标非常符合建构主义学习理论所提倡的知识观、学习观和教学观。因此，一方面，师资培养要构建建构主义的教学模式，即：以学生为中心，在整个教学过程中由教师起组织者、指导者、帮助者和促进者的作用，利用情境、协作、会话等学习环境要素充分发挥学生的主动性、积极性和首创精神，最终达到使学生有效地实现对当前所学知识的意义建构的目的；另一方面，必须赋予未来职业教师成为学生建构性学习的帮助者、引导者和实施者。这在预备教师的培养过程中是不可忽视的。

2.1.2.7 先前学习认定理论

先前学习认定源自“二战”后的美国。当时美国为了解决“二战”后退役军人的安置问题，美国成立了“服役经验评估委员会”，开始对那些退役后申请到大学学习的士兵的知识水平进行评估，以判定其是否有完成学业的能力。到了 20 世纪 60 年代末，认定的对象开始扩大，从军人群体扩展到社会各行各业各领域的非正式、非正规成人学习者，包括政府职员、业界人士、工人群体等。

先前学习认定理论的基本观点，就是通过构建一个系统的、行之有效的评估过程来正式认定个体原有的知识和技能，而不考虑个体是以何种方式、何种途径获取这些知识和技能的。

先前学习认定是根据一定标准，按照一定的程序，由国家主管教育的部门与机构负责，对个体在不同生活经历与生活背景中学习到的知识与技能进行相关鉴定与评价，并采取一定方式予以正式认可的评价机制。

一般而言，进行先前学习认定需要经过四个阶段：第一，个体必须清楚地知道自己所掌握的知识或会运用的技能；第二，将这些知识和技能与已确立的评价标准进行比较；第三，评价主体对评价对象进行评价；第四，对经过评价之后的知识和技能进行正式认证。

目前，先前学习认定理论已经成为国际职业教育、成人高等教育和终身教育领域中普遍采用的一种学习成果评价方式。这种基于学习成果的评价方式是对各个年龄层次的学习者通过工作经历、在职培训或者社区活动等过程中的学习，所取得的非正规和非正式的学习成果进行评价认定的过程，并判断其是否满足正规学习的要求或是否达到资格证书标准。

《国务院关于加快发展现代职业教育的决定》中指出：要完善职教人才多样化成长途径，高等职业院校逐步扩大招收有实践经历人员的比例，建立学分积累与转换制度，推行学习成果互认衔接。可见，先前学习认定机制对于政府、企业、行业、学习者都具有重要意义。在职教师资培养中，对人才赋予某种国家认可的资格证书，便是对先前学习进行的认证。

2.1.2.8 系统科学理论

系统科学是一门关于复杂系统演化规律的科学，主要研究如何建设、管理和控制复杂系统。它将研究对象视为一个系统进行研究，针对系统构成要素、结构和功能之间的相互作用，利用信息传递与反馈，实现系统之间的联系而获得最优化的效果①。

系统科学产生于20世纪40年代末。60年代以来，系统科学在西方、苏联得到了广泛的传播和应用，并取得了令人满意的结果。自20世纪70年代学者罗杰·考夫曼将系统理论运用于教育领域以来，系统科学理论与方法已经成为指导教育实践的最重要的方法论基础之一。

一般认为，系统是由具有特定功能的要素以及要素之间的特定关系所组成的整体。系统动态结构通过系统要素之间相互作用形成，并在外力的共同作用下不断发展演化，具有整体性、动态性、结构性等特征。

站在系统科学的角度进行观察，职教师资培养模式是由诸多因素构成、呈现多层次分布的复杂动态系统。目前普遍认为是对培养目标、课程、师资等要素按照一定的方式组合，并遵循一定的规律，培养满足职业教育需要的师资力量的动态系统。同时，职教师资培养模式的构建设计应具备整体性、动态性和结构性等基本属性：整体性是指职教师资培养的目标、师资队伍、机制、课程体系、培养方式、质量评价等都构成职教师资培养模式的系统要素；动态性是指职教师资的整个培养过程，其培养模式与管理方式是否顺应职业教育发展的需要，直接关系着人才的培养质量；结构性是指不同阶段对职教师资培养的目标、方式具有相应的评价体系。

作为一种典型的复杂系统，职教师资培养模式的各种要素都在一定程度上具备耦合性，相互影响、作用造成远离平衡态波动，最后又达成新的有序平衡。例如培养目标与职业教育发展、课程体系和导师队伍等两个子系统实际上是耦合在一起的，但各自内部又存在波动性。如果职教师资培养目标与职业教育发展不匹配，不能满足职业教育发展的需要，则职教师资培养模式将失去存在的价值；培养课程中理论性课程过多，就会造成具有实践经验的导师参加培养较少，导致培养目标偏离实践；而如果实践性课程过多，学术型导师参与培养过

① Polanyni M.Personal knowledge：Toward a post criticalphilosophy[M].London and Henley：Routledge & Kegan Paul，1958：17.

少，又会影响学生的学术素养和研究能力。正是在各种要素之间不可避免的相互博弈、彼此波动的过程中，最终实现模式的创新。

2.1.2.9 协同理论

协同理论是系统科学的重要分支，亦称“协同学”或“协和学”，是 20 世纪 70 年代以来在多学科研究基础上逐渐形成和发展起来的一门新兴学科。其创始人是德国斯图加特大学教授、著名物理学家哈肯(Hermann Haken)。

协同理论从研究系统内部各部分之间的自身协调作用入手，研究开放系统在远离平衡状态与外界有物质或能量交换的情况下，如何通过自身内部要素的协同作用，自发地实现时间、空间和功能上的有序结构。

“协同”是指事物在不断的联系和发展过程中与其他事物之间的有机结合和良性互动，共同作用从而达成目的或效用的一致性。协同的作用就是使复杂系统成为从无序转向有序，成为有序的系统，表现了事物内部的统一性。系统的有序性是诸要素之间的相互协调、共同作用的结果。

协同理论的主要内容可以概括为以下三个方面：

(1) 协同效应

协同效应是指由于协同作用而产生的结果，是指复杂开放系统中大量子系统通过相互作用而产生的整体效应或集体效应。协同作用是系统形成有序结构的内驱力，系统内部各子系统通过相互作用产生一定的协同效应，从无序性转为有序性。

(2) 伺服原理

指要素之间的支配与被支配关系。概括而言，就是快变量服从慢变量，序参量支配子系统行为。正如协同学的创始人哈肯所说，序参量以“雪崩”之势席卷整个系统，掌握全局，主宰系统演化；它从系统内部稳定因素和不稳定因素之间的相互作用描述了系统的自组织的过程。

(3) 自组织原理

指系统在没有受到外部指令的条件下，其内部子系统之间能够按照某种规则自动形成一定的结构或功能。自组织原理解释了在一定的外部能量流、信息流和物质流输入的条件下，系统会在大量子系统之间的协同作用下形成新的时间、空间或功能有序结构。

协同理论得到了广泛的应用。在高等教育领域，指参与到教育系统的各个子系统，既相互独立，又相互合作，从而产生协同作用。在教师师范教育领域，体现为参与教育的各方主体不断认识到教育的发展规律，即教育与社会、与人的发展关系的规律。

在职教师资培养中，职教教师综合能力的提升不是能力要素的简单叠加，而是能力要素的协同。合理促进职教师资理论能力、教学能力、科研能力、人才培养、职业指导能力动态整合，优化培养主体能力结构，发挥各自培养优势，是培养“双师型”职教师资的重要环节。只有有效整合多元主体的师资培养能力要素，将培养主体的能力要素有效地利用和发挥，才能促进“双师型”职教师资的不断成长。

因此，职教师资培养离不开院校、地方政府、行业企业和职业学校共同参与。教师培养要有效对接地方职业教育教师需求，密切与行业企业产学研合作，优化配置教育资源，形成职教师资协同培养机制。

2.1.2.10 “四有”好老师理论

2014年，习近平总书记在第三十个教师节前夕发表《做党和人民满意的好老师》的重要讲话，指出人民教师要做“有理想信念、有道德情操、有扎实学识、有仁爱之心的好老师”。简称“四有”好老师。

教师的工作是塑造灵魂、塑造生命、塑造人格的工作。理想信念是人们对未来的追求和向往，集中体现了一个人的世界观和政治立场的奋斗目标。道德情操是好老师从事教育工作的核心组成部分。“师也者，教之以事而喻诸德者也。”[①]孔子曰：“其身正，不令而行。其身不正，虽令不从。”扎实学识是教师安身立命之本，“台上一分钟，台下十年功”。亲其师才能信其道，仁爱之心是作为一名好教师的灵魂。

作为一名职教教师，要对标“四有好老师”，情系职教，情系民生，勇担“职教一人，就业一人，致富一户”的教育使命。要坚决抵制腐朽思想文化的侵蚀，远离功利之风，除去浮躁之气，执着于教书育人，保持教师的高风亮节。新商业时代背景下，经济社会发展和消费者需求更加多元化、多层次，教师要主动涉猎和学习多元门类的科学知识和专业技能，让自己成为“行家里手”“全能杂家”“多面手”，提升自身综合业务素质。爱是教育的源泉和真谛。师爱是学生成长和进步的动力。教师要在授课及与学生相处的过程中，对来自不同家庭、不同层次、不同性格的学生给予尊重与关爱。特别是要关注职教学生的心理需求、就业愿望、职业规划，尊重和融入学生，对多元需求采用更加包容的态度。要能够做到从学生的角度出发去感受，增加亲和力，客观公正地评价学生，尊重和引导学生的世界观、人生观和价值观。

“四有”好老师是新时代师资培养的重要指引，其精神内核贯穿于师资培养的全过程。

① 《礼记·文王世子》https://so.gushiwen.cn/mingju/juv_b602baabc91d.aspx.

2.2 职业教育的基本属性

2.2.1 一般属性

(1) 职业性

“职业”是“职业教育”的基础和逻辑起点，是职业教育的本质特征。美国著名教育学家福斯特（Philip J.Foster）提出，受教育者在劳动力市场中的就业机会和就业后的发展前景，是职业教育发展的关键因素。

“职业性”意指“职业教育”蕴含着丰富的“职业”元素。首先，现代职业教育起源于“职业”。职业教育任何劳动和培训，都是以职业的形式进行的，社会职业能力成为职业教育最重要的外向维度。其次，职业教育的目的是培养“职业人”。“以就业为导向、以服务为宗旨”，培养适应社会需求的高素质劳动者，是职业教育的根本目标。再次，职业教育专业设置、课程开发以及考核评价都是围绕社会职业劳动岗位的维度和标准开展的。最后，“职业教育”的实施过程中，给予受教育者各种与职业相关的训练，不断提高受教育者的适应能力、文化修养与社会服务能力，为未来正式入职打下基础。

职业教育的职业性也决定了职教师资培养也具有鲜明的职业属性。

(2) 应用性

应用性是职业教育培养人才目标定位的核心原则，也是其区别于普通教育最大的特征。职业教育是一种定向培养教育，是培养能够解决实际生产服务问题的专业型、实用技术型、服务型人才。它的突出特征就是以就业为导向，实施行业所需的技术教育，侧重点在于行业操作技能的培训，是劳动力再生产最直接、最有效的途径。

其应用性体现在：首先，职业教育的人才培养目标、专业设置、课程体系，以及教学内容和方式方法等都需要面向实践应用，根据行业技能标准、劳动力市场和用人单位的实际需求来确定；其次，职业教育注重技术应用和实践，立足于应用能力的培养，强调教育与生产活动的密切关系，强调“学”与“做”的结合；最后，教学内容以工作过程为导向，根据“任务—计划—实施—检验”的工作过程安排教学内容，建立教学内容与工作过程的直接联系。

(3) 社会性

职业教育是经济社会发展到一定阶段的产物，与经济社会有着天然的联系，具有明显的社会性属性。社会性是职业教育的重要特征。

所谓社会性，是指职业教育要面向社会办教育，适应社会发展的需要，并且要得到社会的支持。一方面，职业教育必须立足社会办学，主动适应经济和社会发展的需要，培养高素质劳动者，为经济建设服务，这样才能保持旺盛生命力；另一方面，职业教育需要获得社会的支持，各种社会有关办学力量都应该积极参与职业教育的兴办，助力解决职业教育办学中的各种实际问题。总之，职业教育作为独立的教育类型，担负着独立的社会职能。

因此，职业教育办学必须打开校门、广交朋友。当前多数职业学校设置有由产业界、企业界、工商界人士与教育界人士共同组成的人才培养方案制订委员会、课程开发委员会，负责制订人才培养方案，开发、审查和评估所设课程及其实施方法。

(4) 时代性

职业教育是时代发展的产物，并且随着时代的变迁而发展。社会的经济发展与职业教育有着密切的关系，职业教育的内容和方式方法总是伴随着社会经济发展而变化，从而适应社会经济不断发展的市场要求。时代的需求决定着职业教育存在的价值。

职业教育要推动经济发展，就必须关注市场对劳动者要求的变化，适时地更新教育内容。一方面，专业、课程内容要与地区、行业的实际需求情况相适应；另一方面，职业教育课程要与各生产要素相适应，要与不同文化层次的劳动力相适应，要与技术的变迁相适应。

在新时代，职业教育改革与发展，“经过 5—10 年左右时间”，将“由参照普通教育办学模式向企业社会参与、专业特色鲜明的类型教育转变”，①这是国家在积极应对世界“百年未有之大变局”的形势下②，为实现中华民族伟大复兴，对职业教育改革与发展在国家层面提出的全局性实施方案，具有极其深远的意义。

2.2.2 特殊属性

(1) 跨界

职业教育属于跨界教育。跨界的本质是融合、是整合。它通过资源的重组搭配、交换和共享，扩展了资源的应用价值；跨界意味着创新，它打破了原有的分类概念和逻辑，甚至可以重新生成全新的独立个体。姜大源（2019）认为，职业教育涉及“职业”“教育”“学校”“企业”“学习”“工作”“中职”“高职”“职业教育”等九个“界”。职业教育需要跨越教育与职业、学校与学校、工作与学习之间的边界，实现“现代企业与现代学校的融合”“工作规律与学习规律的融合”“职业及职业成长规律与教育及教育认知规律的融合”③。同时，还需要跨越职业层次如中职与高职之界，教育类型如职业教育与“其他类型教育”之界，架设“不同教育层次”(中职与高职教育)之间和“不同教育类型”(职业教育、普通教育)之间互连互通的立交桥 。

---

① 《国家职业教育改革实施方案》(国发〔2019〕4 号) [EB/OL].中央政府门户网，http://www.gov.cn/zhengce/content/2019— 02/13/con—tent_5365341.html.

② 习近平.放眼世界，我们面对的是百年未有之大变局[EB/OL].http://www.chinanews.com/gn/2017/12—29/8412268.shtml.

③ 姜大源.跨界、整合和重构：职业教育作为类型教育的三大特征[J].中国职业技术教育，2019(7):9.

跨界属性衍生出职业教育需要构建协同育人的共同体结构。许多院校创建了诸如“知识、能力、素质”“专业＋技能＋计算机或外语”“学历＋证书”“学校＋工厂”“学习＋实训＋技术＋文化养成”“工学结合”等育人特色。

在信息技术和数字经济时代，业态变革直接导致了职业教育专业的跨界融合和学校的跨区域融合。围绕业态变革，打造跨学校、跨专业融合的职业教育已经到来。其一是产业跨界，即产业交叉整合。比如汽车，集成了机械、电子、信息等多个产业，很多企业甚至跨越一、二、三产业的融合。其二是学校跨界，即学校资源整合、互助协作。比如职业联盟、职教集团、区域协作等，这种趋势方兴未艾。

（2）融合

职业教育是经济社会与教育联姻的产物，是适应产业发展和促进就业需求为导向的教育。这意味着，职业教育要遵循产业链与教育链、创新链与人才链之间相互衔接的规律，要遵循行业就业需求和教育供给规律，以及个体职业生涯需求和教育认知之间相互作用的规律。因此，职业、产业、教育融为一体是职业教育的专有属性。创造物质财富的产业需求与培育人文精神的教育需求整合为一体双重需求，决定了现代职业教育的多重融合。

产业与教育链接的有机融合，是职业教育生存发展的功能定位和社会价值；企业与学校的联姻合作，是职业教育协同育人的办学格局；工作规律与学习规律的融合、职业及职业成长规律与教育及教育认知规律的融合，是个人成长成才的重要途径。

融合是新时代经济社会发展的大趋势，也是职业教育的应对之策。

（3）重构

跨界、整合的发展趋势决定了要素的重构。趋势职业教育共性与个性并蓄的框架结构，是职业教育制度创新和重构的逻辑根源。作为一种教育类型，其兼具的共性与个性特征，引发职教制度设计由单维思维转向多维思维：从只关注认知单维度的传统普通教育转向关注认知与行动兼容的多维度的现代职业教育。即传统普通教育只关注学科知识积累、以升学为目标，而现代职业教育对知识、技能或职业资格等行动知识的积累与职业能力的双向并重，升级涵盖升学的“文化素质＋职业技能”。

由此，职业教育制度不断创新与重构是顺应职教发展规律的应然之策。其一，从封闭向开放，实现横向多类型、纵向多机会的价值取向，完善职业教育与培训体系；其二，以类型定层次，要健全非同类的国家职业教育制度，普职等值，实现同层次不同类型的教育；其三，由储备到应用，以职业需求为导向，进行专业建设、课程开发和教学实施，实现从知识存储转向知识应用的教育。

新时代，职业教育要采用辩证逻辑的工具进行制度创新。习近平总书记在 2018 年全国教育大会上提出“要提升教育服务经济社会发展能力，调整优化高校区域布局、学科结构、专业设置，建立健全学科专业动态调整机制”①。2019 年《实施方案》（职教 20 条）中涉及至少十大职业教育体制机制的创新制度：①1＋X 证书（即“学历证书＋若干职业技能等级证

① http://www.moe.gov.cn/jyb_xwfb/xw_zt/moe_357/jyzt_2018n/2018_zt18/.

书”）制度；②国家资历框架制度，实现学历证书和职业技能等级证书互通衔接；③“文化素质＋职业技能”二合一的“职教高考”制度；④“双师型”职教师资聘用、试用制度；⑤工作人员校、企相互兼职兼薪的制度；⑥民办职业教育的准入、审批、退出制度；⑦职业教育经费投入制度；⑧职教学生奖学金制度；⑨职业教育质量评价和督导评估制度；⑩国务院职业教育工作部联席会议制度[①]。这些新制度与十九大以来党和国家制定的关于职业教育的方针政策一脉相承。

① 国家职业教育改革实施方案（国发〔2019〕4 号）［EB/OL］.中央政府门户网，http://www.gov.cn/zhengce/content/2019－02/13/content_5365341.html.

2.3 职教师资的职业特征

相对于普通教育教师，职教教师的专业素质构成更具复杂性和独特性，呈现出独特的职业特征。

2.3.1 职业教师的多元属性：四性合一

国内外学者对此进行了大量探讨，综合学者的研究，本文归纳为：专业性、技术性、师范性和学术性。“四性”是一个“共同体”，四种元素有机融合，“生态化”地共生于一个统一体内，四位一体，各司其职，不可偏废。

2.3.1.1 专业性：职业教师的立身之本

专业性是专业教师入职的资格条件，专业与专业教师天然一体。所谓专业性，是指职业教育属于专业教育（或专门教育），是培养某一职业领域或职业岗位专业人才的教育。不论是初等、中等或高等职业教育，都是培养一线的技术人员、管理人员、服务人员、新型农民以及其他劳动者，与一线职业岗位有很强的对口性，注重理论运用于实践，培养学生的实践技能及实际工作能力。

职业教育不是抽象的，而是对应具体的职业领域和职业岗位，对应着不同的职业领域和职业岗位进行人才培养。职业教育专业众多，大致可分为社科类与技术应用类。其中社科类包括财会、法律、企业管理、市场营销、物流、商务等；技术应用类包括机械制造、电子信息技术、精密加工、应用化工、自动控制等。

2021 年，教育部印发新版《职业教育专业目录（2021 年）》（以下简称《目录》）。《目录》按照“十四五”计划和 2035 年远景目标规划对职业教育的要求，在科学分析产业、职业、岗位、专业之间关系基础上，对接现代产业体系，服务产业基础高级化、产业链现代化，统一采用专业大类—专业类—专业的三级分类，对中等职业教育、高职高专、高职本科不同层次专业进行一体化设计，共设置专业大类 19 个、专业类 97 个、专业 1349 个，其中中职专业 358 个、高职专科专业 744 个、高职本科专业 247 个[①]。因此，职业教师首先必须具备相应的专业属性。一个职业教师，总是对应某一个职教领域和专业的，具有明显的专业性。

职教师范无论本科还是研究生都是归属某一类特定专业，并与中职、高职专业目录紧密

① https://xw.qq.com/cmsid/20210322A04Y0000.

结合。如教育硕士（职业教育领域）就是面向中职18大类专业领域，如加工制造类专业、信息技术类、财经商贸类专业等，专业性特征突出。鉴于财经类专业涉及面积广泛，本研究主要针对会计、金融、营销、贸易等专业的教师培养进行分析。由于同类课程教学的相通性，师资培养方法对其他专业实则具有异曲同工之处，完全可以融会贯通，举一反三。

“专业性”要求教师通过接受专业教育，具有较高的专业水准，能够运用扎实的专业知识和熟练的专业实践能力，解决现实中实际存在的工作问题，并将其应用于教学工作中。“双师型”教师的培养必须以专业为依托，紧密结合专业要求，否则“双师型”教师将失去存在的根基。职教师资应该首先满足教师素养的基本要求，遵循职业教育的特殊规律，了解和掌握学生将来从事工作及其岗位群所需要的知识和技能。简而言之，就是要满足“职业针对性”的特殊要求。理论上要针对职业岗位群要求的专门理论知识，实践上要针对职业岗位要求的专门技能、技巧和其他实践活动。真正的“双师型”教师，必须从专业出发，任何专业的“双师型”教师都有其具体的、明确的要求。

2.3.1.2 技术（能）性：实践性教学基本要求

“双师型”师资，突出技术性是关键。所谓“技术性”，孟庆国认为，就是职业教师必须具备为职业教育工作服务所需的专业及行业所需的操作技术与技术规范，并取得特定技术门类中中级及以上的职业资格证书①。

技术性源自职业教育的应用性。职教师资必须具备“技术性”特点，才能灵活应用技术、方法和工具，有能力实现创新，有能力指导学生，培养出真正的技术性人才。陶行知先生指出：“无治病之经验者，不可以教医；无贸易之经验者，不可以教商。凡百职业，莫不皆然。故职业教师之第一要事，即在生利之经验。无生利之经验，则以书生教书生，虽冒职业教师之名，非吾之所谓职业教师也。”②这段话非常清楚地表明了这样一个观点：只有掌握了技能的教师才是一名合格的职业教育的教师。

职业教育承载着传承人类社会技术、技能的使命，这种使命主要通过职业教师进行传承与创新，职业教师的技术、技能水平直接影响着职业教育的发展水平。“技术性”更多体现的是职业教师的应用能力，解决的是“如何做”的问题，回应“用什么培养人”的问题，是职业教育与普通教育的不同之处。

技术性是进行实践性教学的基本要求。“技术性”要求职教师资了解所属行业发展状况，具备一线实践所需的技术技能；具有获取职业信息、职业知识的能力，并具有洞察职业岗位需求趋势与变化的能力；要求职教师资具备技术技能应用能力，包括实际操作与演示能力，并能应用于教育、科研、生产实践。

财经商贸职教师资所从事的教学活动实践性非常突出，这主要表现在以下方面：一是财经商贸职教师资的教师应能将专业理论应用于财经商贸实践，通过实践指导学生探索和实验，并且能够和学生一起开展职业实践活动。二是能够运用已有的知识和技能解决社会的需求，推动财经商贸专业的发展。三是能够进行财经商贸技能应用，可以对财经商贸实务进行

① 孟庆国.职业技术师范教育——中国高等教育的一个特殊群体[J].职教论坛，2013(1)：61.

② 王乐夫.技术性、学术性与师范性相结合培养“双师型”中职师资[J].中国职业技术教育，2009(3)：52.

应用、优化与完善改进。

因此，职教师资培养过程中，在进行培养目标设置、教育计划制订和教学内容选择时，要特别注重教学内容的实践性和应用性，使学生熟练掌握某一职业或技术的操作规范与技能，具有较强专业实践能力和解决实际问题的综合职业能力。

2.3.1.3 师范性：教师职业的天然属性

教师教书育人要求决定了师范性是师范教育的固有属性。作为教师，必须具备教书育人的能力。“师范性”是职业技术师范教育的专业思想、职业道德、行为规范、职业素养和职业技能等方面在学校教育教学和各种活动中的集中反映，是师范教育区别于其他专业教育的特殊性和本质属性①。师范性正是对教师教育教学能力的回应，体现职业教师的“教师”身份特质，它不仅包括教育科学的理论和实践，而且包括教师素质、职业特征的全部。强调师范性主要是强调教师教学技能，解决教师“如何教”的问题，就是怎样把知识或技能传授给学生。

“师范性”要求职教师资具备正确的专业态度和专业理念，良好的专业知识、专业能力以及教育素养，并具备一定的“缄默知识”显化能力和科学研究能力。作为教师的“教育、教学”能力的一种价值偏好，“师范性”意在凸显所培养的“双师型”教师要掌握专业的教育教学知识与能力，具备系统扎实的教育学科、心理学科、工学学科、商学学科教学法等跨学科知识与能力素养。

“师范性”为职教师资培养指明了培养目标和办学方向，是职业技术师范教育的本质属性，主要指培养职教师范生教书育人的能力。

2.3.1.4 学术性：创新型教师成长的基石

技能固然是重要的，但技能的发展离不开学术性这个基础。就像陶行知先生所说的“无学识以为经验之指导，则势必故步自封，不求进取”②。

教师不仅要拥有该专业的理论知识，同时必须具备对该领域的学术研究能力和见解。学术性是创新型教师成长的基石，体现教师专业知识的厚重性和发展性。职业教师的学术性是指：掌握某一学科或专业领域，由一系列抽象的符号系统构成的知识系统，并且能运用这一专门知识系统中的概念、定理、理论和原理去解决问题和创造新知识③。学术性既反映了教师的专业理论基础和学科研究能力方面的知识水平，也反映了教师对这一学科这一领域的专业素养。

学术性可以理解为研究能力。“学术性”更多体现的是教师不但具备一定的专业技能和一般的理论知识，还必须具有相当水平的研究能力和创新创造能力，研究“教什么”“为什么”“如何教”“如何做”等，综合回应如何更好地培养人的问题。同时，学术研究能力也是教师专业发展的内在要求和本质属性。学术性是奠定职业教师终身教育和专业发展的学术基石，也是职教教师从事职业教育工作必然的本质要求。

---

① 周明星.中国职业技术师范教育论纲[J].河北师范大学学报（教育科学版），2013(7):72.

② 王乐夫.技术性、学术性与师范性相结合培养“双师型”中职师资[J].中国职业技术教育，2009(3):52.

③ 孟庆国，张燕，蓝欣.职业技术师范院校在职教师资培养模式转轨中的地位和作用[J].职业技术教育，2011，1(32).

从师资培养的角度来说，学术性是衡量职教师资师范教育办学层次和水平极为重要的尺度。在培养过程中，不仅要系统培养学生学科专业知识，还要培养学生探究学科专业发展趋势的学术研究能力。通过“学术性”的理论奠基，可以助力学生形成系统化、科学化的知识技能体系。“学术性”培养是对“双师型”教师具备的“理性、学术与知识”的一种价值偏好，意在凸显“双师型”教师要具备一定的研究意识和研究能力①。

提升学术性是职教师资培养的必然趋势。尤其对商科教师而言，由于商科的技术性弱于工科等理工学科，因此对学术性要求相对更高。也因此德国商业领域的职教教师培养中，领先于其他领域如技术领域的教师在大学层次中开展学术训练。而技术领域的教师教育经历了优先强调职业实践技能再转向强调科学导向教育模式的过程，直到20世纪60年代才实现向大学层次的转移。

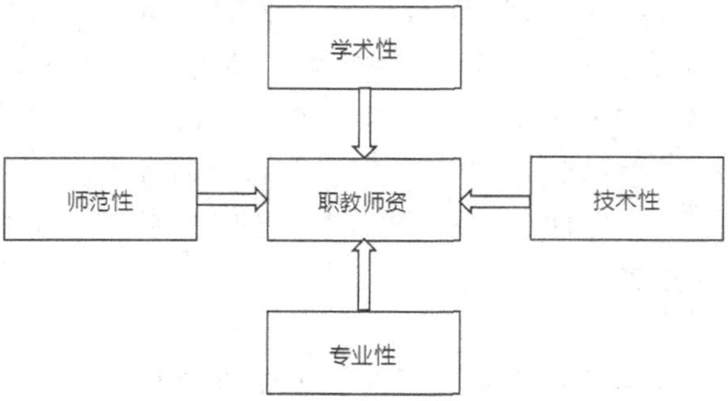

图2—3 “四性合一”示意图

2.3.2“四性”之间的逻辑关系

2.3.2.1 相互融合、相辅相成

“四性”特质贯穿于职业教师整个职业生涯，虽各有侧重，但彼此之间也是相互融合、相辅相成的。

专业性是职教师资培养的逻辑起点，也是支撑其他三性的基础，是根植于技术性、学术性和师范性之中的。职业教育教师应该是具有扎实精深的学科专业知识和专业技能的教育工作者。

师范性是职教师资的底色，规定着职教师资的培养目标和办学方向，能够很好地把“技术”中的学科知识和技能要点以科学易懂的方法传授给学生，是对教师从事教师职业最基本的技能要求。师范性还指导着学术性和技术性的建设。同时，教学与学术也不可分割，教学

① 王振刚，孙翠香.跨学科博士层次“双师型”职教师资培养机制研究——以天津职业技术师范大学“特需项目”为例[J].职教论坛，2016(23):6.

既“支撑着学术”，其本身也是一种创造性的学术活动[①]。

技术性是职教师资的核心和风骨，它将专业知识和教育教学理论转化为动手能力，是专业性、师范性的外在技能表征，在职教师资培养过程中占有重要地位。在进行专业技术教育的同时，要进一步强化教育教学理论学习和教师教学技能训练。与普通师范教育相比不同之处在于，职业技能是职教师资的重要属性，因此，技能培养和传授是其师范性的重要体现。

学术性彰显职业教师的研究能力和创新能力，是职业教师专业化成长和可持续发展的基础，决定着专业性、师范性、技术性纵深发展的高度。在师资培养中规定着培养目标的业务方向和创新水平。

由于对学术性的争议较多，在此进一步探讨学术性与技术性、师范性和专业性三者之间的关系。

首先，学术性与技术性。学术性是学生职业发展后劲的基础，同时也为技术和技能的精进与更新提供支撑。学术性注重夯实学生的学科和技术基础，培养发展后劲和创新能力；高水平的技术训练又对学科基础提出创新的源泉和需求，反过来促进学术的发展。因此，二者是相辅相成的，学术性注重创新，技术性注重“应用”，都不能与生产服务脱节。

其次，学术性与师范性。二者相互交融，你中有我，我中有你。当前教育科学理论发展迅速，为教师教育和学术研究打开了更大的空间。但在教师培养中，二者不能简单相加，或者平均分摊。一方面，二者要保持必要的平衡；另一方面，两者的平衡又常常为经济社会发展的新需求所打破，又必须寻求新的平衡。总之，二者是一种平衡—不平衡—再平衡的关系。其中，平衡是相对的，不平衡才是绝对的。事实上，任何国家高师的学术性与师范性都不可能达到完全的平衡，恰恰相反，往往各有所侧重。至于向何者侧重，则取决于经济社会的发展和人才培养的需要。

最后，学术性与专业性。学术性与专业性是职教教师特征的两个端点，也是职教教师教育不可缺少的两个方面。专业性是学术性的载体，学术性是促进专业创新发展、发现学科规律和探究未知领域的必然要求。

在教师评价体系中，要警惕片面拔高“学术性”，只注重学术成果，也要摒弃只注重教学和技能业绩，不注重学术研究的倾向。在教师培养体系中，要警惕只追求学术化，不断将职教教师教育一味推向学历层次提升的“学术狂热”现象；也要警惕只追求职业性，罔顾学科知识奠基的“去学术化”现象。[②]

总之，“四性”构成了职教师资的职业特征，从而也决定了职教师资师范教育的本质特征。四者相互交叉，相互渗透，相互促进，共同构成了一个系统的职教师资师范教育体系。

2.3.2.2 优化平衡，突出重点

“四者”绝非等分量的简单融合，而是一个有机的平衡共同体，需要根据技术师范教育的社会需求、培养目标、培养层次来确定四者的“比重”，不可机械地平均，比例也并非一成不

① [美]欧内斯特·L.博耶.关于美国教育改革的演讲[M].涂艳国，方彤译.北京：教育科学出版社，2003.转引自：刘潇.教学型新商科师资队伍建设研究[J].现代职业教育，2018（33）：30.

② 陈慧梅，谢莉花.“学术性”与“职业性”：新时代职教教师教育发展的核心问题探究[J].职教论坛，2021(1)：95.

变，更不可过度拔高或贬低某一个方面。因此，对“四性”进行优化平衡，找准侧重点就非常重要①。

从培养目标来看，在加强专业性、师范性的同时，高职教师更加注重学术性，中职教师更加注重技术性。

从培养层次来看，本科层次更加注重专业性、技术性、师范性，硕士、博士研究生层次更加强调专业性、师范性和学术性。

新时代，职教师资培养教育应当以科学的、反思的方式来培养教师，突出实践导向，传授情境性的、理论与实践一体化的知识。因此，需要学术性与专业性、技术性、师范性更好地融合，真正提升根植于职业领域的、有发展潜力的职教教师素质。

教学是一门创造性的事业，有效教学不仅要求教师知道“教什么”的知识及“如何教”的知识，而且要具备改造和扩展知识的能力。更重要的是，教学也是一个主观能动的过程，教师要能够通过各种活动，激发学生的创新创造精神。

① 江涛，苏德.高水平职业技术师范教育个性特征的时代审视[J].职教论坛，2021(11)：101.

2.4 职教师资培养的总体要求

2.4.1 专业性与师范性双轮驱动

一是重视专业性。根据职教学生毕业后的工作性质，使其通过专业课程学习熟练地掌握专业知识和专业技能，毕业后能够从事专业课程教学，为社会培养出掌握专业技术、毕业后就能上岗、上岗后就能通过技能技术立身的职业技术人才。比如会计方向硕士师资培养，就需要设置前置学历要求或补修会计本科相关知识，加强行业技术技能模块教学，包括《财务会计与管理实务》《财务软件应用》《会计信息系统》《互联网财务与金融》等课程。

二是强化师范性。师范性是职教师范培养的重要内容。在掌握教育教学理论和职业教育理论的基础上，要掌握一定的师范技能。主要包括“三笔字”、普通话、教材分析、教案编写、教学设计、说课和模拟上课、班主任工作以及现代教育技术技能，等等。作为“双师型”的职教硕士，要做到“三基、四会”，“三基”即基础知识、基本技能、基本技巧；“四会”即会做、会讲、会教、会示范。

2.4.2 应用性与学术性双翼并重

一方面，职教的应用性决定了职教师范教育着重其专业向应用方向发展，因此要注重其应用型素质的培养。从应用方向看，包括专业技能的应用和教学技能的应用。培养过程中要加强学生专业技能和教学技能的训练，着重考查学生实际操作能力。为此，必须制定包括职业技能、技巧和技术等在内的详尽的数量、质量评价指标体系，加强见习、实习、实验、设计等环节教学，落实技能训练任务，以适应社会对应用型人才的需要。另一方面，高层次职教师资不能只培养“工匠型”人才，而是要培养具有创新精神的应用型人才。因此，教师必须了解国内外本行业的发展，对产业发展、产业技术革新、产品研发等有深入研究，并有一定的科研和实践能力①。

为此，师资培养中要推崇创新与变革的文化精神，把教学和科研作为相辅相成的两翼，通过学术论坛、科研沙龙、科学研讨、课题立项、撰写论文、读书笔记等方式，加强学术训练，以创造型人才而不是以知识型人才为目标。要求学生要勤学善思，广泛阅读，深入调研，

① 李进.教师教育概论[M].北京:北京大学出版社，2009:221.

提升其综合科研能力。比如职教硕士，必须以“职业学校课程开发、专业建设、教学设计的实践与应用”和“企业生产过程与岗位能力专题调研”为主题，提交两份不少于 4000 字的研究报告。毕业时完成学位论文写作及答辩，学位论文选题应紧密联系职业技术教育实践，来源于中等职业学校教育教学中的实际问题。论文形式可以多样化，如调研报告、案例分析、校本课程开发、校本教材编写、教材分析、教学案例设计等。论文须符合学术规范，字数不少于 2.5 万字。

2.4.3 理论性与实践性双基并强

一方面，理论来源于实践，是事物发展规律的概括总结，是实践的升华和提高、精练。理论就是高度概括、适用范围广泛的经验、知识；另一方面，理论对实践具有反作用，科学的理论对实践起积极的指导作用，错误的理论则有阻碍作用。理论和实践是相辅相成的，缺一不可的，不能任意割裂两者的辩证关系，孤立地强调一个方面。

每一门学科，都有其系统的理论结构和内容体系，职业教育领域的学科也不例外。即使职业教育的课程实践性很强，但都是建立在一定的理论基础上的。因此，必须重视职业教育课程的理论教学。但是，值得注意的是，职业教育作为先进生产力的产物和支撑者，首先要对受教育者进行职业技能的训练，使其掌握基本的生存技能，才能实现“无业者有业”。所以，职教师资培养的“专业教学内容”具有较强的职业实践性，这种技术技能只依靠理论教育教学是行不通的。

职业教育强调实际训练，突出技能、技术教育，为经济社会发展培养一线应用型人才。职业教育培养人才的一般规律，就是要突出职业教育的“实用”“实训”“应用”等特点。

一般来说，财经商贸课程，都具有一定的理论基础和实务技能。如表 2—1 至表 2—3。

表 2—1　电子商务课程理论与实务

课程	基本理论	主要实务
电子商务	电子商务的产生与发展 电子商务的内涵与特点 电子商务的功能与效益 电子商务机理与模式 电子商务系统基本框架 电子商务运行环境（硬环境与软环境） 电子商务网站概述 网络营销基本理论	中小企业网站策划与维护 电子商务网站策划实施 网上开店与店铺经营 电子商务交易模式应用 B2B 企业网站实践 B2C 电子商务的业务流程 B2B 电子商务交易过程及流程 电子支付 电子商务安全 电子商务交易风险识别与防范 网络商务信息收集与处理 客户关系管理

续表

课程	基本理论	主要实务
电子商务		网络营销策略设计（价格、渠道、促销） 网络营销实施流程 网络营销效果监测

表 2—2　会计课程理论与实务

课程	基本理论	主要实务
会计	会计概念、职能和目标 会计要素 现代会计的形成及其特征 会计信息系统 会计核算理论 会计管理理论 会计预测、决策 会计控制 会计检查 会计考核会计分析 会计科学发展 会计理论创新	会计书写规范 数字书写规范 会计综合模拟实训 建账实务操作流程 会计凭证填制模拟实训 会计账簿登记模拟实训 会计报表制作模拟实训 财务报表分析实训 出纳岗位业务模拟实训

表 2—3　金融课程理论与实务

课程	基本理论	主要实务
金融	货币与货币制度 信用与利息 金融体系 金融市场 商业银行概述 资本市场概述 外汇市场 保险市场 金融衍生工具	商业银行业务 票据市场业务 短期债券业务 同业拆借业务 债券回购业务 货币市场基金 资本市场业务 金融衍生工具应用业务

因此，职教教师的培养要将实践与理论有机结合，设置理实一体的课程体系，形成理实一体的知识获取形式和技能训练模式。

2.5 职教师资培养模式理论框架

2.5.1 职教师资培养模式构成要素

职教师资培养模式是由多种要素构成的有机整体，模式的性质、特点和功能都是由这个有机整体决定、体现的。系统要素既具有各自独立存在的特点、功能，同时又相互联系、相互连接，具有共同构成一个新整体所产生的新的特征和功能。各要素之和要尽可能接近于整体，其关键就是各要素之间经过优化选择，并匹配、组合得当。

培养模式的构成要素主要由人才培养理念、培养主体、培养目标、课程设置、培养方式、评价体系、保障机制等构成。

2.5.1.1 培养理念

“理念”是一个具有能反映一类事物每个个体或一类现象每种个别现象共性之能力的普遍概念，具体说它是诸理性认识及成果的集大成，它包含了人的认识、思想、价值观、信念、意识、理论、理性、理智等。

培养理念是指人们对职教师资培养持有的理性认识，对其所能发挥的作用和功能的理想追求，是一种对于职业教育所拥有的认识和观念。就是培养主体关于人才培养的本质特征、目标价值、职能任务和活动原则等的理性认识，以及对人才培养理想的追求及其所形成的各种具体的培养观念。

培养理念既可以是系统的，也可以是非系统、单一的，或彼此独立的理性概念或观念。但无论是系统的还是非系统的教育理念，均会对培养主体的教育实践发生影响。

培养理念是职业教育师资培养指导思想的重要组成部分，是培养职业教育师资的目标指向——培养什么样教师的体现；也是教师培养方式——如何培养教师的思想引领。培养理念对人才培养模式其他要素的选择与确定都产生着极其重要的影响。

2.5.1.2 培养主体

人才培养主体指承担人才培养主要工作的机构或个人。在整个教育大环境下，人才培养的主体主要是各级各类学校；在某一区域或特定条件下而言，人才培养的主体有可能是企业；而在企业中，人才培养的主体往往是培训部门。此处指的是承担职教师资培养的组织机构。

在开放式培养模式下，综合性大学和专业院校、普通高等师范院校、高等职业技术师范学院、行业和企业，乃至其他社会机构和个人都可以成为师资培养主体。

2.5.1.3 培养目标

目标是一种期望，是一个组织或个体在一定的时空内，对某项行动所希望达到的成就或结果。目标是预期要达到的目的或结果，可以激发人的行为，具有预测性、激励性、有型性和可替代性等特点。

所谓人才培养目标，就是人才培养预期要达到的目的或结果。具体来说，就是在国家总的教育方针指导下，各人才培养主体对受教育者的发展方向、内容及应达到的人才培养规格和质量要求。

培养目标取决于特定的社会领域和社会层次的特定需要。在不同历史时期，不同的政治、经济、科技、文化发展水平和受教育者身心发展状况，一个国家或地区的人才培养主体所规定的人才培养规格和质量要求也不同。

据此，我们可以把职教师资培养目标定义为：指在一定的历史时期，一个国家或组织的人才培养主体对职教师资培养期望达到的人才规格和质量要求。职教师资培养目标，总是与一定的历史时期相联系，是随着社会政治、经济、文化和科技的发展变化而发展变化的。职教师资培养目标必须符合一个国家或组织规定的职业教育目标，符合受教育者身心发展的规律。

2.5.1.4 课程设置

课程是教育活动的核心，是教育目标实现的重要载体，是落实教学理念、实现培养目标的桥梁。无论是什么样的教育活动最终都要落实到课程中。

课程是一个知识系统，是一个根据教育教学规律、教育目的、培养目标而对学校各种教学活动进行总体规划、对其过程进行全面安排由多元结构组成和多因素制约的复杂系统。狭义上，是指学校遵循教育规律和教育目的开展教学活动，有计划、有组织地编制的教学门类和内容。它表现一个个相对独立的教学单元和学科知识体系，主要体现在教学计划、教学大纲、教学实施和教科书等载体上。如语文、数学、经济学、会计学等。广义上，是指为了保障教育者的健全发展而由学校所实施的所有施加教育影响的活动。

课程设置是指学校依据学生、学科以及社会的需求，遵行教育规律对相关受教育者进行课程类型选择、课程门类设计、学时分配和开课顺序安排，以及对各课程的学习目标、学习内容和学习要求的相关规定和安排。课程设置为专业人才培养目标直接服务，因此取决于培养目标。课程设置包括以下要素：

(1) 课程结构

课程结构，是各类课程之间组织、排列、配合的形式。一般体现为课程比例，包括专业课程、通识课程、教学课程的比例以及理论课程与实践课程等各类课程之间的构成比例。如何协调各类课程之间的构成比例是课程设置的关键。

(2) 课程目标

课程目标是实施课程体系内部各门课程教学活动后所要达到的目的。指学生通过一个阶段的课程学习之后，在品德、专业、能力等方面目标期望的实现程度，课程目标反映了课程本身所要实现的具体意图和目的。

(3) 特色教材

教材作为知识的物质载体，是学生获取知识的主要工具和来源，也是教师授课的主要参考依据。一本好的教材，不仅有利于教师教学，传授系统的知识，而且有利于激发学生的学习热情，提高学习效率，促使学生较系统地掌握本课程的知识，从而达成教学目标。因此，从某种意义上讲，教材是提高教学质量的重要保障。

(4) 学分及课时安排

每门课程均具有一定的学分和课时。学分由专业性质和课程性质共同决定，体现在人才培养方案中；课时安排要根据人才培养目标、学制年限，进行科学规划，合理安排。

就职教师资培养而言，专业课程、教育理论课程、教育实践课程紧密联系在一起，因此要制定科学的课程体系，通过课程学习，达成培养目标。

2.5.1.5 培养方式

培养方式是人才培养模式的重要组成部分。培养方式是为实现培养目标，对培养对象进行培养所采取的程序和方法的总和。培养方式是实现培养目标的途径，涉及实现目标所需要的各种措施，既包括教育者施教的方式，也包括受教育者学的方式；既包括教育活动的方法，也包括教育活动的程序。一般而言，包括培养年限及学分要求、课程教学、课外活动、导师指导、社会实践、实习实训、毕业论文（设计）等具体培养措施和方法。

培养模式取决于培养目标，不同的培养目标对应不同的人才培养模式。任何一种人才培养模式，都需要有一套独特的人才培养方式与之匹配，才能实现人才培养目标。由于职业教育及其师资培养以综合职业能力形成为目标，培养模式强调做中学，因此行动导向教学是其主要的培养方式。

培养方式具体表现多种多样。以课程教学为例，包括理论教学和实践教学，具体内容涉及专业课程和教育课程。理论教学方法包括讲授法、案例教学法、项目教学法、仿真模拟教学法、角色扮演教学法等；技能实践教学主要包括校内技能实训、专业见习、校外岗位实习等以实践训练开展的课程。

2.5.1.6 评价体系

为了保障人才培养目标的达成，需要对人才培养活动进行有效的监督控制，就是培养评价。培养评价是指依据一定的标准对培养过程及人才培养质量与效益做出客观衡量和科学判断，并进行及时的反馈调节，以实现和达到既定目标的一种方式①。

通过培养评价监控人才培养过程，确保人才培养活动按照预期的轨道进行或及时纠正，从而达到预期效果。因此，对培养活动做出有指导意义的、客观公正的评价对人才培养活动具有重要的意义。正是有了培养评价，人才培养过程和培养制度才能够得到优化。职教师资培养要想确保人才培养质量，每个环节都需要监控和优化。

培养评价是一个体系，对人才培养模式的评价，主要考察以下内容：与国家教育方针政策的符合度；与学校发展定位的符合度；人才实际达到的知识、能力和素质的层次水平；实

① 宋建军.职教师资培养模式的构建与探索[J].职教通讯，2012(6):67.

现专业人才培养规格的情况；人才培养优势和特色；学生、社会和用人单位的信息反馈等。常见的评价类型有：

(1) 目的评价

目的评价的核心是确保职教师资人才的培养符合预期目标。职教师范人才培养的根本目的是为社会培养合格师资，培养活动需要在人才培养方案、培养方案模式、专业设置、课程安排、教学计划、教学大纲、教学方法、教学管理等方面体现出这一目的，才有可能并取得较好的教育实施效果。

(2) 过程评价

过程评价主要评价职教师资人才培养各个环节是否按培养方案规定要求进行，这是评价职教师范类人才培养质量时要考虑的重要因素。包括课程设置与实施、考试结业、评奖评优、实践实训、见习实习、技能大赛、创新创业，等等。对职教师资培养的评价，不能只关注某一个时点、某一个环节，也不能只关注最终结果，而是要体现在培养活动的全过程中。

(3) 效果评价

效果评价主要看职教师资人才培养是否符合国家总体的教育方针，培养结果是否符合国家和地区职业教育发展的需求。职教师资人才培养应当以国家职业教育需求导向，充分了解职业教育的发展和需求现状，人才质量要符合国家和地区职业教育对教师质量标准和规格的要求。效果评价包括教师的数量、生师比、年龄结构、学历结构、职称结构、男女比例及对教师知识的要求、教学能力的要求和实践能力的要求等方面①。

值得强调的是，评价的目的不是区分培养对象的优劣，而在于帮助学校、学生不断认识自我、完善自我，为培养高素质职教师资夯实基础。

2.5.1.7 保障机制

职教师资培养模式是一个复杂的系统工程，代表了我国职教师资培养的发展方向和发展路径。要保证培养模式各要素能够顺利运行，需要构建保障机制。主要包括：

(1) 制度保障

制度是最好的规则。要有效地实施职教师资培养模式，必须有相应的制度保障。通过制度强化培养模式的各个环节的落实，使之能顺利实施。缺乏制度保障，再好的模式都是难以推进实施的。在职教师资培养模式的保障体系中，完善职教教师资格证书制度和规范职教教师的聘用制度显得尤为重要。

(2) 政策保障

除了制度保障以外，还需要有一定的政策保障。良好的制度设计需要在政策推动下得到执行，通过适时的政策措施落实相关制度。政策可以起到保护、引导、支持和激励的作用，对于规范职教师资培养，提高培养质量无疑具有重要的保障作用。

(3) 经费保障

职教师资培养的特殊性，决定了其与普教相比教育成本远远高出一般高校。职教师资培养需要培养“双师型”教师，不仅要具备较高的理论水平，还需要具备较高的专业技能和教

---

① 车慧萍.机械设计制造及其自动化专业职教师资培养质量评价标准的研究[D].广东技术师范学院，2016：41.

学技能，因此成本投入高。但目前职教师资培养的成本核算均被低估，无论是本科还是硕士层次都与普通师范生（教育硕士研究生）同等对待，导致培养院校办学入不敷出，成本无法补偿，培养模式运行困难，严重地影响培养质量。因此，政府应加大对职教师资职前培养的经费投入，使职教师范专业在硬件设施上满足人才培养需要，并通过创造良好的工作环境和生活条件，提高教师的社会地位和经济待遇，形成尊师重教的浓厚氛围。

（4）师资保障

师资是教师之师。打造强大的师资队伍，是职教师资人才培养模式得以实施的首要条件。职业教育需要既懂理论又能实践的应用型“双师型”教师，那么从事培养“双师型”教师的教师比培养的“师资”至少应该“技高一筹”，更应该是既懂理论又精通专业技能的“双师型”教师。高素质的集专业理论与实践技能于一身的“一体化双师型”师资队伍，是保证“双师型”教师培养质量的前提。建设、打造一支以“双师型”为主体的教师队伍是构建合理职教师资培养模式的保障①。

从理论教学来看，专业教师应具备本专业及相关专业完整的理论知识以及技能知识，能够科学设计教学进度及深浅度。这要求教师具有综合运用知识的能力，谙熟各部分教学内容之间逻辑联系，并进行密切协调与渗透。能够深入浅出地从不同角度讲解、传授特定教学内容的概念、原理及计算方法等知识，用于解决实际一线生产过程中的疑难问题。

从实践教学来看，“双师型”教师要有丰富的实践经验，达到较高的实际操作水平。教师要坚持理论联系实际的原则，对实际生产、服务过程进行深入的调查研究，发现问题，把握规律。及时掌握学生运用知识和生产、服务实习的情况，通过课堂演示或现场操作，教会学生操作技能，提高学生实际动手能力。同时，要善于及时将生产实习中带有普遍性的问题转换为下一个教学环节的教学目的，把专业理论与专业技能有机地结合起来，有针对性地开展教学。

在职教硕士研究生培养过程中，导师队伍建设是提高职教硕士教育质量的关键。培养过程中，除院系授课老师按培养方案组织课程教学外，硕士生导师的指导是“决定性的”，处于研究训练的“心脏”。主要体现在学术性、专业性与师范性上的三位一体的整合与协调。鉴于高层次师资人才培养的实际需求，职教硕士研究生实行双导师或多导师制的培养诉求上显得格外重要。

（5）硬件保障

场地和设备要满足师资培养的需要。实验、实训室建设要达到专业规范和课程教学规范提出的实践教学要求，保证实验、实训课程开课率能达到100%，完成教学计划。要有满足学科基础课、专业课实验对实验的要求，每个学生拥有实验仪器设备套数符合规定要求。如专业认证标准基本要求生均实验室使用面积不低于2.5平方米，学科基础课实验室同时能容纳2个50人标准班的教学，专业课实验室可同时容纳1个50人标准班的教学。

图书馆及专业资料应满足师资培养的需要。具有与专业有关的图书、期刊、资料、信息情报、教字化资源，具有信息和文献检索工具，生均图书量不低于50册，并保持每年生均图书增长量不低于2册。在电子图书资料方面，拥有《中国CNKI数据库》《维普数据库》《中国万方数据》《百度文库》《经济社会大数据》《国研网》等中外文数据库，以及丰富的统计数据。

① 李鹏.广西中等职业教育师资培养模式的探究[D].2013：11.

此外，硬件也包括人才培养过程中师生必备的教学及生活设施。

(6) 外部合作资源保障

为实现人才培养目标，职教师资培养需要加强学校与外部合作，实现校校合作、校企合作，因此需要足够的外部合作资源作保障。

要建设高水平的校外实习实训基地。校外基地主要分为教学基地和专业技能实习实训基地两类。通过对职业学校和企业进行深入调研，与职业学校和企业行业专家研讨，建设校外实训基地，开发校外实训项目，拓展校外实训基地的人才培养功能。积极与职业学校和行业企业合作构建校校合作和校企合作实践实习基地，教学实践基地为职教师资培养提供教学技能培养的场地和实习条件，专业技能实习实训基地主要提供专业技能实习实训的场地和设备条件。

2.5.2 职教师资培养模式基本框架

职教师资培养模式基本框架，如图 2—4 所示。

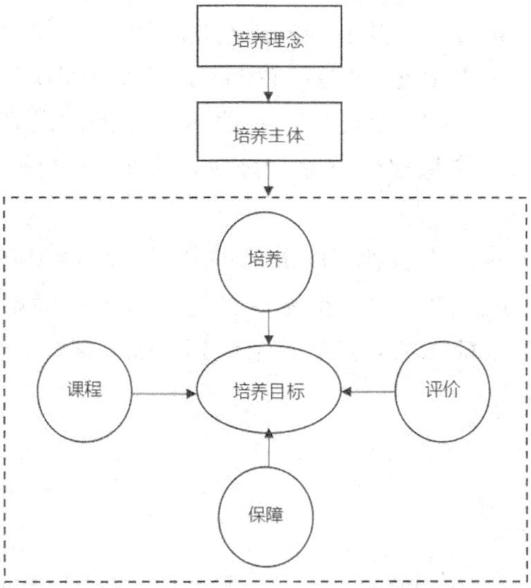

图 2—4　职教师资培养模式基本框架

在上图中，理念是师资培养的指南，正确的人才培养理念是构建职教师资培养模式的前提。因此，确立何种教育理念是职业教育师资培养模式成败的关键。

人才培养的主体是国家师资培养政策的执行者，是培养活动的组织者。明确的人才培养目标是人才培养的总要求，是核心和灵魂，是一切教育活动的出发点和归宿，同时也是确定教育内容，选择教育方式也是人才培养过程各要素运行的基本依据。

培养目标是构建师资培养模式的核心，为学校办学、教师教学和学生学习指明方向。人才培养目标在很大程度上决定着人才培养过程，制约着培养方式、课程设置、评价体系和保障机制等其他要素。其他要素只是为实现目的、达到目标而采用的方式及手段，必须紧紧围绕它而起作用。因此，确立明确、清晰、体现职业教育特点的、独具特色的人才培养目标是职教师资人才培养的前提和基础。

课程是教学内容的载体。课程学习是实现人才培养目标的重要途径。课程设置是构建师资培养模式的关键环节。教育内容是为实现培养目标服务的，今天的教学内容结构就是学生明天的素质结构。课程设置从根本上制约着人才培养的规格与质量，特别是直接影响着所培养人才的素质结构，包括其知识结构、能力结构及职业精神等素养结构①。职教师资培养课程是职教教师教育目标的具体化，是师生相互交流沟通学习的平台。对师资培养来说，无论是教育思想、教育观念的变革还是人才培养模式和教学内容体系的改革，最终都将归结于课程改革，都必须通过课程改革来加以具体实现。

培养方式是对培养方案的具体实施，是达成培养目标的手段。培养方式对师资培养的整个过程是非常关键的部分，决定着“怎样培养”的问题。不同层次、类型的师资培养方式区别很大，比如博士层次的师资培养方式与硕士研究生或本科层次的师资培养，就有很大的不同；专业学位与学术学位研究生的培养方式也是有质的区别。

质量评价是教师培养过程中的重要一环。培养模式实施以后，需要参照培养目标，进行科学的评价，在评价基础上适时进行调整、修改和完善。评价体系是对培养目标、培养过程等进行监控，对职教师资培养活动、教学过程进行监督和科学评价的制度措施的总称。其实质就是通过在职教师资培养过程中建立质量监控系统和管理制度体系，采取一系列科学的方法和手段对所有可控环节进行监控，及时发现和改进存在的问题，使人才培养质量达到规定的标准并保证质量逐步提高。质量评价贯穿于师资培养的全过程，对其起监督作用，是对培养过程、效果的评定与反馈。

保障措施是职教师资培养模式顺利实施的保护屏障。培养模式要能够顺利运行，还需要在相关政策、制度等方面建立必要的保障措施，建立完善的保障机制，来保障师资培养模式落到实处。保障机制是一个系统工程，包括政策保障、制度保障、经费保障、师资保障、硬件保障、合作资源保障等子系统。

---

① 王振刚，孙翠香.跨学科博士层次“双师型”职教师资培养机制研究——以天津职业技术师范大学“特需项目”为例[J].职教论坛，2016(23):8.

第3章

新经济时代与新商科教育

新技术革命促使经济发展进入新时代。在大数据、人工智能、云计算、移动互联网、区块链等新技术迅猛发展的今天，行业之间呈现跨界融合，商业变迁节奏加快，市场信息瞬息万变，商业环境更加复杂。在新经济时代，人们传统的思维、生产、生活、学习方式受到巨大的冲击，由此引发培养商业人才的商科教育转型升级，传统商科向现代新商科转变。探讨和构建新商科背景下财经职教师资培养模式，培养更多创新型新商科职业人才，已经成为商科教育应对新商业环境的复杂挑战、实现可持续发展的关键。

3.1 “四新”经济的发展

3.1.1 “四新”经济概述

3.1.1.1 “四新”经济的内涵

“四新”经济是在“互联网+”、大数据、云计算、物联网、智能化、传感感应技术等核心技术迅猛发展的基础上，经济发展所表现的新形式。2014年，上海“新与增”研讨会上正式提出了“四新经济”概念。“四新”指新技术、新产业、新业态、新模式。“四新”经济是一种新的经济形态，建立在现代信息技术广泛嵌入与深化应用的基础之上，其内核在于技术、产业、业态与模式的创新。“四新”经济具有跨界融合、需求主导、高速成长、动态变化等多样化的特征。

(1) 新技术

“新技术”，是指能有效提升生产技术和产品工艺，提高社会交易效率，降低交易成本，促进信息集成交互，推动生产和服务融合的技术。新技术可实际推广、替代传统技术，并形成强大的市场力量。

“四新”经济的技术内核就是以云计算、大数据、物联网、人工智能、移动通信、5G为代表的新一代数字技术。这些新技术的应用，改变了传统的生产方式和管理模式，促进了供需精准匹配，激发了众多新产业、新业态和新模式。

20世纪40年代末，以电子计算机、原子能、航天空间技术为标志的第三次科技革命拉开序幕。70年代初，又出现了以微电子技术、生物工程技术、新型材料技术为标志的新技术革命。更重要的是，互联网（internet)在80年代后迅速发展，从美国开始向世界蔓延。

进入21世纪，第三次科技革命继续向纵深发展，引发科技、经济、社会一系列深刻变革，对世界产生了深刻的影响，至今方兴未艾。目前，国际上公认的并列入21世纪重点研究开发的高新技术领域，包括信息技术、生物技术、新材料技术、新能源技术、3D打印技术、航天科技和海洋技术；人工智能、储能技术、高温超导材料、智能驾驶、人脸识别、物联网、可穿戴设备等。

近年来，我国的科技创新能力不断增强，部分企业自主研发的新技术达到了世界领先水平。如科大讯飞的智能语音、人工智能技术；大疆的无人飞行器技术；阿里巴巴的阿里云、人工智能技术；蚂蚁金服的人工智能（信贷技术）、区块链技术；百度的人工智能（深度学习技术）；旷视科技的人脸识别技术。随着大众创业、万众创新的深入实施，一、二线城市纷纷加大自主创新支持力度，涌现一批具有创新活力的城市，新技术热点也不断涌现。如可植入技术、数字化身份、视角交互、可穿戴设备、万物互联、普适计算、共享技术、3D打印与3D制造、神经技术、便携式超级计算机、人工智能与决策、全民无限储存、数字化家庭、智慧城市、大数据决策、无人驾驶汽车、机器人与服务、区块链，等等。

新技术是经济可持续发展的核心，是“四新”经济的内核。通过新一代信息技术的广泛应用，企业的生产方式和经营管理模式不断改变，不断衍生出更新的技术、产业、业态和模式。

（2）新产业

“新产业”是指以新科学发现为基础，充分运用新技术，以新时代市场需求为主体依托而衍生出来的引发产业体系发生重大变革的产业。如人工智能、新一代清洁能源产业等。与传统产业相比，新产业具有高技术含量、高附加值、资源集约等特点，包括电子、信息、生物、新材料，等等。互联网产业就是一种典型的新产业，它引发了世界产业体系发生重大变革，填补了众多市场需求空白，并创造了广阔的新生市场。

新产业是新技术的运行载体，是新技术价值实现的桥梁。具体表现为三种形式：一是新技术直接催生出新的产业形态；二是通过运用新成果、新技术改造提升传统产业，衍生出新产业；三是新科技成果、信息技术的推广应用，推动产业分化裂变、升级换代、跨界融合而衍生出的新产业。

中国社科院《城市蓝皮书：中国城市发展报告No.12》中提出了七大“四新”经济重点领域，较好地诠释了新产业。一是人工智能；二是创意经济；三是流量经济；四是共享经济；五是低碳经济；六是生物经济；七是数字经济①。

（3）新业态

“新业态”是指伴随着先进信息技术的应用，从现有产业和领域中衍生或叠加出来的新环节、新链条及新活动，由此提供多元化、便捷化、个性化的产品和服务供给的业态载体。新业态并不是一个新的产业，只是传统产业形态在新技术支撑下的一些新表征。

新业态将新知识转化为新产品、新技术、新管理方式，通过新的组织模式创造出新的市

① https://www.sohu.com/a/425651096_505841.

场价值。当某些经济活动超越传统的组织、经营方式和运作模式，并形成一定的经济规模时，就会构成比较稳定的新业态。

根据新业态的具体表征与应用前景，可以分为优化类、提升类、培育类三大类：一类是优化类新业态，重在强化科技驱动和信息化带动作用，推动发展模式创新。包括：智慧出行、智能会议、智能客服、智能教育、工业机器人；融资租赁、移动互联网、跨境电子商务、农村电子商务、数字会展；冷链物流；城市配送物流、保税物流、游轮游艇旅游，等等。二类是提升类新业态，重在引导产业链向高附加值环节延伸拓展。包括：汽车服务、高端消费品制造、新材料、新能源与节能环保、总集成与总承包、新型显示器、城市矿产、新媒体，等等。三类是培育类新业态，重在引进具有核心地位和发展前景的龙头企业。如通用航空、智能电网、卫星导航、海洋生物医药、大数据、互联网金融、消费金融、碳金融、航运金融、服务业超市，等等。经济发展水平和资源禀赋不同的区域或城市，可以根据自身实际情况来设置优化类、提升类、培育类新业态。

新业态以不同产业相互整合、内部价值重组和外部产业链为基础，不断进行的分化与融合。从历史上看，超市、专卖店、4S 店、会员商店、直销店等就是当时产生的贸易新业态。现阶段的新业态主要表现为传统企业依托互联网创造的新生产方式、新服务内容、新销售渠道、新购物模式等。概括地讲就是“互联网+”。如网上购物、在线教育、互联网医疗、互联网金融、保险、移动支付、数字治理和服务、线上办公、共享经济、餐饮外卖、智慧出行、智慧旅游，等等。

新业态的产生和发展是新技术与市场需求碰撞产生的火花，是信息技术革命、产业升级和消费者需求三大因素倒逼推动的结果。20 世纪后半期以来，IT 产业飞速发展成为各产业发展起飞的重要根基，从 PC 电脑的应用到 internet 环境，再到云计算和物联网以及大数据和 4G 网络的普及，IT 产业发展的每个细节、每个阶段都重塑并催生着全新的产业形态。如表 3—1。

表 3—1 服务业业态的变化

行业	传统业态	现代业态
金融行业	银行网点柜台	手机银行
会计行业	财务会计	管理会计、会计机器人
旅游行业	传统旅行社业务	智慧旅游
物流行业	仓储	现代物流
餐饮行业	餐厅就餐	网上订餐、跨界餐饮

2020 年 7 月，中央网信办、国家发展改革委、工业和信息化部等 13 个部门联合印发《关于支持新业态新模式健康发展 激活消费市场带动扩大就业的意见》，提出支持 15 种新业态、新模式发展。包括在线教育、传统企业数字化转型、线上办公、“无人经济”、数字化治理、互联网医疗、产业平台化发展、“虚拟”产业园和产业集群、培育新个体经济支持自主就业、发展微经济鼓励“副业创新”、探索多点执业、共享生产、共享生活、生产资料共享及数据要素流通。

互联网正在以其低运行成本、无线扩张能力，覆盖面广、不受时空、地域限制的特性，催生更多新产业、新形态。

（4）新模式

新模式指的是以市场需求为导向，打破原先垂直分布的产业链及价值链，实现传统产业要素重新高效组合，以增强资源的利用效率，满足多元化消费需求的结构或样式。在互联网时代，互联网与产业融合创新，产生一系列共享、融合、跨界的富有无限想象力和创造力的新模式，提供更加富有人性、快捷灵活的个性化服务。如制造业与服务业融合产生生产性服务业模式，制造业平台化而衍生出的平台经济模式、联盟经济模式等。依托新技术，进一步优化服务业的生产要素，更新服务业业务体系，产生众多新的服务模式、消费模式、运营模式，从而使商业模式得以重构。

新模式的范围非常宽泛，具体表现有：一是基于“互联网+”平台的采用“感受在终端，服务在云端”的模式，如B2B、B2C、C2C、网络游戏、网络视频、网络阅读、网络音乐、远程服务、共享经济等。二是基于产品创新的新模式，如个性化定制、设备智慧运营、制造服务化、知识付费、众筹模式等。三是基于生产组织创新的新模式，如共享制造、研发众包、服务外包、跨界融合、供应链服务、平台生态模式等。四是线上线下店网融合经营模式（O2O）。网购快速发展对流通领域实体店的销售形成了冲击，实体店企业顺应形势也开始转向店网融合经营，如一些著名的网上经营企业（如淘宝、京东）也开启了线下实体网点的铺设和经营。线上线下二者取长补短，变弱势为优势，优势为强势，形成了富有竞争力的O2O融合经营的新业态。五是提供一站式、个性化服务的新商业模式。如为创业者、投资者提供综合服务的科技园、产业园、孵化园、车库咖啡、创业空间等；集消费、娱乐、休闲、服务于一体的大型购物中心、城市商业综合体；满足客户个性化需求的时尚消费品、化妆品、服装定制、DIY商店、代购等。以特定的市场群体为对象的主题商店，如我国台湾的“生活百货”连锁商店、香港的“日本城”连锁商店、专门服务于高个子人群的“巨人商店”等；以及满足不同层次消费群体需要的会员制、俱乐部等。

当前，规模庞大的电子商务，借助淘宝、京东、拼多多等大型网购平台、APP、微信、抖音、小红书等社交媒体、公众号营销、短视频、群经济、直播电商、次日自提小程序等，已经成为消费者消费购物的习惯思维和常态。研究表明，实施了电子采购的企业产品成本下降了5%～15%、业务处理成本减少了70%、整个业务周期缩短了50%～70%[①]。

这里主要介绍新商业模式。

商业模式的改变成为创新的源泉。哈佛商学院的学者亨利·伽斯柏（Henry Chesbrough）和理查德·罗森布鲁姆（2002年）认为：“单靠技术无法培育革新”，“为了实现革新，对商业模式进行适当的调查和研究是必不可少的”。在当今创新为王的时代，商业模式创新业已成为企业创新的一个重要方向，诸如Google、Facebook、Valve等都是通过商业模式创新实现了商业成功。

商业模式是指将资源转换成经济价值的全过程，是企业与企业、企业与渠道、企业与客户等交易关系和连接方式的统称。简言之，就是指企业市场价值的实现形式和转化机制。商业模式的最终目标是实现企业市场价值，包括市场定位、业务系统、盈利模式、获取关键资

① 王学梅等.新经济中的商业模式[M].贵阳：贵州人民出版社，2002（10）：14.

源能力、现金流结构和企业商业价值等多方面内容。商业模式能够解释企业为了实现开拓市场、传递价值、创造资本、获得盈利的目的而努力创造顾客价值、建立内部结构、拓展网络关系的过程。

一个成功的商业模式，就在于能够以最少的资源输入，实现最大化的价值输出。如果把商业模式比作黑匣子，左端输入的是资源，右端输出的是价值，则商业模式的结构如图 3—1 所示。

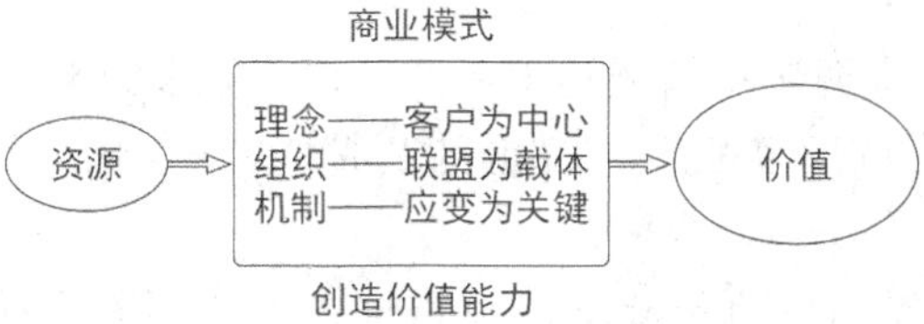

图 3—1　商业模式结构

新商业模式是指为实现用户价值和企业持续盈利目标，企业各种生产要素被整合和重组而形成的高效并具有独特竞争力的商业运行模式，具体表现为将互联网与产业创新融合，把硬件融入服务，提供消费、服务、娱乐、休闲的一站式服务等①。

传统商业模式一般是销售商设立实体店，以低价从生产商大批量买入商品或服务，以高价向终端消费者小批量卖出，赚取中间差价。当前这种传统的商业模式正在转变为“以消费者需求为中心，利用新科技优化产业价值链，融合并不断提升用户的线上线下购物和服务体验”的新商业模式。

新商业模式绝不是互联网、人工智能、大数据等 IT 技术与传统商科的简单物理叠加，而是运用 IT 技术将商科与现代工业、农业和现代服务业等产业紧密联系在一起而产生的化学融合。在新的信息化技术影响下，传统的商业销售正在转变为电子商务，传统的银行业务正在转变为互联网金融服务，传统的物流仓储服务正在转变为基于物联网技术的现代物流服务，传统的旅游服务正在转变为信息化背景下的智慧旅游服务。新的信息化技术突破了企业和消费者之间时空距离的限制，构建起新的商业模式，使供给者能够更迅速、更精准地了解市场需求，消费者也能够更便捷、更低成本地寻求定制服务。

现阶段，我国正处在经济发展方式和增长动力转换的攻关期，也处在世界科技创新快速发展的浪潮中，“四新”经济的发展具有重要意义。

目前，我国已经对“三新”（新产业、新业态、新商业模式）进行了专项国家统计核算。2019 年，我国“三新”经济增加值稳步提升，达到 161927 亿元，相当于 GDP 的 16.3%，比上年提高 0.2 个百分点；按现价计算的增速为 9.3%，比同期 GDP 现价增速高 1.5 个百分点。从三个产业看，“三新”经济第一产业增加值为 6685 亿元，占 GDP 的 0.7%；“三新”经济第二产业增加值为 70443 亿元，占 GDP 的 7.1%；“三新”经济第三产业增加值为 84799 亿元，占 GDP 的 8.6%②。

① https://tech.gmw.cn/2020—07/10/content_33982126.htm.

② https://tech.gmw.cn/2020—07/10/content_33982126.htm.

“四新”经济作为蓬勃发展的新生力量，为我国经济注入了新的活力。业内人士指出，“四新”经济正在成为我国经济发展的重要组成部分，对我国经济的回升向好态势起到非常重要的支撑作用。

3.1.1.2“四新”经济的特征

相比于传统经济形态，“四新”经济具有其自身显著的特点，主要表现在：

（1）及时性

“四新”经济的创新点来源于最新的技术和产业动态，来源于市场投资的最新热点领域，是新技术在经济中的适时表现，因此具有高度的及时性。

（2）动态变化性

科学技术总是向前发展的。随着最新技术和模式等的不断突破，“四新”经济的形态和内容将随之发生动态变化。在不同的经济发展阶段，“四新”将呈现不同的内容和形态。因此，要用发展的眼光看待“四新”经济的发展。

（3）跨界融合性

“四新”经济下，新技术、新产业、新业态及新商业模式共同促进经济快速发展，产业融合、跨界、异业联盟发展迅速。制造业与信息技术进一步融合，数字化技术已开始渗透于生产价值链的全过程。“数字制造”“智能制造”融合IT、软件开发和互联网技术的“数字化”“智能化”制造方式，引发制造方式的创新与变革，将研发设计、加工制造、营销服务三大产业链整合于一个共同的网络信息平台。以移动互联网终端和其他智能设备为支撑，将第一、二、三三大产业各环节实行一体化整合重组，使其融合发展。特别是制造业与服务业的融合，重塑价值创造，催生新产品、新服务、新业态、新模式的发展，开辟出更多的新市场，塑造出竞争更为激烈的新的市场结构，成为制造领域的新增长点。

（4）需求导向性

“四新”经济发展以市场需求为导向，能够把握消费升级的趋势和方向，发展潜力巨大。新服务技术与服务业融合，开拓新的服务领域。随着经济的快速发展以及人们生活水平的不断提高，生产者和消费者的价值观均发生了显著变化。由传统的“供给导向型服务”向“需求导向型服务”转变，一次性、非重复的买卖接触向持续性、多次性的连续服务过程转变，甚至形成了终身服务的长期共生关系。这种长期关系的建立又会催生出新的服务技术，并使之与服务业相融合，产生更新的生产和消费方式，进一步促进新业态、新模式的发展。

（5）鼓励创新思维

“四新”经济发展更依赖于鼓励创新发展的环境氛围，需要开放、平等、宽松的市场环境。因此，“四新”经济要鼓励创新、减少管制、宽容失败、允许试错，鼓励市场不断革新思维模式，实现自我发展和自主创新。

（6）呈现轻资产化

“四新”经济的核心是科技创新和新技术的应用与转化，其以知识、智力、资产的开发和转化应用为支撑，更多依靠的是人力资本，而非传统的物质资源、土地、能源和矿产资源等。“四新”经济实现了经济发展驱动力的转变，即由重视固定资产投资转到重视商业智力资本，具有轻资产化特征。这使得探索适合“四新”经济的人才发展激励机制，培育、引进创新创业领军人才和创新创业团队，显得尤为重要。

3.1.1.3 “四新”之间的内在关系

“四新”经济时代，新技术、新产业、新业态、新模式并不是独立发挥作用，“四新”在内容和形态方面相互渗透、相互融合，具有紧密的内在逻辑关系。

一方面，“四新”之间渐次递进、层层推进，环环相扣。科学技术是第一生产力。在新的生产力逐渐兴起的浪潮中，新技术催生出新领域；伴随信息技术等高新技术升级应用，现有领域中衍生叠加出了新的业态；新业态又与市场供求相互融合形成了新的模式；新业态与新模式的发展又倒逼技术不断推陈出新，形成规模化发展的新产业。

另一方面，“四新”之间相互影响、相互融合、相互促进。“四新”之间并非简单的线性关系，而是相互影响、相互促进，交叉融合的。实践证明，新技术、新产业、新业态、新模式是具有紧密的内在联系，不可独立存在和发展。以创新为主线，以新一代信息技术为平台，跨领域、跨行业的跨界融合是“四新”经济发展的重要表现形态和发展趋势。

现实中，“四新”往往呈非线性的不规则的交叉融合。新技术催生新产业、新业态、新模式，新产业、新业态、新模式则是新技术得以运行，实现其价值和效益的载体。如云计算和数据中心技术等新技术的突破与发展，催生出新模式，比如在线教育模式和在线办公模式等。新模式帮助企业获得超额利润，增加研发投入，从而促进新技术产生和技术成果的转化；同时，新模式的大规模出现又会形成新的业态，比如智慧出行、跨境电商和数字会展等，而这些新业态的规模化发展又会改变传统产业的发展路径，形成了新的产业①。

总之，新技术创造了新模式，新商业模式反过来又推动了技术创新的步伐。技术和模式的创新不断衍生出新业态，形成新产业。新产业的发展又进一步促进新技术、新模式产生。在新业态和新产业的蓬勃发展中，新技术和新模式不断推陈出新。技术、模式、业态、产业之间的良性互动构成“四新”经济发展的正反馈循环。

3.1.2 “四新”发展带来的重大变革

“四新”经济带来重大变革，是促进产业结构升级、推进产业融合发展、推动新兴领域产生发展、抢占未来产业制高点的核心动力，是经济转型与换道超车的重要驱动力。

3.1.2.1 促进传统行业和经济发展转型升级

“四新”经济将新科技融入传统制造业中，加快了产业整体的升级步伐。依托互联网与信息技术，新科技与传统制造业的有机结合成为先进制造业，其中包含汽车产业、半导体器件专用设备、无人飞行器、可穿戴智能设备、音响电影机械等。如目前市场销售火爆的新能源汽车就是传统汽车产业应用新能源、新技术、新材料的转型升级。

除制造业外，将互联网技术和传统服务业融合在一起成为现代服务业。如互联网技术与传统餐饮业相融合形成新型餐饮服务业，通过互联网、社交媒体等新兴技术，为顾客提供个

---

① 赵君丽，吴建环.发达国家“四新”经济的发展及对上海的启示[J].上海经济研究，2015（5）：79.

性化的食材、就餐环境以及外卖服务，彻底改变了传统餐饮固定地点、模式呆板、体验趋同的弊端，促进了餐饮服务的转型升级。

新技术、新业态和新模式与实体经济的相互渗透和融合，不仅催生了新的产业，而且使传统产业焕发出新的生机，推动制造业迈向全球价值链中高端。传统产业依托互联网技术，通过重建规则、重塑流程、重构模式等重新焕发生机与活力。

“四新”的融合发展，使得一系列符合产业升级和消费升级方向的新产品、新服务不断涌现，推动了整个经济转型升级。

3.1.2.2 改变世界经济结构和竞争格局

新技术的不断发展、突破，极大地影响着世界经济结构和竞争格局。大数据、移动互联网、云计算等新一代信息技术同机器人和人工智能制造技术加快了相互融合的步伐，科技创新链条更加灵巧，成果转化更加快捷，产业更新换代不断加快。在新技术推动下，互联网金融、互联网销售、智慧工厂、远程教育、远程医疗等等新型业态不断涌现，有的正在萌发，有的已经形成气候，还有一些已成燎原之势。科技革命和产业变革已穿上新衣、戴上新装备迈向了新的征程。

2017年11月，习近平总书记在越南岘港亚太经合组织（APEC）工商领导人峰会上发表主旨演讲时指出，新一轮科技革命和产业革命形成势头，数字经济、共享经济加速发展，新产业、新模式、新业态层出不穷，新的增长动能不断积聚，颠覆性技术创新正在创造新产业新业态。可见，“四新”已然成为影响一国国际竞争力，改变世界经济结构和竞争格局的最重要因素。

3.1.2.3 变革生产方式和经济社会结构

新技术革命下，经济社会发展必然要从传统的资源要素导向型逐步向创新驱动型发展转型，生产方式和经济结构调整的步伐会不断加快。

从生产方式来看，首先，科技革命加速了产业革命的发生。新技术革命带来了各种智力密集型或技术密集型企业的新兴工业迅速发展。其次，现代技术革命有力促进了传统产业的升级改造。例如，新能源、新材料技术的成果应用到传统的农业、工业中，从根本上改变了整个生产领域的面貌。最后，信息产业发展改变了传统生产的整个面貌。信息产业是运用现代信息技术手段从事信息产品的生产、流通和消费的产业，大工厂、高污染的劳动密集型生产方式被小型化、无人化的清洁生产所代替。信息“产品”是一种服务，是一种无形资产，是“无形的”“非物质性的”。信息产业迅猛发展，使世界经济和社会生产发生了革命性变化，对人类文明影响深远。

从经济结构看，新商业模式从供给侧和需求侧两个方面都发生了深刻的根本性变化。供给侧方面，传统的商业模式不断被新业态颠覆或融合，商业形态从原来的单一型走向现在的复合型。比如以支付宝为代表的电子商务平台，除了强大的支付功能，还将银行、保险、物流等过去独立的行业连接融通，产业相互交叉跨界融合。商业模式推陈出新，“私人定制”“个性化”的产品和服务供给使经济主体重新焕发生机和活力。同时，“大而全”的企业发展理念逐渐转型，“小而美”的小众企业正以全新的商业形态出现在人们面前。综观手机运用，每天每时都会有新的App小程序进入市场，每个消费者同时又是生产者，也就是从消费主义向参与性生产主义转变。如小米手机用户可以参与新手机的研发。从需求侧来看，新经济以消费者需求为核心，共享经济、移动商务、“云集市”不断更新着人们的消费体验，消费者从之前关注产品到现在关注自身体验，“体验式商业”应运而生。

从社会结构看，随着生产方式和产业结构的变迁，社会正步入一个不断变化的新时代。在这个新时代，人类的生产方式也在发生颠覆性变化，物联网和智能制造促使整个社会组织形态、商业模式、金融模式和商务规则发生转变。因此社会关系变得更加复杂，人与人之间、事物之间的联系不再是单一的、线性的结构，而是呈现出非线性、网络化的复杂结构。

3.1.2.4 改变生活方式和消费习惯

以“新技术、新产业、新业态、新模式”为代表的“四新”经济已融入社会的各个领域，极大地改变着人们的生活方式和消费习惯。

互联网经济正在以前所未有的广度、强度和速度改变着人们的日常生活。据统计，截止到 2021 年，我国互联网网民达 10.32 亿人，其中手机上网人数 10.29 亿人①。人们通过移动通信工具与世界发生连接，几乎 24 小时在线。手机和电脑成了每日必不可少的刚需品，手机已经变成另一个“人体器官”，一旦失去将寸步难行。众多的 PC 客户端、手机 APP、搜索引擎、社交媒介、微信公众号为人们的生活、消费带来极大便利，消费方式日趋电子化、数字化、线上化、信息化、原子化、超时空化。整个社会的生产、工作、生活，从集中转向分散，从固定转向灵活，变得更加个性化、多元化。

新经济时代，人们日常生活中的购物、支付、理财、餐饮、旅游、娱乐等各方面发生了天翻地覆的变化。随着 5G 技术的发展，智能物流、无人驾驶、协作工作空间、沉浸式娱乐等逐渐嵌入生活场景。见表 3－2。

表 3－2　传统生活方式与现代生活方式对比

生活方式	传统方式	现代方式
支付方式	现金、银行卡	支付宝、微信
理财方式	实体银行	网上金融、电子银行
购物方式	实体店	淘宝、京东等平台
餐饮方式	饭店	外卖送餐
社交方式	面对面、打电话	微信、微博、QQ
交友方式	面谈	指谈
会议方式	现场	视频、微信群
出行方式	街头招车	滴滴等网约车
旅游方式	旅行社	携程、去哪儿等平台

① http://kuai.fayiyi.com/zixun/20220228/76375.html.

3.1.2.5 催生新岗位，改变就业模式

“四新”经济发展造就了一大批新的职业类型和岗位工种。数据分析师、核心媒体运营已经逐渐成为主流岗位；跨境电商、互联网金融、O2O全渠道零售、智慧旅游、外卖骑手、快递物流等新兴热门商业服务发展如火如荼；视觉设计师、AI训练师、网络创意设计、电商运营管理人员、薪税师、网约司机、网商客服、视频博主等作为新兴职业出现在劳动力市场。其中，“薪税师”将传统的人力资源管理师和税务师双重职责合为一体，是复合型、创新型的工作岗位，是新税制下劳动力市场的新变化、新发展①。

同时，传统岗位的工作任务和内容也在不断被改造。例如，会计岗位的工作任务和岗位职责发生了深刻的转换：由传统财务会计转变为具备熟练信息技术的新会计；由单纯从事出纳、核算和稽核业务的财务会计转变为对介入企业最优化决策的管理会计。

岗位的变化，也引发人们就业模式发生改变，从按部就班正规化向SOHO、办公家庭化的非正规化、从体制化向非体制化、从集中化向分散化、从定时到向7×24转变。

3.1.2.6 改变思维方式

互联网经济不仅带来商业业务逻辑的改变，还正在深刻地改变着人们的思维方式。

(1) 思维数字化、信息化、虚拟化

在传统时代，我们一般接触到的都是物质实体，人类的思维方式一般都基本与之相对应。但是在网络时代，互联网数字化、信息化、虚拟化的性质改变了人们的思维方式。互联网成为人们思维反射的重要维度，成为信息获取、处理的第一选择。网络的信息来自虚拟端，被人类接收只有视、听两种形式，因为没有具体的实物，缺乏嗅、皮肤接触等感官感受，所以具有虚拟性质。通过线上的感知，人们会在头脑中形成虚拟的景象，这种虚拟不同于真实实体。虚拟的景象在每个人的大脑中会以不同的方式显现，如果是具体实物，就不存在此现象。

(2) 跨界、融合与共享

伴随新的经济形态产生，一种新的思维方式——跨界的、融合的和共享的新思维方式也应运而生。这种新的思维方式以用户体验为中心，例如，瑞典家居企业宜家，整合家居采购与餐饮服务、休闲服务为一体，跨界打造出商业新形态。消费者的选择更加多元，使传统家居行业增添了新活力。又如，上海简单音乐节融合了音乐、创意市集、餐饮、艺术展览等多个元素。众多的商业综合体、多元化汇聚的“商业节”、“音乐节”及各种横向扩展、纵向延伸消费体验，纷繁多样的产业形态不断刷新人们的观念，升级人们的认知，改变着人们的思维方式。

(3) 非线性、多元化

新科学技术的迅猛发展，势必突破原有线性思维的局限性，产生非线性的思维方式。非线性的思维方式帮助人类在认识客观世界时取得跨越式、跨界式的成果。同时，网络促使人们思维走向多元化。一是价值取向多元化。在网络时代，全球化进程加快，信息瞬时扩散，网络使多种价值观念相互碰撞，对传统价值观造成极大冲击和影响，人类的价值取向向多元化、多方向发展。二是问题视角多元化。网络时代，信息量大增，人们受来自各个方面的信

---

① 陈意新.基于互联网金融背景下的高职金融专业人才培养模式探析[J].现代职业教育，2016(4)：156.

息的影响，既有认知受到冲击，会从传统惯性的单一的思维方式中逐渐开始转向多维度、多视角的思维方式。三是层次结构多元化。近年来，网民的年龄层次趋向于年轻化，网络化思维方式也出现了因年龄结构层次的不同而存在差异，结构呈现多元化。

3.1.3 “四新”发展对教育的影响

数字革命带来数字经济，数字经济推动数字化教育。信息技术的迅猛发展，使互联网成为影响教育事业改革发展和人才培养质量的“最大变量”①。新技术对现有教育体系颠覆性的改变，几乎涉及教育的各个方面，是全方位、立体式的变革。信息技术正在改变传统的教育方式和教育形态。教育正在突破时空的限制，为受教育者主动学习、个性化学习提供机会。

3.1.3.1 学习方式泛在化

随着移动通信技术、传感技术和终端技术等的发展，学习方式呈现出泛在化趋势。泛在化学习是指人们可以不受时空的限制，任何人在任何时间、任何地点、基于任何计算设备（手机、平板、电视、电脑等）获取任何所需的学习资源，享受学习服务无处不在的学习过程②。用英文表述就是 4A（A—one，A—time，A—where，A—device）。

在智慧化的教育环境中，借助移动学习（M-learning）工具，学习无处不在（U-learning ），即泛在学习。泛在学习颠覆了传统时代在固定时间、固定地点，通过固定设备和模式的学习模式。泛在学习的一般流程如图 3－2 所示。

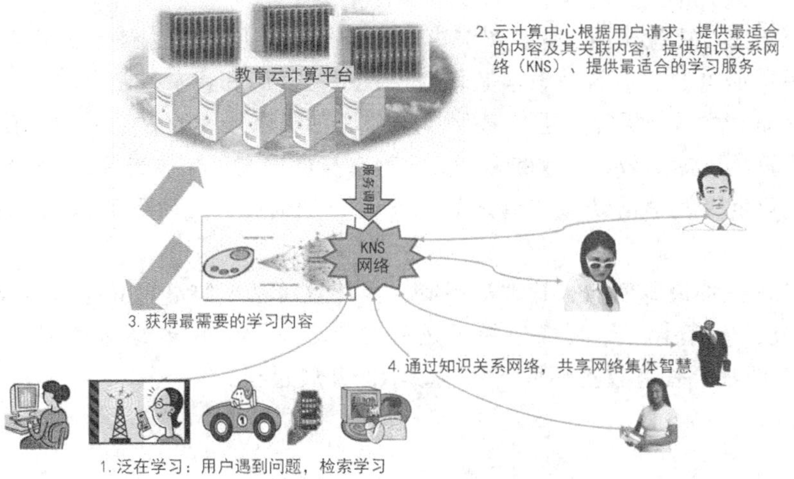

图 3－2　泛在学习的一般流程③

---

① 冯刚. 探索思想政治教育发展的内生动力［M］. 北京：人民出版社，2017.

② 杨现民，余胜泉. 生态学视角下的泛在学习环境设计[J].教育研究，2013（3）：98.

③ 杨现民，余胜泉.论我国数字化教育的转型升级[J].教育研究，2014(5)：115.

由上图可知，通过互联互通的知识关系网络，学习者与正在浏览、编辑、制作本学习内容的多个学习伙伴、教师、学科专家产生联结，形成动态化的学习圈。通过学习圈，不仅可以联系到本领域中权威的专家，而且可查找到各种需要的精华知识。这种学习既是一对一的学习，更是多对一的学习，完全颠覆了固定时间的传统教室中一个教师对多个学生的教学模式。

3.1.3.2 教学方式智慧化

以互联网、云计算、大数据、5G技术、物联网等为代表的新一代信息技术正在向教育领域渗透，教育正在向数字化、智慧化方向转型。信息技术革命存在重塑甚至颠覆传统教育方式和教育形态，对课程设计、教学实施、知识传播及与利益相关者互动等产生深刻的影响。

宏观层面，新技术对现有教育体系产生颠覆性的改变。“沉浸式全球化体验”、流动式教与学、互动式学习平台，超越时空的网络课堂、全球性的教育资源元素重组……已经在现实教育活动中得以实现。MOOC明星教师辅以大量普通辅导教师的搭配正在成为潮流。微课、Spoc、MOOC、Flipped Classroom、Blended learning、虚拟教室（HBX Live）和虚拟现实设备会重构现行的学校存在方式。

中观层面，主要是课程体系和课程设置。MOOC能够打破时空的限制，提供几何级数增长的教育最终产品，课程组合会越来越灵活。MOOC颠覆性的课程体系和课程设置模式成为解决课程体系和课程设置现实问题的利器。

微观层面，科技新产品的出现，快速迅猛地改变着教育的具体形式。基于3D技术、VR/AR技术的虚拟教室（HBX Live）、虚拟仿真实验室、智慧课堂和电子书包，计算机辅助教学（CAI）或计算机管理教学（CMI）将变得越来越普及。教学的呈现形式日趋多样化，课堂互动越来越方便有效，新技术使理解速度更快，记忆更牢。

随着智慧教室、智慧校园、智慧图书馆等智慧教学环境不断完善，智慧教学已成为信息时代教学发展的必然趋势。智慧教学是教师在数字化资源和智慧教学环境下，充分利用视频会议、情境感知、学习分析等先进信息化技术和信息资源开展的教学活动。较之传统的数字化教学，智慧教学更加高效、开放和多元，学生参与度更高，教师的备课、指导、教学评价等更加智能化，师生等教学活动参与者之间的交流更加通畅，互动更加深入，教学效率更高，效果更好。

智慧教室是一种最典型的智慧教学环境。智慧教室基于物联网技术，集智慧教学、人员考勤、资产管理、环境调节、视频监控及远程控制于一体，是多媒体和网络教室的高端形态①。图3—3展示了智慧教室环境下智慧教学的开展过程。

---

① 杨现民，余胜泉.论我国数字化教育的转型升级[J].教育研究，2014(5)：116.

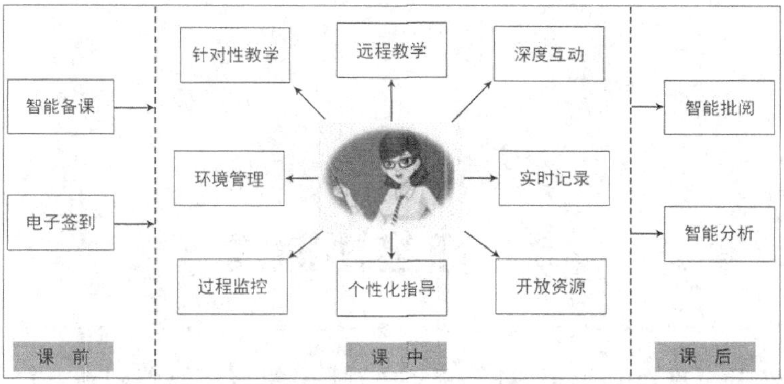

图 3－3　智慧教室中的智慧教学①

3.1.3.3 管理模式智能化

当前，“人管、电控”仍是我国教育管理信息化的主要模式，智能化程度不高。随着物联网、大数据、可视化、视频会议等技术的逐步成熟和普及应用，教育管理信息化将从“人管、电控”走向“智能管控”，见图 3－4。

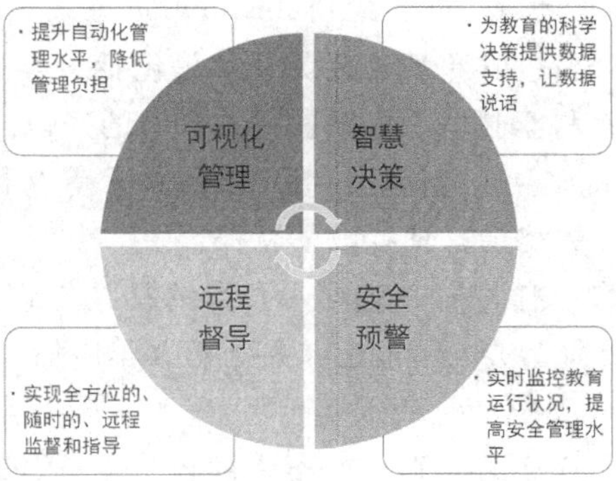

图 3－4　教育的智能管控框架②

通过设置全方位的传感器，对教育管理过程中的活动内容、人员信息、学校资产及办学条件等数据进行挖掘、采集、汇总与分析，并对收集到的数据进行可视化处理。教育管理机构通过中控系统调度指令，对教学活动、资产设备、系统运维服务管理等各方面信息与数据进行智能化远程质量监控与管理。通过对智能化管控，可以全方位、无死角地监控与管理教育教学过程，获取、储存、分析相关数据，降低能耗和管理成本，提高管理效率。通过数据统计、指标展现、横向对比、趋势分析等技术方法将数据转化为知识，为管理者进行科学决策提供数据支持。

① 杨现民，余胜泉.论我国数字化教育的转型升级[J].教育研究，2014(5)：116.

② 杨现民，余胜泉.论我国数字化教育的转型升级[J].教育研究，2014(5)：117.

3.2 新经济时代

随着“四新”的发展，我国经济进入新经济时代。新经济是伴随新一轮科技革命和产业变革产生的经济形态，以“互联网+”、大数据、云计算、物联网、智能化、传感感应技术等为核心技术基础①，并不断通过技术变革全方位地影响城市发展中的企业、产业、社会生活等各个维度。2016年我国的《政府工作报告》首次明确提出“新经济”这一概念。

随着经济社会的发展，当前我国新经济呈现多元化形态，主要表现为以下类型。

3.2.1 知识经济

按照经合组织（OECD）的定义，知识经济（Knowledge Economy）是指建立在知识和信息的生产、分配和使用上的经济。这里所说的知识，是包括人类迄今为止所创造、积累的全部知识，其中最重要的部分是科学技术、管理和行为科学的知识。

知识经济时代是以计算机、卫星通信、光缆和数码技术等为标志的现代信息技术和全球信息网络“爆炸性”发展的必然结果。具有以下特征：

（1）知识剧增，信息爆炸。有关研究表明，人类的科技知识，19世纪是每50年增加1倍，20世纪中叶是每10年增加1倍，21世纪是每3至5年增加1倍，现在则更快，可以说日新月异。

（2）知识成为最重要的生产要素。在生产要素的投入中，知识性要素投入往往占到生产成本的90%，而劳动成本只占到10%。

（3）产品制造模式和生产方式发生了根本变化。在知识经济中，产品制造模式从劳动密集型转向知识密集型，即高科技含量的产品。生产方式从大批量、标准化的刚性生产方式向小批量柔性化的生产方式转变；从大规模集中型的生产方式向规模适度的、分散的生产方式转变。

（4）产业结构和就业结构发生重大变化。知识经济时代，以服务业为主的第三产业越来越重要，在经济总量中的比重急剧上升。由于社会生产、生活日益信息化，对于知识、信息、技术服务的需求急剧增加，促进以知识、信息、技术服务为主的新型服务业迅速发展。与此同时，一些传统产业也加快了信息技术改造的步伐。产业结构的变化直接引起就业结构的变化，主要表现为五增五减：一是服务业就业人数增加，传统制造业的就业人数减少；二是经营管理就业人数增加，生产一线就业人数减少；三是技术型脑力劳动者的就业岗位增加，传

---

① 金邑霞.金华市“四新”经济发展路径探索[J].智能建筑与智慧城市，2022(2):27.

统体力劳动型的就业岗位减少；四是使用计算机及信息系统的工作岗位增加，传统的办公室工作岗位减少；五是非全日制就业机会增多，全日制就业机会减少。

知识经济兴起，是一场无声的革命。对经济增长和发展方式，对人类现有的生产方式、生活方式、思维方式等经济社会活动的各个领域，都已经和正在产生重大而深刻的影响。

3.2.2 网络经济

网络经济，是指将生产、分配、交换和消费等经济活动建立在计算机网络(特别是 Internet)基础之上，以现代信息技术为核心的经济形态。

网络经济以信息化技术为基础，以计算机网络为依托，以生产、分配、交换和消费网络产品为主要内容，以高科技为支持，以知识和技术创新为灵魂。与传统经济相比，网络经济具有以下显著特征：信息化、开放式、互联互通、快捷性、实时性、高渗透性（融合跨界）、个性化、自我膨胀性、边际效益递增性（边际成本递减）、外部经济性、可持续性和直接性（缩短中间环节）。当今发展阶段，网络经济主要包括中国智造、电子商务、互联网金融(ITFIN)、即时通信、搜索引擎和网络游戏、“互联网+”等类型。

网络经济改变了企业传统的经营理念和经营模式，也改变了消费者的消费思维和消费模式。网络经济正在以极快的速度全方位地影响着社会经济与人们的生活。

截至 2022 年 6 月，我国互联网用户规模为 10.51 亿，较上年新增 1919 万，互联网普及率达 74.4%；人均上网周时长为 29.5 个小时，使用手机上网的比例达 99.6%①。2021 年，全球总人口数量 78 亿，互联网用户数量达到 48 亿人，截至 2022 年 1 月，数量达到 49.5 亿人，同比增长 4%，互联网用户占总人口的 62.5%，网民平均每天使用互联网的时长 6 小时 58 分钟，其中互联网手机用户占 92.1%②。如图 3—5 所示。

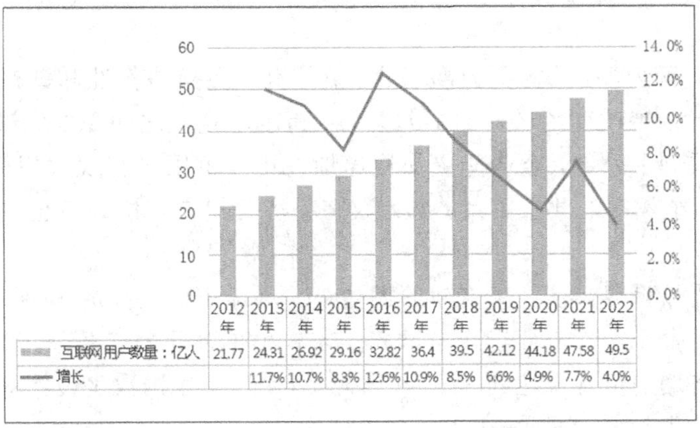

图 3—5　2012—2022 年全球互联网用户数量及同比增长

① https://www.meizhou.cn/2022/0901/680324.shtml.

② https://blog.csdn.net/m0_68724905/article/details/124551073.

3.2.3 数字经济

数字经济是继农业经济、工业经济之后的新型经济形态，是融合应用信息通信技术，以现代信息网络为主要载体，以数据资源为关键要素，以全要素数字化转型为重要推动力的新经济形态。

在技术层面，包括大数据、人工智能、移动互联网、云计算、物联网、区块链、5G 通信等新兴技术。在应用层面，“新零售”“新制造”等都是其典型代表。当前，数字经济发展速度快、辐射范围广、影响程度深，推动着生产方式、生活方式和经济社会治理方式的深刻变革，成为全球要素资源重组、全球经济结构重塑、全球竞争格局发生改变的关键力量。

数字经济具有开放、无边界、数字资源流动性强、强调价值共创等特征，其本身就包含了知识流动与共享的基本要素。交易数字化是数学经济的集中体现。数字经济时代，在开放式创新过程中，数据在组织与外部之间、组织部门之间和部门团队成员之间的创新活动中流动整合，通过合作研发、共创联盟等方式使组织经营系统形成一个跨越边界、时空和层次的复杂的知识网络结构。该结构跨越组织内部与外部，囊括从需求端消费者到供应链合作成员单位，并且可以通过创建、出租、维护相应的数据库来获得利润。

数字经济是规模经济、范围经济、网络效应、长尾效应的高度统一。从市场规模看，数字经济推动了全球、全域的市场联通。2018 年，全球跨境电商 B2C 的市场规模达到 6750 亿美元。从市场深度看，数字经济使企业能够实现更加深入的触达、更加直接的交互、更加高效的转化和更加精细的服务。依托大数据等技术，企业可以精准勾勒用户画像，获取消费需求，实现供需的精准匹配。数据驱动使得供给侧更具个性、更加精益、更为敏捷。比如，伊芙丽利用数字技术应用与系统集成，实现了商品全链条的数据化运营，提升了运营效率。数字化交易使线上线下渠道充分融合，平台经济、社群经济、直播经济、共享经济等新业态持续涌现。

数据驱动下，企业组织结构更为网络化、扁平化，更具协作性和敏捷性，管理触觉不断延伸。数字经济的发展改变了产业的资源束缚，市场和企业之间深度联通，产业效率获得渠道从企业内部扩展到了外部，企业能更加快速地在更大范围内实现大规模的资源要素集聚。因此，构建具有系统效率的共生关系，成为数字经济时代实现协同价值成长、提升产业能级的关键。

数字经济是当今世界经济技术变轨的大趋势。全球市值最高的 10 家公司中，20 年以前没有一家数字型平台企业，10 年前仅有微软 1 家，2020 年已有 7 家①。2021 年，全球 47 个主要国家数字经济增加值规模达到 38.1 万亿美元，其中，中国数字经济规模达到 7.1 万亿美元，位居世界第二②。

数字经济是国际贸易发展的新趋势。数字经济提高了生产效率，降低了贸易成本，成为推

---

① 孙瑞哲.新商业文明正在加速形成[J].纺织科学研究，2020(8)：15.

② 2021 年中国数字经济规模达 7.1 万亿美元.新京报 2022－07－29.https://baike.baidu.com/item/%E6%95%B0%E5%AD%97%E7%BB%8F%E6%B5%8E/10227477?fr=aladdin.

动全球经济增长的新动力和新引擎，被喻为“打开第四次工业革命的钥匙，事关民族复兴”①。

3.2.4 智能经济

智能经济是数字经济发展的新阶段。在经历了从 PC 到 PC 物联网，再到移动互联网，智能经济已经进入了以人工智能为核心驱动力的新阶段——智能经济时代。可以预见，智能经济将给全球经济带来新的活力，成为拉动全球经济的核心引擎②。

智能是智慧和能力的合称。“智慧”是从感觉到记忆再到思维的过程，智慧过程的结果产生了行为和语言，行为和语言的表达过程就是“能力”。智能型工具具有以下能力：一是感知能力，智能工具能够感知外部世界、获取外部信息；二是记忆和思维能力，智能工具能够存储感知到的外部信息及由思维产生的知识，同时能够利用已有的知识进行信息分析、计算、比较、判断、联想、决策；三是学习能力和自适应能力，智能工具通过与环境的相互作用，不断学习积累知识，能够使自己适应环境变化；四是行为决策能力，智能工具通过对信息的收集、处理，能够快速地对外部刺激做出反应，像人的大脑一样进行决策并传递出相应的信息。

智能经济以智能型物理设备、电脑网络、人脑智慧为基本框架，是以智能政府、智能生产、智能消费及智能社会为基本内容的经济结构、增长方式和经济形态。2017 年 7 月，国务院印发《新一代人工智能发展规划》，明确提出要培育有重大引领带动作用的人工智能产业，打造以人机协同、数据驱动、共创分享、跨界融合为主要特征的智能经济形态，促进人工智能与各产业领域深度融合。主要形态表现为：

智慧 5G：智慧城市、智慧家居、智慧医疗、智慧物流；

智能产业（智能＋业态）：智慧技术、智慧产业、智慧管理、智慧服务、智慧生活；

智能通信网络：云计算、物联网、通信技术与产品、软件服务；

智能城市管理：智能交通、智能电网、智能水利、智能农业；

智能小区：智能化小区服务管理集成系统；

智能健康系统：诊疗信息化管理系统、智能医疗设备；

智能家居生活：数字家庭系统、智能家居终端安防报警；

智能装备：智能仪器仪表产业及智能工控系统产业。

智能经济时代，经济社会面临新的重大变革和影响。百度创始人、董事长兼 CEO 李彦宏认为，首先，人机交互方式的变革；其次，智能经济会给 IT 的基础设施层面带来巨大的改变；最后，智能经济会催生很多新的业态③。这三个方面相互影响，相互作用，产生巨大的化合反应。

目前，很多公司已将 AI 与其业务相结合，与此同时，海量资本正在向人工智能汇集，很多 AI 初创公司正在全球不断诞生。据统计，2019 年前 9 个月，美国有 965 家与 AI 相关的初创公

---

① 马化腾：数字经济是打开第四次工业革命的钥匙 事关民族复兴.央视财经，2018－11－01，https://baijiahao.baidu.com/s? id＝1615929349896865127&wfr＝spideer&for＝pc.

② 李彦宏：智能经济底色是技术创新.人民日报客户端.2019－10－20.

③ 李彦宏：智能经济底色是技术创新.人民日报客户端.2019－10－20.

司共获得了135亿美元的风险投资。① 值得注意的是，这种AI大量涌现的现象才刚刚开始，后期融资的数量还一直在激增。可以预见，未来十年内AI将改变大多数企业的业务模式。

3.2.5 共享经济

共享经济是指拥有闲置资源的机构或个人，将资源使用权有偿让渡给他人，受让者可以通过分享他人的闲置资源创造价值，让渡者可以通过让渡资源使用权获取回报。其本质是整合闲散资源，让资源所有者以较低的价格提供产品或服务。在共享经济中，闲置资源的存在是第一要素，也是最关键的要素，是资源所有者和资源使用者实现资源共享的基础。

共享平台的出现大大激活了共享经济的多元化发展。2010年前后，随着UberAirbnb等一系列实物共享平台的出现，共享开始从纯粹的无偿分享、信息分享，走向以获得一定报酬为主要目的，基于陌生人且存在物品使用权暂时转移的"共享经济"。共享单车、共享汽车等业态在城市中遍地开花。

资源的需求方、供给方和共享平台是共享经济的三大主体。共享平台作为连接资源供求双方的纽带，通过建立移动LBS应用、动态算法与定价、双方互评体系等一系列智能机制，使得供求双方可以便捷地通过共享经济平台进行交易②。一方面，共享平台从前端帮商家解决了场地和资金等难题，从后端帮商家解决了汇集客源的难题，特别是平台的集客效应有利于商家更好集中精力提供高质量的产品和服务。另一方面，对资源需求方而言，则大大消除了信息不对称，降低了交易成本，实现了自身的需求。

在北京、广州、杭州等一线城市，继共享单车、共享汽车之后，共享充电宝、共享雨伞、共享篮球等共享经济新形态不断涌现，并成为新一轮资本蜂拥追逐的"风口"。仅以共享充电宝为例，短短40天时间就获得11笔融资，近35家机构介入，融资金额约12亿元人民币③。

当前，共享经济已成为服务行业内一股最重要的力量。共享理念和技术已全方位深度融入住宿、交通、生活服务、旅游服务、教育服务等各个领域，优秀的共享经济公司不断涌现：范围从社区服务、宠物寄养、车位到专家及导游服务，等等，甚至网络时代强需求的Wi-Fi共享。共享模式不断翻新，在供给端整合线下资源，在需求端为用户不断提供更优质的消费体验。

3.2.6 自媒体经济

互联网时代，可以说人人都是记者，人人都是麦克风，人人都是新闻传播者，人人都是新闻发布中心。利用数字技术、网络技术、移动技术，通过互联网、无线通信网、卫星等渠道以及电脑、手机、数字电视机等终端发展起来的新媒体崛起，人类进入新媒体时代。新媒体以其多元、互动、实时及"病毒式传播"的裂变效应等内生特征，使人们进入个人参与性媒体时

---

① https://blog.51cto.com/u_15282017/2969773.

② "开门吧"APP，要做联合办公版的Airbnb.人民网：2016－03－28.

③ 充电宝、雨伞、篮球共享"花式共享"经济来了？网易.2017－05－23.

代，“自媒体”时代应运而生。

2002 年，美国专栏作家丹·吉尔默提出了“自媒体”概念，认为“自媒体”是指“普通大众经由数字科技强化，与全球知识体系相连之后，一种开始理解普通大众如何提供与分享他们本身的事实和新闻的途径”[①]。如果将原有的传统媒体定义为“媒体 1.0”，新媒体是“媒体 2.0”，那么自媒体则为“媒体 3.0”。高效、快速、覆盖面广是自媒体传播的最大特点。当今丰富多样的自媒体媒介和客户端，包括微信、微博、抖音、快手、QQ、短视频社交平台等，可以满足用户多元化的需求。

自媒体时代是指以个体自发传播为主，以电子化手段向不特定的大多数或者特定的单个人传递信息的媒介时代，也被称为“大众麦克风时代”。自媒体的媒介基础具有交互性、自主性的特征，极大地提高了新闻自由度，使得传媒生态发生了前所未有的转变。

在互联网上，每一个账号，都像一个小而通达的媒体。通过发帖子、转微博、微信、评新闻……信息、观点、态度便汇入了互联网的比特之海。自媒体虽然是一个个自我的小媒体，但在数十亿网民汇成的汪洋大海之中，焕发出了巨大能量：从郭美美的名牌手袋到各种花式雷人的新闻，数不胜数。自媒体在舆论监督、传达信息、反映社情民意上，发挥着极其重要的作用。

自媒体经济的本质是“眼球”经济、注意力经济。自媒体独具的注意力吸纳特征，使得自媒体以信息传递的及时性、广泛的参与性、创新的传播形式、充满趣味的传播内容，有着传统媒体无法比拟的注意力吸纳优势，从而成为新的创富神话。个人可以通过互联网内容创作，通过热点获得巨量关注、点赞以及粉丝，依靠流量实现变现，获取财富。

自媒体具有强大的商业价值。微信公众号上阅读量上万的原创文章，就能吸引风投或者广告商；微博上拥有十万以上粉丝的“大 V”，就能获得广告投放；在各大平台上的短视频、直播间，都成为源源不断的财富流。因此，运营自媒体，尤其是怎样增加关注者数量、提高内容传播广度、点赞献花、增加观看流量、广告点击等，已经成为决定自媒体商业成败的关键。

自媒体平台具有精准的效果评估体系。在自媒体时代，借助先进的信息技术工具，使得自媒体的影响力得到了精确的统计。以转发数、阅读数、评论数为三大核心评价指标的自媒体效果评估体系，成了精确评估自媒体商业价值的可靠依据。

数量庞大的热钱和游资正在涌入自媒体领域，那些具有超高人气和传播影响力的自媒体博主成为风投青睐的对象；越来越多的产品销售正在摒弃传统媒体，投放到自媒体中。

当前，自媒体已衍生成为一种经济形态。各种短视频、公众号、直播间、App……都成为日常生活记录、大众娱乐、产品营销的重要平台，并从中获取收益。有的网红直播营销的税收甚至达到十多亿元。

3.2.7 众筹经济

众筹经济即大众筹资或群众自筹，译自国外 crowdfunding 一词，是一种向群众募集资金，以支持发起的个人或组织的行为。众筹由发起人、跟投人、平台构成，具有低门槛、大众

---

① Dan Gillnor：News for the Next Generation：Here Comes “We Media”，*Columbia journalism review*，2003.1.

性、多样性、创意性的特征。一般而言，众筹以网络平台的形式将发起人和跟投人（赞助者）联系起来。众筹资金的使用范围非常广泛，包含创业募资、民间集资、灾害重建、竞选活动、软件开发、艺术创作、科学研究、设计发明以及公共专案，等等。相对于传统的融资方式，众筹更为开放、多元。只要是个人喜欢的项目，都可以通过众筹方式获得启动资金，为更多小本经营甚至零起步的创业者提供了无限的可能。

众筹正在成为新时代资金募集的新形式。Massolution 研究报告指出，2013 年全球众筹总募集资金已达 51 亿美元，世界银行报告预测 2025 年总金额将突破 960 亿美元，亚洲占比将大幅增长。[①] 2014 年，国内 13 家主要的众筹平台共发生融资事件 8002 起，募集总金额 14.11 亿元，其中股权类众筹事件 3096 起，募集金额 11.06 亿元人民币。据世界银行预测，到 2025 年中国的众筹融资额有望达到 460 亿至 500 亿美元，其中 70%～80%的融资额将为股权类众筹[②]。

从十八届五中全会提出，到 2016 年写入两会报告，“众筹”被提升到前所未有的高度。李克强总理在政府工作报告中强调要重点打造众创、众包、众扶、众筹平台，构建大中小企业、高校、科研机构、创客多方协同的新型创新创业新机制。尤其是股权类众筹，将成为供给侧改革、创新创业、金融模式变革的重要突破口。

3.2.8 老龄经济

人口老龄化已成为世界性的趋势。2000 年，全球 60 岁及以上老年人口占总人口的比重超过 10%，标志着世界进入老龄化社会。目前，发达国家基本上都迈入老龄化社会，日本、意大利等少数国家正朝向老龄化社会迈进。据预测，21 世纪末，绝大多数国家都将进入老龄化社会。我国在 2000 年迈入老龄化社会，相对于发达国家，我国人口老龄化的速度非常快。作为世界人口大国，我国老年人口规模巨大。预计到 21 世纪末，我国人口高龄化率将达到 38%，三个老年人当中就有一个高龄老年人[③]。

老龄经济是老龄化社会的经济发展形态，是老龄化社会条件下经济活动的总称，既包括宏观经济，也包括微观经济。老龄经济具有以下特征：

其一，经济发展从刚需型经济转向改善型经济。老龄经济时代，经济发展进入了高度发达的阶段，经济中的产出不仅可以满足大部分人的基本生存的刚性需求，而且可以满足大部分人的改善型需求，经济发展逐步由生存型经济向生命型经济转变。

其二，经济发展从以物为本转向以人为本。随着老龄经济的到来，经济发展进入了高度繁荣的阶段，人的基本需求得到满足，经济发展将更多地去满足人的个性化需求。经济发展目的、经济组织方式将从以物为本转向以人为本，发生深刻变革。

其三，经济发展从局部生命阶段转向全生命周期。毋庸置疑，老龄化社会是长寿型社会。与短寿型社会相比，长寿型社会意味着个体在年轻时就必须考虑老年期的生活。随着长寿型社会的到来，必须从全生命周期的视角去发展经济。

---

① https://baike.sogou.com/v56923156.htm? fromTitle=%E4%BC%97%E7%AD%B9.

② 张配豪.众筹经济的“崛起”[J].中国人民大学学报，2016(6)：40.

③ 杜鹏，刘维林主编.中国老龄化社会 20 年：成就、挑战与展望[M].北京：人民出版社，2021（12）：108.

其四，经济发展中需求不足将成为常态。老龄经济是老龄化社会的产物。老龄化社会是低生育率社会，同时也是人口年龄结构不断老化的社会。从人口总量来看，老龄化社会的人口总和生育率低于正常人口替代水平，导致人口总量持续减少，这在已经进入老龄化社会的发达国家尤为明显，其中以日本、韩国最为典型。从人口结构来看，出生率低下，寿命延长，人口结构不断老化。一般来说，老年人的消费水平不及年轻人，因此，老龄化社会与年轻型社会相比，整个国家消费水平都将降低，需求不足将成为经济发展过程中最重要的制约因素。

老龄经济将对经济社会发展产生深刻而长远的影响。

供给方面：随着人口老龄化的加剧，劳动力成本不断上升，对于劳动密集型产业的发展冲击较大；在老年福利方面，如医疗、养老、护理和老年服务设施的开支逐渐增大，而开支的增大必然挤占银行的储蓄空间，储蓄减少。预计到 2050 年，我国用于老年福利支出的费用将占到国内生产总值的 23%～27%[①]。储蓄减少带来投资降低，不利于经济增长；人口老化会影响创新发展，因为年龄越大越不利于创新。相关研究表明，2017－2050 年，人口老龄化因素可能使我国年均潜在经济增长率下降约 1.7 个百分点[②]。

需求方面：从内需看，在人口总量不变的情况下，人口结构中老年人越多，人口整体的消费规模就越小。同时，老年人收入水平比较低，尤其是广大农村老年人收入更低，也制约着消费扩大。从外需看，随着人口老龄化的不断加剧，受此影响，对外出口也会面临更严峻的挑战。

3.2.9 绿色经济

绿色经济是以效率、和谐、可持续为发展目标，以生态农业、循环工业和可持续服务产业为基本内容的经济结构、增长方式和社会形态。其核心要素就是：节约、低碳、循环。

绿色经济以高新技术为支撑，融合人类现代文明，使人与自然和谐相处，可持续发展。绿色经济充分体现了自然资源和生态环境的价值，是市场化和生态化的有机结合；绿色经济是一种经济再生产和自然再生产有机结合的良性发展模式，是人类社会可持续发展的必然产物。绿色经济的范围非常广泛，包括生态农业、生态工业、生态旅游、环保产业、绿色服务业等。

相对于破坏生态平衡、高能耗、危害人体健康的损耗式传统经济模式而言，绿色经济具有合理保护资源和能源、维护人类生存环境、对人体健康有益等特点，是一种资源环境与人类自身平衡发展的经济。

绿色经济是人类社会继农业经济、工业经济、服务经济之后新的经济形态，是有更高效率，更加和谐、持续的增长方式。绿色经济代表一种新的发展理念和发展目标，是 21 世纪人类文明的发展方向。目前，绿色经济正以其强大的逻辑力量推动全球经济的变革，发达国家普遍转向了绿色经济。

全球绿色经济市场规模不断扩大。从绿色材料、绿色能源、绿色制造到循环回收，绿色技术正深度整合于产业链、价值链各环节和整个产品服务生命周期，成为突破资源环境瓶

---

① 总报告起草组，李志宏：国家应对人口老龄化战略研究总报告.老龄科学研究，2015(3)：4.

② 总报告起草组，李志宏：国家应对人口老龄化战略研究总报告.老龄科学研究，2015(3)：4.

颈、实现可持续发展的重要手段。政策的引导、需求的倒逼、技术的加持、资本的催化，使得绿色经济正在加速纳入企业的战略体系、创新体系、生产体系和价值体系。

《2019 中国可持续消费研究报告》显示，七成以上的受访者已具有绿色消费意识。消费者不仅关心产品品质，也开始重视产品生产过程的环保性、使用过程的健康性以及废弃处理的环境友好性。消费意愿与消费习惯的变化，使得绿色环保产品的市场空间在不断拓展。2019 年 12 月，欧盟委员会公布了“欧洲绿色协议”，应对气候变化、推动可持续发展，宣布了总额为 7500 亿欧元的“欧盟下一代”复苏计划和 2021－2027 年 1.1 万亿欧元的强化版中期预算提案，聚焦绿色发展和数字转型[①]。

世界经济论坛发布的《2020 年全球风险报告》显示，未来 10 年的全球五大风险全部与环境相关。三年来，受新冠肺炎疫情的全球蔓延、气候异常的深刻影响，使得公众开始更多反思人与自然的关系。全球范围内关于“绿色刺激”和“绿色复苏”的呼声越来越高。发展绿色经济是时代的潮流，对于企业来说，只有适应新的文明，才能实现更好的发展。

3.2.10“双创”经济

“双创”即“大众创业、万众创新”，源自 2014 年 9 月李克强总理在夏季达沃斯论坛上的讲话。几个月后，“双创”被前所未有地写入了 2015 年政府工作报告予以推进。2018 年 9 月 18 日，国务院下发《关于推动创新创业高质量发展打造“双创”升级版的意见》[②]。至此，创新进入 2.0 时代。

创新 2.0 时代的“大众创业、万众创新”，本质上是知识社会条件下创新民主化的展现。随着新一代信息技术所带来的知识获取、知识交互的便利性，众创空间的主体也由原来的企业、科学家逐渐变为普通大众。

如今的创业主力军主要分三大类：大学生创业者、科研工作者转变过来的创新创业者、新富阶层创业者。这些年轻企业家作为“双创”主力军，必将逐步成为中国经济发展的新动力，成为中国经济突破下一个压力的破题者。

近年来，创新创业的发展态势良好，主要呈现在以下几个方面。

一是带动就业持续增长。就业是社会稳定和发展的基本保障，尤其在新冠肺炎疫情大背景下，重要性更是不言而喻。“双创”催生的各类企业主体，为社会提供了许多就业岗位。不仅如此，“双创”衍生出的各种创新型业态，还催生了一些新的、灵活多元的就业形态和就业方式，比如视频直播、区块链工程师、新型家政人员等。统计数据表明，自 2020 年下半年至今，随着疫情在全国得到基本控制，大学生、返乡农民工等重点创业群体的创业热情迅速回暖，大学生创业者达到 82.3 万人，增幅同比 2019 年上涨 11.1%，这两项数据均创 5 年来的新高[③]。在国家政策的大力推动下，返乡入乡创业群体逆势上涨，2020 年年底达到 1010 万人，首次突破 1000 万，实现就地就近就业的返乡留乡人员达到 1900 多万人，充分发挥了乡村就

---

① http://eu.mofcom.gov.cn/article/jmxw/201912/20191202924153.shtml.

② 国务院关于推动创新创业高质量发展 打造“双创”升级版的意见.中央政府门户网站.2018－09－26.

③ http://www.chinadevelopment.com.cn/sh/2021/1026/1749307.shtml.

业“蓄水池”的特殊作用①。

二是“双创”引领科技自立自强。通过深化科技管理体制改革，加大研发试验的经费投入，促进了科技创新与产业的深度融合，提高了科技成果转化效率，进一步助力提升产业基础能力和产业链现代化水平，助力实现经济高质量发展。2020 年国家对研发（R&D）经费的投入达到 24426 亿元，科技进步贡献率达到 60%。尽管受疫情影响，但 2020 年我国的科技创新成果依然丰硕，专利申请授权数 363.9 万件，发明专利申请授权量 53 万件，PCT 专利授权受理量 7.2 万件，商标注册量 576.1 万件，科技成果登记数 7.65 万件，技术市场成交合同金额实现加速增长，达到 28252 亿元②。

三是体制机制改革激发创新创业创造活力。国家不断优化营商环境，持续深化“放管服”改革，推进为企业便民服务，充分释放市场主体的创新创业活力。2020 年，新登记市场主体数量 2502 万户，同比增长 5.3%，日均新设企业达到 2.2 万户，同比增长 10%③。全国市场主体新登记数量逆势增长。

四是“双创”助力新发展格局的构建。2020 年以来，传统经济加速转型，实体经济数字化转型步伐加快，工业互联网发展进入快车道，工业互联网平台呈现百花齐放的发展态势。以高技术、智能化、柔性化为代表的先进制造业不断壮大，基于平台的制造业生态体系日趋完善。据统计，2020 年我国高技术制造业规模保持较快增长，达到 168823 亿元，高技术制造业占规模以上工业比重也创历史新高，达到 17.8%④。

五是双创平台支撑创新创业高质量发展。各类双创平台对创新创业形成合力支撑。据统计，截至 2020 年年底，国家层面，全国共有国家小型微型企业“双创”示范基地 343 家、科技企业孵化器 5843 家、全国“双创”示范基地 212 家、国家中小企业公共服务平台 585 个、众创空间 8507 个、国家大学科技园 115 个⑤。企业层面，中央企业建设互联网双创平台 113 个，建成实体孵化器 134 个，总运营面积超 168 万平方米，入驻企业近 3400 家；建成各类科技产业园区 84 个，进驻企业近 1 万家，其中上市公司 119 家，带动新增就业超过 22 万人⑥。

六是“双创”提升了我国国际影响力。2017 年，联合国大会将中国“双创”写入联合国决议，旨在呼吁世界各国支持“大众创业、万众创新”。自 2017 年以来，在五大洲 29 个国家 50 多个城市成功举办海外双创周活动超过 100 场，得到当地创业者和产业界的热烈响应⑦。

以上分析了新时代新经济呈现的类型，但上述类型之间不是相互排斥的，而可能有所交叉，但侧重点不一样。

---

① http://www.chinadevelopment.com.cn/sh/2021/1026/1749307.shtml.

② https://baijiahao.baidu.com/s? id=1714665711983844729&wfr=spider&for=pc.

③ https://baijiahao.baidu.com/s? id=1714665711983844729&wfr=spider&for=pc.

④ https://baijiahao.baidu.com/s? id=1714665711983844729&wfr=spider&for=pc.

⑤ https://baijiahao.baidu.com/s? id=1714665711983844729&wfr=spider&for=pc.

⑥ https://baijiahao.baidu.com/s? id=1714665711983844729&wfr=spider&for=pc.

⑦ https://baijiahao.baidu.com/s? id=1714665711983844729&wfr=spider&for=pc.

3.3 新商科兴起

随着“四新经济”的发展和新经济时代的到来，商业领域进入互联互通、大数据、人工智能、云计算、共享经济、消费升级的商业3.0时代。由此引发传统商科教育转型变革，新商科顺势兴起。

3.3.1 商科的发展与演变

“商科”，顾名思义就是“与商业有关的学科”。自美国宾夕法尼亚大学于1881年成立沃顿商学院以来，传统商科教育经历了140余年的发展已成为世界性热门学科。当前，商科业已成为一个学科门类相对齐全、专业众多、积淀深厚、社会需求旺盛、深受广大学生欢迎的学科。商科以金融、会计、管理、经济学为主要代表，包括金融、会计、市场营销、管理学、商务类专业（包括国际商务、电子商务等）、物流、经济学、人力资源管理等若干大类，有10多个专业类、12400个专业点①。

国际精英商学院协会在其《2013年商学院数据趋势》报告中指出，截至2012年2月，全球向社会提供各类商科学位的机构达15673家；在英国，每7个学生中就有1位选择学习商科；中国校友会网2013年的中国高考状元调查报告显示，历届高考状元选择就读经济和管理类专业的学生占比达到37.85%；中国财经类民办高校排名位居前列的西安欧亚学院，28个本科专业中，商科类专业就占据了16席②。市场经济需要商科教育，更需要与时俱进的商科教育。

在中国，商科有着悠久的历史。据民国初年的《大学令》记载，商科为文、理、农、工、商、医、法七大学科之一。中华人民共和国成立后，很长一段时间内，“商科”被计划经济特色的“财经”取代，除“会计学”等个别商科专业外，其他商科专业均不复存在。直到改革开放后，社会主义市场经济体制得以确立，人们才重新认识到商科的专业性和重要性，商科教育更是迎来发展的黄金期。1987年，教育部在本科专业目录中将“财经”类改为“经济学、管理学”类；1993年，又改为“经济学类”，下设“经济学”和“工商管理”两个门类。通常情况下，教育界将“工商管理”视为商科，由此初步奠定了商科教育在我国高等教育体系中相对独立的地位。

我国《普通高等学校本科专业目录（2012）》将经济学、管理学列入文科学科，没有单独设立商科。从专业角度看，新商科应当至少涵盖哲学、经济学、管理学、法学等学科门类，其

---

① 《院长视野》栏目.郑州财经学院报.219期第二版.

② 王雅鹏，胡柳波，吕丹.关于新商科发展的思考[J].高等农业教育，2020(4):25.

中最核心的学科门类是经济学和管理学。经济学涵盖了理论经济学、应用经济学两个一级学科，管理学涵盖了管理科学与工程、工商管理两个一级学科①。

本文所指的商科是指与经济建设密切相关，涉及经济学、管理学、商业贸易等内容的复合交叉学科，包括金融、保险、贸易、管理、会计、营销、物流、物业、旅游、服务、信息管理等专业，致力于培养高素质的商务人才及相关管理、运营、实际操作的专门化人才的学科门类。

在职教硕士专业设置中，财经商贸类各专业均属于商科。

3.3.2 新商科的提出

建设新商科，是在现有商科发展的基础上，对科技、社会、经济所带来的挑战的回应。

3.3.2.1 提出背景

(1) 第四次工业革命是新商科建设必要性的逻辑原点

以互联网、人工智能、大数据、云计算和区块链等为代表的第四次工业革命，推动工业进入 4.0 时代。在工业 4.0 时代，新型生产技术对传统生产模式形成巨大的甚至颠覆性的冲击，必然对人类社会体系和商业环境进行重构，重构速度之快、程度之深、范围之广是前所未有的。

(2) 发展新商科是应对互联网发展的迫切需要

如前所述，我国互联网用户规模已达 10.51 亿，互联网普及率达 74.4%，互联网应用持续保持高速发展的态势。有学者指出，互联网作为一种功能元素，正在融入各行各业，成为商业运营管理中不可或缺的一部分，推动着商业模式和经营渠道的改变②。在互联网时代，不发展新商科教育，就无法应对互联网带来的变革。

(3)“四新”发展和新经济时代背景是“新商科”建设的基本宏观环境

随着“四新”经济的发展，商业进入 3.0 时代。新商业时代，需要新商业人才。为顺应新时代商业的转型升级，新商业人才具有鲜明的时代特征：具备全球化视野、新商业价值观、把握新商业规律、交叉融合的多元思维、复合跨界的知识技能、终身学习可持续发展、情商智商均高。而这种新型商业人才的培养，新商科责无旁贷。

(4) 发展新商科是适应新业态和新产业发展的需要

当前，新业态和新产业发展日新月异。餐饮、酒店、旅游、教育、娱乐、购物、出行等领域都与互联网融合生长，衍生出全新的产业业态，引发一系列新变化：支付宝、微信等移动支付功能迅速崛起；传统实体商业遭受到互联网的严重冲击；网上交易、线上与线下联动的新型商业渠道与模式不断开疆拓土……面对这一系列的新变化，急需发展新商科，培养新型商科人才。

(5) 发展新商科是适应新的商业文明规则的需要

新商科是将新信息技术、新金融、新物流等综合应用于商贸服务而形成的学科。经济

---

① 吕朝晖.新商科：学科内涵与实现路径[J].河南工程学院学报：社会科学版，2020(4)：80.

② 卢彰诚.“互联网+”时代产教深度融合的新商科人才培养模式研究[J].科教文汇：下旬刊，2018(1)：95.

学、管理学、传播学、计算机科学技术、智能科学、数据科学等都在商业经济中交叉融合应用。当新的劳动工具应用于商贸服务中，必然产生新的技能；当新的知识体系融合应用于商业过程中，必然产生新的商业文明和规则。为了适应这一新的发展态势，必须发展新商科，培养新商科人才。

3.3.2.2 概念产生

新商业时代强调商业人才的培养既要遵循新商业规律，又要兼具数据挖掘、决策分析、智能科学等多学科的复合知识和技能。这足以显现出商科教育从培养传统的应用型人才已经转变为培养新型复合型人才。由此，对商科教育改革发展提出了新的挑战。

新经济时代，传统商科教育模式已难以适应市场对商科人才的需求，商科教育的调整改革面临颠覆性创新。伴随工业经济时代所形成的传统商科，其人才标准、教学理念、教学模式、课程体系、人才培养模式等已不能满足新商业时代对商科人才的需求，难以适应新时代经济的发展。存在的主要问题是：人才培养标准与市场需求严重脱节；过于重视理论和学术研究，轻实践应用和技能培养；专业和学科之间壁垒很多，跨学科培养受限；忽视技术对商科教育的促进作用；国际化视野不宽，商业伦理不受重视。新经济时代，社会的生产方式、企业组织形式、商业模式、金融范式、管理模式都发生了巨变，急需一场人才培养的教育范式的革命，商科教育必须进行颠覆性的改革创新。因此，新商科建设势在必行，"新商科"概念应运而生。

2014 年 6 月，网络上开始出现"新商科"，西安欧亚学院提出"商业社会需要新商科"。

2018 年，在教育部产学合作协同育人项目对接会上，高等教育司司长吴岩在主题报告中指出：高等教育创新发展势在必行，要全面推进"新工科、新医科、新农科、新文科"等建设。把商科教育纳入新文科下。以此为契机，建设以行业为导向培养跨学科复合型人才的"新商科"日益被广泛关注。随后一批高校陆续主办"新时代、新商科""新商科：概念、内涵与实现路径"等多种研讨会。

2018 年 11 月，新商科人才培养创新论坛在无锡召开。全国 200 余名专家学者齐聚论坛，共同探析新商业变局，谋划新商科建设。大会发出《新商科无锡倡议》，呼吁产业界与教育界共同探讨、支持新商科人才培养事业的发展，加强对新商业发展态势研究，形成共享成果；共同探讨新商业环境下主流商科人才发展趋势，解码跨界共享经济对商科人才的能力需求，再设商科人才培养目标；重构新商科教育教学体系，创新新商科人才培养模式；构建以学习者为中心的教学互动关系，激活学习者热情，提升教学价值；重构新商科教育生态圈，创造新商科人才创新力、创业力和领导力培育体系，服务新产业、新业态领军人才需求；融合新商科教育发展的国际化与本土化愿景，探索全球化视野下的新商科教育新蓝图，服务国家战略，携手开创中国新商科人才培养的新时代！

2018 年 12 月 14 日，高校新商科建设与国际化联盟在北京成立。2019 年 2 月，中共中央、国务院印发《加快推进教育现代化实施方案（2018—2022）》，推出"卓越拔尖计划"2.0 版，全面推进新工科、新医科、新农科、新文科建设，形成覆盖全部学科门类的中国特色、世界水平的一流本科专业集群，为 2035 年建成高等教育强国、实现中国教育现代化提供有力支撑。新商科是在新文科理念下开展经济管理类教育的新概念。

2019 年 3 月，教育部高等学校工商管理类专业教学指导委员会在上海对外贸易大学召开了年度第一次会议，会上第一次专门针对新商科的概念、内涵和路径进行了深入细致的探讨。

可见，“新商科”是在继新工科、新医科、新农科、新文科之后，应时代需求而出现的又一个新兴学科。新商科建设是在新文科建设背景下，是对工业 4.0 时代、商业 3.0 时代与创新发展、“四新”经济发展等全新挑战做出的积极回应。

值得说明的是，新商科建设，并不能同传统商科割裂开来，而是以传统商科为基础，以新理念为指导，顺应时代变化，融入现代新技术和新方法，对传统商科的继承和发展、改革和创新。概而言之，新商科是传统商科的“转型升级”版。

3.3.3 新商科的内涵与外延

3.3.3.1 内涵

新商科以传统商科教育为基础，对学科进行改革创新，是对数字经济时代生产方式、组织形态和商业模式发生重大变革的回应，也是对科技、社会和经济等领域严峻挑战的应对。

许多学者对其内涵进行了探讨，但目前为止，新商科的概念还处于探讨阶段，没有形成统一的认识。王雅鹏（2019）认为，新商科是在传统商科中融入新技术、新方法的交叉性、融合性学科，是适应“互联网+”时代背景下电子商务、互联网金融、全域营销、数字旅游、智慧营销、大数据营销等新兴的商业领域和商业模式发展的新学科①；王铭玉等（2019）认为，新商科是相对于传统商科而言的，“新”是科技革命、商业业态新发展的大背景下的“新”，是突破传统商科思维模式的“新”②；朱晶晶（2020）提出新商科是对传统商科进行学科交叉重组，将新技术融入商科课程采用新理念、新模式、新方法为学生提供综合性跨学科教育③；吕朝晖（2020）则认为与新商业业态相适应的新商科教育尚在概念讨论中，澄清相关概念的内涵与外延尚有时日④；刘纯（2022）提出新商科是针对因技术创新和社会变革引发的人们生活方式和商业模式的变化，主动适应商界转型升级，拥有可持续竞争力的新型商业管理与技术人才培养模式改革的新范式⑤。

虽然表述不同，但学者们对新商科的界定都将其与新技术、新方法融合起来，都认为新商科是对传统商科在新经济时代的改造升级。我们认为，新商科是在新经济时代和新商业环境下，运用跨界思维和方法，将新技术、新模式、新方法融入商科教育，对传统商科进行学科重组、交叉迭代和融合创新，以对接新经济、新商业的新型商科建设模式和人才培养模式。

新商科的提出，是对传统商科的开拓与创新，是在商业、技术和人文深层次融合的新经

① 王雅鹏，胡柳波，吕丹.关于新商科发展的思考[J].高等农业教育，2020(4)：25.

② 王铭玉，张涛.高校“新文科”建设：概念与行动[EB/OL].[2019－10－20].http：//ex.cssn.cn/zx/bwyc/201903/ t20190321_4850785.shtml.

③ 朱晶晶.新商科人才综合素质与培养思路研究[J].河北企业，2020(6)：141.

④ 吕朝晖.新商科：学科内涵与实现路径[J].河南工程学院学报：社会科学版，2020(4)：79.

⑤ 刘纯，肖功为.新商科模式与创新人才培养探索与实践——邵阳学院新商科“复合型”方案[J].教育信息化论坛，2022(6)：75.

济时代，对传统商科的教育理念、专业建设与人才培养模式进行改革创新，旨在培养出符合新商业环境需求的商科人才。

3.3.3.2 外延

从外延来看，新商科涵盖了传统商科所涉及的金融、会计、经济、管理四大类学科及其所涉及的众多相关专业。受新技术、新经济和新业态的影响，可以预见新商科的外延还将进一步扩大。将在原有传统商科学科与专业改革的基础上，包含许多新兴专业、新兴交叉学科与专业。比如，2020 年 6 月教育部公布的《学位授予单位（不含军队）自主设置交叉学科名单》和《学位授予单位（不含军队）自主设置交叉学科名单》中，符合新商科特征的新兴专业有“数理金融学”“媒体经济管理”“经济信息技术及管理”“消费经济学”“商务智能”“创业管理”“管理决策分析”“现代物流与供应链管理”等；新兴交叉学科专业有“大数据金融”“金融信息工程”“新经济与金融工程战略营销学”“知识产权与科技创新”“文化创意产业管理”“健康经济学”“管理哲学”等[①]。从国外来看，近年来国际上诸多商学院也涌现出诸多新兴专业，例如“财务预测与投资”“数据营销”“商业信息系统”“金融科技”“创意产业营销”等。

上述学科与专业的出现进一步丰富了新商科概念的外延。同时，大量交叉学科与专业的出现，也必然造成未来新商科概念外延的柔性化与模糊化。

3.3.4 新商科的特征

3.3.4.1 开放性

学生兴趣、能力、潜力的差异性，要求新商科人才培养体系具有多样性和开放性。新商科应打破传统封闭式的教育格局，建设一种全方位开放式的新型教育。一是目标的开放性。新商科教育目标的开放性，旨在不断开启人的心灵世界和创造潜能，不断提升新型商业人才的自我发展能力，以适应新商业时代的需要。二是教育资源的开放性。新商科教育资源的开放性，要充分开发和利用一切传统的、现代的、民族的、世界的、物质的、精神的、现实的、虚拟的等各种资源用于教育活动，以激活教育实践。三是教育内容的开放性。就是教育内容要面向岗位、面向市场、面向产业、面向世界、面向未来。要在新的经济形势下，以问题导向设置教学环节和课程内容，使教学内容由封闭、僵化变得开放、生动，更具新颖性、时代性和现实包容性。

3.3.4.2 融合性

新商科是融合了现代新技术的综合性学科。传统商科以单一职业能力导向为主培养专门商业人才，例如市场营销、金融、财务、人力资源管理等，学生的知识结构体系主要是以经济学、管理学为基础的市场运作和营销知识。而新商科趋于以行业导向培养跨学科复合型人才，在传统商科知识结构体系中融入移动互联网、大数据、物联网、云计算、人工智能等现代

---

① 王玉，杜勇.新文科建设背景下再看新商科的内涵、外延和特征[J]. 商业经济，2021(7)：174.

科学技术知识，如协作与谈判技能、智能优化技术、数据挖掘与分析技术、新商业模式运营方法、协同决策方法、物联网知识等，使商业活动打破了空间障碍和距离阻隔，也促使商科变得更为强大。

新商科是多学科的交叉融合。跨越政治、经济、科技、文化等多个领域，从多角度、多维度剖析商业和商业活动，跳出商科学。随着财富的日益集中，生命与机器的不断融合，为了使商科学生更好地洞察、把握时代和社会的商业机会，也需要掌握工科、电子、机械、计算机、生命科学、生物医学、生命与伦理、人工智能等方面的知识，甚至掌握一些必要的技能，否则，对商科的理解就会停留在表面。

在这一背景下，新商科人才培养应主动回应科技创新和商业模式变革，以“管理＋技术”相融合的模式，将传统的市场营销、财务、金融、人力资源管理转换为以互联网、人工智能为链接的云营销、智能财务、科技金融、智能人力资源管理。因此，新时代商科必须将信息技术交叉融合应用在商科教育中，以培养出适应互联网数字经济时代的商科人才。

3.3.4.3 交叉性

交叉性即多学科交叉。新商科不是一门单一的学科，是工科、理科与传统商科之间的学科交叉融合。传统商科教育是基于亚当·斯密的劳动分工理论设计而成，注重学科的分类、独立、封闭和自成体系。而新经济时代下，人工智能、云计算、区块链等新技术不断发展并广泛而深刻地应用于商业领域，推动着产业结构发生革命性变革，滋生了对新技术、新技能的新要求，而这一要求迫切需要工科、理科及商科之间的相互交叉融合，以培养符合时代需求的新商科人才。

新商科打破了学科之间的壁垒，进而跨越成为新型复合型学科。一是经济学与管理学的交叉。进入 21 世纪之后，经济学与管理学交叉融合倾向越来越明显，共同服务于市场经济实践，商业发展的现实也越发要求所有与市场相关联的学科之间不应有知识壁垒。比如，可以将会计学、财务管理、电子商务、市场营销等相互融合。二是与其他学科跨学科交叉。新经济时代，新技术改变了商业环境，也催生了许多新型学科，这需要商科和其他学科跨学科融合。比如，与数据挖掘、数据分析、计量经济学、统计学、法学、人工智能等学科的交叉融合。为此，理工科学生可以跨商科学习电子商务、物流管理等课程；信息技术专业学生可学习商业信息技术等课程；财务管理专业不仅仅和会计专业、金融专业等经济管理专业交叉融合，还需要与信息管理、电子商务等专业之间交叉融合。三是与人文、社会科学的交叉融合。新商科要注重培养学生的人文素养和职业素养，与人文、社会科学进行整合，跨学科交融设计人才培养方案。

3.3.4.4 跨界性

跨界性指行业跨界。新商科是不同行业跨界融合的产物。新商科的跨界性特征源自行业跨界融合的产业特征与行业背景。传统商业时代，行业和行业之间存在技术壁垒，界限分明。在新经济时代，行业之间跨界融合，界限变得模糊。传统单向型企业向综合型、平台型企业转变，催生出很多新岗位、新职业、复合型工种岗位，这就要求新商科教育也进行相应的交叉和融合，并且在未来促使商业与更多行业交叉融合。新商科围绕商业新业态下产业链的整合需要，在自身构建中必须跨越原有产业和行业界限。

新商科的跨界性要求新商科的多学科多专业协同建设和发展，需要进行科学、合理的商科建设顶层设计，从而更好地建设新商科。

3.3.4.5 复合性

新商科以培养适应新的商业领域的复合型跨界人才为主，要求培养复合型人才，具有复合型的知识、能力和素质结构。

其一，新商科要求学生具备复合型的知识结构。新商科要求学生不但要掌握国际贸易、财务管理、市场营销等商务专业知识，还要掌握新兴现代信息技术。即要求学生打破学科间的知识壁垒，进行复合型知识储备，做到多学科知识融会贯通。

其二，新商科要求学生具备复合型的能力结构。新商科要求学生不仅要有知识应用能力、工程实践能力、管理实践能力、创新创业能力、团队协作能力、优化分析能力、美学设计能力、与人沟通交流的能力，还要有学习能力和自我修复与完善的能力。特别是要强化学习能力，由于新技术日新月异、新的商业模式层出不穷，如果不具备较强的学习能力，不断进行知识更新，必然会跟不上时代而被淘汰出局。

其三，新商科要求学生具备复合型的素质结构。新商科跨界融合、创新发展的特征决定了学生必须具备复合型的素质结构，包括知识的复合与能力的复合，以及各种素养的复合，宽口径、厚基础、口行好、能力强，以便应对复杂、变化的商业竞争局势和商贸环境。

3.3.4.6 创新性

新商科具有创新性。随着商业业态、商业模式的大变革、大转型，既有商业理论的引领力已日渐式微，对其零星修补式的完善已不合时宜，必须基于新商业业态、新商业模式的变革进行理论创新。

以会计学科为例，新经济时代，现代会计学肩负创新的使命，不仅要培养会做账的人、会回答问题的人，而且要培养会发现问题、善于创新的人。在新业态背景下，所有的企业资源应用流程能够被实时追溯，因此普通会计的处理流程已不能满足用户需求。这意味着财务要关注大数据而不是小数据。大数据不仅仅影响财务本身，还直接关联企业的组织架构、业务流程、商业模式、管理方式等。会计服务将演化为综合的数字平台，成为一个新业态。因此，会计学必须深入研究大数据分析、智能财务、企业财务战略、实时会计等新课题，以应对新经济时代会计人才的培养。

3.3.4.7 实践性

新商科以产业需求为导向进行人才培养，由此决定了新商科具有较强的实践性。新商科人才培养要面向产业需求，对经济社会的发展动向保持高度的敏感性。在人才培养过程中，采用包括科研项目、模拟项目及实践项目的多种体验型学习为基础的新型教学方式，将理论知识与商业实践进行对接，在实践教学中发现、分析与解决具体的商业问题，提升专业能力、通识能力和创新能力，强化学生综合素质。

3.3.4.8 多元性

新商科教育参与主体具有多元性特征，需要进行教育资源的生态整合。要把商学院内部各个部门、学院与学校、学院与外部的政府部门、教育管理部门、企业和社会各个部门都整合起来。

“产业学院”是适应多元主体参与的常见形式。建立以商科院校为中心的“产业学院”，政府、院校、企业等多元主体参与、资源共享式的人才培养网络体系和“教、研、产、创”一体化的新商科教育模式。“产业学院”通过政府搭建区域经济数据平台，企业深度参与新商科人才培养，形成区域经济数据平台＋院校跨学科研究中心＋企业项目合作框架，将商科院校与企业紧密地联系在一起，实现院校与企业组织边界柔性化，新型商业人才培养主体多元化。

值得说明的是，新商科不是一个新的学科，新商科建设不是将传统商科推倒重来，更不是对传统商科的彻底否定，而是要增加数字经济时代赋予商科的新内涵，是对传统商科的否定之否定，是学科的发展。目前，传统商科在就业市场上仍旧占据优势。

3.4 新商科建设与改革思路

3.4.1 立足中国情境

院校商科教育萌芽于美国，兴盛于欧美。相对于美国、欧洲等商科教育比较成熟的国家，我国现代商科教育还非常年轻，仅有三四十年的历史，且一直都在借鉴国外的商科教育模式，采用西方理论和案例进行教学。

这种将发达的资本主义社会背景下产生的商科思维和实例传授于学生，让学生在中国的国情中进行应用的做法，先天性地造成了理论与实践的脱节。新商科着力构建中国特色话语体系，在强调与国际接轨的同时，强调立足中国情境，坚持“文化自信”，采用中国案例、解释中国现象和问题，指导中国的经济改革发展实践。这有助于学生理解和掌握知识，也有利于丰富和发展中国特色社会主义经济理论体系。

3.4.2 树立新理念

要树立全新的商科教育理念。一是以学生为本，促进人的全面发展。新商科教育强调以学生为中心，围绕学生个性、兴趣和潜力开展教育活动，关注学习成效和未来发展，注重培养学生专业知识、专业能力和综合素质，立足培养具备全球化视野，兼具科学与人文精神，具有创新能力的全面发展的商科人才。二是开放性、多样化对接产业行业的现实与未来需求。通过提供灵活多样的教育形式和教育手段，满足新经济时代行业和企业多样化的人才需求；打破传统的学科壁垒，实现教育目标、教育内容、教育过程、教育方式、教育资源和教育评价的全面开放。三是创新地、创造性地对接新商科的未来发展。新商科人才培养应实现从知识性教育向创造力教育的转变，形成创新教育与创业教育合成的生态链结构，培养具备新技术认知与了解、熟悉新经济规律和新业态特征的创新创业复合型人才。四是深度融入商业文化建设。商业文化是商科的价值取向和核心价值观，对教师和学生的专业素养提升具有重要影响。商科教育要凝练升华商业文化的内涵，把新商业文化、中华传统优秀商业文化和社会主义核心价值观紧密结合起来。通过不同的表现形式，使学生建立健康的人生观与价值观、健康的身心和积极的工作态度以及高尚的人品和职业道德等素养，并固化于未来的商业行为当中。

3.4.3 融入新时代

“新商科”教育应融入新时代，担当新使命，服务国家新战略。“新商科”教育要迎合新时代的新需求。随着新经济时代的到来，社会结构及岗位需求也发生了改变。例如，网店美工、淘宝客服等岗位由于工作职责、工作内容的变动，逐渐演变成为 AI 训练师、视觉设计师、电商运营管理人员等。而在新经济时代下，数据分析师、媒体运营师将逐渐成为主流岗位。在新商科教育过程中，应当充分依据经济发展趋势及行业需求，将教学内容与职业能力要求进行有效的融合。

“新商科”要立足于传统优势专业，加强新时代的专业建设。结合经济社会需求创建新的商科专业，构建立体动态的“新商科”专业群。一方面，利用传统优势商科专业辐射带动其他专业发展；另一方面，结合新技术孵化新的商科专业，如区块链管理专业。

“新商科”要服务于新时代国家“一带一路”倡议，服务于数字经济、智慧城市、智能物流、乡村振兴等战略规划以及区域经济发展目标。例如，营销和电商专业学生可以紧密结合国家乡村振兴战略，学用结合，为农村电子商务和农产品营销献智献策，为乡村产业振兴做出贡献。

3.4.4 设定新目标

新商科建设，必须遵循商业发展的规律和发展变化新趋势，符合国家社会和经济发展的新战略，面向产业经济、面向世界、面向未来。从全国新商科建设来看，要以一流商科人才培养、一流商科院校建设、一流商科专业建设为目标，把握新技术、新经济、新商业时代背景下商科发展新要求，建设和发展商科新兴、新型学科与专业，深化学科与专业改革，培养德才兼备、德技兼修、一专多能的高素质商科人才，探索具有中国特色、世界水平的商科教育和人才培养体系，加快从商科教育大国向商科教育强国的转变。

3.4.5 建构新结构

新技术、新经济和新业态的新商科建设背景要求新商科具备区别于以往的全新的专业群结构、课程结构和师资结构。

一是建构专业群新结构。专业链对接产业链。一方面包括围绕新经济、引领商业活动新发展，所增设的新学科新专业，构建新兴专业群；另一方面也包括应对新业态和面向未来而持续更新改造的传统商科学科与专业群。

二是建构课程新结构。课程设置要与职业标准对接，课程教学过程要与职业过程对接。包括新商科教育理念指导下建设的以学生为主、兼具开放性与多样性的“新”课程体系和“新”课程内容。

三是建构师资新结构。要打造适应新商科人才培养要求的“双师型”教师队伍。其一是专业教师。专业教师要以市场为中心，学习和研究新技术，鼓励教师深入企业，到合作企业进行挂职锻炼、业务研修和应用课题研究，提升专业教师的商业新思维和商业新技能。其二是实践教师。柔性聘请商界领军人才、管理精英和实践经验丰富的一线商业和企业管理人员通过产业教授、讲座教授、实习指导老师等形式担任兼职教师，壮大实践师资队伍。其三是实验和创新创业指导教师。新商科专业能力的培养要通过实验实训、创新创业活动、学科竞争、课题研究等内容和项目完成，因此，需要培养一支爱岗敬业、经验丰富、一专多能的专兼职结合的“双师型”教师队伍。

3.4.6 打造新模式

创新商科教育生态链。基于商业自身发展的生态链，立足专业链与产业链对接、课程内容与职业标准对接及教学过程与生产过程对接的需要，把新商科教育从传统的课堂知识学习转变为身临其境的情境式学习，构建线上线下商科教育生态链。如图 3—6 所示。

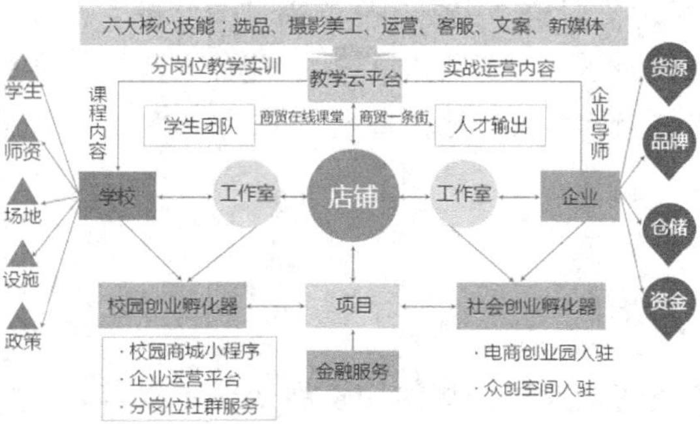

图 3—6　商科教育生态链“电商模型”①

商科教育生态链“电商模型”，实质是产教合作协同育人。从行业发展、企业需求出发，在教学过程中，以能力输出为导向，探索教学模式改革。通过在线系统平台与教师教学相结合，重塑线上线下结合的商科教育新场景，实现“产—教—学合作协同”。在新商科产教融合育人链条中，借道产业链，赋能教育创新，从资源配置、课堂教学、实训教学、社会服务等维度，建立 1 与 X 的多维关系，多维度协同赋能人才培养。结合行业企业的任务和场景，深度融合产业和教育，推动课程体系、教学内容、教学方法的改革，提升教师的核心素养和教学综合能力，实现人才培养目标。

在人才培养模式上，新商科建设意味着全新的人才培养模式，主要包括：

第一，新目标。新商科人才培养目标包括全新的知识、能力、素质人才培养指标体系。知识方面，应适应新技术时代背景，培养学生以学科专业知识为基础，经管内部、工学、理学等外部多学科交叉融合的知识结构；能力方面，应适应新经济与新业态发展现状及趋势，培养学生掌握数字经济下商业活动运行新规律，形成“专业能力＋职业通用能力＋创新能力”

---

① 应森林，王汝启，吕金芳.产教融合视域下新商科教师成长路径 1 与 X 协同赋能的实证研究[J].高教学刊，2021(12)：173.

的综合能力结构；素质方面，应交叉融合“数据思维”“计算思维”“交互思维”“伦理思维”“哲学思维”“美学思维”，培养学生的创新精神和自主学习能力的综合素质。

第二，新方法。新商科人才培养需要“教、研、产、创”有机融合。一方面是“教的创新”，包括全面创新课程体系、教学内容、教育教学方法、课外活动设计等方面；另一方面是“学的创新”，要构建以学生为中心的“研—产—赛—创”一体化的学习模式，创新传统学习与泛在学习、去中心化、非正式学习相结合的全新学习方法。

第三，新技术。新商科要培养数字化人才，实施数字化教育。大力推进网络教学、线上线下混合式教学、“云课堂”等立体化教学形式，扩展学生知识获取空间，延伸学习时间长度，丰富学习方式，为学生碎片化、分散化学习提供资源和技术保障。

第四，新资源。新商科教育需要新资源，包括适应新背景的实训实践教学资源与教学平台；新型的师资队伍；多样化、开放性的课程资源；融合课程、项目、实训、科研等的综合性学习资源。

第五，新主体。新商科的协同育人进一步凸显“产教融合”与“校际”“校企”合作，与传统商科相比，行业企业参与人才培养的广度和深度都有飞跃式提升。打造高校、政府、企业多方主体参与的人才培养平台，是新商科面向新商业时代人才培养的迫切要求。

第六，新监控与评估体系。监控与评估体系是人才培养质量的保障。为培养新型商科人才，需要制定新商科人才培养质量标准，加强人才培养质量标准体系的建设，为新商科专业设置、专业建设、教学质量评估提供参考依据，并在此基础上构建与新商科人才培养目标一致的人才培养监控与评估新体系。

第4章

新商科背景下财经职业教育发展转型

随着“四新”经济的发展，人类进入新经济时代。新经济时代，大数据、人工智能、移动互联网、云计算等的快速发展促使传统财经行业与互联网技术深度融合，引发财经领域的“基因突变”。这种“突变”改变了传统财务、金融、营销的经营理念和运行模式，衍生出新的财务、金融、营销生态、服务模式与产品形态，从而使得传统财经行业版图日益模糊。

行业的“基因突变”，必然引发职业教育的转型。为了顺应时代发展，培养适应新商业背景下的新商科人才，财经职业教育必须从培养目标、课程设置、教学内容、教学重点、培养模式等方面进行人才培养体系再造。

4.1 新经济时代的新财经

新经济时代，也意味着新财经时代。新财经主要体现为新财务、新金融、新营销。

4.1.1 新财务

4.1.1.1 财务环境新变化

第一，信息来源更加广泛。形式上，不仅包括结构化数据，还包括非结构化数据和半结构化数据；内容上，不仅包括财务数据，也包括非财务数据；信息边界上，既包括组织机构内部数据，也包括外部环境数据，例如，宏观经济数据、行业数据等，边界趋于模糊。

第二，信息主体更加复杂。一方面，信息主体的身份类型更加复杂化，财务服务对象由传统的财务人员、审计人员等向多维利益相关者的延伸；另一方面，信息主体的角色呈现多重身份，既是信息的生产者，也是信息的需求者，甚至也可能是信息传递或加工者。

第三，信息交互更加频繁。在会计信息生态系统中，信息环境日益复杂，不仅包括企业等组织机构的内部环境，也包括组织机构外部的技术环境、政策环境等宏观环境。财务信息流在组织内外不断进行交互、流动，相互作用、相互影响，共同推动系统的演化与发展。

4.1.1.2 财务发展新动向

(1) 财务会计发展新动向

第一，出现网络会计。会计管理进入全面信息化时代，多层次的网络结构信息管理系统可以实现会计业务处理、信息处理、会计决策与决策支持的一体化、同步化。会计在实现资金流处理的同时进行物流处理，真正实现购销存业务、会计核算、财务监控的一体化处理，成为企业处理中最有效的决策支持系统。

第二，会计出现融合趋势。一方面，财务会计与财务管理的融合发展；另一方面，管理会计和财务会计融合。在竞争激烈的经济环境下，财务会计、财务管理和管理会计三者融合才能提高企业内部的信息共享，优化配置企业资源，实现价值最大化，提高财务工作效率和质量。

第三，人力资源会计迅速发展。知识经济时代，人力资本在企业经济活动中越来越重要。人力资源会计可以核算、披露企业人力资源整体状况，以便财务信息使用者如股东、投资者、债权人以及政府可以据此分析企业的经营状况和发展前景。

第四，环境会计（绿色会计）产生。绿色会计将会计学与环境经济学相结合，通过有效的价值管理，达到协调经济发展和环境保护的目的。绿色会计通过会计计量、反映和控制社会环境资源，改善社会的资源与环境，有利于实现经济效益、社会效益和生态效益的同步最优化。

第五，产生银色会计。即养老金会计，旨在全面、系统地反映和监督养老资金运作，包括养老资金的筹集、发放、运营及保值过程。在老龄化社会背景下，银色会计发展完善已势在必行。

(2) 财务分析发展新动向

第一，财务分析手段日益信息化。愈来愈多的财务会计事项可进行数据自动化处理，大大降低了工作成本，提高了财务分析的效率和质量。

第二，财务分析内容有所扩充。一是把公允价值与账面价值相结合，既提供资产的历史成本信息，又提供现行价值；二是加入人力资源成本分析，揭示人力资源这种特殊的无形资产的成本收益和价值信息；三是增加披露、分析未来信息。包括企业未来所面临的机会、估计潜在的经营风险、预测未来潜在收益及企业发展前景等信息。

第三，财务分析期限缩短、时效性增强。财务人员通过建立数据模型，采用现代信息技术手段数据进行实时跟踪分析，而不是传统的月末、季末或年末等固定时点财务分析。

第四，更加注重财务分析的实用性。财务分析向前发展的关键是以实效性来检验财务分析的质量，提高财务分析的实用性。

(3) 财务管理发展新动向

第一，财务管理的重点发生变化。一是无形资产管理逐步成为财务管理的重点。专利、专有技术、商标、商誉等无形资产，对企业的发展起着决定性的作用，也成为财务管理的重点；二是知识资本所有者成为收益分配的重要参与者。知识经济时代，知识、技术、信息和人力资本在企业整体的财富创造过程中的作用变得日益重要。三是风险管理成为财务管理的重要内容。一方面，新经济时代，知识经济、经济全球化、电子商务和大数据、金融管理环境的变化，进一步提升了企业的财务风险；另一方面，财务信息化平台通过互联网进行资源共享，增大了财务信息的安全风险。

第二，财务管理方法趋于网络化、虚拟化和一体化。大数据的出现不断颠覆财务管理理念和模式，财务管理的触角不断向研发、销售、人力资源等领域渗透和延伸，不再局限于传统财务领域，财务管理逐步实现财务数据、业务信息一体化管理。

第三，财务共享中心成为财务管理模式的重要创新形式。云计算衍生云会计。各种财务应用系统能够根据需要获取计算能力、存储空间和各种软件服务，会计信息化的建设与服务外包成为现实。目前全球500强、国内一些大型企业均采用了财务共享服务中心模式。

第四，财务管理要素从单要素向全要素转变。新经济时代，企业发展的影响因素不仅仅是单一的经济、财务要素，非财务要素如信息、科技、人力、环境、安全、社会舆情等对企业的影响已超过了财务要素，甚至在某些领域成为决定性因素，财务管理要素从单要素向全要素发生转变。

第五，财务管理空间从封闭式向外延式转变。一方面，财务人员队伍向非财务人员扩散，培养全员财务意识、打造组织财务文化成为组织基业常青的生命线；另一方面，财务思维方式不断前移和拓展。随着资本市场的深入发展，财务信息的普及化、大众化日趋深入，财务人员必须密切关注国家宏观经济形势和政策法规的变化动向，不断学习新知识、树立新理念，使自己的能力更专业、更多元、更全面。

第六，财务管理制度更加灵活多样。在新商业时代，要采用灵活多样的激励机制，以降低企业代理成本，实现金融价值增长。如员工持股、利润分享、股票期权、弹性高管福利等。

（4）财务报告发展新动向

第一，拓展公允价值计量模式。随着时代的发展和用户需求的变化，单纯以历史成本模式进行财务报告，无力预防和化解金融风险，因此，计量模式必须以公允价值作为金融工具的计量属性。

第二，重新构建会计报表体系。为了顺应经济的发展，满足财务信息使用者的新需求，需要在现行四表一注基础上新增一些报表来补充当前的报告体系，如：全面收益表、增值表、社会责任报告、差别化报告及预测性报告。

第三，创新财务报告的披露方式。一是实时财务报告。通过网络等信息传输技术，实时传输财务信息；二是交互式财务报告。信息数据化进一步拓展，在财务信息供求方面更加直观、形象地交互传递财务信息。三是多元化财务报告。除财务信息外，众多的非财务信息将在财务会计报告中体现出来。

4.1.2 新金融

在互联网和信息技术革命推动下，金融业架构中的“底层物质”正在发生深刻变化，金融主体多元化、金融要素市场化、金融产品快速迭代，金融业进入新金融时代。

4.1.2.1 金融发展新业态

（1）互联网金融（ITFIN）快速发展

互联网技术和金融业有机结合，依托大数据和云计算，在开放的互联网平台上形成功能化的金融业态及其服务体系，包括基于网络平台的金融市场体系、金融服务体系、金融组织体系、金融产品体系以及互联网金融监管体系等，并具有普惠金融、平台金融、信息金融和碎片金融等相异于传统金融的金融模式。互联网金融化，金融互联网化，使得金融服务内涵与外延都得到了拓宽，如第三方支付、网络银行、众筹融资、信托、网络证券、网络保险、互联网基金、“余额宝”等互联网“宝宝”、称为理财的“神器”保险理财、个人理财、金融超市、移动支付、信贷服务等，金融创新从形式、手段、内容、渠道等各个方面得到了体现。

(2) 科技金融崛起

科技金融是金融与高新技术结合的产物，是一系列促进科技开发、成果转化和高新技术产业发展的金融工具、金融制度、金融政策与金融服务的系统性、创新性制度安排。截至 2013 年 2 月 1 日，全国至少已经设立了 30 家专门服务科技企业的科技支行；截至 2012 年 11 月底，深圳创投机构数量和管理资金占据全国 1/3，近 2524 家创投机构管理基金超过 3000 亿元，投资 3500 多个项目，其中已有 300 多家被投企业在境内外资本市场成功上市；2013 年 1 月 16 日，全国中小企业股份转让系统（又称新三板）在北京落地，拓宽了科技企业的股权融资渠道①。

(3) 普惠金融成为共识

普惠金融主要服务于弱势地区、弱势产业和弱势群体，不过分强调利润，主要兼顾业绩和社会效益，为所有层面的客户提供普惠的、多样化的金融产品和金融服务。

普惠金融具有以下特征：一是配套的金融服务产品。包括存储、短期和长期贷款、租赁、抵押、保险、养老金以及汇兑等。二是完善的金融管理体系。金融机构配置合理的内部管理体系，规定统一的业绩标准，构建健全的市场监督机制，具备可持续发展的能力，能够提供长期的金融服务。三是多元化的供给主体。主要包括农商行、农村信用合作社、微型金融、小额贷款公司等各类机构，为客户提供种类多样的普惠金融服务。央行鼓励在零售店、邮政所、村委会、卫生室设立助农取款服务点。截至 2020 年年末，全国共设立助农取款服务点 89.33 万个，同比增长 2.27%，行政村覆盖率达 99.31%②。2021 年，部分助农取款点向农村普惠金融服务站转型，不断优化网点布局，加强农村支付体系建设，改善农村支付环境，取得了阶段性成果。2021 年，全国商业银行普惠型小微企业贷款余额 17.8 万亿元，同比增长 29.3%，新增普惠型小微企业贷款 3.2 万亿元，同比增长 24.6%，高于各类贷款平均增速 9.7%，帮助城镇新增就业人口 800 万③。

(4) 小微金融遍地开花

小微金融是指专门向小型和微型企业及中低收入阶层提供小额度的金融产品和服务的活动。小微企业的信贷需求具有“短、小、频、急”的特点，其小额、短期、分散的特征类似零售贷款。小微金融旨在帮助小微企业缓解融资难、融资贵的困境，促进其发展壮大。

中国银行业协会《2020 年中国银行业服务报告》显示：截至 2020 年年末，银行业金融机构用于小微企业的贷款余额达 42.7 万亿元，较 2015 年增长 19.24 万亿元。金融机构本外币涉农贷

---

① https://baike.so.com/doc/6741744—6956265.html.

② 参见《2014—2020 年助农金融服务站点，相关业务数据简析》，摘自《中国人民银行网站》，2021 年 12 月 31 日。https://www.sohu.com/a/517137446_104992.

③ https://www.sohu.com/a/517137446_104992.

款余额38.95万亿元，同比增长10.7%；农户贷款余额11.81万亿元，同比增长14.2%；建档立卡贫困人口贷款余额1427亿元；金融机构绿色贷款余额11.95万亿元，比年初增长20.3%①。2021年，4200万户小微经营主体分享到了小微贷款，进一步疏解了小微企业融资难、融资贵问题，为全面建成小康社会提供了有力的金融支撑②。

（5）产业链金融模式更加多元

产业链金融是指金融机构以产业链核心企业为依托，面向产业链的各个环节，设计个性化、标准化的金融服务产品，为产业链各个企业提供金融综合解决方案的一种服务模式③。主要形式有电商金融、厂商金融等。

产业链金融有利于促进金融资本与产业资本的有效结合，降低企业交易成本和融资成本，为企业发展提供外部融资，是金融支持实体经济发展的必然路径。随着产业链金融的深入发展，形成了多种富有成效的金融模式，如光大银行“链式快贷”模式、民生银行“乳业产业链金融”模式、银行合作模式，等等④。

（6）区块链金融成为金融业未来升级方向

区块链金融是区块链技术在金融领域中的应用。区块链是一种基于比特币的底层技术，通过在分布式节点共享来共同维护一个可持续成长的数据库，实现信息的安全性和准确性。其本质是一个去中心化的信任机制。

区块链金融成为金融业未来升级的可选方向。通过区块链，交易双方可在无须借助第三方信用中介的条件下开展经济活动，从而降低资产转移成本。2016年起，各大金融巨头纷纷开展区块链创新项目，探讨在各种金融场景中应用区块链技术的可能性。普银集团开创了“区块链+”本位制数字货币的先河。2016年12月9日，在贵州举行普银区块链金融贵阳战略发布仪式，标志着区块链金融落地应用的开始，也标志着全新金融生态的变革与发展。

2017年，京东金融推出了基于区块链技术的资产云工厂底层资产管理系统。《2018—2023年区块链市场发展前景和投资机会研究报告》数据显示，2017年度我国区块链技术收入为0.29亿人民币，同比增长163.6%；随着区块链行业快速发展，区块链技术的发展规模持续扩大，国内多家科技巨头公司如百度、阿里巴巴、腾讯和京东正在以各种方式利用区块链技术⑤。

4.1.2.2 金融发展新趋势

近年来，金融脱媒化、金融网络化、虚拟化，金融自由化、金融产品和服务分层化成为我国金融发展的新趋势。

---

① https://www.sohu.com/a/455650894_115865.

② 参见《构建普惠金融生态体系——中国普惠金融发展报告》（绿皮书），2021年。https://www.sohu.com/a/517137446_104992.

③ 巩春海.区块链在供应链金融的运用[J].商场现代化，2019(1):94.

④ https://baike.so.com/doc/8448721-8768688.html.

⑤ 巩春海.区块链在供应链金融的运用[J].商场现代化，2019(1):94.

（1）市场进一步细化，金融产品和金融服务更具有层次性和针对性

十八届三中全会对金融体制改革进行了全面部署。金融业的发展将更具有市场化的特征，目标市场分类更加精细，设立民营银行，加快发展私人银行，开发多层次金融产品和服务，以满足不同层次投资者的需求。

层次性发展决定了金融产品和金融服务更具针对性。具有成本规模优势的大型商业银行，贷款投向主要基础设施、大型企业、长期资本构建等项目和企业；中小型金融机构则主要服务于中小型企业、小微企业、创业扶持、涉农信贷、乡村振兴、社区金融等融资需求。资本市场更加多元化，有助于拓宽企业的融资渠道，满足不同层次、不同内容的融资需求。

（2）金融自由化加深，全能银行与专业化银行并存

社会分工的细化决定了银行的专业化，同时，个人财富的不断增长和投资理财需求也要求银行能够提供一站式、全方位的金融服务。因此，金融自由化程度将不断加深，使得针对个人业务的全能银行和针对客户群体融资需求的专业银行并存。

（3）金融数据化，金融对实体经济的支持效率不断提升

征信系统的建立，信贷审批和贷后监管数据库的建立，大大增加了信息的可获得性，为实现信贷审核和监管的批量操作奠定基础，提高了金融对实体经济的支持效率①。

（4）金融脱媒化，企业融资方式多元化

一国的经济结构决定于一国的资源禀赋、产业结构，而金融结构又决定于一国经济结构的发展阶段。随着企业产权结构的不断明晰和管理效率的不断提高，将逐渐改变其融资方式，由传统的依赖银行间接融资转变为依靠债券和股权进行直接融资，金融脱媒化将进一步显现。

（5）金融表外化，表内业务表外化

直接融资比例的提高，导致以银行为媒介的间接融资业务将减少，银行业的利润来源将更多地来源于表外业务和中间业务，而不再是传统的存贷款之间的利差。表内业务表外化，中间业务不断增加，支付与结算、信托与咨询、贷款承诺、担保业务等中间业务在银行利润构成中的比重将逐步提高。

（6）金融虚拟化，支付方式网络化

在互联网快速发展的时代，依托网络信息平台，金融产品和金融服务交易的契约形式，进一步向虚拟化方向发展。网络支付环境更加成熟。特别是比特币的出现，虚拟货币出现了新的运行方式，金融虚拟化、支付方式网络化将成为未来金融发展的全新趋势。

4.1.3 新营销

在新经济时代，个人、企业等营销主体依托互联网，借助大数据、人工智能等先进技术手段并运用心理学知识，对商品的生产、流通与销售过程进行升级改造，重塑业态结构和生态圈，并对线上服务、线下体验及现代物流进行深度融合，从而形成新型的零售模式，称之为新营销。线上线下融合与新物流是新营销的典型特征。

① 陈华，张敏.金融发展新业态、金融深化新趋势及其发展前瞻[J].东岳论丛，2016，37（6）：146.

4.1.3.1 营销新形态

形态 1：网络营销

网络营销（On-line Marketing 或 E-Marketing）就是利用各种网络应用手段去实现企业营销目的的一系列行为。常见形式有：搜索引擎营销、即时通信营销（直播营销）、病毒式营销、BBS 营销、聊天群组营销（微博、微信、QQ 等聊天工具）、网络知识性营销、网络事件营销、口碑营销、视频营销、图片营销、软文营销、RSS 营销（网络电子订阅杂志营销）、SNS（社会性网络服务）营销，等等。

网络营销开拓了企业的市场空间，大大降低了企业的交易成本，提高了企业效益。目前国内的电商平台、网络购物发展势头势不可当，越来越红火。

形态 2：DM 营销

作为无店铺直销方式，DM（Direct mail）营销模式直接面向消费者，双向传递信息，不需要实体门面和大批量库存产品。

DM 营销企业为消费者提供全天候服务，突破时空限制，实现了消费者与企业之间的实时互动。消费者既可以获得便利、快捷的优质服务，又节省了购物时间，降低了购物成本。

形态 3：差异化营销

所谓差异化营销，就是企业凭借自身特有的技术优势和管理优势，生产出优质的产品，或是通过特色的促销活动、灵活的营销手段、周到的售后服务，在消费者心目中树立起不同一般产品的特殊形象。

形态 4：文化营销

文化营销即用文化力进行营销，是指把商品作为文化的载体，通过市场交换进入消费者的意识所形成的一种营销模式。文化营销既包括浅层次的构思、设计、造型、装潢、包装、商标、广告、款式，又包含对营销活动的价值评判、审美评价和道德评价。

文化营销在一定程度上反映了消费者对物质和精神追求的各种文化要素。近年来，随着生活水平的提高，人们消费时越来越注重精神层面的追求，看重产品的文化内涵。目前，无论大宗产品，还是日用小商品，都可以感受到文化营销的力量。如心相印餐巾纸上画了几米的漫画、小小纸杯上写上诗句，等等。

形态 5：绿色营销

绿色营销就是企业基于资源节约和环境保护的指导思想，以绿色文化为价值观念，以消费者的绿色消费为中心和出发点的营销观念、营销方式和营销策略。绿色营销是随着环保意识不断增强而产生的营销策略，要求从产品设计、生产、销售和售后各个环节都要体现环保意识。在生态文明建设和绿色经济发展趋势下，绿色营销策略是营销发展的必然趋势。

形态 6：精准营销

精准营销就是在精准定位的基础上，利用现代信息技术手段建立个性化的顾客沟通服务体系。要求在可量化的数据基础上细分顾客群体，精准地找到目标客户，并精准地开展营销活动。精准营销核心是“精准”。可以这样描述：在恰当的时间，提供恰当的产品，用恰当的方式，向恰当的顾客提供恰当的产品①。

精准营销是当今时代企业营销的关键。如何做到精准，最重要的是充分挖掘企业产品和消费者需求的诉求点，实现真正意义上的精准。比如服装广告推送，系统自动根据搜索者的高矮胖瘦、个人喜好精确推送。

形态 7：柔性营销

柔性营销与刚性营销相对应。柔性营销是企业改变以往高度统一的集中管理，灵活地运用企业资源，分散管理，更好地适应和满足顾客个性化需求的营销模式和过程。柔性营销具有以人为本、主动创造、快速多变、系统整合的特征，主要方法包括定制营销、共生营销、顺势营销及逆向营销等。

柔性营销以灵活多变的思想、方式、方法、组织和手段来有效地满足客户的多样化需求。企业更多关注消费者的真实体验，满足个性化需求，以增强企业对多变环境的适应能力和竞争能力，从而推动企业的长远发展。“温柔一刀，打开荷包。”

形态 8：整合营销

整合营销（Integrated Marketing）是一种系统化地综合运用多种营销工具、手段及策略，并依据环境变化适时进行动态修正，从而使得买卖双方能够在互动中获得价值增值的一种营销理念和方法。企业通过整合资源、推广渠道和营销手段，把各个独立的营销环节综合成一个整体，以产生协同效应，达到“1＋1＞2”的效果。

当前，营销成本不断上升，整合营销新形势下的顺势而为的营销策略。未来真正的互联网营销应该兼具互动传播、事件营销、活动营销、SEM、SEO、SPR 媒体资源整合等多种综合手段。通过整合营销，企业可以将信息更高效更快速地传递给自己的目标客户、合作伙伴等群体。

形态 9：内容营销

内容营销是指通过媒体内容植入产品信息的营销形式，目的是接触和影响现有客户与潜在客户，通过持续提供有价值的信息来刺激影响消费者的购买行为，从而提高市场占有率和顾客忠诚度。

电视剧开创了内容营销的先河。1991 年，热播电视剧《编辑部的故事》编辑部里那一台大家天天接水喝的百龙矿泉壶，就是一种广告植入。如今很多影视剧都有林林总总的品牌植入，如本山传媒的《乡村爱情故事》里一直喝的“老村长”酒。

随着新媒体传播工具的不断出现，内容营销已经成为营销行业的发展趋势。有研究表明，90％的组织机构、91％的 B2B、86％的 B2C 都涉及使用内容营销，营销商平均在内容营销上花费 25％及以上预算，78％的 CMO（首席营销官）认为内容营销是未来的发展趋向②。

形态 10：品牌营销

品牌的力量是无形的，却是最有力的。最高级的营销不是建立庞大的营销网络，而是利用品牌符号，在公众和消费者中树立品牌形象，铸牢品牌认知，使消费者选择消费时选择这个产品，投资者投资时选择这个企业。这就是品牌营销。

---

① 陈稳.浅谈大数据时代的精准营销[J].商情，2016(43)：93.

② 李蕾.内容营销理论评述与模式分析[J].东南传播，2014(7)：137.

在现代经济中，品牌是一种战略性资产，是企业核心竞争力的重要资源，对任何企业来说，打造强势品牌，已成为其保持战略领先性的关键。

形态 11：银色营销

银色营销就是针对老龄市场采取的营销策略，包括开发适宜的老龄产品及服务、差异化的价格策略、方便顺畅的销售渠道以及理性适度的促销策略。

在老龄化时代，老龄市场潜力无限。一是老年服务市场。如银发旅游市场、新型养老市场、特色扶老医疗市场、老年家政市场、日间照料等将是服务业未来发展的趋势。二是老年用品市场。如老年服装定做、老年人美容店、老年专卖市场、老年棋牌娱乐市场、老年人保健品店、零食店等都存在着巨大的商机。此外，老年人中不乏思想前卫、经济条件富足且紧随网络时代的步伐、热衷电子产品者，因此老年 IT 市场也有巨大的挖掘空间。

形态 12：服务营销

"服务营销"是把服务作为一种营销组合要素，通过关注顾客，进而提供服务，最终实现有利的交换的营销手段。企业必须以消费者的需求为最终的出发点和落脚点。树立"服务至上"的理念，坚持为消费者提供一流的产品、一流的服务。服务营销是企业营销管理深化的内在要求，也是企业在新的市场形势下竞争优势的新要素。

4.1.3.2 营销发展新潮流

在新商业时代，营销理念更趋灵活、前瞻，营销方法、手段不断翻新，营销方向多层级发展，市场营销出现新潮流。

潮流 1：营销常态化

在移动互联网时代，营销无处不在。营销已经全方位融入消费者的生活场景，品牌成为常态化的生活常识。大街、道路、各种建筑、汽车等载体，人们目之所及，均有品牌广告。移动平板、手机，广告无处不在。人们每天上班、回家都要经过的电梯，电视和海报随时映入眼帘。

潮流 2：营销剧情化

就是将品牌创作为剧情内容，将品牌植入适当的情节中，有故事有情节，从而达到用户接收知识、接纳品牌的目的。

潮流 3：营销精众化

目前消费市场正在向精致消费转型，消费不断升级，大众营销日益瓦解，营销精众化成为品牌营销升级的关键一步。因此，营销需要寻求"精选""精英""精致""精明"的精众人群进行品牌营销。

潮流 4：营销情景化

情景营销强调的是"打动"消费者，在更深层的情感层面来影响消费者，为品牌创建基于情感共鸣的营销。如"有道词典"中的商务办公、学习进修、出国旅游、海淘、跨国社交等方面，每一个栏目，都包含了生动形象的使用情景，吸引用户眼球，产生情感共鸣，让品牌自然地切入营销。现在很多直播带货，更是将消费者带入真实的直播间，身临其境感受产品和服务。

潮流 5：营销众包化

品牌可以通过营销众包化。比如，品牌想要搞定年轻人，"解铃还须系铃人"，最好的办法还是要让年轻人来搞定年轻人自己。让年轻人参与品牌创意，融入品牌营销，最后达到消费品牌的目的。

潮流 6：营销感官化

就是通过感官刺激增强感官化体验，形成品牌认知，实现产品交易。比如食品试吃、服装试穿、家电试用等。以电视为例，震撼的视觉体验，交互的界面，共享的客厅场景，无不成为互联网电视吸引用户的关键因素。

潮流 7：营销直播化

2016 年以来，视频直播行业发展迅猛，目前已成为一种时尚潮流。品牌直播营销成为品牌最易于触达消费者并与消费者进行实时互动的最佳媒介渠道。品牌通过直播的形式，更好地创造品牌现场感效应，聚集了大量用户集群，实现了惊人的交易速度和成交量，造就了大量直播网红神话。

潮流 8：营销智能化

品牌通过智能程序购买技术为消费者提供智能化的、精准化和实时化的产品介绍、交易平台、支付方式的解决方案。目前，跨屏程序化购买成为最为主流的广告程序化投放方式，实现了 PC 端、移动端、互联网电视等数字化媒体平台的全面覆盖。跨屏程序化购买、程序化创意和千人千面的营销已成为互联网时代营销创新的重要趋势。

潮流 9：营销原子化

当前，消费者尤其是年轻人在微交互的路上越来越“原子化”，小的交互不仅成为社交媒体时代社会关系的维系方式，也成为个体自我表达的渠道。比如很多人都会在朋友圈分享自己的表情，表达海量的资讯。针对年轻消费者“原子化”社交特点，品牌把自己的形象卡通化、萌宠化，制成特色的表情包，用最简单而直接的设计和色彩冲击的萌动作品，已成为一种潮流。

潮流 10：营销沉浸化

沉浸式营销主要是通过 VR 与 AR 技术来体现，VR 为用户提供虚拟化的沉入式体验，而 AR 则将虚拟与现实进行结合，为用户带来“次元式”沉浸。目前 VR 市场在索尼、HTC、Oculus、三星、暴风等巨头的带领下，VR 用户级产品已经在消费市场较为流行。VR 所带来的听觉、视觉、触觉等“五觉”体验更加直观，使消费者能沉浸式地体验产品和服务的消费内容，更加全方位、立体式地感受产品和服务。VR 已经成为用户探索新知的工具。

4.2 新财经时代财经职业人才需求特质分析

随着“四新”经济的发展，新商业环境的混搭、跨界与融合趋势日益凸显，市场对新商科人才的需求出现了新变化。要求新商科人才不仅要具备扎实的商科专业知识，还要具备与互联网、大数据等学科交叉的新技术，以及责任感、创新精神及团队合作意识等。在管理能力方面，还要具备一定的决断能力和战略规划能力。总体来说，新商科需求的人才是具有创新意识、战略意识、国际视野、自我价值观念和终身学习理念的应用型、综合型、复合型人才。

由此，在新财经时代，新型财经职业人才无论是在思维、知识、能力，还是在素质、道德层面，都具有不同于传统商业时代的特质。

4.2.1 思维层面

4.2.1.1 商业新思维

应具备新商业时代的商业新思维。商业新思维就是在面对外部条件不确定性或资产无形化时，能将不确定性转化为确定性，将无形资产转化为有形财富。

新商业时代，商业、技术和人文深层融合，呈现出用户感性化、产品定制化、渠道场景化、流量立体化、交易金融化等特征，职业细分和能力跨界融合成了新的趋势①。新技术不断赋能传统商业，新技术与商业的融合产生更有潜力的商业模式，灵活的商业模式要求新商科人才需要构建创造性的商业新思维。

具体来说，新商科人才需要逐步构建起“战略思维”“互联网思维”“创新思维”“计算思维”“数据思维”“交互思维”“跨界思维”“新商业伦理思维”“哲学思维”“美学思维”“大数据与人工智能思维”“系统思维”“批判性思维”“工匠式思维”“精细化思维”“精准思维”“个性化思维”“AI＋万物”思维，等等。这些多样化思维的交叉融合是商科人才自我发展的基础。

拥有创造性思维的人才才能做到“以不变应万变”，才能与时代同步而不是被时代抛弃。比如，制作微信邀请函。一份图文并茂、赏心悦目的邀请函，除了需要掌握 H5 等新媒体技术，还需要通过哲学思维、美学思维使主题更加突出、更有创意，在布局上衬托重点、在制作上有留白、在构图上更精美、内涵更加丰富有深度，等等。可见，要生产出一份让市场认可的产品，需要制作者具有复合、交叉、综合的思维系统和高雅的情趣。

① 杨建新.建设“新商科”，探索新路径[J].江苏教育，2021(29)：42.

4.2.1.2 财经新思维

对于财经专业人才而言，则要将商业新思维转化为财经新思维。财经新思维，是指在新财经时代，面对纷繁复杂的财经环境，财经专业工作者能通过运用现代信息技术和财经知识、技能，在经济活动中科学测算成本与收益，从而降低成本，提高效率，增加效益。

（1）直觉思维

财经工作者能够在实际工作中具有高度灵敏的直觉，快速获取整理有效的信息并找出其中的关键点，从而更快地做出抉择，提高工作效率。

（2）联想思维

联想思维是财经工作者善于通过所掌握的信息，大胆与相关的经济知识进行联想，在大脑内进行模拟组合，想象可能出现的交易情境，并联系实际情况进行思考，拓展视野，开辟新的思考方向。

（3）比对思维

有比较才有鉴别。比对思维是指善于通过对多种类的经济情况进行比较，找出它们之间的异同，分析该经济现象的特点，从而选择最优解决方案。

（4）反应性思维

作为财经工作者，日常接触最多的就是经济信息，其中又以数据居多，这就要求我们对财经信息具有较高的敏感度，反应迅捷，能够在繁杂的信息中准确提炼出关键信息，高质量地收集、整理、处理、反馈信息，为决策提供依据。

（5）存疑思维

存疑思维就是在分析处理财经信息时，善于进行反思、质疑。它出现的原因是什么？如何把握其规律？遇到时如何解决问题？如何举一反三、触类旁通？

财经新思维能够更好地帮助财经工作者适应多变的经济环境，推动企业可持续发展。财经工作者要懂得灵活变通，充分利用新的思维方式，找出最优的解决方案。同时，财经工作者要不断学习新的经济知识，提升自己的业务能力，不断完善财务制度，更好地推动财务行业的发展。

4.2.2 知识层面

4.2.2.1 具备复合型知识结构

知识是能力的基础。新商科要求新商科人才具备“商科+”的复合型知识结构，不但要掌握新兴现代信息技术知识，还要掌握国际贸易、财务管理、市场营销等商务知识，还包括工业、农业、服务业的行业特点与发展趋势等行业基本知识、综合实践知识，以及创新创业知识、新的商业环境下的商务运作模式等①。即学生需要打破学科知识壁垒，融会贯通多学科知识，包括商科与工科、理科等不同学科之间以及商科内部学科之间的融合，形成复合型

① 王雅鹏，胡柳波，吕丹.关于新商科发展的思考[J].高等农业教育，2020(4)：26.

知识储备。譬如，网络销售服务人员除掌握基本的市场营销知识外，还必须掌握所售产品及该行业的部分技术知识。

新商科人才不仅要懂专业，还要懂行业、懂技术，更要懂政策、懂法律，而且要求知识复合化与精细化相统一，知识广度与深度相结合。知识框架从传统的单一专业知识转向复合型知识，既包括了职业胜任所需要的管理类或经济类专业知识，还应将现代化管理方式、新技术、新方法有效地纳入其中。

值得强调的是，在一般基础知识方面，语言、数学、哲学、信息科学技术，仍然是重要的基础知识。语言使人们交流更加顺畅，数学使人们思维更加缜密，哲学使人们的思辨更加深刻，信息科学技术使人们更加适应未来。虽然专业知识让学生易就业、“上手快”，但如果不强化一般基础知识，则仍然难以适应工作岗位需求，从而造成失业。

4.2.2.2 掌握财经专业知识和技能

新商科财经人才必须牢固掌握新经济时代所需的财经专业基本理论和专业技能的相关知识。

专业知识方面：必须牢固掌握本专业的基础知识、核心知识，了解、跟踪学科前沿知识，具备财经专业基本理论和专业技能。

跨专业知识方面：只有构建扎实、宽厚的跨学科知识体系，才能使专业知识发挥出知识的力量和创新的功效。跨界融合是新时代产业发展的趋势，新商科财经人才需要具备跨界知识的储备与知识应用。除具备基础的专业知识外，对传统行业技术必须有一定的理解，还要对新兴行业的技术知识有所了解，包括信息技术、大数据、人工智能、云计算、物联网感知技术、数据挖掘、预测技术、物流云、区块链、心理学、消费者行为学、组织行为学、通识知识等新知识、新技术的内容。新商科必须在传统商科知识体系的基础上，融入互联网、大数据、人工智能等信息化技术知识。

作为财经工作者，不仅要了解财务管理、金融事务等专业知识，还需要了解一定的商贸服务、供应链管理、品牌管理、大数据分析领域的知识。财经工作者必须把握国家宏观经济政策，分析市场运行规律；主动对接产业需求，拓展财经工作模式；不断更新知识内容，优化知识结构，扩大知识面。

4.2.3 能力层面

能力是完成工作任务的必备条件。在当今时代，新技术层出不穷，日新月异，新型商业模式不断涌现。新时代要求新型商科人才具有复合型能力结构，既要具备知识应用、行业实践、创新创业、美学设计、团队合作、人际沟通交流等能力，又要善于学习创新，自我反思，自我提高。否则，将被时代淘汰出局。

4.2.3.1 复合型能力结构

新商科人才是复合型人才，要具备复合型的能力结构。动手能力与动脑能力相统一，能融会贯通多学科知识，有效运用新技术、新工具分析、解决复杂问题、应对事物发展的非均衡和不确定性。新商科人才是既懂经济又懂管理，既懂技术又懂人文，具备良好的专业能力、创新能力、思维能力以及综合能力的新型人才。

商科人才具有较强的“经济人”属性、市场理性与成本价值核算精神，其能力由一般能力、专业能力和拓展能力构成。其中，一般能力是适应社会生活、进行社会实践活动的基础，包括语言表达能力、应变能力、知识获取能力、团队协作能力、情绪管理能力、计算机应用能力、环境适应能力和社会交往能力；专业能力主要指以财经商贸、经营管理为中心的专业技术能力，包括专业实践能力、经济核算能力、信息获取、处理与分析能力、网络技术应用能力、组织管理能力、商务谈判能力和经营策划能力等；拓展能力包括创新能力（主要指方法创新能力和技术创新能力）、应对非均衡的能力、数据业务化能力、专业学术能力、智能优化能力以及智能协同决策能力。

对于财经专业人才而言，还需要“财经实践能力”，即解决实际财经问题的能力，包括财经知识认知和学习能力、财务核算能力、财务分析能力、财务管理创新能力、财务预策及决策能力、财务学术能力等。调查显示，超过六成（65.1%）的企业认为目前财经类人才的实践能力一般，认为实践能力良好的不足二成（15.5%）①。

团队合作精神对财经人才非常重要。随着国际化、经济全球化的发展，人们的协调与合作意识不断增强。作为财经问题的企划者、决策者或者实施者，财经人员才能的发挥，取得良好业绩不能只靠个人力量实现，需要团队合作。调查也显示，当前财经人才的团队协调与合作能力并未获得多方认可。调查显示：46.2%的单位认为目前财经类人才合作能力一般，15.9%的认为合作能力较差，只有 37.9%的认为能够合作②。

4.2.3.2 较强的创新创业能力

创新作为引领发展的第一动力，是推动行业发展的原动力。在科技飞速发展、新事物不断涌现的新时代，创新能力将起到决定性作用。新经济时代，科技革命和产业变革推动着财经职业岗位向复杂化、多样化和综合化方向发展。为应对日趋复杂、多样的工作内容，新时代商科人才要注重创新思维、创业能力和专业技术的多元融合。调查显示，在用人单位对新时代商科人才个人能力的需求中，排在前三位的分别是“创新创业能力”（17.14%）、“业务处理能力”（16.43%）和“沟通协调能力”（15.71%）③。其中创新创业能力占比最高，反映出在特色鲜明的行业工作环境中，商科人才的创造力将起到决定性的作用。

新经济时代，跨界发展是创新能力的重要组成部分。跨界发展的能力是指运用商业思维，通过技术手段推动管理流程、管理模式变革，提升管理效率的能力。因此，它是一种高层次的创新能力，也是一种综合应用能力。

目前财经类专业人才在基础工作方面比较擅长，但在工作中普遍缺乏创新性。比如，企业会计人员在编制财务报表方面比较擅长，可是在审计、融资、税务会计、税收筹划、纳税申

---

① 苗文婧.我国人才市场对财经类人才需求状况的调查研究[J].全国商情(零售)，2016 (14)：99.

② 苗文婧.我国人才市场对财经类人才需求状况的调查研究[J].全国商情(零售)，2016 (14)：99.

③ 陈晓芳，夏文蕾，张逸石，李铭泽.新时代新商科的内涵及“多维度协同”培养体系改革[J].财会月刊（中），2021 (5)：109.

报、投资与资本运营等方面就明显有些欠缺。这就要求财经类专业人才进一步丰富相关知识和技能，开拓知识面，挖掘自身潜能，积极发挥主观能动性，勇于创新，敢于面对企业遇到的问题和困境并积极寻求解决之道，为企业发展献计献策。

4.2.4 素质层面

由于新商科具有跨界融合、创新发展的特征，因此，新商科人才必须具备复合型的素质结构，包括思想素质、专业素质、文化素质、身体素质和心理素质等，以便应对复杂多变的商贸环境和商业竞争局势。

4.2.4.1 思想品德方面

传统商科教育过于注重对学生专业技能的培养，忽视思想品德的教育，不利于提升学生的个人品德修养和社会责任感，容易使学生信奉“利益高于一切”，在未来工作中只顾个人利益而忽视组织利益和社会利益，成为精致的利己主义者。

商科人才应树立正确的世界观、人生观、价值观；具有爱国主义、集体主义和吃苦耐劳精神；具有竞争意识、效益意识、法治意识、创新意识、环境意识、国际意识；具有商业道德（特别要弘扬“儒商精神”）、爱岗敬业精神和社会责任感；尊重他人，善于与人沟通和合作共事。

新经济时代，互联网每天都在生成海量数据，大数据、人工智能、云计算等技术利用海量数据为商贸活动提供了各种机会和利益，但同时也对用户个人的安全和隐私造成了威胁，因此新商科教育应该更加关注思想品德和社会责任感等人文素养的培养。

新商业时代，商业伦理和商业文明价值观更加受到尊重，对经济行为主体的商业道德要求进一步提高。在现代信息技术支撑下，对不良行为的记录和应用会更为广泛、精准，对企业和个人诚信的刚性要求更加苛刻。调查显示，诚实守信、团队合作、爱岗敬业、职业操守都是用人单位非常看重的商科人才素质。作为财经专业的商科人才，更加需要加强职业道德修养。

4.2.4.2 专业素质方面

专业素质趋于向综合素质转变。传统商科人才培养以具体的商科专业知识学习为导向，技术职能和专业素养较为单一。新经济时代背景下，需要商科人才的专业素质向综合化方向转变，不仅要具备相关专业知识，同时还要具备融入行业特色的专业技能，以及一定的“互联网+”和现代信息技术，成为既通晓商科专业知识，又熟谙行业技术背景的复合型商科人才。

调查数据表明，当前企业对财经类人才在综合素质方面的要求越来越高，超六成（63%）的企业最看重的是综合能力①。例如，用人单位要求求职者具有较强的财务会计、财务管理、审计、税务及管理会计等技能，大型企业对注册会计师（CPA）、国际注册会计师（ACCA）的需求比较大等。不仅对专业素质要求较高，还要求精通外语、计算机等知识，在人际交往方面的能力也要很优秀。可见，人才市场对财经类人才的综合素质要求越来越高、越来越全面，就业竞争实际上已转变为综合素质方面的竞争。

---

① 苗文婧.我国人才市场对财经类人才需求状况的调查研究[J].全国商情(零售)，2016（14）：99.

4.2.4.3 文化素质方面

传统商科教育以经济学、金融学、会计学、营销管理等课程为主，强调专业知识学习和专业技能培养，忽视人文素养的培养，缺乏哲学、历史、文学、道德等人文素质类课程。今后要弥补这一短板，培养商科学生热爱并继承中国优秀传统文化；有正确的审美观和积极向上的生活情趣。

4.2.4.4 身心素质方面

健康的身心是人才的重要维度。要求学生具有健康的体魄、灵活的身体、敏锐的反应力以及良好的生活习惯。心理素质好，抗压能力强，善于自我调节缓解压力，有承受挫折和失败的心理能力；勇于接受挑战，有团结协作精神；乐于接受新鲜事物，有独立个性和广泛的兴趣爱好。当前商业环境更加纷繁复杂、变幻莫测。面对快节奏和复杂的商业环境，商科人才需要有较强的情绪管理能力，善于自我激励，疏解压力，对抗挫折。

作为复合型人才，新商科人才还需要具备国际化视野和战略思维；具备较强的商业软技能，擅长协作和谈判；具有创新意识和创新精神；树立可持续性发展理念，承担社会责任。

可以预见，随着新科技革命向纵深发展和经济社会的进一步国际化、现代化，对财经类人才的需求也会更加多元，对其专业性和综合素质的要求也更加严苛。

4.3 新商科背景下财经职教师资功能演化

职业人才素养与职教师资素养具有耦合关联性。新经济时代，新商业模式对新商科人才的知识、技能和能力均提出了新的要求，必然也对新商科教师核心能力赋予了新的内涵。众所周知，教师教人一杯水，得自己至少一桶水，“台上一分钟，台下十年功”。那么，面对时代赋予的新使命，职教教师在培养新商科人才过程中应该如何转型应对呢？如图 4—1 所示。

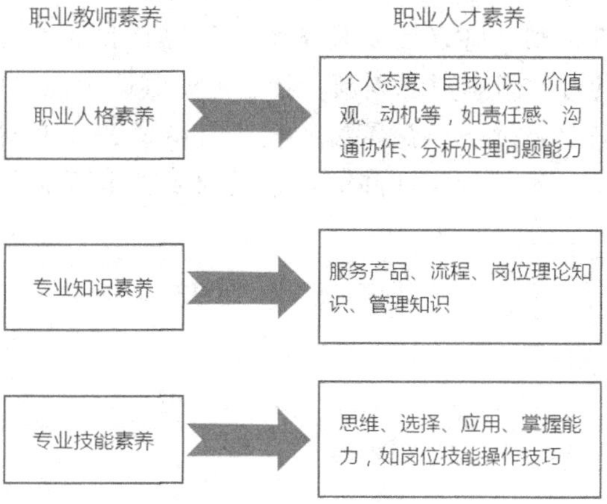

图 4—1　职业人才素养与职教师资素养关联性

4.3.1 育人思维：从以学校为中心向以市场为中心转变

“互联网+”、大数据、人工智能等新技术带来商业模式、商业组织、商业业态等发生新变化，商业知识与技术知识融为一体。商工融合，商科人才在业态、岗位间跨界迁移速度加快。在新形势下，突破资源边界、融通院系协作，重构专业集群、解构专业内涵，变革教学模式，为商科教师成长带来了动力与压力。

“新商科”专业教师不仅要具备适应新时代的行为品格、心理素质等基本条件，在专业素质上也要与时俱进，不断适应跨专业、跨学科的新常态。作为财经教师，职业核心能力包括新型财经知识和财经技能，大数据、人工智能、云计算的学习，以及信息技术在课堂教学的运用等。

这要求教师要以市场为中心，突破学校的封闭和局限，顺应市场和行业发展趋势，不断学习新知识、新技能、新方法，以适应专业更替和课程更新的需要。

4.3.2 知识传授：从以教师为中心向以学生为中心转变

知识传授是人才培养的主要途径。知识传授主要是通过课堂教学进行，因此，“教师的课堂教学行为表现无疑是体现教师教学专业水平的重要内容”①。

传统教学以教师单方面传授知识为主，学生只是被动接受。培养新型财经人才则需要树立以学生为主体的新式教学理念，视学生为知识学习的能动主体，将课堂交给学生，教师做好答疑解惑。着重解决知识从外壳深入内核、入脑入心的问题，从传统的灌输式教学跨越到身临其境的场景式教学，引导学生形成对商科专业理论和实践内容的形象认知，充分理解商业活动的本质，真正做到学以致用。

其核心思想是，教师在知识传递过程中，以学生为中心，通过理论教学和实践教学的紧密结合，启发式、引导式地传授学科专业知识，而不是填鸭式地灌输，重点培养学生的学习兴趣和自主学习能力。

在以学生为中心的课堂中，要求商科教师具有更高的“教学艺术”和“教学学术”。在课堂教学方面，能根据专业目标要求和教育对象特征，有效组织课堂教学；在知识传授方面，能激发、引导学生学习兴趣，因材施教，帮助学生理解专业知识、运用专业技能；在实际操作能力方面，具有新商科领域亟须的技能，动手能力强，熟悉国际经济与贸易、电子商务、财务金融、智能科学、数据科学等在新商业中的交叉应用。

2019 年 1 月，《实施方案》（职教 20 条）提出实施 1＋X 证书制度（即“学历证书＋若干职业技能等级证书”）试点方案，对职教师资提出新的要求。职业教师要树立以学生为中心的教学理念，提升信息技术运用能力和科学高效的教学设计本领，积极深入企业实践学习，率先取得若干“X＋”证书。

4.3.3 技能培养：从注重学生专业能力向注重通用能力培养转变

前已述及，新商科教育要培养具有数字化、互联互通、大数据、云计算、人工智能等新技术的新时代应用型、复合型商科人才。

新经济时代，技术进步、知识更迭、职业岗位变迁的速度越来越快，学校传授给学生的知识极其有限。如果仅以在校三四年的知识性学习，那么很难满足社会和时代发展的需求，更难以适应长远的职业发展。“授人以鱼，不如授人以渔”，人才培养要教授学生学会自主学习，培养学生开放的思维，提升学生多元的人文素养，增强学生的综合能力，为学生的长远发展奠定坚实基础。

在互联互通、大数据、云计算、人工智能时代，知识传播与转化呈现出多样化、个性化和即时性的特征，教师既是学生能力培养的引导者，也是学习者。岗课对接，赛学结合，实训演练，理实并重，拓宽扒深知识传播的渠道，技能训练的途径。在夯实学生专业知识的基础

① 王道俊，扈中平.教育学原理[M].福州：福建教育出版社，1998.转引自刘潇.教学型新商科师资队伍建设研究[J].现代职业教育，2018（33）：31.

上，要特别注重对适应现代商业特点的通用能力的培养。通用能力培养要求商科教师具备良好的理论素养和实践能力，站得了讲台、下得了企业；擅长教学，具有创造力，真正懂商业、懂财经①；具有能够开展商科人才培养、商业理论研究、商业实践指导等工作内容的知识、技能、经验等智力要素。

4.3.4 教学方法：从传统单一向多元化、个性化、数字化方式转变

新商业时代需求的是博而精的T型人才。学生毕业后面对的就业领域既宽泛又细微，这要求职教师资革新教学方法和手段，运用信息技术，向多元化、个性化、数字化方式转变。

新商科注重教法和学法的统一。在教学方法中，要克服传统课堂灌输式的、单一的教学方法与教学手段。突出师生之间的互动性，注重专业课程的开发，突出教育技术的现代性。将移动教学手段运用到日常教学之中，制作微课、慕课，打造网络空间支持下的“翻转课堂”和线上线下“混合式学习”。手机、iPad不再是课堂的洪水猛兽，而成为学生自主学习、个性化学习的重要工具。例如，在管理会计课程中，有的院校将传统课程中的核算与管理内容比重进行了大调换，并利用手机、iPad等终端随时随地进行教学②。教师可以利用大数据、视频回放等先进的技术手段实行学习效果评价以及现场观摩。

新商科教育中，要特别突出情景模拟与仿真教学。商科教育不同于传统理论教学，更强调实践与真实场景的模拟。教学不是只教会学生各种不同的知识模块，而是教会学生如何将各种知识模块运用于实践场景中。通过情景模拟与仿真，将知识学习转向身临其境的场景学习，使学生能够对财经理论与方法形成具体形象化的认知，从而做到学以致用。

改革教学形式与方法，需要教师掌握更广泛、更精专的知识和技能体系，精心组织教学设计、教学模块，突出学生主体地位，使学生在教育过程中能够自主自觉地构建知识。

---

① 王琦.我国商科专业教师产学研实践能力的提升途径研究[J].山东行政学院学报，2012(2)：135.

② 刘潇.教学型新商科师资队伍建设研究[J].现代职业教育，2018（33）：30.

4.4 新商科背景下财经职业人才培养转型

人才培养是新商科建设的重要组成部分。为顺应时代发展，推动新商业时代的新商科人才培养，职业院校应从培养理念、培养目标、培养内容、培养方式等方面进行商科人才培养体系再塑造。

4.4.1 更新培养理念

培养理念是人才培养模式的先导。新经济时代，在数字化浪潮的推动下，商业人才的培养要注重特色化、实践化、互动化和集成化，不断优化和更新人才培养理念。

4.4.1.1 构筑“大商科”理念

“大商科”是一种以开放的思维、国际化的视野，以企业商务活动为主要研究对象，基于商务活动的广泛联系、深刻影响与辐射作用，在商科与文、法、理、工等相关学科彼此交融互动中进行商科人才培养以及学科发展理念。

“大商科”理念下商科教育不再局限于商科专业，而是以市场条件下的“大市场”与“大流通”为背景，以培养学生理性精明的商业头脑、敏锐的市场意识和较强的商战能力为目标，既注重发挥商科教育优势，强化商科专业的人才培养特色，又注重引领非商科专业在新商业时代深化教学改革，发挥多学科交叉融合优势，培养高素质商科人才。

“大商科”人才培养特色主要体现在“工商融合、创新引领”，将商科教育、理工教育与人文教育等相关要素相互渗透，培养具有创新创业素质的大商科人才。

4.4.1.2 立足“三位一体”

现代服务业人才知识、能力、素质三位一体能力模型，如图 4—2 所示。

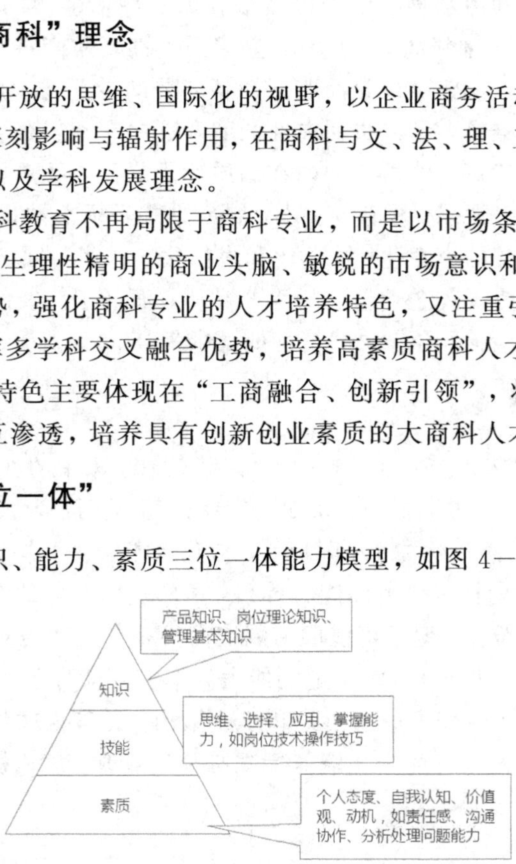

图 4—2　现代服务业人才知识、能力、素质三位一体能力模型

首先，以知识传递为基础。知识、能力、素质三位一体的商科教育强调理论知识的传授，现代管理技术的发展越来越依赖于基础理论知识，许多管理技术的发展和成熟直接得益于基础理论的发展。知识传递要把知识结构的重心放在学好基础知识和基本原理上。新商科人才需要具备跨界发展的知识和能力结构。从知识结构看，首先要具备“商科”的知识结构，掌握计算机技术、数据编程、数学算法等知识体系，实现商科与理工科等不同学科之间的融合，以及商科内部学科之间的融合。新经济时代，新商科人才的知识框架不断地向综合型的方向深入发展，现代化的管理方式与新技术有效地融入商业管理范畴，大数据、云计算、人工智能等新的技术手段成为新商业时代发展的基本趋势①。要紧跟国家发展战略和企业、行业发展态势，在人才培养中注重培养学生对现代商业基础知识的掌握，加强经济、管理、金融、贸易、物流等方面综合知识的积累，实现国家政策、人工智能、云计算、区块链等跨专业知识的融通。

其次，以技能培养为核心。前已述及，新商科人才是复合型人才，要具备多元化的能力。在人才培养过程中，要注重学生操作能力、学习能力、组织管理能力、表达能力、创新能力的培养。同时，随着各种新型技术手段在商业发展中的应用，在信息化时代新商科人才需要兼备新的专业技术能力和岗位技术操作技巧，在此基础上有效地形成符合时代发展需求的新的商业方向。

最后，要以素质提升为归宿。新商科要教育学生学会做人，学会合作，成为人格健全、诚实守信、具有科学文化知识和创新能力以及现代财经职业道德的人。在商科人才培养中，要特别注重培养创新精神与创新能力，提升创新素质。高素质商科人才在进行商业管理和决策过程中具有战略思维，在实践中谙熟商业活动各环节的专业技术应用，在商务活动中展现出良好的沟通能力和团队合作精神，进而在新商业发展中起到强有力的支撑作用。

当前，现代服务业企业对一线员工的内在品质要求最高，已占到服务业人才能力模型的70%。究其原因，现代服务业以“顾客导向”，服务方式呈现柔性化，组织结构呈现扁平化、网络化，企业盈利在于服务的个性化、特色化和多样化。顾客导向、专业高效、灵活多样、团队工作、创新能力正在成为现代企业员工的重要品质，而处于一线的专业技术型岗位对任职人才的责任感、吃苦耐劳精神、合作协同精神的要求最高。

4.4.1.3 坚持能力本位

2015 年，国际经合组织（OECD）启动了“教育 2030：未来的教育与技能”项目，描述了面向 2030 年学生所需要的三方面能力：认知与元认知能力（批判性思维、创造性思维、学会学习、自律等）、社交和情感表达能力（同理心、自我效能感、合作等）、实践与运用能力（使用新的信息技术设备和通信技术设备的能力等）。虽然这些能力的培养是整个学校教育的责任，商科教育不可能全面覆盖，但是可以成为制定商科教育人才培养能力标准的参考依据。

新商科人才培养标准要以面向 21 世纪的能力为本位。互联网、大数据、人工智能、云计算、区块链等现代信息技术改变了商业模式和产业结构，经济全球化也对商科人才培养提出了更高的要求。因此，商科教育的人才培养标准必须进行改变，积极应对人才市场和学生自我发展的需要。

---

① 姚玲.数字化经济时代高职商科人才商业思维素质培养思考[J].经济研究导刊，2020(4)：130.

在现代经济体系中，新商科人才培养要特别是面向数字经济应用型产业、服务型产业实现变道超车。着力培养具有国际视野、开放意识、创新思维、技术应用能力强的跨境商科人才。如培养国际化视野、跨文化交际能力、创新意识和创新精神、战略思维和成长性思维、社会责任感和遵守商业伦理、口头和书面表达沟通能力、终身学习能力、新技术素养等，并以突出能力本位的新人才培养标准引领商科各专业人才培养方案和课程标准。

从能力结构看，要具备专业能力、通用能力、创新创业能力以及跨界发展的能力。首先，要强调商科专业技能。学生除了需要学习商科专业知识，还要获取与相关行业的职业能力证书，采取“学历证书＋职业技能等级证书”的育人模式。对于行业特色，还应具备行业特定技能知识。其次，突出数据处理与应用能力培养。在某种程度上，人工智能对人类的数据处理能力形成了竞争，如果人才培养模式还停留在传统培养模式上，就会使人类在与机器的竞争中难以取胜。特别是在产业链发生聚变的背景下，数据成为核心生产要素，因此应围绕数据资源的开发和利用，培养学生利用数据处理与应用能力，从而提升分析和决策的能力。最后，突出培养创新创业的综合能力。创新、创业是新技术与商业活动深度融合、行业之间跨界融合的原动力，也是新商科人才的基本能力素养。创新创业能力取决于学生对复杂问题的应变能力、分析能力、解决处理能力和实践操作能力。因此，在人才培养过程中，要结合现实经济生活中的复杂问题展开。通过产教融合、校企合作、产学研合作等方式，搭建实践平台和研究平台，着力培养学生的创新创业综合能力。党的十九大报告明确指出“创新是引领发展的第一动力”，要“建设知识型、技能型、创新型劳动者大军”。未来，创新是社会发展、经济增长和技术进步的主旋律。

以财务管理专业为例，学生应该具备以下素质：(1) 专业高效。能综合运用多学科知识处理复杂的财务实践问题，深入剖析复杂环境中的财务问题并提出行之有效的解决方案；(2) 具备良好的职业伦理、人文素养和社会责任感；(3) 坚持原则，恪尽职守、团结协作，有效发挥自身和团队作用；(4) 具备创新意识和自主学习能力，以适应职业或行业发展需求①。

4.4.1.4 对标“三大对接”

“培养什么样的人”是新商科教育最基本、最核心的问题。实现“三个对接”是应对新商科人才的需求，达成商科人才培养核心目标的现实路径。

一是对接经济发展趋势对新商科人才的需求。新经济时代，随着信息技术、物联网、大数据等产业的发展，必然要求商科人才融入这些新产业。因此，培养新商科人才要把握宏观经济形势，研究区域经济发展，预测行业人才需求的新趋势、新要求。要深入企业进行调研，了解其对财经人才素质的具体要求，包括专业知识、专业技能、创新创业能力、综合素养等，以此作为制定人才培养目标的参考依据。

二是对接行业发展动态对新商科人才的需求。行业的发展动态同样是作为新商科人才培养的重要参照。人才培养要对新商科的专业、产业进行深入分析，要特别关注新经济背景下，市场中的新业态和新模式及其对新商科人才所提出的新要求。比如，会计代理服务业，借助云端技术一个会计师可以同时为多家企业提供会计服务，这就需要全面提升财会人员的

---

① 宁宇新.基于“新商科”的财务管理专业人才培养方案研究[J].黑龙江教育：高教研究与评估，2020(8)：87.

专业技能、管理能力、人文素养等综合素质。

三是对接新商科人才职业生涯发展的需求。树立以学生成长为中心的培养理念，分析研判新商科人才未来职业发展的需求，比如毕业5～10年，甚至更长时间段学生职业生涯发展的需求。实践表明，在职场上，5年工作经历往往可以决定一个人是否具有职业发展空间。因此，以5年后的能力需求作为新商科人才发展的自我需求目标。重点培养新商科人才的自主学习能力，以满足个人职业生涯的长远发展。

总之，新商科教育人才培养要动态、精准地对接用人单位需求，对接科技经济社会发展趋势，对接社会商科人才的特殊性需求，对接世界经济一体化、全球化，以实现培养新时代高素质商科人才的培养目标。

4.4.2 重塑培养标准

4.4.2.1 改变培养目标

总体来说，新商科背景下职业教育要培养“多元化、复合型、创新性的大商科人才”①。

相较于传统商科某一特定职业岗位的专职人才的培养目标，新商科要面向市场，面向未来，培养具有扎实专业知识和专业技能，具有工匠精神和创造性思维，具有较强学习能力、团队协作能力和国际化视野的复合素养人才。

首先，新经济时代信息技术日新月异，商业环境瞬息万变，交换模式不断改变，原先那种利用市场中信息不对称性开展经济活动的方式发生了根本性改变，市场信息不对称性日益弱化，数据价值凸显，并成为市场中核心的生产要素。这要求商科人才适应新的市场环境变化。其次，在未来社会，知识、技术更迭周期加快，新技术催生新产业，新产业催生新岗位，要求商科人才具备终身学习能力、与时俱进的互联网思维能力、较强的环境适应能力，等等。最后，当今时代，社会分工越来越细密，产业关联程度越来越高，跨界与融合成为常态。这要求商科人才要具备较强的协作能力。

根据财经类职业人才技能操作与管理能力并重等特点，财经职业人才培养目标可表述为：培养德、智、体全面发展的、具有较高专业素质和综合素质，责任心强，专业技能过硬的，符合我国社会主义现代化建设事业要求的应用型、技能型财经人才。作为基层财经管理工作者，应具备“必需”“够用”的专业理论知识，同时具备熟练的操作技能，达到“上岗会做、拿起会用”的要求。

以财务管理专业为例：培养掌握财务管理专业基本理论、基本知识和基本技能，能够在相关专业领域从事财务管理、财务分析、投融资决策和风险管控等经营管理工作的人才；培养遵守财经纪律，具有较高财经职业道德、良好的信息沟通和信息处理能力、富有创新性的高素质复合型财务管理人才。

---

① 张辛雨.创业生态视阈下高职院校新商科人才创业实践教育体系构建路径分析[J].吉林广播电视大学学报，2020(5)：32.

4.4.2.2 立足市场需求

新商科人才培养要以市场需求为导向。传统商科更多将人才培养目标设定于某一特定的职业岗位或工作内容，倾向于定向培养专职人才。在新商业时代，市场岗位需求快速更迭，定向专职人才培养已无法适应市场需求。因此，新商科应当依据市场需求，适应区域产业结构升级，分析学生的职业发展规划，注重培养和提高学生的工匠精神，面对市场、面向未来培养新型商业人才。

以需求为导向，就是新商业时代在市场经济条件下，依据企业运营的机制和规律，重构商科教育的培养模式、管理体制、运行机制和控制体系等管理系统。要以企业需求为航标，调整和修正现行商科教育人才培养偏离市场需求的问题。

体现在培养目标上，就是要顺应新模式、新业态引发的市场岗位需求的变迁。以会计职业为例，传统财务会计的岗位胜任力已经发生变化，从单纯的会计核算扩展到与解析过去、把握现在、谋划未来相结合；又如，旅游管理的岗位胜任力从传统的旅行社服务发展到现在的网络旅游、智慧旅游服务；再如，银行服务岗位则由传统的柜台服务向普惠金融、理财定制和私人金融服务等方向转变。劳动力市场、职业岗位、工作任务的改变，倒逼职业院校急需改变人才培养目标，以满足市场需求。

4.4.2.3 培养复合人才

复合型人才是指具有复合型技能，能在多个领域综合应用、发挥才能的人才。以会计专业为例，现今社会大数据的普及化，企业要求会计人员应用新型信息化的数据软件，会计人员不能仅仅会记账，还要能够进行数据分析、处理，能够应对未来会计技术的创新。

一直以来，传统商科以职能为导向，以单一学科为教学前提，培养出来的是具有单一技能或专业素质的专门人才，如人力资源管理专员、会计、销售人员等。在当前经济新时代，大数据、移动互联网、人工智能、云计算、区块链等技术的发展，要求商科人才不仅要具备专业技能、管理技能，还要有一定的数字化技能，成为掌握多种知识和技能的复合型人才。因此，新商科人才培养强调力求“专岗精通，多岗适应”，注重行业特质与职业发展、商能并重与跨界协同，实现“一专多能”。通过校企协同、产业链上下游协同以及社会化协同，强化专业知识的内在关联耦合，培养“面向现代服务业中的复杂人（群）、以知识和能力为支撑、以服务为主要产品的素能本位、多重结合、阶梯递进、理实一体的基层管理人才”。

“一专多能”的复合型人才培养需要学校、企业及教育服务机构共同搭建“三合一”的育人合作平台。通过平台连接，三方主体共享教育资源与社会资源，共建商科教育生态，助力实现人才培养目标。三方主体在联合课程开发、联合实施教学、联合设备投入、联合师资培养等方面进行深度合作，共同打造实践教学平台及课程体系共建模式。在这种模式下，形成以行业应用能力为主线，不断优化完善的财经课程体系，凝练特色鲜明的专业核心课程群和实践课程群。建立“人才培养目标动态调整机制”，及时反映企业、行业和经济社会需求，为社会源源不断地输送真正适用于新商业时代的优秀人才。

要改变传统的重知识传授轻能力培养、重课程分数轻品格塑造的培养方法。因此，新商科人才培养目标转向复合型能力的培养，尤其将创新能力、自主学习能力、团队协作能力、组织协调能力以及运用新技术新方法能力等内容有机融入新的培养目标。

4.4.2.4 强化综合素质

新经济时代，大数据、人工智能、云计算、物联网等新科技的发展和运用，制造业从中低端向中高端迈进，新业态、新模式层出不穷，这必然要求与经济发展紧密联系的职业教育人才培养更加重视提升学生的综合素质，强调提高学生实践性、应用性与技术性能力。党的十九大提出，要建设知识型、技能型、创新型劳动者大军，弘扬劳模精神、工匠精神，营造劳动光荣的社会风尚和精益求精的敬业风气。为此，新商科人才培养的目标要定位于培养“商业思维＋跨界知识＋融通技能＋人文素养＋工匠精神”以及具备较强商业头脑和实践操作能力的应用型、技术型人才，同时在知识、素质和能力层面要有新的融合①。

为适应新时代产业和企业发展的人才需求，培养理实一体的复合型商科人才，必须进行产业和教育的深度融合。通过融合，提升新商科人才的综合素质，不仅要具备扎实的学科专业知识，还要具备相应的行业知识。同时，要具备多个行业领域一定的专业知识，能将知识融会贯通，有分析、解决复杂问题的能力、批判性思维、团队协作能力等素质。

4.4.2.5 注重人文素养

传统商科以工商管理、会计、金融、经济学专业教育为主，忽视人文素养的培养，缺乏哲学、法律、历史、文学、道德和情绪管理等人文素质类课程，容易形成利己思维，成为精致的利己主义者，道德修养与社会责任感缺失，在工作中注重个人得失，忽略组织与社会利益。

在数字经济时代，市场和科技为商业活动提供了海量机会和财富，容易诱发人们的利己主义。因此，新商科教育应该更加突出对学生思想道德、商业伦理和人文素质的培养。教师不仅向学生传授专业知识，更应提升他们的人格、社会责任感和人文素养。

为适应新的商业伦理，新商科人才首先应该树立正确的世界观、人生观和价值观，不断提高个人法律素养和人文精神，始终保持良好的政治素养和职业道德。

通过对学生的价值引领和思政课程教学，引导其坚定“四个自信”，形成敢于担当、主动作为的精神品质。通过人文课、思政课和课程思政，交叉融合文学、历史、哲学、艺术等人文知识，帮助学生内化人格和道德情操，形成科学探究、主观假设客观求证的学术素养。引导学生通过对外交流、有效语言沟通和跨文化理解，形成具备国际化思维模式的职业素养。

学校应结合实际，开设安全教育、生命教育、诚信教育、“爱”、社会责任、绿色环保等人文素养、科学素养方面的选修课程，拓展教学内容，并将有关内容融入专业课程教学；将创新创业教育融入实践性教学环节；自主开设其他特色课程；组织开展德育活动、志愿服务活动和社区服务、义工活动等社会实践活动。

---

① 曹颖.应用型本科高校新商科人才培养教学体系构建与探索[J].科技创新与生产力，2021(2)：105.

4.4.3 更新培养内容

4.4.3.1 顺应产业转型

新一代信息技术革命正以超强的存储能力、计算能力、数据挖掘能力向生产、消费领域渗透，渗透的广度和深度前所未有。“新商科”教育必须顺应时代潮流，人才培养内容必须顺应产业发展转型，主动迎合新一代信息技术革命趋势。新商业时代“互联网＋”跨界融合的特质深刻影响了电子商务、物流、营销等多个行业，不断革新传统行业与产业模式，引发了市场对商科职业人才素质的新需求。为了培养出具有全球视野、熟知新商科理念、精通新商业技能的高素质复合型人才，“新商科”必须主动面向产业转型，迎合产业发展，以市场需求为导向，对人才培养模式进行改革和完善。

“新商科”教育的出现，是新商业时代的必然趋势和客观需要。职业教育要把握时代机遇，主动拥抱新商业时代，紧密结合时代需要，构建新商科人才培养体系。岗位新胜任力要求的人才知识、技能的更新和提升，必然倒逼培养专业设置、教学内容随之发生重大改变。例如，旅游管理必须结合智慧旅游展开，金融专业也需要增加投资理财、普惠金融、私人定制等知识内容。国际商务重点不再是报关，而是进行跨境电子商务，财务会计也不再是传统会计核算，而是转向财务预测、评价经营业绩、参与管理决策等教学内容。

4.4.3.2 探究学科规律

商科教育首先要凸显商科专业知识。人才培养要注重商科基本理论和基本技能教学，筑牢学生知识基础，使其精通基本商科原理和专业技能。因此，专业核心课程仍然是商科各专业教学的重中之重。

同时，要探索新时代新的商业规律。随着新商业时代的兴起，产生了新的商业运行规律，比如：信用成为资产、数据成为生产要素等。新的商业价值观、商业基础设施、商业业态、商业模式、商业组织形式悄然形成，逐渐构建起新的社会生活方式和消费习惯。这些新的商业规律对产业发展和商科人才培养产生广泛而深刻的影响。因此，“新商科”人才培养要与时俱进，融入新观念，遵循新规律，把新的商业特点与运行规律融入教学内容之中。

4.4.3.3 对接职业发展

学生接受职业教育，目的是走上职场，顺利就业，因此培养内容必须对接职业发展，兼顾学生就业、创业、终身学习的需求。在全球化、多元化、信息化的新经济时代，充满不确定性，知识技能更新速度加快。今天的某个专业、某些课程、某项技能，几年后可能就被淘汰了，但终身学习与创业能力是不会过时的，因此，新商科要培养更具竞争优势和可持续发展能力的复合型人才。

对接职业发展主要体现在专业设置、培养过程和培养重点等方面。侧重点如下：一是实现专业链与产业链对接。密切结合产业链端口的需求，精准分析产业链和商业生态圈的图谱和业态，强力推进电子商务专业群、金融服务与管理、会计(财务管理)、物流管理专业群建设，着力打造新商业模式下财经商贸类优势特色专业群，满足新商业人才需求。二是实现教学过程与生产过程的深度融合。要精准调研新商业时代的职业群、岗位群，按照产业链的端口脉络开发产教融合、校企合作、工学结合课程，建构基于产业链的专业课程体系、人才培养和发展体系。如山东有的职业学院邀请区域、行业、龙头企业的专业人士成立专业建设委员会，共同探讨课程设置，如电子商务、物流管理专业与苏宁云商集团、京东集团、顺丰快递，会计、财务管理专业与中国平安、会计代理协会，互联网金融专业与太平洋保险、山东开创集团，对照企业生产作业和服务流程设计课程模块，将实践实训嵌入产业链和服务链，实现教学过程与生产过程深度融合，实现教学内容与职业标准无缝对接。以物流管理专业为例，依托学校菜鸟驿站，与“三通一达”、顺丰快递等共建校内物流收发中心，学生的基础实训教学环节在校内即可完成，并且能在真实的商业环境和标准化的工作流程中感受、深化和升华专业知识、专业技能，实现人才培养目标。三是重构培养重点，增强学生长远发展能力。新产业、新职业、新岗位，要求职业教育人才培养的重点从原来以岗位能力作为培养“硬核”，向现在更加注重通用职业能力的培养转变。即培养可迁移的适合多种职业、多个岗位的通用职业能力和核心素养。通识课程将更加注重提升文字素养、数字素养、信息素养、技术素养、艺术素养和设计思维、创新思维以及认真负责、爱岗敬业、沟通能力和精诚合作等品质；教学重点将更加注重把创新、创业、创意融入教育教学的全过程，以适应商业模式创新的需求。对于新商科人才来说，培养其创造性思维的能力尤其重要。因为具备创造性思维的人才才能做到“以不变应万变”。

4.4.3.4 重构课程体系

新商科教育需要打破学科壁垒，实现跨学科知识融合，信息技术与专业课程融合，深化产教融合，这就要求重构课程体系，建立与时俱进的课程体系和课程体系更新机制。课程体系重构要尊重全球化、多元化、数字经济时代商业文明发展的规律，突出技术硬实力与人文软技能，开发新颖、实用、规范、与时俱进的新课程，改造、增加、减少某些课程，合理设定必修课、选修课、方向课的比例，调整专业课与通识课、线上课程与线下课程、理论课与实践课的比例。

课程设置要宽口径、厚基础、重素质，注重夯实基础、拓宽知识面、强化应用。专业课程中可融入管理学、传播学、计算机科学、智能科学等交叉学科课程。增加一些反映新时代数字教育的新商科课程，如“智能财务”“数字营销”“智慧人力”等，拓展学生的数据思维，提升他们对信息技术的使用能力。要注重学科知识的交叉融合，以适应管理科学、计量经济学、统计学、计算机技术、人工智能、数据挖掘与分析等在新商业中的交叉融合应用，以及新的劳动工具如无人机、无人舱等使用所产生的新的技术技能积累。比如财会专业要以专业知识技能为基础、实践与创新能力培养为导向，形成围绕行业应用能力为核心的、不断优化的财会专业课程体系。以会计专业为例，新的会计课程结构体系将精简财务会计课程，强化管理会计课程，增加 IT 课程。会计本身就是一个信息系统，都是对 IT 技术的应用。其他商科专业也应进行相应调整和改进。

学生在完成必修的专业基础课程后，可以根据个人兴趣和特长对基础课程、方向课程和创新创业课程进行自由组合。如目前国际上学生比较偏向选择金融学搭配保险数学，人事管理搭配商业心理学等。

尤其要注重将信息科学与技术植入传统学科，并实现融合相长。新商科背景下，金融学要建立在大数据分析基础之上；财务管理引入“数据可视化财务智能分析”，培养学生财务分析管理中的信息技术应用能力；市场营销开设“数据挖掘与市场营销”“商务智能算法分析与应用”“Web 信息产品设计”等课程，重点提升学生商务智能、大数据分析方法和使用维护数字化营销工具的能力；人力资源管理植入“智慧人力”，将人力资源与社交网络相结合，增加人员招聘网页设计和数据维护及员工社交网络分析等内容，提升人力资源管理能力效率。

具体课程结构一般包括：

第一，专业课模块。专业模块主要由专业基础课、专业核心课及交叉学科课程构成。尤其是多开设方法类课程，助力学生长远发展。

第二，个性化课程模块。可根据学生自我发展方向设置一定比例的个性化模块课程，以满足学生的个性化需求，比如技师型、科技创新型、创新创业型、职业生涯规划等板块。拓宽学生人文、地理、社会、科学等知识面，提供多学科相互交叉、相互渗透的学习平台和机会。此外，还可以设置“活页式”“案例式 ”“研发式”等课程模块，供学生选择。

第三，实践性课程模块。增设实践类课程，改变传统商科课程理论课偏多、实践课偏少的状况，激发学生的学习兴趣，锻炼学生的实践操作能力，提升学生的感性认知水平。

第四，学科交叉课程模块。引入互联网、人工智能、数据挖掘、心理学、创新创业等学科前沿信息，拓宽学生学习视野，帮助学生构建数据思维、创新思维、融合思维等多维度思维结构。可通过专题讲座、系列研讨、实践实训、技能大赛等第二课堂灵活开展。

第五，扩展性课程模块。扩展能力培养往往需要依托校内外多种平台实现。如校内的课堂外实践、模拟与策划大赛、商业文化艺术节、工作坊、创业园等；校外有各种技能竞赛、校企合作、认知实习、企业见习实习、创新平台等。

总之，根据产学教深度融合的要求，新商科人才培养要更加注重培养内容的更新。根据行业、企业实践发展及时调整教学内容、方法技能，包括行业知识、行业最新标准等，引入行业、企业专家实践教学，加强学生实践能力的培养。

4.4.4 优化培养方式

优化创新人才培养方式是新商业时代对商科人才需求转型的必然要求。

4.4.4.1 转变教育模式

（1）线上线下联动

传统的商科教育以课堂“填鸭式”教学为主，这种“满堂灌”的方式不利于师生互动，也难以培养学生的创新思维。

在数字化浪潮的推动下，信息科技在教学中的应用，极大地丰富了教学内容，激发了学生兴趣，焕发了课堂活力。新商科教育在教学手段上，打造在线教学平台，采取线上与线下深度融合，突破时空障碍，重构教学空间，形成了线上线下“跨域”融合的“教”与“学”联动新模式。通过“互联网＋学习”，线上线下、课上课下、混合式交叉式学习等方法，让教学模式灵活多样，教学内容更加丰富，教学效果更加有效。“翻转课堂”“微课”“MOOC”“SPOC”等现代信息教学手段，有利于实现理论教学与实践教学同步进行。

同时，利用大数据可以通过移动化教学终端，采集教学数据，助推个性化教学与全方位教育的实施。教师端构建多元化的授课方式，以学生为中心，加大参与式、体验式教学，把课堂交给学生，更好地培养学生自主学习、综合分析解决问题的能力。学生端采取网络学习、混合式学习、“云学习”等在线上学习形式，超越了传统学习时空，改变了传统学习习惯。扩展了学生知识获取的空间和渠道，甚至可以利用到国内外最优质的教学资源。同时，延长了学习的时间，为学生碎片化、分散化学习提供资源保障。这种线上线下相结合的方式，构建起情境、交互、体验、反思为一体的深度学习场域，形成“教”与“学”新模式，有利于增强学生的自主学习能力、创新精神和实践能力。

通过线上与线下结合，采用大数据分析方法捕捉学生的个性化学习习惯和知识点偏好，有利于针对性地开展差异化教学，实现“精准教学”。

（2）教（课）、赛、学一体化

教（课）、赛、学一体化是强化学生实践能力，历练学生专业技能，提升综合素质的有效方式。

一是开发建设教（课）、赛、学一体化课程群，制定相关课程教学大纲、实验教案、实验指导书等实验教学要件；配套出版系列实验教材；开发和建设相应课程的教学视频资源以及案例库等辅助教学资源；配置满足教（课）、赛、学一体化的教学软件资源；建设一支既懂实验教学规律又擅长指导学科竞赛，适应教（课）、赛、学一体化要求的高素质实验教学团队。

二是搭建经济、金融、会计、电商、营销、国贸等各专业职业技能大赛实战平台，建立技能大赛体系，完善大赛学分转化等机制，鼓励并要求学生参与技能大赛。

在教（课）、赛、学一体化培养过程中，可以基于商科学生自身的特点，以商业技能或创业大赛的规则和实际岗位的要求为导向，结合课程标准，寓赛于课，课训复合，课赛融通。通过长期的模拟教学或者竞赛训练，实现学生知识、素养、技能培养“三合一”，提高学生的职业能力、心理素质、专业水平及综合素质。

（3）创新创业融合教育

指创新创业实践与教学过程的融合。“双创”融合式培养对培养商科人才创新创业思维和精神尤为重要。职教学校要结合自身特色，打造建设多种“双创”平台，“在创新创业人才培养理念、课程体系、培养方式、培养机制等方面进行全面创新，实现创业教育、创业孵化、创业投资的闭环，构建创新创业教育生态系统”①。通过专业基础平台、能力训练平台、综合实践平台三大载体，构建“通识教育、专业教育与创业教育融合、创新实践教育、综合实战演练、人才输出”五个阶段多层级进阶的实践教学体系②。

鼓励优秀的、有创新创业意愿的学生开展创新创业实践，为“创客”提供更多便利条件。“双创”是商科能够持续发展的动力与源泉，也是新商科人才培养的战略方向。开展“双创”融合式教育利于推动商科教学改革，推动多功能复合型新商科人才的培养，提高人才培养质量。

---

① 杨伟，钱昇.高校创新创业教育生态系统的构建策略研究[J].杭州电子科技大学学报，2017，(08)：70.

② 张辛雨.创业生态视阈下高职院校新商科人才创业实践教育体系构建路径分析[J].吉林广播电视大学学报，2020(5)：34.

积极推动校内“双创”教育资源和校外资源相结合。统筹配置校内各个院系、科技园、校友资源，充分利用校外丰富资源，探索校内外产教融合资源共享机制。通过校企合作、产学研合作等方式，搭建实习实践培养平台，引导学生参与教师的科研项目，设立学生创新创业项目，着力培养学生的创新创业综合能力。

突出创新创业文化建设，营造创新创业氛围。打造校园创客空间，聚集创业群体。开展创新创业大赛、“创客”训练营、创业大讲堂、学术论坛、项目路演节等系列“双创”教育实践活动。定期举行“双创”活动月、“双创”实训周、金融三进、普惠金融、“暑期三下乡”、“有奖征文”等主题社会实践活动，锻炼学生创新创业能力。积极组织学生参加“互联网+”“挑战杯”“创青春”“用友杯”“移动创客”“梦想杯”等大学生创业大赛，促进学生的创新精神与创业能力的提升。

4.4.4.2 革新教学方法

新商科要以“学习者”为中心，转变教学理念，主动革新教学方法。加强案例教学，采用启发式、讨论式等灵活多样的课堂教学方法，调动学生学习的积极性和主动性。

在理论教学中，教师可采用问题驱动、情境导入、角色扮演等方式来激发学生的学习兴趣，并紧密围绕教学内容展开头脑风暴、案例讨论、角色参与、情景模拟、课外实践等主题活动，并辅之以积分奖励，诱发学习动机、激发学生内在潜能。积极引入问题教学法、行动导向法，大力推行案例教学、任务式教学、项目式教学、体验式教学、研究式教学，构建“教学做”一体化及融合式教学模式。形成师生间的良好交流互动，激发学生的学习热情，帮助学生建构知识体系和提升能力和素质。案例教学法是西方国家商科教学常用的教学方法，哈佛商学院每天上午三节课，每节课 80 分钟进行案例教学，一般安排一个案例。学生需要事先独自收集完成案例相关资料，然后在小组学习时集中讨论，第二天在课堂上再进行深入探讨。每年的学习案例多达 400 多个，这些案例来自美国发达的商业经济氛围。

改革传统的教学手段和考核方法。要充分利用电化教学设备，增强教学的直观感和实际价值。以视频、录像、影视、幻灯、投影、挂图、计算机等教学手段，提高课堂教学效果。在现代信息技术支持下，借助技术手段、网络资源与教学的融合更利于新商科教学形成有效的教学模式。在人工智能的助力下，将跨界融合、深度学习、人机协同等方式和手段渗入教与学的各个环节。以营销课程为例，利用计算机辅助教学，可以呈现出一个真实的营销场景，教学机器人可以充当模拟顾客，使得商科教育趋于实景化、仿真化和动态化。将信息技术与课堂教学相结合，推动以“翻转课堂”为主的混合式教学模式改革，充分调动学生学习的兴趣和积极性，提高学习的成效。

改革教学评价体系，推行“N＋1”考核模式。改变传统单纯的闭卷考试、死记硬背的评价方式，根据学生多元能力对知识和能力的达成度，采取多维度、多形式、多阶段考核，促进学生个性化、均衡化、全方位的发展，进而实现生产、流通和教育的高度融合。

4.4.4.3 深化产教融合

产教融合是指将产业发展与教育目标相融合。培养符合产业发展需求的新商科人才是商科教育的目标。互联网、大数据、移动通信、人工智能改变了人的行为决策，新的行为决策催生了新的商业模式，进而影响产业结构的调整与优化，产业发展出现新趋势，尤其是高新技术的植入。产教融合并非简单的“产业＋教育”，而是将产业发展中的先进元素融入课程教学，将教育与产业对接。

新经济时代，构建跨界融合的商业协作体已成为常态。要推动校企合作从单一走向多元，搭建起更加高端、共享、灵活的产教融合平台，把“课堂搬进企业，教育融入产业”，形成“产中有教、教中有产”的商科教育新生态。一些学校创新治理体系，聚合行业组织、企业集团与优质院校的力量，建设紧密、共治的融合式教育联盟。如无锡商业职业技术学院成立职教集团联盟平台，整合配置优势资源，激发集团内行业组织的牵头作用，发挥同行企业的聚集效能。同时，学校还引领校企协同育人，与大型龙头骨干商贸、金融、财务企业紧密合作，协同培养新商科人才，不断提升产教融合平台建设能力。如与京东集团共建校内产教融合项目——“京东·仓配客一体化孵化中心”；与腾讯云计算公司共建腾讯云创新创业人才培养基地；与新道科技公司合作共建“无锡商院——新道会计学院”，探索产业学院管理机制和运行模式①。

产业学院将成为产教融合的重要形式。一方面，龙头企业具有行业发展领先优势和人才就业渠道优势；另一方面，培养院校具备人才培养和科学研究的资源优势。二者强强联合共建产业学院，是创新型、复合型商科人才的良好培养途径。

产教融合需要推动深层次的校企合作。以产教融合为主线，以人才培养为纽带，密切与企业的合作，促进校企共同发展。一方面，企业为学生提供实习实践机会与平台，提高学生的实践操作能力；另一方面，学校可针对企业的需要实行“订单式”人才培养，满足企业用人需求。要积极搭建高效协作育人平台，构建合作、协调、联动、发展等良性运行机制，在校企之间开展广泛深入、形式多样的合作。要探索校企合作长效机制建设，寻求双方利益的交汇点，合理规范校企双方权利义务，实现“人才共育、资源共用，利益共享、风险共担、各方共赢”，谋求长远合作，共赢发展。

4.4.4.4 多维协同培养

多元参与、协同育人是新商科人才培养的基本方式。加强不同主体间协作，建立学校与政府、社会、企业、兄弟院校联合培养人才的机制。汇聚优质教育资源，搭建演练平台、构建实习渠道、教师互聘、课程互选、学分互认，实现资源共享。

根据参与主体介入的广度和深度分析，目前商科人才协同培养的方式主要有：一是参与式培养。特点是行业、企业的师资参与到人才培养中来，如参与人才培养方案的制订、课程设置、教学过程、毕业论文（设计）和毕业实习的指导等。这是比较普遍的校企合作人才培养方法，也是传统商科人才培养中的常见做法。二是委托式培养。特点是学校根据企业的用人需求进行“订单式”培养，企业负责接纳学生就业。三是共生式培养。特点是学校通过与政府、行业及企业共建共享的方式，全方位参与人才培养，比如合作成立产业学院（行业学院）。

总之，新商科人才培养需要学校与政府、社会、企业之间紧密联系，共同搭建育人平台，提供真实的实践环境，让学生走出“象牙塔”，实现学校与社会的互动，学界与业界的互动，

---

① http://finance.sina.com.cn/roll/2018-11-26/doc-ihmutuec3604759.shtml.

将育人、科研、社会服务有机结合。事实上，实践性学习早已贯穿于发达国家职业教育的全过程，如德国的“双元制”培养模式、日本的“产学合作”模式、英国的“工读交替”的“三明治”模式、美国的“合作教育”模式。

4.4.4.5 加强实践教学

目前，我国财经类人才具备较好的财经专业理论知识，但实际应用能力与综合实践能力却相对缺乏。调查显示：65.1%的用人单位认为目前财经人才的应用实践能力一般，19.4%的认为应用实践能力很差，只有 15.5%的认为还可以①。

因此，要充分认识实践教学在培养学生财经专业技能、创新创业能力和综合素质等方面的重要作用。要彻底根除“重理论、轻实践”的错误理念，在新商科人才培养中，推进“实践、实验、实训、实习和实务”“五实”并举，保障实践课程学时不少于总学时的 30%。

实践教学主要包括实训、实习、毕业设计和社会实践等。实训可在校内实训室、校外实训基地等开展完成。凡属于模拟性质的课程应保证必要时间的动手操作训练。对市场营销类、国际商贸类、跨境物流电商类、金融投资类、财务会计、财务管理、大数据人工智能与互联网信息技术类等相关类型课程，可以进一步加大实践教学力度，实践教学学时数甚至可以达到 50%。对于实践技能型课程，实践课时可超过 50%。

当前比较流行的财经类实践教学模式是建立实训基地、专业实习基地、创新创业园及仿真实验教学等。实训、实习基地主要是开展校企合作，把合作单位作为教学实践的基地。创新创业园可以是校内也可以与社会、企业合作建设。当前，创新创业园已然成为一种有效的实践教学模式，受到众多学校的青睐。在创新创业园中实践，学生能够直观地感受到相关的专业知识，提高专业知识的应用能力。仿真实验教学是以基础训练、专业训练、综合训练、创新创业训练为核心，在实验室环境下完成实践教学的一种教学模式。如会计模拟实验室，通过开设“会计模拟实训”“会计电算化”“财务管理实训”等课程使学生能更直观、生动地体会教学内容。仿真实验教学有利于调动学生的积极性，增强学生和教师的实践能力。学校通过开展各类仿真模拟训练，如“ERP 沙盘模拟”“虚拟商业社会环境 VB－SE”“创业之星”“会计综合实训平台”等项目，让学生自主参与经营过程，激发学生的兴趣，培养其创新创业能力，提高学生掌握技能的效率。

专业实习更是直接让学生上岗实操训练的主要途径。专业实习是人才培养过程中必不可少的重要环节，其目的是通过真实业务实践促使学生理论联系实际，巩固和运用理论知识，培养学生分析问题、解决问题的能力及创新能力，提高学生的综合素质。

另外，对新商科而言，案例教学也是一种重要的实践教学方式，因此要逐步完善以案例库为代表的案例教学资源库建设。

---

① 苗文婧.我国人才市场对财经类人才需求状况的调查研究[J].全国商情(零售)，2016 (14)：99.

第 5 章

新商科背景下财经职教师资的素质修养

古人云："经师易得，人师难求。"可见，社会对教师职业素质给予厚望，也意味着对教师职业素质要求较高。教师自身不但要具有深厚的专业知识，还要有高尚的灵魂；教师不但要会教书，还要会育人。教书主要侧重于教师的专业素质，而育人主要侧重于教师的师德修养。教师的人格魅力则取决于教师的素质修养。

教师素质是指教师在从事教育活动过程中形成的比较稳定的专业能力、道德观念、行为规范和道德品质的总和。教师素质是教师能顺利从事教育活动的基本品质或基础条件。其中师德是教师素质修养的核心。因此，教师必须在职业道德、教育理念、专业知识、教学能力等方面具有良好的修养，并不断自我完善。

本章主要就新商科背景下财经职教师资需要具备的素质修养进行论述。

5.1 思想品德

思想品德是教师在从事各种活动的过程中，体现出来的较为笃定的价值取向特征。相对而言，人们价值取向的关注主要包括思想政治取向、道德取向和对待自我的态度。因此，我们将职教教师的思想品德素养分为思想政治素养、道德品质和个人修养三个方面。

5.1.1 思想政治素养

思想政治素养在思想品德素养中占据主导地位。马克思认为，思想政治素养是"一种特殊的素养，是人们为实现本阶级利益而进行精神活动和实践活动的特定品质"[①]。教师应坚持正确的政治方向，弘扬主旋律、传播正能量，坚持教书和育人相统一，言传和身教相统一。

职教师资的思想政治素养，主要是指处理对国家、集体、他人、事业的关系等方面的较为稳固的观点和态度。这种观点和态度，反映了职教教师最基本的思想政治的价值取向，其内核是政治信仰。主要表现在：

---

① 漆书青等.职业技术教育师资培养模式研究[M].南昌：江西高校出版社，1998 (7) ：137.

(1) 形成科学的世界观、方法论。能够掌握辩证唯物主义和历史唯物主义的世界观和方法论，并在认识和改造客观世界的过程中自觉地加以运用。

(2) 热爱祖国，坚持党的四项基本原则。热爱祖国，自觉为祖国的繁荣富强努力奋斗；在实际行动中拥护和坚持党的“四项基本原则”，即坚持中国共产党领导，坚持社会主义道路，坚持马克思主义、毛泽东思想和邓小平理论的指导，坚持人民民主专政的制度。

(3) 严守政治纪律和政治规矩。在中国特色社会主义新时代，教师要增强“四个意识”，坚定“四个自信”，拥护“两个确立”，做到“两个维护”。“四个意识”是指政治意识、大局意识、核心意识、看齐意识；“四个自信”是指道路自信、理论自信、制度自信、文化自信；“两个确立”是确立习近平同志党中央的核心、全党的核心地位，确立习近平新时代中国特色社会主义思想的指导地位；“两个维护”是指坚决维护习近平总书记党中央的核心、全党的核心地位，坚决维护党中央权威和集中统一领导。“两个维护”是党和国家前途命运所系，是全国各族人民根本利益所在，是最根本的政治纪律和政治规矩。党的十八大以来，我们党和国家事业之所以能取得历史性成就，最根本的原因，就在于以习近平同志为核心的党中央的坚强领导，就在于习近平新时代中国特色社会主义思想的科学指引。

(4) 强烈的集体主义观念。坚持集体利益高于个人利益。在符合国家发展经济大局的前提之下，积极投身到集体中去，以实现集体目标为己任，具有团结协作的精神，自觉与他人精诚团结，努力达成集体目标。

5.1.2 道德品质

荀子说：“积善成德，而神明自德，圣心备焉。”意思是只要我们在生活小事中注重自己的品性德行，就会接近于“圣人”。作为教师，如果懂得自省、自觉、自律，懂得审视并完善自己的世界观、人生观、价值观，懂得遵从社会道德规范，就能在“传道”的同时用自己高尚的品行、健全的人格感染学生、教育学生。所以，教师要随时注意自己的言行举止，“身正为范”，用身体力行诠释教书育人。

5.1.2.1 践行社会主义核心价值观

党的十八大强调，倡导富强、民主、文明、和谐，倡导自由、平等、公正、法治，倡导爱国、敬业、诚信、友善，积极培育和践行社会主义核心价值观。社会主义核心价值观从国家、社会、公民三个层面分别阐述了社会主义核心价值目标、价值取向和价值准则。其中，从国家层面要倡导富强、民主、文明、和谐的价值目标；从社会层面要倡导自由、平等、公正、法治的价值取向；从公民个人层面要倡导爱国、敬业、诚信、友善的价值准则。

从公民个人层面来看，爱国是国家和民族对公民的基本道德要求；敬业是职业道德的基本要求；诚信是为人之本，也是社会和谐稳定的基石；友善是人们和谐、团结与合作的重要基础。立德树人是教师的根本任务，因此，必须践行社会主义核心价值观。

5.1.2.2 树立法治意识

法治是调节、规范社会利益关系的基本准则。法律和道德联系紧密，一般来说，凡是法律所禁止和惩罚的行为也是道德所禁止和谴责的行为；凡是法律所支持和鼓励的行为，也是道德所主张和倡导的行为。我国许多法律规定的内容，都体现了社会主义道德的内在要求。法治是维护社会稳定、保障社会和谐的重要基石，也是实现人民当家做主、促进人民幸福安康的根本保障。

作为教书育人的教师，遵纪守法是底线，应该把法治作为价值来追求，不断增强法治意识、法治思维。

(1) 形成法治思维。教师作为育人之师，要树立法治思维，尊重宪法、尊重敬畏法律。增强养成法治意识、树立法治思维的自觉性。严格依法办事是养成法治意识、树立法治思维最核心的要求。

(2) 树立法治信仰。法治信仰，是对法治油然而生的神圣情感，发自内心的认同和尊崇。法治信仰就是要树立“法治至上”的理念，敬畏法治，敬畏法律，敬畏公民的合法权益，自觉把公权力用于为人民谋利益。坚持法律面前人人平等，磨砺意志，坚守法治的定力、坚定法治的意志。

(3) 提高法治素养。首先，要懂法。教师要带头学法，认真学习履行职责所需的法律知识，把握相关法治原理、原则和精神。其次，要依法。要加强法律逻辑训练，把“依法”作为想问题、作决策和办事情的第一原则。最后，守法。教师要坚守法治的底线，模范守法，带头守法，力做守法模范。

5.1.2.3 增强社会责任感

社会责任感可以理解为是公民在现行国家法律、体制运行过程中，在社会主流价值观引领下对社会秩序健康、规范运行的自觉意识和崇高的情感、态度、意志、认识，积极主动地参与社会生活，并为维护社会秩序促进社会发展贡献自己的力量等。

教师要为人师表，因此，应该自觉提高自身公民素质，从思想品德、法律意识、责任意识、集体意识、社会意识等方面实现自律和他律，有机结合内部约束和外部约束，进而不断增强自身的社会责任意识，对社会负责，而不仅仅是追求个人的私利。

5.1.3 个人修养

5.1.3.1 正确认识自我

古希腊戴尔菲城的神庙里有一句名言：“你要认识自己。”大思想家卢梭认为，认识自我比伦理学家们的一切巨著都更为重要、深刻，因为人类知识中最不完备的，就是关于自我的知识。只有正确认识自己，才能以健康的心态，面对社会和自己，正确地自我定位，正确选择自己未来的发展方向。

我们认为，正确认识自我也是职业教师必备的重要品质。职业教师认识自我主要包括以下方面：(1)明确国家、社会、学校、家庭对自己的要求、期望和评价，从他人的反映中正确反省自我。(2)确认自己的根本需要，自省自己的各种具体需要。(3)客观审视自己的长处和弱点、成绩和过失。

5.1.3.2 加强自身修养

师者，人之范也。欲树人，先立德，欲立德，先正己。教师，作为对学生成长的引导者，对学生成长具有重大影响力、行为示范力和感召力，因此，必须首先具备良好的道德修养和人品素质。诚所谓“修人先修己，传道之人，必须闻道在先”。

教师要确立自尊、自信、自律、自立、自强的人生态度，继承和弘扬中华民族的传统美德，树立与我国社会主义市场经济相适应的社会道德观念，公平竞争，正当逐利，合理求利，诚实劳动，合法经营，勤劳致富，等等。

作为教师，要以身作则，为人师表，关爱学生，乐于奉献。由于学生具有向师性，教师行为对学生具有极强的示范效应，因此，在教育教学中教师应该严格要求自己，为学生树立榜样。

在教育过程中，教师不仅传授科学文化知识，更应该通过自己正面的人格魅力影响、引导学生成长成才。同时，职业教师除了具备最起码的公民道德观念外，还应该提倡更高层次的道德理想和道德规范。如大公无私、全心全意为人民服务、无私奉献等。

没有良好的自我修养，也就不存在良好的思想政治素养和道德素养。

5.1.3.3 善于自我调控

人非草木，孰能无情。职业教师也是普通人，具有普通人的喜怒哀乐、爱恨情仇。职业教师也可能遇到来自社会、同事，甚至学生等多方面的挫折和困难，受到情绪上的干扰，也可能产生紧张、焦虑、恐惧、愤怒、烦恼、绝望等消极情绪。如遇到不公平待遇、竞争失败、学生的敌视、欺骗或无理要求，等等。

但面对各种矛盾、困难与挫折，教师要有坚强的意志、健康的心理，必须善于自我调控，做好情绪管理。要能够克制、调节和支配自己的情绪，做好该做的事，不做不该做的事，而不管自己愿意还是不愿意。在教育教学的过程中，要用积极向上的情绪激发和感染学生。

5.2 职业情操

5.2.1 职业理想

理想，就是一种追求和向往。所谓职业理想，就是指人们对于职业选择和职业成就的追求和向往。职业理想是职业素质的重要组成部分，树立崇高的职业理想才能产生模范遵守职业规范的行为。

作为一名教师，最高的职业理想就是忠诚于人民的教育事业，努力做一名德才兼备的优秀教师。职业理想体现了教师职业素质的本质。

要实现这个理想，必须做到以下几点：

第一，热爱教育事业。

第二，热爱学生。

第三，献身教育事业。

第四，勇于同一切危害教育事业的行为进行坚决的斗争。

第五，不断提高自身素质。

5.2.2 职业态度

教师职业态度，是指教师对教育教学职业劳动的主观看法和采取的行为，简言之，就是对教育劳动或教师劳动所持有的态度。

教师职业态度的核心要素是乐教、勤业。“乐教”即指要热爱教育事业、热爱教师职业，这是教师保持主动性、积极性的根源；“勤业”即指工作中勤勤恳恳、善于思考、勇于创新，不断追求自我实现。

在社会主义社会，教师职业态度的基本要求，就是树立积极主动的职业劳动态度，努力培养社会主义现代化事业的接班人。首先，教师必须有主人翁的责任感；其次，要具有从事教育教师劳动的光荣感和自豪感；最后，要有吃苦耐劳、勇于创新的精神。

5.2.3 职业责任

所谓职业责任，就是在本职工作中必须承担的职责和任务。人民教师的根本职责，就是培养社会主义现代化事业的建设者和接班人。职业责任的外在表现就是教师在工作中认真负责、富有责任心。自觉履行教师职业责任，要求教师能把职业责任变成自觉的道德义务。包括：对学生负责；对学生家长负责；对教师集体负责；对社会负责。

5.2.4 职业道德

恩格斯说，“每一个阶级，甚至每一个行业，都各有各的道德”①。教师的职业道德，简称“师德”，它是教育工作者在从事教育活动中必须遵守的道德规范和行为准则，以及与之相适应的道德观念、情操和品质。

古今中外，无不认为教师应具有高尚的道德品质。西汉思想家扬雄曾说：“师者，人之模范也。”唐代韩愈认为，“师”和“道”密不可分，“道之所存，师之所存”。鲁迅先生强调教师的道德示范性，认为教师应是“后生的模范”。教育家徐特立将“师德”上升到人格层面，认为教师的人格应是“经师”与“人师”的统一。

高尚的师德是成为教育工作者首要的先决条件。教师要以德立身、以德立学、以德施教，为学生点亮理想的灯、照亮前行的路。

“师德”其内涵概括为：“师爱为魂，学高为师，身正为范。”

师爱为魂。“师爱”是教师对学生无私的爱，它是师德的灵魂，即“师魂”。赞科夫说过：“当教师必不可少的，甚至几乎是最主要的品质就是热爱学生。”热爱学生，就是教师要做学生的良师益友，用自己的爱去营造爱的氛围，公平对待每一个学生，不厚此薄彼，有教无类。

学高为师是师德的基本要件。苏联著名教育家苏霍姆林斯基说：“只有把自己知识的百分之一用于课堂讲授就够了的教师，才是真正热爱自己学科的人②。”台上一分钟，台下十年功。扎实的专业知识和技能是教师的基本要求，知识渊博、业务精湛、治学严谨、注重创新，是师德不可或缺的组成部分，也是“学高”的体现。教师“学高”方能使学生产生信赖感，进而转化为强大的人格力量，去激励、鞭策学生。因此，教师要有扎实的基本功，游刃有余驾驭教书育人的工作、熟练掌握现代教育技术，树立执着的终身学习理念。

“身正为范”是师德的内在要求。育人德为先，身教重于言教。教师要以德为本，以正为范。教育质量的提高，很大程度上取决于教师影响力的大小，而品格是形成教师影响力的重要因素。在教育活动中，教师要成为正能量的传播者和代言人，用自己品德、修养、作风仪表，对学生起着耳濡目染、潜移默化的作用，直接而深远地影响着学生品格的形成，甚至影响学生的一生。

可见，作为教师，道德上应是谦谦君子，学识上应该饱学多识，为人处世上能做到公平正直等，既是“严父”又是“慈母”，这都是教师人性的光辉。无论是职教教师还是传统教师，都应为人师表、注重师德。

当前，最基本的师德内容包括：爱国守法、爱岗敬业、关爱学生、教书育人、为人师表、终身学习；常见的违背师德行为有：霸凌、性侵、造假、回扣、卖货、收礼。

---

① 中共中央马克思恩格斯列宁斯大林著作编译局.马克思恩格斯选集（第四卷）[M].北京：人民教育出版社，2012：32—33.转引自郑立群，马莉.新时代中国特色职业技术师范教育的内涵特征与发展路径[J].职业技术教育，2020（9）：63.

② https://www.wenmi.com/article/pva5cs03umhd.html.

我国历来重视师德师风建设。社会主义新时代，又赋予了师德新的标准和新的内涵。2014 年 10 月，教育部《关于建立健全高校师德建设长效机制的意见》明确提出，建立健全高校教师违反师德行为的惩处机制，划出对高校教师具有警示教育意义的师德禁行行为“红七条”，并建立问责机制。

2018 年 11 月 14 日，为深入贯彻习近平新时代中国特色社会主义思想和党的十九大精神，深入贯彻落实全国教育大会精神，进一步加强师德师风建设，教育部研究制定了《新时代高校教师职业行为十项准则》《新时代中小学教师职业行为十项准则》《新时代幼儿园教师职业行为十项准则》（以下统称准则）。明确新时代教师职业规范，划定基本底线，深化师德师风建设。

2019 年 10 月，教育部教师工作司印发《职业技术师范教育专业认证标准》（以下简称《标准》）。《标准》强调，要重视职教师资培养的“师德规范”和“教育情怀”，践行社会主义核心价值观，增进对习近平新时代中国特色社会主义的思想认同、政治认同、理论认同和情感认同。

2019 年 12 月 15 日，教育部等七部门印发《关于加强和改进新时代师德师风建设的意见》的通知。通知强调，把立德树人的成效作为检验学校一切工作的根本标准，把“师德师风”建设作为评价教师队伍素质的第一标准。

以上文件是当前社会主义新时代教师践行职业道德的指南。“以生为本、立德树人”是教师毕生的追求。

“双师型”教师作为教师，要努力提高自身的综合素质，教师职业道德规范，重塑新时代教师形象，才能无愧于伟大的时代，完成教书育人的神圣使命。由于“双师型”教师是要引领学生进入行业、职业领域的，所以首先要具备良好的行业职业道德，即行业从业人员必须遵守的法则规范。比如财会从业人员、金融业从业人员、营销领域从业人员都有相应的行业职业道德。“双师型”教师不仅自身要坚守相应的行业职业道德，而且在教学过程中要教育学生树立行业的职业道德。

5.2.5 职业情怀

“情怀”是“含有某种感情的心境”①。“情怀”既具有内在的心理认同与执着的价值追求，又具有理性的信念支撑与崇高的使命担当。

职业情怀指人们出于心灵的满足和对职业的热爱、对理想的追求而从事某种工作的情感。教师职业情怀可称为教育情怀，教育情怀是教师对自己所从事职业的心理倾向性的总和，包含教师出色完成职业使命所必需的情趣、情感和情操的双向互动。其外延具体表现为五个维度：其一，职业热爱感，即在教育工作中所表现出来的热爱之情；其二，职业责任感，即在工作中认真负责、责任心强；其三，职业创新感，即在工作过程中能够用全新的理念执教，善于创新，勇于创新；其四，职业自信感，即在工作中自信、乐观，态度积极；其五，职业使命感，即在工作中执着追求心目中的教育理想。

教育情怀是教师执着追求教育事业的生命意义，是教师专业成长的“兴奋剂”和驱动力，

① 中国社会科学院语言研究所词典编辑室.现代汉语词典[Z].北京：商务印书馆，2002：1035.

是教师职业坚守、奋斗的内在动力与精神支撑。古罗马思想家普罗塔克曾说："儿童不是一个需要填满的罐子，而是一颗需要点燃的火种。"[①]教师就应该用自己的爱去点燃学生心灵的"火种"，这才是教育的本质所在。苏霍姆林斯基则主张"把整个心灵献给孩子们"。[②]

职业教师要有深厚的职业教育情怀。要有为职业教育做贡献的奉献精神，要耐得住寂寞，要守得住清贫，职业教育奉献心血和才华。没有深厚的职教情怀，职业教师是很难在职教领域长期坚守的。特别是一些拥有高超技能水平的教师，往往成为社会上被"哄抢"的对象，深受企业青睐，企业不惜出重金予以聘用。这也是造成一些职业院校人才流失的重要原因。因此，需要用情怀来抵御外界的诱惑。

教育情怀的培育需要多方努力，但关键在于教师具有自育自建的主体自觉。教师必须在观念上认同自己的职业教育，并以此作为自己事业奋斗的目标。明确职业教师身份的价值和意义，自觉担负自育自建教育情怀的主体责任。

5.2.6 职业信仰

信仰是一种笃定的信念，是人们对某种理念或存在坚信不移并身体力行的一种精神力量。信仰决定着人的价值取向和行为方式，在思想价值体系中占据最高地位，是个人行为规范的精神引领，具有统摄效应。

职业信仰就是对某种职业具有笃定的信念。教师的职业信仰就是教育信仰，就是对教育事业所要培养的理想人才及对教育在个人和社会发展中应然价值的极度信服和尊崇。职业信仰是教师核心素养的高尚品格组成部分，表现为教师对教育事业的坚定信念和执着追求，具体内涵就是"教书育人"。

经验表明，教师职业需要职业信仰。教师拥有职业信仰后，在教育工作中将具备足够的幸福感、责任感。合格的教师会坚守自己的信仰，并会将职业信仰作为教学活动的核心。教师的职业信仰表现在教师不断更新的教学理念、教学内容和方法，保持积极进取的工作态度等。

职业信仰是教师奋进的内在精神动力，优秀的教师必定具有自己的职业信仰。好老师将职业信仰作为前行的航标，方向明确、精神振奋，在教授学生知识、陶冶学生情操、发掘学生潜能、完善学生人格中实现自身的价值。信仰笃定的教师，才能保持从容淡定、坚守本真的职业操守，才饱含献身教育、无怨无悔的教育情怀。

职业教师应坚定理想信念，不为金钱名利所诱惑，热爱本职工作，关怀关爱学生，献身职教，无怨无悔。

---

① https://wenda.so.com/q/1646781483216228.

② 漆书青等.职业技术教育师资培养模式研究[M].南昌：江西高校出版社，1998：137.

5.3 财经素养

新经济时代，由于经济和科技的发展，社会家庭财富日益增加，财经素养日益成为公民必备的核心素养和生存发展技能。财经素养关乎个体的幸福、社会的和谐和国家的稳定发展，是21世纪每个人都应该具备的基本素养。

财经素养（Financial Literacy)是一个外来词，学界对其内涵理解众多，但尚未形成统一的定义。具有代表性的是经合组织（OECD）的界定，OECD认为“财经素养”是指个体做出合理财经决策并最终实现财经幸福感所需的财经意识、知识、技能、态度、行为的综合能力①；美国政府问责署（Government Accountability Office）把“财经素养”界定为对有关当下和未来使用与管理钱财做出明智判断并采取有效措施的能力②；美国财经素养入门联盟（Jump＄tart Coalition）定义为运用财经知识和技能有效管理个人财经资源，以实现一生财经安全的能力③；国际学生评估项目的界定是：财经素养是指个体通过理解和把握财经概念和金融产品，研判风险和机遇，做出正确财务决策，采取有效行动，以实现改善财务状况和财富增值所必需的知识、技能和态度的综合能力④；澳大利亚证券和投资委员会（ASIC）从财经素养的作用角度出发，将财经素养定义为“个体根据自身实际情况做出有效财经决策，并能够改善个体与社会金融福祉所必须掌握的财经知识、技能、态度和行为的有益组合”⑤。

国内学者也进行了较多研究。李小军（2021)认为，财经素养是财经知识、理财技能、财富观念与人生信念等基础修养的总和；李致学（2022）认为，财经素养是个体在经济生活中处理财经问题的综合素养，包括基本的财经知识与思维方式、合理的理财技能及符合伦理道德的财富创造和财富管理的观念与态度及价值取向；王春春（2017）将财经素养视为一种关于财经知识的认知和金融风险的理解，以及应用这些知识和理解的技能、动机和信心；中国财经素养教育协同创新中心（2019）根据OECD对财经素养的理解和概括，将财经素养定义为“个体后天形成的知识、能力、观念和信念等内在修养”；姜新杰（2017）认为，财经素养是个体

---

① ATKINSON A，MESSY F. Measuring financial literacy：results of theOECD/International Network on Financial Education（INFE) pilotstudy[R/OL]. OECD Working Papers on Finance，Insurance and Private Pensions，No. 15. Paris：OECD Publishing，2012.[2018—03—06].https：//doi.org/10.1787/5k9csfs90fr4—en.

② United States Government Accountability Office. The federal government’ s role in improving financial literacy [C/OL].[2018—03—06].https：//www.gao.gov/new.items/d0593sp.pdf.

③ Jump＄tart Coalition. What is financial literacy[EB/OL].[2018—03—07].https：//www.jumpstart.org/who—we—are/jumpstart—faqs/.

④ 李致学.在研学旅行中融合财经素养教育初探[J].小学教学研究，2022（8）：27.

⑤ 澳大利亚投资委员会公报 https：//financialcapability.gov.au/.

通过问题思维的引导，将财经知识内化于心，外化于行，使得自身具备财经决策能力，能够独立解决社会生活中的财经问题，进而提高个人经济福祉、积极主动承担社会责任的一种能力与素质；庄舒涵（2016）认为，财经素养是指个体在获得财经知识的过程中，潜移默化形成的包含正确处理财经问题的能力和正确的财经价值观在内的一种素养；辛自强等（2018）从“多元人性观”的视角推演出财经素养结构理论，认为财经素养是财经知识、财经能力、财经价值观三者的综合体。

综合以上研究，我们认为，财经素养是财经知识、能力、价值观的综合体，包括人们通过处理经济信息，进行合理规划财务、投资理财、积累财富、使用资金等金融决策的意识和能力。

财经素养可以通过财经素养教育后天培育习得。财经素养教育是财经教育与思想道德教育、生活教育、心理教育、情感教育等活动的整合。发达国家非常注重培育学生的财经素养，分为小学、初中、高中、大学、青年人、成年人和老年人，几乎贯穿于人生各个年龄段。教育内容主要包括家庭日常支出、生涯规划、理财规划、投融资金融知识及金融风险应对。财经素养可以帮助人们在经济领域做出有效决策，通过参与经济活动提高个人和社会财富价值，以及应对个人经济风险的能力。

作为一名财经职业教师，应该具备财经素养的基本要素：知识、能力、态度和思维。首先，掌握财经知识是前提。包括宏观与微观、货币和金融、收入与支出、风险与收益以及职业与创业等五个维度的知识模块。其次，具备财经分析和决策能力是关键。财经职教师资能够将知识运用到解决实际财经问题的决策中。再次，态度是对待财富世界的方式和基本的生活态度。贯穿于个人成长各个阶段，包括金钱观、义利观、财富观等。最后，在思维层面上，能训练养成基于实践导向的思维方式和初步的创新精神，养成在瞬息万变的市场经济中应对不确定性的思维。

21 世纪以来，财经素养的重要性日益凸显。倡导财经素养教育已成为西方国家的共识。目前，美国、英国、加拿大、澳大利亚、新西兰等国家都将财经素养教育上升为国家战略。

我国也对财经素养教育日益重视。在我国，从小学到大学，开设和发展财经素养课程已经成为深化课程改革的目标。2018 年 1 月，中国财经素养教育协同创新中心发布《中国财经素养教育标准框架》（以下简称《框架》），包括了幼儿园、小学、中学、高中、大学五个学段。《框架》将财经素养教育划分为五个维度：收入与消费、储蓄与投资、风险与保险、制度与环境、财富与人生。被誉为具有“国际视野、中国特色”“中国教育学界的一件大事”“填补了历史空白”。

财经素养的内涵丰富，包含的要素众多，根据研究目的，本文主要从思维方式和价值观角度归纳为以下几个方面。

5.3.1 经济人理念

“经济人”假设是现代主流经济学中最基本的假设，也是西方经济学存在和发展的前提。西方经济学家亚当·斯密在 200 多年前提出“经济人”假设，认为“每个人都在力图应用资本来使其生产产品能得到最大的价值”①。这一假设认为“自利性”是人最显著的特点，表现为人总是自利的，个人的行为受到个人利益的驱使，目的就是追求效用最大化，即以尽可能少的投入换取尽可能多的产出。同时，亚当·斯密认为个人的逐利动机在市场和政府的作用下会整合为最大化的社会利益。

经济人理念意味着人们在面对经济利益时，应该是一个理性的人，理性进行决策，而不是凭感情用事。当一个人成为经济行为主体时，经济人假设是适用的。财经教师在进行经济决策时，更应该理性决策，对经济人假设有客观的认知，并在教学过程中向学生传递理性思考、理性决策的理念。

5.3.2 财商（FQ）

财商，指个人、认识、创造和管理财富的能力，包括观念、知识、行为三个方面，是财经素养的综合体现。财商包括两方面的能力：一是正确认识财富及财富倍增规律的能力，即价值观；二是驾驭财富、正确应用财富及财富倍增规律的能力。智商、情商、财商并称人生“三商”，是现代社会能力三大不可或缺的素质。

财商（Financial Quotient）一词源自美国作家兼企业家罗伯特·T.清崎（RobertT.Kiyosaki)的《富爸爸穷爸爸》一书。中国财商教育第一人、有中国的“富爸爸”之称的汤小明先生认为，财商就是指一个人与财富打交道的能力。

财商与你拥有和挣取了多少钱并没有多大关系。财商能力的高低也不在于你能赚多少钱，而是你如何合理支配有限的资金，获得更大的回报，进而获得人生更大的自由和幸福。也就是通过提高财商实现财务自由，而不是纠结于在追求庞大的财富数字之上。财商依赖后天培养，可以经过培训和教育而增加。

财商主要由以下四项技能组成：

（1）财务知识。即理解、分析财务数据的能力。

（2）投资战略。即钱生钱战略。

（3）市场规律。即关于供给与需求博弈的规律。

（4）法律规章。有关财务、金融、法律及税收之类的规定。

越来越多的人认为财商是实现成功人生的关键。在现代社会，经济和市场行为无处不在，人们对金钱的态度、获取和管理金钱的能力，对于人们的生活及财务自由影响越来越大。“三商”教育已被教育学家列入了青少年的常规教育②。但目前我国国民的财商总体偏低，相比于智商、情商，财商在国人心目中的地位和影响力还比较低。2018 年，第一份亲子财商教育研究报告显示，我国平均财商指数为 60.1，刚刚迈过及格线③。

财经教师的财商高低对学生有着重要影响，需要在课堂内外向学生输入更多的财商教育理念。随着社会经济的不断发展，资本市场不断深化改革，家庭可支配收入持续增长，加之

---

① 文竹.“经济人”假设对高校思想政治教育的影响及对策[J].太原学院学报：社会科学版，2009（2）：101.

② https://baike.sogou.com/v67593012.htm? fromTitle=%E8%B4%A2%E5%95%86.

③ 黄孙伟等.中国大学生财商研究——基于问卷调查结果[J].财富时代，2022（1）：164－166.

“新冠”疫情带来的不确定性，人们的财商意识逐步觉醒，但是财商认知及能力普遍较低，难以通过资产配置实现保值增值，财商教育短板后果凸显。比如，大学生容易陷入消费和理财误区，导致信用危机。不良“校园贷”和“网贷”、花样翻新、层出不穷电信网络诈骗等问题时有发生且后果严重。

5.3.3 市场意识

经济活动要遵循市场规律，财经教育离不开市场，市场意识是财经教师必备的素质。

市场意识，简言之就是按照市场经济规律谋求发展的意识。企业通过市场检验产品与服务的质量，通过市场树立产品与服务的形象，通过市场促进交流与发展。市场的最终目的，是为消费者服务，通过为消费者服务取得自身的利益，而不是牟取暴利。在市场经济条件下，无论是供给方，还是需求方，都必须树立市场意识，按市场规律办事。

一是遵循竞争规律。竞争是一种优胜劣汰的机制。通过竞争，可以实现产品和服务的价值与价格；通过竞争，实现市场主体优胜劣汰，促进资源的最佳配置，推动经济社会的发展；通过竞争，促使企业提高经营素质，活跃、繁荣市场。竞争促使企业推动创新发展，促进科学技术进步；竞争能使人精神振奋，努力进取，促进事业的发展。总之，竞争是现代社会中个人、团体乃至国家发展过程中不可缺少的机制。

二是树立效率优先的理念。市场机制是一种效率优先的资源配置机制。在竞争中，市场主体要实现最大化的经济效益，必然要通过提高效率、降低成本与费用。经济效率包括生产效率和配置效率两个部分；生产效率是指既定投入下产出最大化，或既定产出下投入最小化；配置效率是指既定资源下的分配，使消费者总效用最大化。在追求效率优先的同时，必须坚持经济效益、社会效益、生态效益的统一。如果只追求经济效益，不顾社会效益和生态效益，市场主体就难以在社会立足，从而难以谋求自身的长远发展。

三是坚持公正平等。“市场是天生的平等派”，公正竞争是市场的内在要求。这表现各个竞争者在市场中地位要平等，权利与义务要对称。要维护公平竞争，就要对市场竞争行为加以规范，坚决反对不正当的竞争。值得注意的是，在市场经济条件下，容易将公平和效率的关系对立起来，认为追求公平就会损害效率。这种看法是片面的，从根本上讲，效率和公平之间是互为促进的：社会效率的提高总是与劳动强度和劳动时间长度成反比的。从这一点来说，正确的效率本身就是向着更加公平的方向提高的①。

5.3.4 成本—收益思维

成本—收益思维是指善于以货币单位对投入与产出值进行估算和比较衡量的思维方式。在市场经济条件下，任何一个经济主体在进行经济活动时都要对投入与产出关系有一个尽可能科学的估计，以便评估此项活动在经济价值上的得失。

成本—收益思维是一种以量入为出为原则的理性思维，蕴含着经济高效的要求和量入为

① https://wenda.so.com/q/1370453986060897.

出的计算理性，前提是追求收益的最大化。如果没有这种精打细算的计算，经济活动要想实现经济、高效的效果是不可能的。因此，成本收益的计算特性是达到经济性的必要手段。

1940年，美国经济学家尼古拉斯·卡尔德和约翰·希克斯在对前人理论加以提炼的基础上，形成了“成本—效益”分析方法的理论基础。目前，“成本—效益”分析方法被世界各国广泛采用，无论是在私人投资还是在政府行为中，应用都非常广泛。

作为财经职教师资，对此应该具备基本的“成本—效益”思维，有基本的“成本—效益”的知识基础和计算、分析能力，以帮助学生在未来职场的经济活动和财务决策时进行科学分析，实现投资目的。

5.3.5 风险意识

风险就是预期目标与结果之间的不确定性。风险和收益成正比，高风险对应高回报，低风险对应低回报。因此，积极进取型投资者偏向于高风险以获得高回报，而稳健型的投资者则着重于安全性的考虑。风险是客观存在的。

风险意识就是对风险的态度，即人们对风险的感受、认知和由收益与风险之间的关系而产生的对风险的态度。风险意识包括两个方面的内容：一是人们对风险现象所持有的理解与态度，如风险厌恶、风险偏好或风险中性；二是人们对风险现象是否予以关注，对风险形成、发展趋势是否具有一定的理论知识基础。前者是对风险低层次的非系统的把握，主要属于社会心理的方面；后者则是对风险的系统化、理论化的反映和把握，是更专业层次上的体现。

提高风险意识的目的是确保行为主体在面临决策时，能够积极主动地识别可能的风险；能够严肃认真地思考所面临的风险会产生的后果；能够提醒利益相关者风险可能带来的后果以警醒他人。

风险是客观存在的，为了规避风险，增强风险意识，重点要把握以下几点：

首先，正确认识风险的本质。风险源自不确定性，是客观存在、不可避免的。风险与人类活动共存，与发展是同时出现、不可分割的。随着社会经济的发展，环境的变化，风险也是不断发展变化的。

其次，以积极的态度对待风险。既然风险伴随人类活动共存，在选择机遇的同时也就选择了风险，那么就要以积极的态度规避风险、化解风险。

最后，善于观察，深入调研，仔细思考，科学决策。尽管没有固定不变的规避风险传播的途径和方法，但是分析、研判不确定性存在的原因和条件，通过观察、调研、思考，进行科学决策，是可以极大地规避甚至化解风险的。

作为财经职教师资，要增强自身的风险意识，树立风险管理理念，不断学习和熟悉风险管理知识、流程、管控机制和内容，从而在教学中教育学生增强风险意识，为未来进入职场从事财经工作打好基础。

5.4 工匠精神

质量的灵魂在于“匠心”。工匠精神是中华传统文化的重要组成部分。正是有了先辈们追求卓绝技艺和精益求精的“工匠精神”，中国古代技术文明才取得了辉煌的成就。

职业教育不同于普通教育，职教教师不但要完成教书育人的使命，还要培养能够支撑产业和服务发展的、企业真正需要的专业技术性人才。“工匠精神”需要进行长时间的培养和训练。职业教师作为“工匠之师”，要把“工匠精神”真正渗透到教学的方方面面，在传道、授业、解惑的同时，更加注重培养学生的职业道德、职业能力和职业品质，激发学生的“匠心”，在“工匠精神”的引领下，形成精益求精、锐意进取、不断创新的职业态度，更好地服务人才强国。

5.4.1 工匠精神内涵界定

工匠精神（Craftsman’ s spirit）是指工匠身上体现的执着专注、精益求精、传承创新、团队合作、勇于担当等品质，包括“匠心”“匠德”“匠技”“匠智”①。

工匠精神是从业者的职业价值取向和行为表现，是职业道德、职业能力、职业品质的综合体现。“工匠精神”是一种爱业、敬业的职业精神，是一种高层次的职业认同感和职业信仰。“工匠精神”的内核就是“精益求精”的工作态度，这是职业道德的最高境界。

工匠精神有六个关键词，即：专注、标准、精准、创新、完美、人本。

①专注。专注是工匠精神的关键。就是围绕某一产品、作品或工作，要潜心笃行，做专做精、做深做透、做大做强、做长做久。

②标准。标准是工匠精神的基石。标准就是要严格遵守各项标准，标准是最高准则。华为技术有限公司总裁任正非说，标准首先是僵化、固化，然后再去优化。专注体现的是一以贯之，标准体现的则是一丝不苟。

③精准。精准是工匠精神的宗旨。包括：精准研发、精准制造、精准营销、精准物流、精准服务。不仅每个环节都要做到精准，而且整个过程都要做到精准。就是做事零错误、产品零缺陷、服务零抱怨。互联网时代还包括精准数据、精准链接等。

④创新。创新是“工匠精神”的灵魂。创新既包括迭代式创新，也包括颠覆式创新；既包括微创新，也包括巨创新；还有跨界创新等。

⑤完美。完美是工匠精神的境界。完美是专注、标准、精准、创新的自然产物和综合体

① 邓宏宝.“工匠精神”：职教名师必备素养与成长动力[J].中国职业技术教育，2019（17）：10—13.

现。完美，即把产品做得像艺术品一样精美、精致，服务过程中像春风化雨、润物无声一样用心、用情，产品和服务成果像一件优美的“艺术作品”，使平凡的工作转变为“艺术制造”和“艺术创作”。完美要求对服务对象高度负责，提供更富创意、更具审美的服务内容与方式，以满足服务对象的个性化、品质化的需求。以日本高端电饭煲为例，其高质量源于对技术、结构和材料的完美追求：运用 IH 加热技术，整锅米饭均匀加热；运用 IH 压力技术，保证锅体内的压力达到 1.2 个大气压、水的沸点在 105℃左右是“煮饭最佳温度点”，煮出来的米饭晶莹剔透，粒粒分明，软硬适中①。

⑥人本。人本是工匠精神的核心。“工匠精神”的核心在人。产品和服务是人品的物化。工匠精神倡导产品和服务与人品合一。正如海尔集团董事局主席、首席执行官张瑞敏所言，所谓企业就是“以心换心”，即用企业的“良心”换取顾客的“忠心”。员工打磨产品的过程，就是打磨自己的内心。个人内心升华的过程，就是产品质量提升的过程。

工匠精神最核心的内涵包括精益求精的专注精神、砥志研思的敬业精神、永不放弃的创新精神。

首先，精益求精的专注精神。工匠精神是一种一丝不苟追求精雕细琢、精益求精，卓绝创造、追求完美极致的精神理念，是一种可贵的职业精神。

其次，励志研思的敬业态度。从工作态度这一层面来说，工匠精神是一种要在工作上始终保持一种严谨、细致、敬业、探究、求真求是、不畏困难、担当负责的工作态度。遇到困难时自觉保持“不放弃、不抛弃”的定力。

再次，永不放弃的创新追求。工匠精神的深层内涵是从业人对待职业追求创新的一种价值观。工匠们用智慧的头脑、灵巧的双手，把对每一件作品、每一次服务虔诚的态度，对自然的敬畏，连同自己的潜心感悟，孜孜以求，打破常规、守正创新，推动着社会不断发展和人类文明的不断进步。创新追求体现在四个方面：一是在细节上精益求精，孜孜不倦，追求极致和完美；二是在标准上不投机取巧，一丝不苟、严谨求是；三是在专业上不断提升产品和服务质量，专注坚持，追求进步；四是在目标上追求卓越，专心致志地打造行业最优质、难以被同行超越的“天花板”产品。

“工匠精神”有助于劳动者实现自我价值，超越“劳动之兽”的困境，成为“创造之人”。黑格尔说：“作为工匠的精神，是从自在存在与自为存在的分离出发，而这种分离在它的作品里得到客观化。”②

工匠精神是实现“中国创造”的重要抓手。与领先全球的“德国制造”“日本制造”的企业相比，“中国制造”的企业缺乏的不是精湛的技术，而是工匠精神。“中国制造 2025”计划的提出，成为我国制造业追赶世界中高端制造业的助推剂，推动中国从“中国制造”逐渐转向“中国创造”。“中国创造”离不开“工匠精神”。

当前，“工匠精神”已上升到国家高度。2016 年 3 月 5 日，李克强总理在政府工作报告中

① https://baike.sogou.com/v68768634.htm? fromTitle=%E5%B7%A5%E5%8C%A0%E7%B2%BE%E7%A5%9E.

② 黑格尔.精神现象学[M].贺麟，王玖兴译.北京：商务印书馆，1997：192.转引自郑立群，马莉.新时代中国特色职业技术师范教育的内涵特征与发展路径[J].职业技术教育，2020（09）：63.

提出："鼓励企业开展个性化定制、柔性化生产，培育精益求精的工匠精神，增品种、提品质、创品牌。"[①]党的十九大报告正式指出建设知识型、技能型、创新型劳动者大军，弘扬劳模精神和工匠精神，营造劳动光荣的社会风尚和精益求精的敬业风气。

5.4.2 "工匠型"职教教师的价值意蕴

培养"工匠型"人才，需要有"工匠型"的教师。作为一种职业素养，工匠精神不仅仅是体力劳动者应该具备的职业精神，也是所有从业者都应该具备的品质。要培养出具有工匠精神的学生，教师必须首先具有工匠精神。

"工匠型"教师是指教师能够始终一丝不苟地掌握专业知识，严谨求实地把握实践技能，精益求精地打磨教育教学技能，时刻保持锲而不舍的学习钻研精神和追求卓越的创造探究精神。2019 年 10 月，教育部印发《职业技术师范教育专业认证标准》（以下简称《标准》）。《标准》中明确将"工匠精神"解释为"树立质量意识、服务意识、责任意识和创新意识，秉承爱岗敬业、诚实守信、精益求精等职业精神"。树立"工匠精神"的职业态度将成为推动职业教师相互协作、不断前进的强大动力，"工匠型"教师会坚持育人的"严谨性、创造性"，不断学习提高业务水平，努力使职业生涯熠熠生辉。"工匠型"教师也是青年教师学习、借鉴的榜样，起着领衔、示范、激励、辐射带动等作用。

职业教师要以"工匠精神"为座右铭，对教育教学工作高度负责，精益求精、持之以恒、不断进取，才能培养出具有"工匠精神"的职业人才。职业教师"工匠精神"表现在"传道、授业、解惑"的过程中，具有贯穿职业生涯始终的专注执着精神、专业上精益求精的创新精神、实事求是的科学精神、忘我工作的敬业精神和忠诚于教育事业的守信操守精神。在职业教育教学工作过程中，用心诠释专业知识，用爱传授专业技能，每一个环节、每一个细节，都"精益求精"，没有最好，只有更好。把"工匠精神"从一个名词、一种认知转化为一种信念、一种情怀，进而升华为一种信仰。"工匠型"职业教师以"工匠精神"作为职业信仰来教育、引导学生，将专业精神、职业态度、人文素养三者有机统一，立德树人，言传身教，严格标准，提高精确度、规范性，使未来社会的"职业人"受到熏陶和感染，树立成为"大国工匠"的职业理想。

专业教师要带头践行"工匠精神"。在教学中，针对不同职教课程的特色，把"工匠精神"与职教课程的教学标准有机结合起来，精心设计课程教学目标、教学内容、教学方法和评价标准；刻苦钻研，深入浅出讲解教学内容，精准把握重点难点。用自己的言行帮助学生逐步形成精益求精、一丝不苟、坚持不懈的专业素养。一是要刻苦钻研，娴熟讲解教学内容，精准把握重点难点；二是要与时俱进，不断更新专业知识，时刻关注最新学术成果，并将它引入课堂教学，让学生能够及时了解到新知识。始终保持教师的"这桶水"装得满满的，进而才能够做到在教学中从容不迫地给学生一杯水。

从某种意义上看，教师"工匠精神"的高度和纯度，决定了学生"工匠精神"的高度和纯度，优秀的"工匠型"教师才能培育出优秀的工匠学子。

---

① 李克强.政府工作报告[N].人民日报，2016—03—06(2).

因此，在职教师资培养中要重塑“工匠精神”的职业信仰，重构“工匠精神”培育的有效路径，从源头上引导未来“职业人”重视精进职业技能的价值观，增强传承、创新职业技艺的责任心和使命感，提升工匠的“匠心”“匠德”“匠技”“匠智”。

5.4.3 职业教师之“工匠精神”表征

“工匠精神”可以概括为：爱岗敬业、精益求精、开拓创新、持之以恒。爱岗敬业是施教之本，精益求精是施教之标，开拓创新是施教之法，持之以恒是施教之路。

(1) 爱岗敬业

爱岗敬业是施教之本。爱岗就是忠于职守、热爱本职工作、恪尽职守地做好教育本职工作；敬业就是敬畏、敬重所从事的职业，认识到职业的社会意义和价值，具有职业的荣誉感和自豪感。爱岗敬业体现在教师身上就是在职业活动中具有强烈的事业心、责任感、创造性和工作热情。孜孜以求，诲人不倦。比如，对自己知识的高标准要求，教学生一分知识，自己必须有十分知识储备；在遵守纪律上，按时上下课，不拨打手机、不接待客人；在教书育人上，把自己当作师长，言传身教，立德树人，做学生的道德榜样。

(2) 精益求精

精益求精是施教之标。精益求精就是教师把教育教学工作当作艺术创作一样，注重细节，追求完美，做到极致，用爱心、细心和耐心教书育人。体现在精心设计、严格落实教学目的和课程标准的要求；教学内容知其然，也知其所以然，孜孜以求方得甚解；不断更新知识、技能，把握学科专业发展新动向，掌握最新的知识点；认真备课，全面把握课程知识体系、内容关键点、核心知识、重点、难点，课前一遍一遍精心修改教案，注重前后知识的衔接，理论联系实际等；在教学方式方法上，不断创新，擅长采取生动、多样的教学方法和手段，如采取启发式教学、案例教学、探索式教学、项目教学、讨论式教学、行动导向教学、教学做一体化的教学方法，等等；在因材施教方面，细致入微，能针对不同的学生制订不同的学习方案，心里装着每一个学生，不放弃不抛弃任何一个学生；在对学生的论文指导、课外辅导和作业批改上，作为教师，论文指导从选题、框架、内容，甚至标点符号都要仔细批阅；课外要答疑，定期要小结，作业要点评；定期还要测试，课堂要提问，通过孜孜不倦的反复练习，达到教学效果的最佳状态。

(3) 开拓创新

开拓创新是施教之魂。作为职业教师，必须具有开拓创新的精神。科技在发展，社会在进步，新知识、新技术不断出现，教师如果不学习，不进步，不创新，就会落后，就会被形势所淘汰。可谓“不创新，毋宁死”。新时代，职业教师要敢于突破自己，以创新精神为动力，把创新意识贯穿于教学全过程。要不断更新知识，更新职业技能，更新教学方法和手段。还要关注学术前沿，进行科学研究，取得创新性成果。工匠精神不是一味地传承，其中蕴含着很多创新创造的因子。创新是工匠精神的灵魂。职业教师要进一步解放思想，敢于标新立异，打破常规思维，激发创新活力。不断探索和创新教育教学理念、方法、手段和技能，指导学生开展创新思维训练，培养未来的大国工匠、技能之师和服务之师。

（4）持之以恒

持之以恒是施教之路。工匠精神的价值在于持之以恒，是对“匠心”精神的坚持和不懈追求。浅尝辄止，终将半途而废，持之以恒，方得始终。三天打鱼，两天晒网，会使人一事无成。作为教师，立足三尺讲台，从事清贫而辛劳的教学科研工作，可能一干就是几十年，甚至可能成为终身职业。有时会有职业倦怠，有时会生厌倦之气，甚至对职业悲观失望，这需要教师能坚守职业信念，把握方向，调整心情，不厌其烦，持之以恒。职业教师要不断坚持教改，持之以恒地实践，长期不断与学生交流，坚持不懈地科研创新。春华秋实，相信在时光的流逝中，总有一天会使你收获倍增。坚持是最好的老师，不管从事什么样的工作，只要能坚持到最后，就有希望体现自己的价值，实现自己的梦想。

工匠精神是人类文明的基础。在人类历史长河中，正是有了工匠精神，才创造出了灿烂辉煌的中国文明和世界文明。无论过去、现在乃至将来，工匠精神都将在人类文明发展史上发挥重要作用。

5.5 人文修养

长期以来，职业教育更多重视专业教育，而忽视了学生的人文教育，尤其是财经商贸专业这种倾向相对更严重。

但是，如果职业院校片面强调专业技能，强调财经商贸的知识累积，而忽略了对学生的诚信教育，忽略了学生职业道德、敬业精神、理性精神的塑造，不重视学生创新能力和创造力的培养，不注重激发学生的想象力，那么，不仅不利于学生的全面发展，更重要的是会大大降低商科教育的价值和意义。毕业生将出现越来越多的“有知识没文化，有技能没素养”的错位人和心理扭曲的人。只有同时具备良好的专业素养和人文素养，才能成为一个高素质全面发展的人才。所以，人文课程与专业课程是紧密相连的关系，二者有机结合，才会培养出人格健全、骨肉丰满的高素质人才。全面推行人文素质教育，是职业院校可持续发展的必然选择。

加强职业教育的人文教育，需要职业教师具有良好的人文素养。

5.5.1 构成要素

教师的人文修养就是教师在思想品德、人文知识、情感心理、性格和思维模式等方面体现出来的气质和修养。它表现为教师在教育活动中具有渊博的知识、熟练的专业技能，对学生的尊重和对学生成长的关心，以及教书育人的强烈责任感和使命感。

人文修养由人文知识、人文态度和人文精神构成。

（1）人文知识

人文知识一般包括哲学、语言学、文学艺术、历史学、文化学、心理学、宗教学、考古学等。教师要有足够的知识储备。苏霍姆林斯基曾说：“只有当教师的知识视野比教学大纲宽广得无可比拟的时候，教师才能成为教育过程真正的能手、艺术家和诗人。”[①]因此，教师要不断地学习历史知识、哲学知识、宗教知识和美学知识来丰富自己的人文知识，使自己的人格魅力得到提升。始终保持把自己“这桶水”装得满满的，才能做到在教学中从容不迫地教会学生一杯水。教师的人格魅力往往会为学生所认同和模仿，潜移默化影响学生，引导学生自觉地树立正确的世界观、人生观和价值观。

---

① https://www.yuwenmi.com/ju/703485.html.

（2）人文态度

人文态度指个体对某一特定的人、事物、现象、观念等持有的见解和采取的行动，包括认知、情感、行动。对职业教师而言，认知上，要以人为本。教育教学中要以学生为本，满足学生的需求，关注学生的发展；情感上，要认同自己的本职工作。在课堂上要保持积极的、正向的、稳定的情绪状态。对学生，要接纳、关心、关爱学生，宽严相济，热情而不是冷漠；对师长要敬重。行动上，教师要认同自己的职业角色。要立足现实，坚定意志，献身职教。面对困难和挫折，要坚韧不拔、迎难而上。

（3）人文精神

人文精神是人文知识和人文态度的升华，人文知识和人文态度是人文素养的基础。人文精神是通过吸收人文知识而内化形成的某些稳定的内在特质，包括教师的人生理想、信念和价值观等。

人文精神是现代职业教师人文素养的核心和灵魂。马克思曾经说过，教育绝非单纯的传递，教育之为教育，正在于它是一种人格心灵的唤醒，是对人的心灵春风化雨、陶冶化育般的浸润。教师是人类灵魂的工程师。教师拥有人文精神的意义就在于以教师的人格唤醒、养成学生的人格。对职业教师来说，人文精神的内涵主要包括：对自由的向往；对教育理想的追求；对学生的关爱情怀；求真、求善和求美之心；对生命的尊重，浓烈的生命意识。

5.5.2 精神内涵

（1）自由精神

自由精神为人文精神之首。自由是人们追求真、善、美，实现自我理想的先决条件。自由精神最重要的功能是减压、减负和释放自我，具有超越性、创造性、批判性等特征。自由精神包括自由意识、自由意志、自由行为、自由境界四个层次，它们相互联系、相互影响。自由精神的修炼途径主要是自我个性的修炼。

（2）自觉精神

自觉精神是指人们由于提高了自我认识而产生觉悟的精神。自觉精神主要表现为自我反思。自我反思是教师对自己教学行为进行的自觉思考、自我批评的活动。离开自觉精神自我反思是无法实现的。在教学中，自我反思有利于促进教师自觉研究自己的教学，提高教育教学能力。反过来，反思又会促进自觉精神的发展。比如反思自己的教育教学行为是否取得了预期的效果，是否实现了教学目标，是否有利于促进学生发展；思考有哪些新的研究课题。

（3）超越精神

教师专业化的发展离不开超越精神。超越精神是指教师在教育教学实践中的开拓、创新及创造精神，主要包括：创新教学的出发点，创造性地创设问题情境，鼓励探究，体现个性化；构建创新的课堂教学，如教学内容、课堂情境的创新、课堂氛围的创新、课堂组织形式的创新；采用创新型的教学方法、教学手段。

（4）团队精神

团队工作模式是教育活动广泛采用的工作模式。在长期的实践探索中，形成了大量优秀的教育活动团队，如教学团队、科研团队、创新团队，等等。

团队精神是团队工作模式的灵魂。团队精神的内涵包含三个层面：首先，团队精神是一种协作精神。为实现组织目标，团队成员要顾全大局，从大局出发，服从团队的统一安排，精诚团结，相互协作，进行最佳组合。其次，团队精神是一种奉献精神。在团队中，围绕团队的工作目标，个体要甘做陪练、甘当无名英雄、甘当衬托红花的绿叶。当然，团队精神并不要求成员埋葬个性，牺牲自我。相反，如果成员的个性和特长有助于实现团队目标，那么，团队将会成为成员施展才华的最佳平台。最后，团队精神是一种实干精神。作为团队成员，不要讲空话、套话，不摆花架子，要真抓实干做实事，一步一个脚印解决实际问题。

总之，团队精神是大局意识、协作精神和服务精神的集中体现，是个体利益和整体利益的统一，核心是协同合作，目的是保证组织的高效率运转。当代管理学研究表明，一个集体的工作效率，15%取决于这个集体中的智力资源，85%取决于这个集体中人际关系的和谐程度①。团队合作强调合作与沟通，强调 1＋1＞2，强调在共同价值目标追求中，既实现团队的目标，又促进个体的发展。

由于观念、体制及教师专业化发展方面的原因，长期以来，我国教师队伍一直存在着团队精神缺失的现象。封闭、孤立、单打独斗的工作状态使教师的工作质量乃至生命质量都在下降，生命内涵贫乏。培育团队精神，无论对教师个人还是促进整个教育事业发展都具有重要的现实意义。

5.5.3 修炼途径

人文素养不能生而有之，也不是一蹴而就的，而是通过不断的“学、思、践、悟”，在持之以恒的自我学习、实践、总结、反思中逐渐修炼形成的。

首先，扩展人文知识。人类文明成果大部分都蕴藏在优秀的经典作品中，阅读是扩展知识最重要的途径。阅读是教师之本，教师必须要拓展自己的阅读面。教师要养成良好的阅读习惯，掌握高效的阅读方法。如朱子的六步读书法堪为经典，可以帮助我们养成动脑、入心、动笔的良好阅读习惯。

其次，调适人文态度。教师要学会积极的思维方式，保持正向心理，感受职业幸福。认同职业角色，遵守职业道德，远离职业倦怠，追求自由精神。要通过不断努力，追求完善自身个性。

最后，铸牢人文精神。内容包括：坚定追求教育理想；具有强烈的教育责任感和使命感；积极维护教育的公平正义；以宽容之心善待学生，以学生发展为本。

在职教师资培养过程中，要坚持专业取向和人文取向并重。人文取向方面，要帮助学生深入探究教育的价值和意义，促使学生形成健全的心智和高尚的品格，使之成为一个有学识、诚信、友好、懂分享且自我克制的人。人文素养的修炼强调学生的理论和实践学习，是在知识的探究过程中，在亲身体验过程中，在质疑的过程中不断建构而成。

---

① 唐宗清.打造和谐的教师团队：弘扬团队精神建设和谐校园[J]. 福建教育：小学版（A版），2007（10）：10.

5.6 国际化视野

5.6.1 教育国际化

早在 1983 年，邓小平同志就提出了教育的“三个面向”，即“面向现代化，面向世界，面向未来”。其中“面向世界”就是要求教育要走出国门，联通世界，要不断提高教育的国际化水平。

《教育规划纲要（2010—2020 年）》提出“基本实现教育现代化，基本形成学习型社会，进入人力资源强国行列”的伟大战略目标。为实现这一战略目标，《教育规划纲要（2010—2020 年）》第一次提出要“开展多层次、宽领域的教育交流与合作，提高我国教育国际化水平”。

所谓“教育国际化”，就是用国际视野来把握教育规律和发展教育事业。经济国际化、全球化的趋势引发了人才的国际化需求，由此引发了教育的国际化需求。教育国际化既是一种客观的必然趋势，也是一种国际性的普遍现象。“教育国际化”发展，要求我们从世界的角度出发，放眼全球，对我国教育实践进行观察与反思，从而确立我国教育改革与发展的目标。要借鉴发达国家先进的教育理念和教育经验，把我国的教育提高到国际先进水平。

5.6.2 教师国际化

教育国际化离不开教师国际化。教育国际化要求培养“国际人”，这种“国际人”应该具有全球意识、国际视野、跨文化交流力、开放思维、懂科技、通外语、会经营、善管理，通晓国际贸易、金融、法律知识，拥有较强的国际市场竞争力。培养“国际人”需要教师具有国际化素养，教师的国际化素养直接影响甚至决定着人培养的国际化水平，也影响着教育国际化的水平。所谓“国际化素养”，苏庆伟等将其总结为具有“世界文明的知识、外语技能、有效的跨文化沟通能力、世界公民意识、态度和价值观以及全球化的行为能力”①。我们认为，教师的国际化素养是指教师具备国际化视野，能够使用一定的国际化交流工具，完成相应的教育教学任务和实现自我提升的内在素质。

职业教育也不例外。职教师资应该具有国际视野和国际交流能力，才能培养适应于国际发展的应用型技能人才。在师资培养中，要增强提升国际化素养的元素。

---

① 王小会.浙江省高校教师的国际化素养及其影响因素研究[D].杭州：浙江师范大学，2018：16.

5.6.3 提升举措

为不断提高教师的国际化视野，在教师培养中要做到：

一是教育观念国际化。在观念上，教师要把“培养学生的国际意识，使其能够在国际文化背景下充分沟通思想”和“培养学生具有国际市场竞争的能力，掌握将来在国际社会中工作所必备的知识和技能”作为自己的重要教育使命和教学目标。

二是课程内容国际化。在课程内容中，增加国际化内容，博采众长，把本国教育融入国际教育，使他们具有更开阔的世界眼光和更丰富的世界知识。

三是人员交流国际化。包括教师和学生的国际交流。师生的跨国流动是教育国际化的重要标志。我们应在各个层次的教育中，以多元化的形式，博大的胸怀，广开渠道，积极与外国学校或教育机构建立联系，寻求合作，大力提升国内外师生相互交流的力度。

第 6 章

新商科背景下财经职教师资的能力结构

教师职业有其内在的特殊性，不仅需要回应学生的多样化需求，还需要顺应国家、社会、时代的现实要求。教师要主动适应经济社会发展，增强个人的专业知识与技能，强化对教育的认同，不断向“四有”好老师的目标迈进①。

职教师资是教师队伍中一支普通而又特殊的力量。说他普通，是因为他们与普教教师一样，也是从事教书育人工作，为各行各业培养现代化建设人才；说他特殊，是因为他们所从事的教育是行业所需的职业教育，侧重于教授学生行业操作技能，培养的是特殊的“工匠型人才”、技能之师和服务之师。培养这种特殊人才，必然要求职教师资具有特殊的能力。

6.1 能力与能力结构

6.1.1 能力

6.1.1.1 能力的内涵

所谓能力，《现代汉语词典》将其解释为“才能和办事的本领”。《吕氏春秋·适威》中写道：“民进则欲其赏，退则畏其罪；知其能力之不足也，则以为继矣！”②可见，“能力”就是能否胜任某项工作的前提条件，它构成人们从事某种社会活动的核心部分。

学术界关于能力的内涵，多见于从心理学角度的阐释，认为能力是人顺利有效地完成某种活动所必须具备的心理条件。例如：①能力是熟练与技能的综合。可解释为“执行某种行动的技巧。在这种行动中，包含复杂而协调的动作和理智的问题解决”。西方常用“ability”来表示。②能力是人类生来具有的潜能。可解释为“个体在某种技能方面的最大可能性，这种可能性受先天身体组织的限制，从理论上说可以对这种机能在适当条件下所能发展到的那

① 王光明等.教师核心能力的内涵、构成要素及其培养[J].教育科学，2018，34（4）：48.

② 《吕氏春秋》.第 19 卷，离俗览.《适威》.http://www.quanxue.cn/CT_Bai Jia/Lv Shi/Lv Shi19.html.

个极限加以测量”。西方常用“capacity”来表示。③能力是“除身体健康状况、动机、知识、经验外人所具备的对人的活动起决定作用的心理特征或条件”。④人的能力是一定的知识、技能和概括化的心理活动的融合物。

美国著名心理学家罗杰斯认为，能力是个体通过内化的方式而获得的整个知识和技能资源体系，可以运用这种能力来解决复杂情境下所遇到的具体问题。德国教育家韦纳特(Weinert)认为，“能力”是一种建立在知识与规则体系基础之上的，能够在各种情景中灵活采取措施，解决实际问题的态度、方法和技术。

综合现有观点，尽管对能力内涵界定的角度不同，范围有差异，但它们都包含了共同的内涵，即能力是人们能够胜任完成某种活动所必须具备的个性心理特征。它是人们在一定的生理和心理素质基础上，在认识和实践活动中所形成和发展而来的完成某种任务的能动力量。

我们认为，能力是个人完成某种活动所必须具备的行为习惯和思维方式的内在特质，一般包含知识、技能、素质三个层面。具体表现为个体所具有的知识、技能、态度以及运用知识、技能的本领等，如图 6—1 所示。

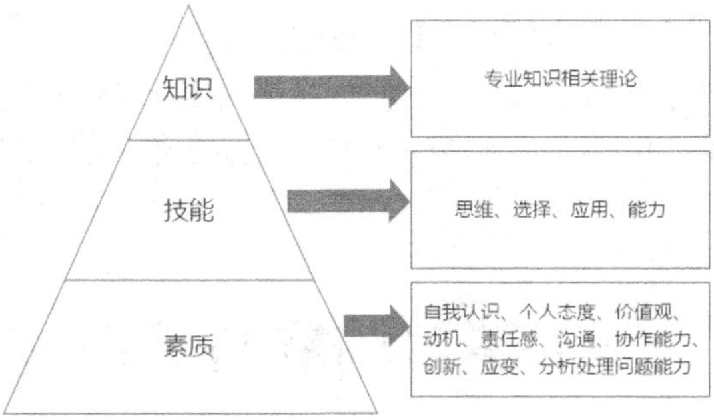

图 6—1　职业能力三层面示意图

图 6—1 中，一定的知识、技能是完成活动的执行部分，素质尤其是综合素质是完成活动的调节部分，且是能力结构中的主要成分。

能力包括一般能力和特殊能力。一般能力是指大多数活动所共同需要的知识、技能和素质，适用于广泛的活动范围，符合多种活动的共同要求。包括观察力、注意力、思维力、记忆力和想象力，等等。而特殊能力，又称为专业能力，是指专业人员具备从事专业活动时所需要的专业知识和专业技能，及其所形成的合理的智能结构。特殊能力只在专业领域内发生作用。如音乐能力，其结构要素包括节奏感、曲调感、韵律感等。一个人能力水平的高低将影响其活动的效果。通常情况下，人们顺利完成任何活动都需要一般能力与特殊能力及其智能结构各要素之间协调配合。智力是能力的核心，智力高低往往决定了个人能力的高低。

6.1.1.2 能力的结构

人的能力是多元的，具备一定的结构。随着心理学的不断发展，人们对能力结构的研究也日益深入，从早期的特殊结构理论、二因素理论到群因素理论，再到后来的吉尔福特智力结构模型、弗农多层次结构理论、斯腾伯格三元智力理论、加德纳多元智力理论。这些理论揭示了人的能力并不是单一的，它具有一定的结构。

德国教育人类学家陆特(Heinrich Roth)将能力分为：个性能力(Selbstkompetenz)、社会能力(Sozialkompetenz)和实践能力(Sachkompetenz)，该观点对能力研究产生了深刻的影响，至今仍是能力研究领域的重要基石。

在此基础上，德国教育学者雷兹(Lotal Reetzel)将职业能力划分为：方法能力(Methodekompetenz)、社会能力(Sozialkompetenz)和个性能力(Selbstkompetenz)。其中，方法能力指从事某项职业活动所需要的知识技能和工作方法，是从事该职业的基本生存能力；社会能力指从事该职业活动所需要的社会交往和沟通合作能力；个性能力指从事该职业活动所需具备的个人性格特征。后两项能力是职业的基本生存能力也是基本发展能力。如图 6—2 所示。

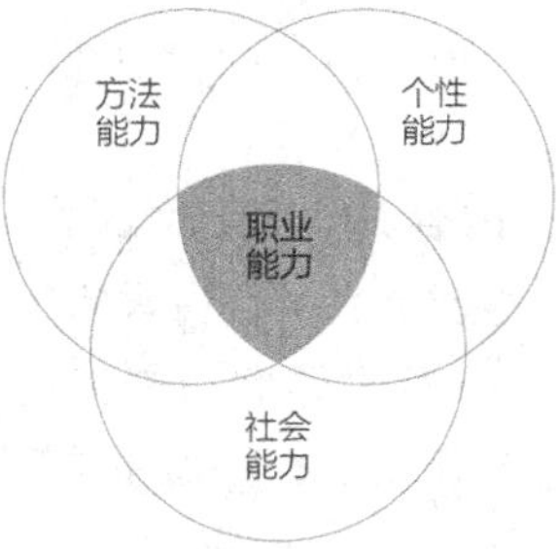

图 6—2 职业能力图

能力结构是动态变化的。随着经济的发展，对从业者能力的要求也将发生变化。根据德国职业教育界和产业界的研究，从业者能力变化趋势如图 6—3 所示。

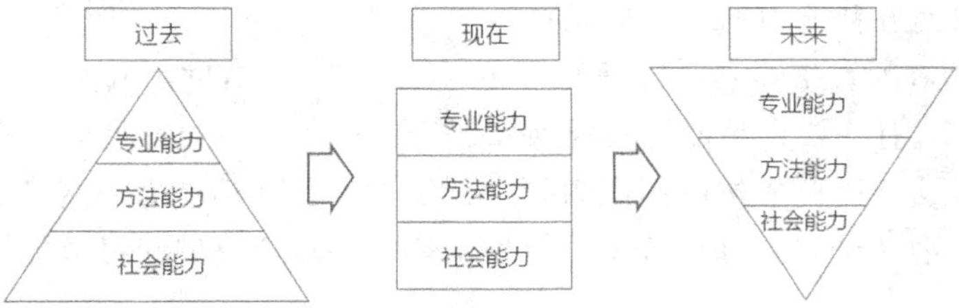

图 6—3 从业者能力结构变化图[①]

图 6—3 显示，随着经济的快速发展，从业者的方法能力和社会能力越来越重要，在许多国家方法能力和社会能力被统称为关键能力。

我们认为，人的能力主要由六种基本要素构成，分别是定位能力、适应能力、操作能力、组织能力、学习能力和创新能力。如图 6—4 所示。

① 连智平.基于核心能力的职教师资培养方案设计与实践[J].厦门城市职业学院学报，2014 (2) ：50.

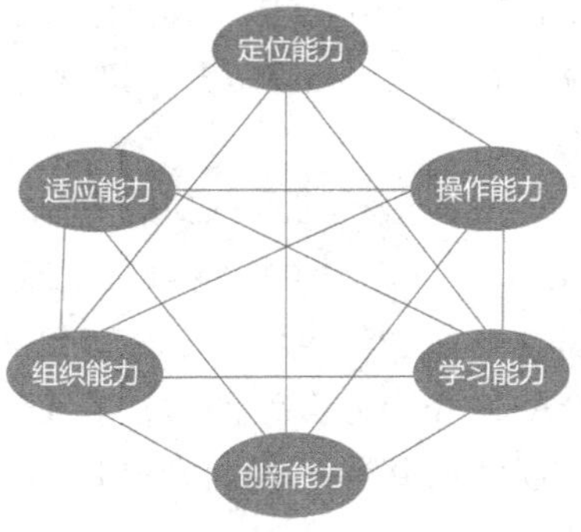

图 6—4 能力结构网

图 6—4 中，定位能力包含如下内容：(1)能察觉出自己周围所发生的任何事情；(2)不仅能察觉到自己已看到的一切，还能“感觉到自己所没有看见的一切”[①]；(3)能判断自己在集体中所处的地位和能发挥的作用；(4)能预见事物未来的发展及其进程。适应能力表现在对环境的适应上，能够在不同的环境下开展工作，而不是轻易被环境所制约。操作能力是指在实际活动中，能够手脑结合，既动脑，又动手，推进活动有效地进行。组织能力是指善于安排、支配、调节、配置有关资源的能力。组织能力是构成人竞争优势的重要来源。学习能力一般是指人们在正式学习或非正式学习环境下，自我求知、做事、发展的能力。包括学习的动机、方法与技巧。学习能力是所有能力的基础。创新能力是能够提出具有经济价值、社会价值及生态价值的新思想、新理论、新方法和新技术的能力。创新能力是能力结构中最重要的构成要素，是前面五种能力的综合体现。

能力结构理论对师资培养具有很好的指导意义。首先，有助于开发教师能力标准。能力由不同的要素组成，有些要素是任何实践领域都需要具备的能力，而有一些要素则是教师所必须具备的特殊能力，因此要按不同能力要素开发设计教师的能力结构和标准。其次，能力结构理论也为能力要素的选择和师资培养提供了科学的理论基础和参考依据。

6.1.2 职业能力

6.1.2.1 内涵

关于职业能力的定义有很多。如马尔德、韦格尔和柯林斯(Mulder，Weigel & Collins，2007)将职业能力定义为：综合运用知识、技能和态度的潜能；托尔(Torr，2008)认为职业能力涉及认知(cognitive)、技术(technical)、法律与道德(legal/ethical)、组织(organizational)以及人际与内省(inter/intrapersonal) 等五个领域，并指出个体对这五个领域相关的知识、技能和行为的整合能力越强，其职业能力也越强；整合能力越弱，其职业能力也越弱。

国内主流观点认为，职业能力是人们从事某一职业所必须具备的本领和技能，是从业者

① 岳梦.国际视野下上海市职教师资能力标准开发与资格认定体系的研究[D].同济大学，2009：34.

在职业行为中彰显出来的多种能力的集合。

职业能力高低决定了一个人能否胜任既定的职业，也决定了一个人在该职业中取得成功的可能性。

6.1.2.2 分类

根据涉及范围，职业能力可以分为一般职业能力、专业能力和综合能力。一般职业能力是指一般的表达能力、交际能力、学习能力及肢体协调等通用能力，它是个体独立学习、思考、评判和开发自身智力的能力。专业能力是指在职业活动中，在特定的方法引导下利用专业知识、技能独立解决问题与评价成果的能力。它包含了职业范围内的单项技能和综合技能，例如教师的教学能力、律师的辩护能力、程序员的计算能力等；综合能力是职业能力的综合，指本职工作以外的其他与自身职业相关的能力，包含了与社会的交往、合作、沟通、解决冲突、自我批评等能力。综合能力是职业能力的根本，也是从业者适应经济社会发展和职业变迁的重要支撑。

根据构成要素，职业能力可以分为：任职资格、职业素质和职业生涯管理能力三个方面。任职资格是指从业者为了从事某项职业岗位工作必须具备的资格条件，就是入门资格。入门资格条件常常表现为胜任职位所需的学历、工作技能、工作经验等形式。如从事教师职业需有教师资格证、从事医生职业需有执业医师资格证、从事驾驶工作需有驾驶执照等；职业素质是从业者从事某项职业所应该具备的综合素质，包括与职业相关综合技能及身心素质等。职业素质具有相对的稳定性和整体性。影响职业素质的因素包括教育经历、社会环境、个人性格、身心健康状况等。职业素质是影响一个人能否在其工作领域取得成就的决定性因素。职业生涯管理能力是人们在职业生涯中对自我职业的规划和执行能力，它能够帮助人们合理制定工作目标、提升工作效率、解决工作中的困境。

6.1.3 教师职业能力

6.1.3.1 内涵

关于教师职业能力的界定，也较多沿用心理学概念。如认为“教师能力是指教师在教育教学活动中表现出来的、直接或间接影响教育教学活动的质量和完成情况的个性心理特征”，“是在实践中发展起来的、反映教师职业活动要求的能力体系”①。关于教师能力及其标准的研究，通常是以外延性描述呈现的。如露西和雷普辛格提出能力是在特定组织中有效执行一个任务所必须具备的知识、技能或特性；国际培训、绩效、教学标准委员会的界定为：一整套使得个人可以按照专业标准的要求有效完成特定职业或工作职责的相关知识、技能和情感态度，分别以专业基础、计划与准备、教学方法与策略、评估与评价、教学管理等能力维度提出各项能力以及具体绩效指标。

我们认为，教师职业能力指教师以理念、方法及技能表现出来的教育教学工作的职业胜

① 卢正芝，洪松舟.我国教师能力研究三十年历程之述评[J].教育发展研究，2007（2）：70.

任力和推动教师职业活动得以顺利开展的心理条件。首先，教育教学活动是教师职业能力的指向目标；其次，教师职业能力是实现教育教学目标的保障；最后，教师的职业能力是影响教育活动效率的心理特征。教师的职业能力是一个复合的体系，一般来说，教师必须具备教学能力、研究能力、学习能力、交流沟通能力及组织领导能力等。

6.1.3.2 结构

明斯特大学特哈特(Terhart)教授认为，教师能力包括三个维度：认知维度、道德维度和实践维度。其中，认知维度是指在现有条件下，为了实现职业目标而进行计划和决策的能力；道德维度是指在职业活动中的立场、动机和意图等；实践维度是指在具体的工作过程中采取的职业行动。各个能力维度都与教师主体的主观能动性和现实中的客观规则紧密相连。教师既要遵循客观规律，坚持工作原则，又需要发挥自我主观能动性。Terhart 的教师能力结构如图 6—5 所示。

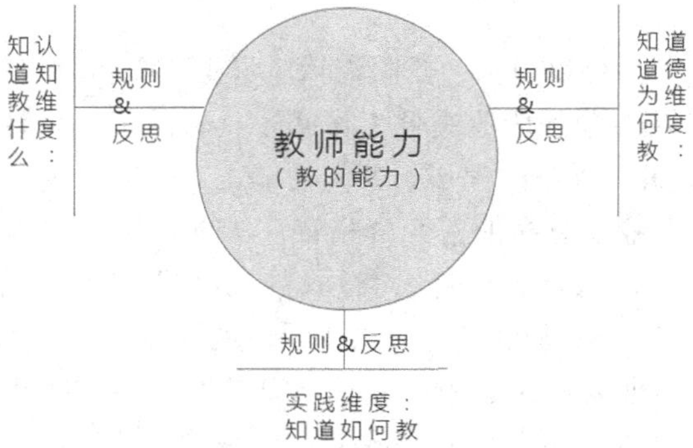

图 6—5　Terhart 的教师能力结构[①]

德国教育家韦纳特（Weinert）将教师职业能力分为三个紧密联系的要素：认知、态度和行为。“认知”和“态度”是教师对教育现象和问题的观察、判断及评价，是教师对教育情感与行动意愿的表达。“认知”和“态度”为教师具体的行动策略奠定了思想基础。“行为”是指在对教育现象和问题分析的基础上采取的实际行动，以及为达到目标而根据具体情况进行的行动调整策略。在“行为”过程中，教师一般通过各种媒介，将抽象的思维转化为语言和行动作用于教育对象，以解决现实问题。因此，教师首先应具备良好的个人品德和敬业态度，具有反思和创新精神，系统掌握专业理论和教学技能，最终具备合格教师的能力，如图 6—6 所示。

---

① Terhart E.was wissen wir fiber gute Lehrer? [J].PADAGOGOK，2006(58)a：42—47.转引自陈曦萌.基于能力分析的“双师双能”型职教师资培养教学改革思考[J].广西科技师范学院学报，2016（2）：87.

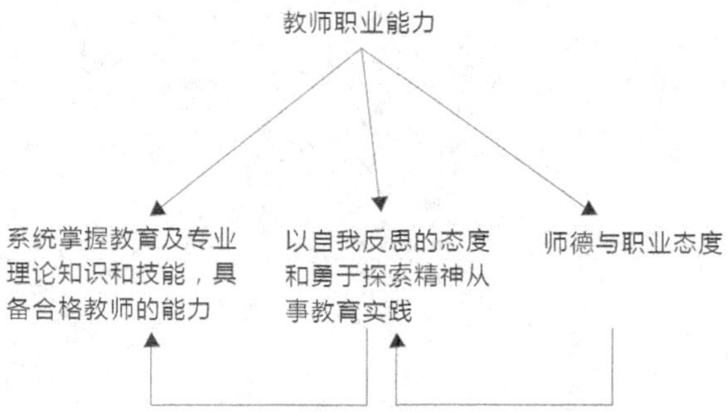

图 6－6　教师职业能力要素及相互关系

根据 Weinert 能力架构，在师资培养领域，教师只有系统化地整合理论与实践内容，使学生通过实践与反思，切实了解教师行业对从业者的要求，端正职业态度，培养职业情感，才能真正提高职业能力。

国内学者更多是从教学技能方面界定教师职业能力，如教学能力、教学反思能力、教育研究能力以及教育管理能力。本文将在后文进行论述。

6.1.3.3 职教教师的能力

职业教师是一种特殊类型的教师，其职业能力可以理解为：教师在职业教育教学活动中进行知识、技能传授，成功地解决教学情景中特定问题所必需的主观条件。在横向上，构成“双师双能”的“双元”结构；纵向上，形成能力层级。

（1）横向：“双师双能”的“双元”能力领域

“双元”即教学能力和专业能力。教学能力，指职业教师在教学中向学生传输知识和传授技能的能力，包括理论教学和实践教学；专业能力，指职业教师运用相应专业知识和技能的能力，包括专业实践、科学研究、技术创新、校企合作、社会服务等能力。专业能力是教学能力的发展基础，而教学能力则是其专业能力的直接表现，更能反映职业教师的工作面貌。

以上能力可以简单地理解为“既可教也会做”，即“双师＝教师＋工程师”“双能＝教育教学能力＋工程操作能力”[①]。即“双师双能”的“双元”结构。借鉴 Terhart 教授的教师能力结构观点，“工程师能力”结构如图 6－7 所示。

① 工程师既是一个特指概念，也是一个泛指概念。特指指向于职业分类的工程技术类职业，泛指则可延伸至非教师职业以外的其他职业，如农艺师、建筑师、医师、会计师等。

图 6—7　工程师能力结构图

职业教师“双师双能”的“双元”能力领域表现为同一层面上的职业能力体系。结合雷兹(Lotal Reetzel)和特哈特(Terhart)的观点，职业教师“双师双能”职业能力体系包括：方法能力(Methodekompetenz)、实践能力(Sachkompetenz)和社会能力(Sozialkompetenz)。方法能力主要是指教学能力，也就是教的能力，是对教师职业能力的基本要求；实践能力即动手（会做）能力，是职业教育对教师的特殊要求；社会能力即与社会沟通交流、参与社会事务的能力。方法能力、实践能力和社会能力三者有机结合，共同构成“双师双能”教师横向职业能力体系，缺一不可，如图 6—8 所示。

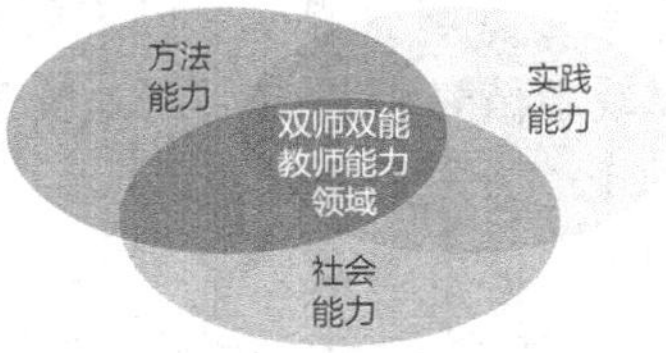

图 6—8　“双师双能”教师职业领域

我国学者漆书青认为，职业教师能力通常可分为基本能力、专业能力和教育教学能力三个层次①。基本能力，是指人们在一般情况下从事不同种类的活动中所表现出来的共同能力，可以通过基础教育获取。基本能力是职业教师适应现代社会生产、生活所必需的能力；专业能力是职业教师从事专业活动所必须具备的能力，具有明显的专业属性，需要通过专业学习获得；教育教学能力，是职业教师必备的教学设计、教学实施、教学评价、教学资源管理、学生指导和管理等能力，需要在专业学习基础上通过师范教育培养形成。基本能力和专业能力是教育教学能力发展的基础，教育教学能力是基本能力和专业能力在教育活动中的直接表现。

（2）纵向：多层次进阶的能力层级（体系）

能力层级是职业教师在纵向不同层次上的职业能力体系。横向职业能力体系强调不同能力的结构类型，纵向职业能力体系强调的是同类型能力的层次结构。

纵向职业能力体系对应现代职业教育体系中不同层次职业教育对教师的能力要求，是衡

① 漆书青等.职业技术教育师资培养模式研究[M].南昌：江西高校出版社，1998：148.

量师资质量的标准和任职资格达标的依据，也是职业教育师资培养质量标准制定和毕业生考核的重要依据，对职业教师职业发展具有导向和引领作用。纵向职业能力体系强调的是同类型能力的层次。

现代职业教育体系中，职业教师职业能力层次评价体系存在着系统化的对应关系。以“双师双能”型教师纵向能力体系为例，教师专业技术职称等级系列与职业技能等级系列之间存在着相对稳定、系统化的对应关系。如图 6—9 所示[①]。

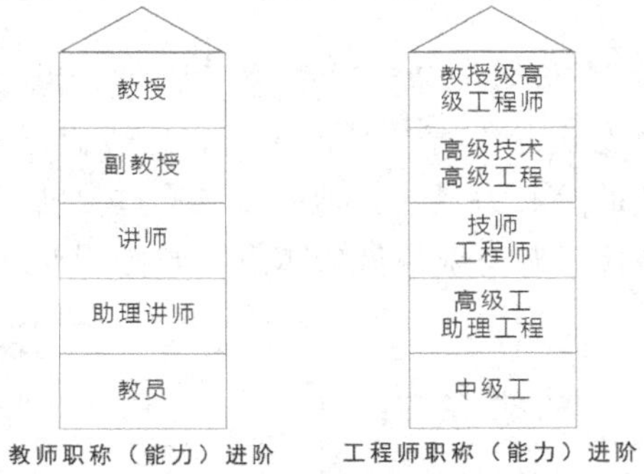

图 6—9　“双师双能”教师能力进阶结构对应

根据上述体系框架设计，就可以构建起与现代职业教育体系相对应的专业课程教师的教师能力纵向体系及职业技能操作能力纵向体系，两者共同构成“双师双能”型职业教师职称（能力）纵向晋升、评价体系，从而形成“双师双能”型教师的能力进阶结构。

① 陈曦萌.基于能力分析的“双师双能”型职教师资培养教学改革思考[J].广西科技师范学院学报，2016（2）：88.

6.2 教师职业能力的基本维度

师资力量是普及优质教育实现教育公平的关键，是塑造下一代人思想、态度、价值观，应对全球化新机遇与新挑战的核心力量。教师的力量通过教师职业能力体现出来，关注教师职业能力建设是当今世界各国教师专业发展的重点。教师职业能力衡量主要有以下维度。

6.2.1 通用维度——基础能力

基础能力是指作为一名教师所应具备的基本能力。基础能力是通用型的，没有明显的专业指向性。基础能力包括基本的语言表达能力、组织管理能力和人际交往能力、现代信息技术应用能力、终身学习能力等。

根据不同的职业要求，所涉及的职业道德、职业环境、职业素养、职业内容等都属于基本能力的一部分。作为一名教师，这些基础能力可以划分为语言表达能力、认知能力、沟通合作能力、管理能力、适应能力、分析能力等，如图 6—10 所示。

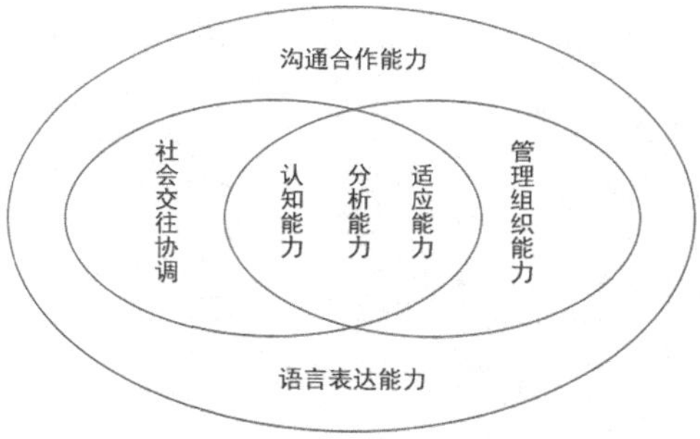

图 6—10　基础能力关系模型

(1) 语言表达能力。语言表达能力是教师首要的能力素养。教师的教学活动都是通过语言来实现的。语言表达能力包括口头语言和书面语言两方面的表达能力。口头语言表达能力即交流、沟通、说话、讲课、演讲、作报告等的表达技能；书面语言表达能力即文字写作过程中的字、词、句、段的运用能力。教师的语言表达能力的好坏直接影响着教学质量和效果，教师语言的感染力对学生性格、情操的陶冶作用非常大。

(2) 认知能力。指作为一名教师要有正确的世界观、人生观、价值观，以及良好的自我认知与社会科学理论认知能力。

(3) 适应能力。指对环境具有良好的适应能力和应变能力。面对环境变迁，教师能够主动思维、心理承受和担当作为，这要求教师能够自我激励，自我控制情绪，具有革命乐观主义精神。

(4) 沟通合作能力。指教师能够面对不同的对象进行良好的沟通、交流、协调及相互合作的能力。其内容主要是回应教师与学生、同事、家长及其他人的关系。沟通合作能力是教师观察、倾听、言语、行为等一系列能力的集合，是提升教师教育教学能力、"通力做事"能力以确保教学活动有序、有效开展的保障。沟通合作能力是教师核心能力系统的首要领域，可以促使教师成为"共赢的教育者"①。"教师的劳动方式是个体的，但劳动成果——学生德智体诸方面的综合发展……这就需要教师能自觉处理好与其他各方的关系，形成团结、互助、友爱、和谐的人际环境和共育良才的合力。"②

(5) 社会交往和组织协调能力。"双师型"教师的活动范围大，接触面广。既要进行校内各部门的交往与协调，又要与企业、行业进行沟通与交流，还要组织学生开展社会调查、社会实践，指导学生参与各种社会活动、见习、实习等。因此，"双师型"教师的社会交往和组织协调能力就尤为重要。

(6) 管理能力。是指教师能够有效地组织教学、管理班级的能力。包括教学组织与管理能力、担任班主任能力、学生心理疏导与干预能力、班级组织与管理能力等，这要求教师能够了解学生，进行德育规范引领，自我反思总结。

(7) 分析能力。是指教师能够分清事情的轻重缓急、科学合理地分析事物发展动态，进行科学的归因及结果预测等能力。

以上是教师所应当具备的基础能力。其中，语言表达、沟通合作能力是基础，社会交往协调、组织管理能力是途径，认知、分析和适应能力是核心，各种能力都不可或缺。

基础能力的划分，体现出作为一个教师所应该具备最基本、通用的素质与能力。基础能力是整个职教师资能力体系的基石，对于职教师资能力组成具有非常重要的意义。

6.2.2 授业维度——教学能力

教学能力是教师能力的核心。教师工作根植于教师与学生之间的双边教育教学活动中，以知识、技能和伦理道德规范等作为中介。授业是双边教育教学活动中教师职业活动的主要领域。在这一领域中，教师要发展学生智力、增进学生知识、培养学生能力、陶冶学生情操、健全学生人格。显然，要完成这一任务，教师必须具备较强的教学能力。

教师的教学能力，是指教师遵循教学规律，运用特定教材或采用一定的方法、手段从事教学活动，帮助学生获取、转换知识，完成教学任务、实现教学目标的能力。教学能力是教师职业活动中最基本也是最重要的能力。在学校，教学是授业的主要手段，教师教学能力是提高教学效率、保证教学质量的最直接、最基本的保障。

教学能力是一个相对独立的操作系统，包括钻研教材能力、课堂施教能力、语言驾驭能力、指导学生学习能力等。最直观的表现是教师教学技能。关于教学技能的概念尚无统一的

---

① 王光明，张永健，吴立宝.教师核心能力的内涵、构成要素及其培养[J].教育科学，2018，34 (4)：51.

② 刘雪峰.美国高校大学生沟通能力的培养及启示[J].当代教育科学，2014，(19)：36.

界定，众多学者从不同的角度对教学技能进行定义。胡淑珍（2002）综合多种观点，将教学技能界定为：教师运用已有的教学理论知识，通过练习而形成的稳固的复杂的教学动作系统，并在《教学技能》一书中，将其划分为教学设计、导入、讲授、提问、板书、课堂体态语、课堂记录管理、成就测验与评价、学法指导、指导学科课外活动、教学研究 11 种技能。1994年，国家教委下发《高等师范学校学生的教师职业技能训练大纲》，把教学技能分为教学设计、使用教学媒体、课堂教学、组织和指导课外活动以及教学研究五类技能。

教师的教学能力主要体现在三个方面：一是教学活动的全过程，包括教学设计、教学实施、教学评价等；二是教学育人的各方面，如因材施教、选择和运用教学方法、激发学生学习兴趣等；三是课堂教学组织各环节，包括课堂开讲、提问举例、板书设计、教学应变、课堂小结、作业设计与布置等。此外，还包括一些比较特殊的教学能力，如实践技能的示范能力、驾驭研究性课程学习的能力、制作教具的能力以及使用现代教育技术的能力等。

教学技能是“双师型”教师必备的核心素养，也是职教师资培养的关键环节。理想的“双师型”教师，是能够有机整合、应用专业理论知识和专业实践能力的“一体化”教师，而整合的关键就是具备高超的教学技能。这种教学技能就是能够综合专业实践技能与教师教学技能而形成的职业教师特殊的教学技能，是职业教师教学能力的本质和核心。职业教师教学技能的形成，是一个从单一到综合、从一般到专业的逐渐熟练的自动化、自觉化的过程。

在职教师资培养中，对教学技能的关注是提高职教师资质量的基本要求，反映了教师专业化发展的趋势。提高教学技能是“双师型”教师培养的核心目标，是职教师资培养中的重点和难点。教学技能中所涵盖的教师从教所需的理念与思维、知识与技能，是教师教育能力的综合体现。

因此，教学技能的培养理应成为“双师型”职教师资培养的重中之重。

6.2.3 育人维度——教导能力

古人曰：“师者，传道、授业、解惑也。”显然，古人对教师基本职责的规定，除了要求教师要“授业、解惑”外，还要求他们要“传道”，且将“传道”置于首位。按现代的要求来说，就是教师既要教书又要育人。教书是为了提高学生的知识、技能等显性素养，育人是培育学生的世界观、人生观、价值观等隐性素养。育人是教育的核心。

台湾学者龚宝善认为，优秀的教师必须兼具“人师”和“经师”双重属性，由此提出了教师应当具备品德、学识、能力和体态四种品质。其中，能力品质又包括教导能力和行政能力两个方面，在教导能力中，他列举了教师应当具备编订教学计划等九种能力①。

教导职责是传统教育哲学的核心理念，教育实践的第一要义，也是一个永恒的主题。即使在当今时代，教师也不能只注重知识的传授而忽视德育的实施。把好学生成长的方向，在教学中进行德育渗透，塑造学生正确的“三观”，是教师所要完成的又一任务。因此，教师不仅要具备高超的教学能力，还要具备较强的教导能力。

教导能力表现是多方面的。包括教育预见、教育传导、控制教育环境、学生心理调控等

① 高艳.现代教学基本技能[M].青岛：青岛海洋大学出版社，2000：8.

能力。教育预见能力，是教师在教育活动开始之前对教育对象、教育内容、影响因素以及教育结果等进行前瞻性预测分析的能力；教育传导能力，是教师运用一定的方法、手段通过适当路径向学生灌输德育教育信息的能力；控制教育环境的能力，是指教师具备控制与教育活动的构成要素发生联系的、从而影响教育活动发展的各种环境因素的能力；学生心理调控能力，是教师能够运用心理学的有关知识和技巧，针对学生的思想问题和心理障碍进行必要的分析、评价、疏导、辅导，增进学生心理健康，促进学生人格完善和潜能发挥的能力。

教师要帮助学生树立正确的世界观、人生观和价值观。任何人的“三观”都不是与生俱来的，而是在后天环境的影响下，特别是在学校教育的过程中，经过长期积累而形成的。在这方面，作为教书育人的教师义不容辞、责无旁贷。正常的政治课教学固然重要，但专业教师身体力行、言传身教具有重要而独特的作用与效果，政治课也无法替代。教师要因势利导，立德树人，帮助学生树立正确的“三观”，引领他们在思想政治上健康地成长。

教师要善于激励学生学习。学生是学习的主体，在教学的矛盾统一体中，学生是内因，教师是外因，知识的内化主要取决于学生的自我努力。因此，教师要善于激励学生学习，以饱满的热情、丰富的感情去感染学生，激发学生的好奇心，有效地激发学生的学习兴趣。善于因势利导，宽严相济，给予学生必要的鼓励，调动学生的积极性、主动性。

此外，教师还要具备正确处理人际关系的能力；利用个人魅力对学生施加教育影响的能力；调控学生行为与心理的能力；对学生进行就业指导、职业生涯规划的能力。

教师是学生从学校到职场的引路人。教师要谙熟教育规律和学生成长规律，传授给学生知识和技能，增强学生的就业竞争力，以便学生进入职场后能够驾轻就熟，将在学校获得的理论知识和技能经验与实际操作联系起来，快速成长为工作岗位上的生力军。

6.2.4 发展维度——创新能力

教师发展，是指教师的思想、人格和业务不断趋于完善、不断有所发展。教师专业化发展是当今时代教师教育的潮流和趋势。

6.2.4.1 创新是教师专业化发展的必由之路

教育是超前的事业，教师不但要适应今天，还要面对未来的发展。教师的知识和水平绝不能停留在固有的层次上。横向上要不断扩展自己的知识面；纵向上要不断深化自己的知识深度，以此实现自我的不断发展与完善。

教师发展的程度取决于教师自我发展的能力。创新是提升教师自我发展能力的必经重要途径。创新是教育的灵魂所在。主要包括教育观念创新、教育方法创新、教育策略创新、教育机制创新。打破旧的落后传统，用新的手段、策略教育学生，学生会以更轻松的姿态获取更丰富的知识；用新的理念、机制评价学生，有助于真正实现儒家所提倡的“因材施教”的教育目的。

创新能力是决定创新高度的决定性因素。创新能力包括学习能力、反思能力、教学科研能力等，是教师专业发展的推力、反推力、拉力及内潜力①。创新能力促使教师不断革新，推动教师超越传统教师“教书匠”和“教育人”的形象，成为新时代的创新型教育家。

作为职业教师，要具备良好的创新精神、创新意识，掌握创新的一般机理，更新教学观念，改革教学方法，充实教学内容，善于组织、指导学生开展创造性的活动。

6.2.4.2 学习是提升创新能力的基础

学习是创新的基础。当今时代，科技迅猛发展，行业日新月异，这必然要求“双师型”教师善于接受新信息、新观念、新知识，分析新情况、新现象，解决新问题，不断更新自身的知识体系和能力结构，以适应环境变化，实现专业化发展。随着经济社会的快速发展，教师要能可持续地胜任教书育人的工作，就必须加强学习，不断地充实自己。苏霍姆林斯基强调教育是一种创造性的劳动，教师要精通自己所教学科，就需要“读书，读书，再读书”。德国教育家第斯多惠建议教师要进行自我教育，自我完善。学习为教师的教育教学提供源源不断的活水，使教师的职业生涯充满活力。因此，学习应该贯穿于教师的整个职业生涯。

教师要具有较强的学习能力。主要表现为：学习规划的能力；获得、处理与应用信息的能力；综合、应用知识的能力；探究推理的能力；传播创新理念的能力；等等。首先，教师要具有自主学习、自我提高的习惯和能力。能够独立于外在压力，自觉抵制外界诱惑，制订适合的专业发展目标、规划、计划，选择恰当的学习内容，在日常专业生活中进行比较系统的自主学习，自觉探索专业发展和教育教学改革的新问题、新途径、新方法。并适时监控自己学习的过程和专业化发展的过程，评价自己专业发展的效果。其次，要树立终身学习的理念。在知识爆炸的时代，学无止境，学习是伴随教师一生的事。终身学习是教师保持教学活力的基础和前提。职业教育的特殊性、科技的快速发展，行业前沿性、国际化、信息化、网络化等发展趋势，决定了教师的学习能力和学习意志应成为提升职业胜任能力关注的焦点。

学习能力由低到高可分为四个级别：

一级：学习专业基本知识，并用于实践；能够描述理论发展历史，与专业知识保持同步发展；能够运用专业知识和经验解决实践问题。

二级：与他人分享经验，所提建议被采纳并执行；关注、了解专业领域的前沿发展趋势，并思考如何应对；运用专业能力论证项目的可行性或促进项目的完善。

三级：提升知识跨学科融合水平；运用专业知识，思考、提供疑难问题的解决思路或设想；改革创新，致力于提高本部门或跨部门的工作效率；利用专业知识促进其他项目发展。

四级：拓展专业领域，跟踪前沿，持续更新知识；利用报告会或撰写专业论文、专著等形式广泛传播新知识。

作为教师，要养成自觉学习的习惯，具备比普通人更强的学习能力。“双师型”教师在学习过程中要注意以下几点：

第一，始终保持自觉的学习习惯。积极了解行业发展动态，加强职业教育理论的学习，把握职业教育发展规律，不断充实和更新自己的专业知识和技能。

第二，学习内容深入而系统。避免分散、零星的快餐式阅读。要保持学习内容的先进

① 王光明，张永健，吴立宝.教师核心能力的内涵、构成要素及其培养[J].教育科学，2018，34（4）:47.

性，比例合理性、有机统一性和整体性。

第三，保持稳定的正规学习时间。科学规划闲暇时间，保持正规学习活动和非正规学习活动有机结合，时间安排恰到好处。以业余自修、进修及创造性活动等正规的学习活动为主，同时利用零散的时间进行非正规学习。

第四，掌握科学的学习策略。在学习过程中，教师要主动操控知识信息的加工过程，以提高学习效率。教师要树立正确的学习观，认识学习本质，掌握学习规律，理解学习过程，充分发挥主观能动性，采取科学高效的学习策略进行学习。

第五，保持明显的学习效益。学习重在效益，学以致用。不仅要提高学习效率，取得学习效果，更重要的是要能通过学习成果的应用，将知识转化为经济效益和社会效益。

6.2.5 特色维度——扩展能力

教师的能力是多维度的，在职教师资能力体系中还需要一系列不可或缺的扩展能力。扩展能力的范围很广，可以是教师专业能力，也可能与其专业能力没有直接关联，甚至毫不相关。这里主要列举以下几种。

6.2.5.1 课程思政能力

课程思政是近年国家提出的一种新理念，是指为了构建全课程育人格局，将各类课程与思想政治理论课同向同行，形成协同效应，把“立德树人”作为教育的根本任务的一种综合教育理念。也就是说，学校所有课程都具有传授知识、培养能力和进行思想政治教育的双重功能，都承载着培养学生“三观”的重要作用，因此，专业课与思政课要同向同行，共同发挥协同育人的功能。简言之，就是要通过全课程教学实施思想政治教育。

“课程思政”也是一种新的思维方式。教师在教学过程中要有意、有机、有效地将思想政治教育融入专业课程教学；在教学顶层设计上，把思想政治教育作为课程教学的首要目标，并与专业教育相结合。通过课程思政，引导学生成为社会主义核心价值观的坚定信仰者、积极传播者、模范践行者。

党和国家高度重视“课程思政”工作。“加强课堂教学的建设管理，充分挖掘和运用各学科蕴含的思想政治教育资源，坚持‘三全’（全员、全过程、全方位）育人原则，引领思想价值贯穿教育教学的全过程和各环节。”①

教师“课程思政”能力可以归纳为以下六个方面：

第一，把握“课程思政”理念的能力。是指教师能够准确理解和牢固掌握“课程思政”的理念，并善于运用这种理念在教学过程中实施思政教育。

第二，设计“课程思政”目标的能力。就是能够结合特定专业课程的性质准确定位“课程思政”，将学生的思想政治教育与学科专业发展相融合。

第三，发掘和融合“课程思政”元素的能力。一方面，能够深入钻研课程的知识点，把难以或未曾发现的思政教育元素发掘出来；另一方面，能够在课程教学中，通过教学活动设计，

---

① 马燕.高等教育国际化背景下地方财经高校教师“四种能力”培养路径[J].广西教育，2021（7）：88.

把专业教育与思政教育相融合，引领学生理解和把握“课程思政”元素，达到专业学习和思政教育融合的目的。

第四，应用与创新“课程思政”方式方法的能力。“课程思政”需要新颖而多元的教学方法。教师要不断改革和创新教学方式方法，结合课程内容和特点，贴近社会现实和学生需求，在课程教学中恰当地嵌入“思政”元素，使学生受到“思政”元素与专业知识有机结合的融合教育，从而实现显性教育和隐性教育的融合。

第五，进行“课程思政”自我评价能力。教学过程和效果需要不断地进行评估和评价。在“课程思政”过程中，教师能够对教学过程进行重新认识、重新思考，对教学经验与教训进行总结和反思，对教学效果进行自我评价和评估。能够围绕“课程思政”理念、目标、内容、过程和策略等，开展教前、教中和教后的纵向自评，也可以积极与其他教师进行对比分析，进行横向自评。通过自评，发现、认识自己存在的问题，并积极采取措施进行改进，使自己的能力得到提高。

第六，“课程思政”自我保障能力。实施“课程思政”要求教师，首先，应具备思想政治教育的素质和进行“课程思政”的能力。其次，挖掘的“课程思政”元素、设计的“课程思政”教学方案，实施的“课程思政”教学过程，能积极回应社会关注的现实问题，正面引导学生，融入社会主义核心价值观。最后，能够通过政治理论学习、教学研究、业务训练、集体备课、技能比赛等多种方式，不断提升自己的“课程思政”能力。

以上六个方面的能力是一个有机整体，是保证教师实施“课程思政”取得预期效果的前提。

商科课程教学过程中，要将“立德”作为“课程思政”的灵魂，以价值观塑造和能力培养为核心，培养学生良好的思想政治素质和道德品质修养。引导学生形成高度的政治自觉，诚信经商，遵守法律底线和职业道德，树立正确的新商业伦理观，积极承担社会责任。把思想政治教育贯穿于新商科课程教学的全过程，向学生讲清“生财有道”、合法经营的重要性。强调大数据、区块链等技术在信用领域广泛应用的今天，守信的重要和失信的巨大危害。

6.2.5.2 职业指导能力

“以就业为导向”是职业教育人才培养的主要目标。职业教师要具有良好的职业指导能力，帮助学生树立正确的职业观、就业观，结合学生自身特点引导学生进行职业规划和就业选择。包括与行业联系的能力、就业信息服务能力、择业指导能力以及应聘指导能力、招聘组织能力等。职业教师的职业指导有助于为教育与职业、学校与社会之间架起一座桥梁。

重点是帮助学生进行职业规划和就业指导。职业规划方面，职业教师要收集、分析、总结学生的职业兴趣爱好、理想期望等因素，为学生未来规划出宽泛而可能的职业路线。通过与学生的深入交流，让学生更加了解自己，以便在学习中向着正确的目标而努力奋斗。就业指导方面，教师要深入研究产业和行业的发展动态，敏锐地洞察就业市场和行业信息，精准研判人才供求形势，准确把握人才需求的价值方向与定位，从而合理而准确地为学生提供理论学习与技能训练，促使学生顺利就业。

职业教育培养的是“准职业人”，职业教师应该根据专业特点，深入用人单位，了解就业市场变化，洞悉岗位职责要求，强化专业与市场、岗位的对接能力。在知识、技能、心理上给予学生职业指导，帮助学生从一个“准职业人”向“职业人”过渡。为学生提供相关职业领域和就业市场的最新信息和背景状况，提供就业、升学咨询，指导学生进行职业生涯规划和就业岗位选择。

6.2.5.3 专业建设能力

职业教育是与经济社会发展联系最紧密、最广泛的一种教育类型，为了实现专业与产业、市场、人才需求相对接，因此对职教教师的专业建设能力提出了更高的要求。

（1）专业设计能力

专业设计是进行专业建设的重要内容。专业设计需要开展以下工作：一是开展市场调查，了解行业和地区人力资源需求的真实情况；二是进行职业分析，确定职业能力要求；三是进行可行性研究，提出专业设置方案。

（2）人才培养方案的制订能力

人才培养方案是专业建设的核心，是进行人才培养的纲领性文件。一般来说，人才培养方案具体规定了人才培养目标、培养规格、职业能力要求、技能考核项目与要求、课程体系、教学安排、师资配备、实训条件等内容。

（3）专业改革与创新能力

职业教师理应根据时代发展和经济社会的变革，对专业进行改革与创新。当区域社会经济发生重大调整和变革时，要适应市场的需求，及时调整专业方向，改革或创新课程体系和人才培养方案。

（4）专业评估能力

专业建设需要定期进行评估。职业教师要能够参与专业建设及评估，把握专业建设和评估的指标要求，分析自身专业建设现状、存在的主要问题及原因、与标准之间的差距等，并及时采取相应的整改举措。

（5）专业特色凝练能力

专业重在特色。特色是专业建设的生命线，也是与同类专业竞争的优势所在。形成、凝练专业特色是一个长期的过程，要持续不断地努力。专业特色体现在多个方面，包括人才培养方案、课程体系设计、人才培养模式、师资队伍建设、教育教学研究、教学方式方法、产教融合、产学合作的机制，等等。

6.2.5.4 课程开发能力

职教师资理应成为职业教育课程的开发者和建设者。职业人才的培养最终要落实到课程体系的开发、构建与实施上。1935 年，美国学者卡斯威尔和坎贝尔合著的《课程开发》使得“课程开发”概念进入学术视野。“课程开发”一词是由“课程编制”“课程编订”“课程建设”这些词发展而来的①。

课程开发就是根据人才培养目标，结合时代发展特征和专业建设需要，设计、选取课程标准和类型，制定相应课程教材和教学内容，并组织实施和评价的全过程。课程开发是一项复杂的系统工程，包括制定课程标准、整体设计与单元设计、精品课程建设、教材建设以及

① 张华.课程与教学论[M].上海：上海教育出版社，2016:94.

课程教学资源建设等多方面内容。课程开发也可能是建构一门新的课程。

课程开发能力则是指教师根据对市场需求、职业发展、专业建设、学校校情和学情的判断，对课程进行的设计、开发、实施和评价等相关环节的能力，甚至是一种重构课程的能力。

职教课程开发，主要包括以下内容：

①调研课程市场需求。通过市场调研，了解人才能力结构需求状况，从而明确课程改革的基本方向。

②制定课程教学目标。根据人才需求、职业或岗位要求和授课对象确定课程的整体结构和具体内容，制定课程教学要达到的目标。

③评鉴课程教学内容。根据相应职业或工作岗位所需的专业知识和操作技能，对课程包含的每一个独立职业活动的行为目标和行为过程进行分析、确认和评鉴。

④制定课程教学大纲。包括课程的意义、目的、任务、基本内容、考核方式、讲授学时和教学进度，等等。

⑤对新设课程进行评价。评价是课程建设和完善的基础。课程评价就是按照一定的标准，对课程的教学效果和社会效益进行得失判断和价值推断。包括对课程设计及课程开发结果的评价，对课程方案实施过程的评价及评价结果的反馈、分析与研究等。其目的旨在向管理部门提供课程实施反馈信息作为决策的依据。

职教师资在课程开发方面必须提出更高的要求。要求教师能够重构课程体系和内容框架，把新技术、新知识、新信息及新理念有选择性地转化为符合实际教学需要的课程素材。为此，职业教师要经常深入企业进行调研，提炼毕业生岗位工作过程模式，并收集和整理教学需要的典型的行业案例，丰富、完善新课程的内容。

6.2.5.5 信息化能力

职业教育信息化已被纳入国家信息化发展整体战略。提高职业教师的信息化能力是我国教育信息化工作的重要内容，也是支撑职业教育改革创新的重要基础。

职业教师应当成为现代信息技术的践行者。当前，我国步入信息化与工业化融合发展的关键时期，信息技术深度融入企业生产、服务和管理的各个环节。随着5G、AI时代的到来，“互联网+教育”“智能+教学”新形态必然促进教学方式变革。新冠肺炎疫情暴发后，教育部提出“停课不停教，停课不停学”的目标，网课、网教、网学就是充分利用了线上教学优势。信息技术与教育教学深度融合成为当前的时代，促进教学改革创新，推进学习方式变革。

同时，当今时代的学生都是互联网的“原住民”，他们生长于新一代信息环境，自小就习惯利用网络来完成学习和生活，对互联网有着天然的亲切感。他们善于和习惯利用“互联网+”的方式捕捉信息、学习知识，从网上获得的信息更为其所愿意接受。他们对现代信息技术的依赖远远超出了我们的想象。

这对职业教师的现代教育技术能力提出了新的挑战。职业教师现代教育技术能力的核心能力包含三个要素：信息化素养、学科教学中融入信息技术的能力和教育技术研究能力。信息化素养是指教师具有不断学习新知识和新技术的意识，具有将已有知识迁移到新知识、新技术的信息素养能力。Hawkins (2002) 指出信息化素养是知识经济时代劳动力的首要属性。信息化素养主要体现为信息技术能力，具体包括七种能力：基本信息操作能力、信息系统使用能力、信息检索能力、信息获取能力、信息处理能力、信息整合能力和信息交流能力①。学科教学中融入信息技术的能力，指能够设计、开发和应用技术丰富的数字化教学环境，充分发挥各种技术工具和资源在学习中的价值和作用，提高教学效率和教学质量。在教学设计与实施过程中，教师能恰当地融入现代信息化应用技术，能够熟练获取网络资源，熟练操作应用虚拟现实技术，增强课堂教学的灵活性和生动性。制定多种方式的融合信息技术的形成性评价，并合理利用评价结果改进学科教学。教育技术研究能力是指在合理利用各种数字化工具和资源基础上，能够深入研究信息化技术在教育教学中的应用和创新，能够与同行专家开展交流，不断提升自身的教育技术研究能力。

职业教师要主动适应信息化发展、AI 新技术革命，不断提升信息化教学能力和水平，将现代化的教学技术、手段融入教学。要顺应信息技术对职业教育带来的深刻改革，不断提高职业教师的教育技术能力，加强师资教育技术培训，大力提升职业教育人才培养和服务经济社会的能力。

在职教师资培养中，教育技术能力培养有三个核心目标：(1) 在认识层面上，深化认识信息技术工具在职业教育教学改革和创新人才培养中的支撑作用。(2) 在能力层面上，注重提高学生应用信息技术工具的能力，加强教育技术应用训练。(3) 在科研层面上，倡导学生深入思考职业教育中信息技术工具未来发展趋势，开展科学研究。因此，需要积极探索创新职教师资的培养途径，提升职教师范生的教育技术能力和信息化素养，促进职教教育的信息化发展。

6.2.5.6 公共关系的开发与维持能力

作为一个现代公民，开展和维持公共关系是促进自身发展、职业发展必备的基本能力。现代社会是一个相互联系比过去愈加紧密的有机整体，每个人、每种事业的发展都是相互影响的。

良好的外部条件和外部资源，是促进职业教育发展的重要因素。职业教育与产业、行业、企业、职业等密切相关，创造良好的外部条件，获取更多外部优质资源的支持，是关系到职教事业能否兴旺发达、实现可持续发展的大事。

作为一名职业教育教师，要顺应职业教育改革和发展大背景，积极参加学校特别是与自己专业密切相关的经营管理和社会实践活动，参与到生产、经营、管理、服务的各个环节，不断锻炼自己的操作技能，积累自己的实践经验。在这个过程中，职业教师需要广泛地接触企业、行业及社会，工作范围从校内延伸至校外，工作内容从课堂教学延伸至生产管理服务实践。因此，要求职业教师必须具备良好的公共关系开发和维持能力。主要包括以下方面：

(1) 公关策划能力。如为了顺利进行职教课程教学谋求外部支持，需要与政府、外校、企业良好合作，需要进行事先的公关策划。要制订一个公共关系发展规划或计划，确定课程教学具体的合作单位、合作内容、合作方式、时间人员安排等，使课程教学的公关活动有的放矢，合作高效。

(2) 公关宣传的能力。如编制各类宣传材料，利用各种媒介、渠道宣传课程目的、内容，展示教学成果，让他人了解学校教育教学情况。

(3) 与其他部门有关人士合作的能力。“双师型”教师拥有较多专业知识和操作技能，有

① 闫英琪，刘淑红，景丽.职教师资信息技术能力培训内容体系建构[J].河西学院学报，2015 (5)：117.

必要也有义务服务于企业和社会，需要与外部有关人士合作。

（4）组织实施开放式教育教学活动。为了让社会了解职业教育，可邀请校外有关人士到校参加教学观摩、体验，促进公众对学校教育教学的理解。

（5）回应与公共关系事务有关的反馈信息。职教师资应充分收集校外各种反馈信息，回应社会需求，为改进完善教育教学工作提供依据。

6.2.5.7 自我反思能力

反思是思维者对自身思维过程的自我检索。教师的反思特指教师对自己教学实践进行的理性思考、质疑和评价，进而不断实现自我完善、自我建构。反思是教师职业的突出特征，反思能力是支撑教师专业化发展、提升发展效能的关键能力。帮助教师认识自己的思维结构，进行批判性的分析并重构自我，是反思的重要功能。反思的价值在于其导向行动的力量。

教师是具备主动建构的专业反思者。教师反思能力是指“在教学过程中，将教学活动本身作为意识的对象，不断地对自我及教学进行积极、主动的计划、检查、评价、反馈、控制和调节的能力”①。这种能力主要分为两大部分：一是自我监控，就是自身专业发展进行自我观察、判断、评价、设计的能力；二是教学监控，就是对教学活动的内容、对象和过程进行计划、安排、评价、反馈、调节。由于个体的自我意识和职业活动复杂性较强，教师的反思能力受其观念、知识、情绪、情感、动机等个人因素及环境因素的影响较大，因此，教师的反思能力呈现出较大的个体差异，具有多方面的内容和多样化的表现。

反思能力对教师专业成长有很重要的意义。善于反思的教师，擅长自我剖析，以教师为镜，以学生为镜，发现自身存在的问题，分析问题的原因，并积极探索可行的解决方法与策略，从而能够快速成长。心理学家曾提出“优秀教师＝教学过程＋反思”，就体现了反思能力对教师专业成长的重要性②。是否具有问题意识、善于总结经验和心得、把实践问题作为研究课题、通过对实践问题的不断反思与体验而提升实践，是决定教师专业性成长的关键。

提高反思能力是反思型教师培养的中心环节。培养反思能力，需要落实在教学实践中。主要包括：

（1）强化反思意识和习惯。坚持撰写教后感悟和反思札记。撰写过程也是对教学活动进行自我梳理、回顾、加工和系统化的过程。在这个过程中，可以重构教学实践过程，分析教学得失，总结经验教训，作为以后工作的借鉴。

（2）主动构建开放性的教学评价系统。收集分析多方评教信息。首先，要特别重视收集来自学生的反馈信息，从学生反馈中反思、提高。其次，其他同行、教学管理者的反馈信息。这能够获取更专业、更高层次的教学得失的分析。最后，教师个体的问题假设。教师要善于自我提问，列出问题清单，与同行进行磋商、交流，坦然暴露问题，虚心请教，寻求专家引领和同行互助。

（3）注重理论与实践相结合。以先进的教育理论指导自己的反思过程，反思教案，反思教法，并善于运用反思结果改进自身教学实践，使专业能力获得提高。

---

① 吴卫东，骆伯巍.教师的反思能力结构及其培养研究[J].教育评论，2001（1）：33.

② 林修愚.教师反思能力的重要性及其培养[J].中学生物教学，2003（10）：32.

在教师成长过程中，反思能力的培养占有重要地位。实践证明，勤于反思，善于反思，能有意识地自我调适、不断优化和改进教学行为，不断自我完善，是教师专业能力发展的最有效途径之一。

6.2.5.8 服务社会能力

教师社会服务最早由美国学者查尔斯·范海斯提出，他主张高校应当为区域经济与社会发展服务。习近平总书记提出“广大科技工作者要把论文写在祖国的大地上”。

职业教师社会服务是指职业教师利用自身的专业知识和技能，通过各种劳动直接为社会经济发展提供的一系列服务及所做的相关活动。主要表现有：一是为社会培养技能型人才，既注重传授专业知识和技能，又注重学生德育培养，为行业提供高端技能型人才；二是校企共同开展课题研究和技术攻关，为企业发展排忧解难；三是充当地方经济社会发展的“智囊”“智库”，为社会提供咨询服务，如技术攻关、服务咨询等；四是依托产业学院，助力发展创新创业。

作为新商科教师，应具备知识运用能力、技术素质能力及实践操作能力等复合型社会服务能力。不仅是新商科人才的培养者，也应是新商科产业发展的服务者。这就要求新商科教师一方面能够运用人工智能、大数据等技术手段，分析产业发展的进程和趋势，确保新商科人才培养符合产业发展需求；另一方面，也能够直接参与新商科产业过程，为行业发展服务，成为行业发展的智力资源。

6.3 职教师资“四双型”职业能力分析

当代社会日新月异，其变化的幅度、速度、能级极大，对职业劳动者提出了前所未有的新要求，因此对职业教育提出了新的要求，也因此对职业教师提出了新的要求。

“双师型”教师不仅需要具备特定职业领域的专业技术能力，而且要具备教育教学能力。根据《中华人民共和国职业分类大典（2015）》，“双师型”教师的这两种能力正是其中对教师职业以及另一专业技术职业的能力要求，这样“双师型”便具有双重身份属性。

6.3.1 双理论（知识）：学科专业理论（知识）＋教育教学理论（知识）

知识是能力的基础。职教师资应该具备双重知识结构：一是任教学科或专业的知识和技能；二是教育教学类知识。掌握学科专业理论（知识）是职教师资专业性的应然要求，掌握教育基本理论研究是职教师资师范性的必备条件。二者共同构成职教师资进行职业教育的知识基础。

财经职业教师实际具有两重身份：一是教师身份，二是财经专业人员身份。所以财经职业教师在知识结构上要涵盖“双重”要素，主要包括系统化的财经学科专业知识；教育教学的基本知识，其中有教学法、教育学知识、心理学知识、教育技术学知识等。

6.3.1.1 学科专业理论（知识）

专业知识也称为本体性知识，是指人们从事某种专门职业所需要的各类别、各层次知识构成的知识体系。即关于任教学科或专业的相关知识。专业知识是一个专业人员必要的知识储备，是教师专业化发展的基础和核心要素。作为一名教师，掌握本学科专业的相关理论是其应然之义。扎实的专业知识是做好教学工作的基本功，也是其从事职业教育的先决条件。

专业知识包括专业基础知识和专业核心知识，一般分属于相对独立又相互交叉的若干学科。具体表现为学科中的概念体系、原理体系、研究方法、研究工具、基础资料，以及本学科的历史演变、研究现状和发展前景等知识。在职业教育中，专业知识主要指向职教课程中“是什么”和“为什么”等陈述性知识，其对应的主要是职教课程设置中专业基础课程相关部分。

专业知识是职教教师专业发展的根基。渊博、坚实的专业知识，在现代职教教师知识结构中居于核心地位，也是职教教师有效履行职责的基本条件。俗话说，“教给学生一杯水，教师须有一桶水”。正如苏霍姆林斯基所说“在你的科学知识的大海里，你所教给学生的教科书里那点基础知识，应当只是沧海一粟”[①]。职教教师的专业知识水平，不仅直接影响他们对课程教学的驾驭能力，影响和制约着对教材的理解和掌握，对教学方法的选择和运用，而且影响着教师在学生心目中的形象。

（1）牢固的专业基础知识

职业教师应当具备牢固的专业基础知识，即本专业的基本概念、基本原理、基本规律、发展历史与现状等。

作为专业教师，应详细了解自己所教学科的基本理论、基础知识、研究方法以及本学科的发展历史、趋势和社会功能等；明确认识本学科理论体系的逻辑起点和发展脉络；把握学科知识体系“量”与“质”的扩展和丰富。只有具备扎实的专业基础知识才能游刃有余地开展教学活动。

如市场营销专业的“双师型”教师，必须具备熟悉掌握市场规律、营销策略、管理理念方面的知识；会计专业教师必须掌握会计概念、会计的产生和发展、会计职能和目标、会计要素等学科专业基础知识。财经专业具有丰富的专业基础知识。见表 6—1、表 6—2。

表 6—1　会计专业基础知识（部分）

会计基础知识	会计要素的含义、账户的运用以及怎样记账、对账与查账
银行结算基础知识	银行账户管理办法和几种银行结算方式
税务基础知识	营业税、企业所得税和消费税等的运用
工商管理基础知识	企业方式的特点和企业的成立、合并、解散和清算等方面的知识

表 6—2　市场营销专业基础知识（部分）

营销原理知识	市场分析、营销观念、市场营销信息系统与营销环境、消费者需要与购买行为、市场细分与目标市场选择等理论
营销实务知识	由产品策略、定价策略、分销渠道策略、促销策略、市场营销组合策略等组成
营销管理知识	包括营销战略、计划、组织和控制等

（2）扎实的专业核心知识

所谓核心知识，即该知识在整个知识体系中居于核心地位，包括核心理论和核心技能知识。以《会计基础》课程为例：会计要素、会计等式、会计科目、会计凭证、会计账簿、会计报表、会计核算组织，都是其核心知识板块。每个板块都有其具体的核心内容。见表 6—3。

---

① 漆书青等.职业技术教育师资培养模式研究[M].南昌：江西高校出版社，1998：148.

表 6—3 《会计基础》知识板块

板块	知识点
会计要素	资产、负债、所有者权益；收入、费用、利润
会计等式	资产＝负债＋所有者权益；利润＝收入－费用
会计科目	资产类、负债类、共同类、所有者权益类、成本类、损益类
会计凭证	原始凭证；记账凭证（单式、复式、汇总）及其定义、优点、局限、种类
会计账簿	序时账簿、分类账簿、备查账簿、联合账簿及其定义、优点、局限、种类
会计报表	资产负债表、利润表、附注（内容及编制）
会计核算组织程序	记账凭证、汇总记账凭证、科目汇总表、多栏式日记账、日记总账、通用日记账、三栏式特种日记账、日记账核算组织程序（各种特点、优点、缺点、适用范围）

（3）丰富的专业前沿知识

“双师型”教师要及时了解学科发展前沿，了解行业新技术、新工艺、新业态、新模式的发展动态，并学习安全使用有关生产（服务）设备，熟悉生产（服务）知识和管理过程。

如财务治理与控制前沿；资产定价理论的演进；财务政策演进；资本市场与公司理财前沿；公司财务与公司融（投）资决策；投资者非理性与管理者非理性；收益和风险的度量演进；行为经济与行为金融；风险演化及管理发展趋势；最新财务管理案例；最新财务技术发展；软财务理论；智能财务。

（4）广泛的学科相关知识

新商科时代，财经教师需要具备跨界的复合型知识结构，除本专业直接的知识外，还需要掌握广泛的相关学科知识。当前，新商科专业内涵发生了巨大变化。例如：市场营销专业不再局限于传统线下的商业营销，而是向借助大数据、新媒体等技术手段的线上精准营销方向发展；会计专业不再局限于培养传统的核算型财务会计，而是向培养能够应用信息化技术预测经济前景、评价经营业绩的管理会计方向发展；财务管理专业人才不再仅仅是财务知识和会计知识的简单相加，还需要掌握一定的法律知识，如结算知识经济合同、担保知识等；税务知识，如纳税申报、税法知识、汇算清缴等；统计知识，如统计报表及分析等。

因此，商科教师必须不断适应新商业时代专业内涵的变化，及时更新、补充专业知识，构建起满足新商科人才培养所需的专业知识体系。比如，讲授好一门金融专业课程，需要多方面相关专业知识作为支撑，构建完整的金融知识架构和课程体系。要把课程讲通讲透，需要加强经济学、金融学和数学等知识的学习。金融课程专业教师，不仅要丰富自身的专业知识，更需要构建完整而有逻辑层次的“数学—经济—信息—金融”知识结构。又比如，电子商务涉及面广，具有横向关联性、交叉性和综合性的特点，是一门多学科融合的复合型交叉学科。其专业知识涉及经济、管理、消费心理学、计算机信息技术、网络等多门学科。电子商务专业教师，需要构建专博结合、横向跨界、纵深拓展的复合型的知识和能力结构。熟悉商业活动基本规律，了解消费者心理、购物特征，掌握现代计算机网络信息技术；具有先进的营销管理理念，熟知电子商务环境下的商务运作模式及服务方式；能熟练运用现代化经济管理理论、电子商务技术，进行电子商务软件应用、网络经营与管理、网站规划与建设。

6.3.1.2 学科教学理论（知识）

职业教师的第一身份是教师。作为教师，要具备学科教学的基本知识，包括教育学、心理学、学科教学法等。学科教学知识是教师知识的核心，是教师职业独有的职业技能，是教师职业领域学科内容和教育学的特殊融合。学科教学知识是教师在把握学科知识、教育学知识和学生学习心理等知识的基础上形成的。学科教学知识是教师运用适当的方式，向学生有效传递学科专业知识，达成教学目标的支撑。

（1）教育学、心理学

教育是一门科学，也是一门艺术。一名优秀的教师，既要懂得“教什么”，同时也要懂得“如何教”，教学就是“如何教”的艺术。要掌握这门艺术，就必须掌握“教”与“学”的知识。孟庆国指出，教师的专业知识包括职业知识、专业学科知识、教育心理类知识、专业教学知识、组织管理类知识及其他综合职业知识。

教育学、心理学、教学法知识、学科教学论是作为教师必备的知识结构。职教教师必须具有深厚的学科教学的理论修养，掌握教育科学和心理科学知识。历来的教育家都很重视教育科学和心理科学知识。一方面，学好教育学有助于把握教育规律，是搞好教育和教学工作的基础，是进行学科教学必不可少的条件。苏联杰出教育家马卡连柯曾深有体会地说：“我非常尊重教育理论，离开教育理论，我是不能正常工作的。”另一方面，教育必须因材施教，了解学生心理，了解教育成败之理。世界上最早的一部教育专著《学记》中指出，“知其心，然后能救其失也”，“君子既知教之所由兴，又知教之所由废，然后可以为人师也”①。

当前，我们对教育科学和心理科学知识的重要意义还认识不深，重视不够，缺乏具有中国特色的、完备的教育科学和心理科学理论体系。现实中还存在很多错误认识，如有人认为，职教就是“师父带徒弟”，“师父领进门，修行靠个人”，靠学生自己去模仿、领悟，教师的技术是第一位的，至于懂不懂教育理论并不重要；还有人认为，教育理论抽象空洞，理论脱离实际，“远水解不了近渴”。这些错误认识，严重影响了教育学和心理学的学习和传播，在师资培养中的地位长期得不到重视，从而扭曲了未来职业教师的知识结构，必须予以纠正。

作为一名职业教师，还应该掌握有关职业教育教学的知识。职业教育教学知识包括职业教育学、职业教育心理学、教学论、教学法等教育科学知识。一般来说，职业教师至少应该具备：①职业教育学基础知识。②职业教育心理学知识。③学科教学论知识。④教材教法知识。⑤职业教育管理基础知识。

当前，财经类课程的专业教师，大都毕业于财经类院校或财经专业，他们在校学习期间并未学过学科教学相关课程，需要在职后教学岗位上补修教学法、教育学、心理学等课程，并在实践中加以应用。因此，对于职教师资的职前培养，就更应该重视教育学、心理学、教

① 漆书青等.职业技术教育师资培养模式研究[M].南昌：江西高校出版社，1998：148.

学法的学习。

(2) 学科教学知识

学科教学知识被认为是学科教学理论的核心知识。1986年，斯坦福大学教授舒尔曼提出了学科教学知识(Pedagogical Content Knowledge，PCK)的概念，并将其定义为“教师个人教学经验、教师学科内容知识和教育学的特殊整合”①。舒尔曼认为，PCK是“教学知识中最特殊的部分”，“是最能将内容专家与学校教师相区分的知识”②。此后，格罗斯曼等人对其作了进一步解释，认为构成教师的PCK的内容包括：对学科知识教学目的的认识、学生理解或误解的知识、课程与教材知识、教学策略的知识，如图6—11所示。

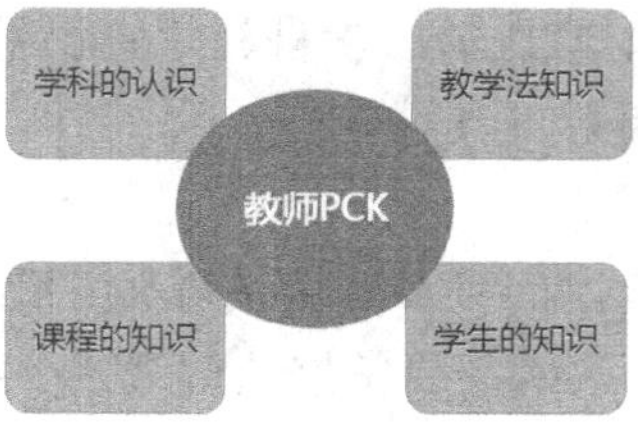

图6—11 格罗斯曼的教师PCK概念框架

后来，科克伦等人在舒尔曼的基础上又提出PCK (Pedagogical Content Knowing) 概念，认为K (Knowledge) 本身是一种单向的、被动的、静态的知识结构，而在教学领域中，应该建构师生双向、学生主体的、动态结构的教师PCK，因而这里的K则应该是“Knowing”。

PCK不是单纯的学科知识或教学法知识，是以有效教学为目的的一种知识③。PCK也不是学科知识和教学法知识的简单相加，而是多方面知识整合的结果，是学科专业知识与教学法知识内容交叉的部分。也就是说，PCK知识是教师在向学生输出特定学科知识时，能够根据学生特点设计学科知识内容，并运用恰当的教学策略将学科知识传授给学生，从而进行有效教学的知识。PCK强调以学生为中心的教学理念，注重学生主动建构获取知识，倡导教师结合学生的心理、学情、认知等对学科专业知识进行教学设计，将学科专业知识传授给学生。PCK能够帮助教师把握专业课程的教学规律，能动地整合专业知识，改编教材，用有效的方式进行专业教学，在实践中不断提升自己的教学技能。

对职教教师来说，PCK就是一种融合了特定职业的学科专业知识和特定的教育教学知识的交叉性知识。PCK要求职教教师在充分掌握和理解专业知识的基础上，运用一定的教学方法将学科专业知识呈现、传授给学生，以满足专业课程教学的需要，如图6—12所示。

---

① 王金震，王张妮，朱毅.职教师资培养课程开发研究——基于学科教学知识的视角[J].职业教育研究，2016(7):59.

② 刘冬.职教师资培养的课程体系优化研究——以《机械电子工程（师范）》为例[D].浙江工业大学，2015：12.

③ 王金震，王张妮，朱毅.职教师资培养课程开发研究——基于学科教学知识的视角[J].职业教育研究，2016(7)：59.

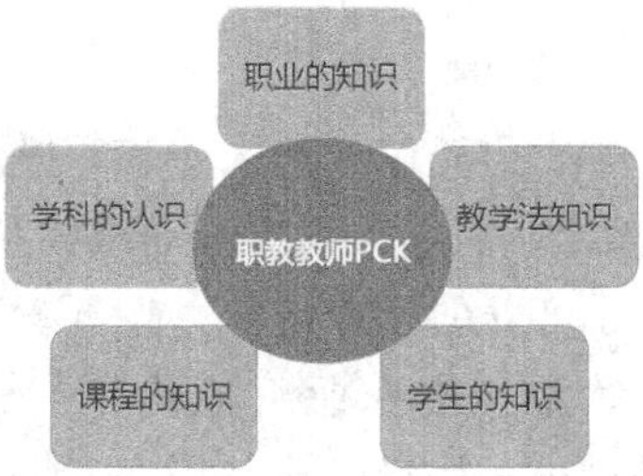

图 6－12　职教教师 PCK 概念框架

对财经类职教教师而言，要特别注重掌握教育教学的技能和技巧。财经课程具有理论性与应用性的双重特征，因此，财经师资培养要特别注重 PCK 理论学习，掌握财经课程教学教法，并在教学实践中训练教学能力和技巧。PCK 有助于财经教师娴熟地把财经专业知识深入浅出地表达出来，使学生易于接受，从而实现有效教学。

(3) 职业科学知识

职业科学由以德国不来梅大学劳耐尔教授为首的职业教育科学家提出。职业科学包括两个方面：一是特定职业劳动岗位所需要的专门的或技术性的具体知识和方法知识；二是特定职业领域或职业方向实用的、科学的具体知识和方法知识。可以这样认为，职业科学知识，就是与某种职业紧密相连、能够满足工作岗位需要的知识。

职教教师需要掌握职业科学知识。职业教育要培养技术技能型人才，因此，职教教师首先应该明晰自己所教的课程内容如何在真实的工作场景得以应用，在职业活动中有何意义。只有掌握职业知识，职业教师的教学才有职业特色，才能体现作为职业教师与普通教师相区别的类型特征。

当前，我国对职教师资培养大多是以“专业学科”作为逻辑起点和理论基础，或者进行传统的“专业＋师范”，将学科与职业“剥离”开来，脱离人才培养的职业背景。因此，从本质上忽略了职教人才所要从事职业的规律、职业活动特点、职业本质以及教育、行业和工作岗位之间的关系。鉴于此，高水平职教师资培养必须以系统的职业教育理论为支撑，精准把握职业教育规律和职业教育前端理论，更好地实现学校一流技术知识迁移到受教的个体，以系统的职教理论辉映师范韵味。

6.3.2 双技能：学科专业技能＋教学技能

如果说知识是体现教师的“应知”，那么，技能就是体现了教师的“应会”。心理学认为，技能是个体运用已有的知识经验，通过练习而形成的复杂的自动化的能顺利完成某种任务的操作系统。技能具有操作性、习得性（练习）、自动化等特征。

职业教师必须具备学科专业技能和学科教学技能。职业教师具有极强的专业性，培养的是应用型一线技术技能人才。因此，在具备相应的专业知识的基础上，必须具备相应的专业操作技能。同时，还要熟练掌握教学技能，自如地驾驭课堂，如表达能力、演讲能力、教案设计能力、教学大纲撰写及实施能力等。

6.3.2.1 学科专业技能

职业技术教育主要面向职业岗位传授职业技术知识，强调工具性和实践性。教学中需要以实际工作为载体，采用讲解、演示、实践操作等行动形式传授知识。

强调实践技能是职业教育人才培养的重要特征。职业教育要求所培养的人才既具有扎实的专业基础理论知识，又能够熟练掌握本职业工种的基本操作技能。因此，职业教师作为“人师”，在掌握专业理论知识基础上，首先应该掌握本专业必备的操作技能，具备良好的专业技术能力及实践教学能力。即所谓“双师”技能。

在学科专业技能方面，“双师型”教师的能力目标可以概括为：一是了解和熟悉与本专业相关的职业标准，掌握技术技能形成规律，具备较熟练的实践操作技能。二是运用、分析和评价与本专业相对应的职业技术及工艺内容。三是理解和运用与本专业相对应的学科专业知识内容。四是理解、分析和评价与本专业相对应的职业岗位的工作内容和过程，如会计职业的出纳、会计、复核等。五是掌握相关职业的核心能力和专业实践能力，获得相关的职业资格证书和企业实践经验等。

值得说明的是，《实施方案》(职教 20 条）全新地将“双师型”表述为“同时具备理论教学和实践教学能力”，“能力”反映了“双师型”教师的本质。这一新的表述表明，“双师型”教师队伍建设不能简单地追求形式、堆砌证书，而必须出实招、下真功夫、提高真本领。

财经教师的实践教学能力是财经专业学生实践能力提升的基础。教师在实践教学中通过技能演示、实践操作，实现知识向学生迁移，从而提高学生专业实践技能和综合能力。因此，教师不仅要具备专业实践操作能力和实践技能教学能力，而且要在教学过程中融入教师自身的职业素养理念，将教学能力和实践能力有机统一起来。

如中职《银行柜面业务处理》课程教学，要根据课程内容进行理、实结合教学。中职《银行柜面业务处理》课程主要是培养学生能够从事银行柜员岗位业务，教学内容包括岗位基本知识、基本技能、业务规定和业务流程等，具体包括七个板块的内容，分别是：从业准备、储蓄业务、对公业务、银行卡业务、代理业务、结算业务及电子银行业务。教师在基本的理论讲解基础上，更重要的是进行实践教学。在教学过程中通过示范、操作，将相关的银行柜面业务技能传授给学生。

6.3.2.2 学科教学技能

教师是教学的引导者、组织者、参与者、设计者，必须具备较强的教学技能。教学技能解决教师“会教”的问题。“教师”是职业教师的第一身份，因此，教学技能的重要性不言而喻。

教学技能是教师在已有的知识、经验基础上，通过实践和体悟而形成的一系列教学行为方式和心智活动方式，是由教师的知识素养、心理特征、专业技能等单项能力构成的有机整体。简言之，就是教师通过一定方法和手段，对学科知识进行解构和重构，向学生有效输出知识、传授技能的能力。教学技能的形成是教师内外兼修的结果，教学技巧、教学技艺、教学艺术是教学技能在不同发展阶段的表现形态。其中，教学艺术是教学技能修炼的最高境界。教师教学技能高低直接影响着教学活动的质量。

职教教师的教学技能体现为在教学过程中能出色地组织教与学。教学技能没有固定的一成不变的技术路线，“教无定法”，而是要针对具体的教学内容和教育对象，针对学生的具体学情，融入教师的个人经验，所表现出来的个别化的、特定的教学技能和技巧。这些技能和技巧包括教学活动的组织、教学情境的创建、教学内容的改造、教学策略的选择、教学进程的控制、教学结果的评价等方面。职教教师的教学活动不仅需要教师运用各种行动导向的教学方法将教学内容传授给未来职业人，而且需要教师将工作内容和教学内容结合起来，以业务过程和工作过程作为导向进行课程的开发、实施和评价。主要包括：

（1）教学设计能力

教学设计就是对课程教学全过程进行统筹安排。美国著名教学设计专家瑞格卢斯认为，教学设计是一门连接的科学，是一种为达到最佳的预期的教学目标，而对教学活动做出的规范的知识体系。教学设计能力包括以下环节：一是恰当地确定教学目标；二是恰当地安排教学内容；三是恰当地安排教学活动；四是恰当地策划教学过程；五是规范地编写切实可行的教案。

（2）教学实施能力

教学实施就是实际完成教学计划的过程。有了好的教学设计，还要保证教学的顺利实施，才能实现教学目标。教学实施要进行教学的组织与协调，要求教师有效地组织学生进入学习状态、有效地组织、协调教学所需的教学资源、有效地处理协调教学活动中师生之间、学生之间出现的矛盾和冲突，等等。主要包括以下几个方面：一是有效开展课堂教学。包括知识讲授、技能演示、课堂讨论、现场教学、实习、实训、实地考察，等等；二是有效指导学生。谙熟传统的课堂教学及现场教学、单项技能训练、“大作业”训练、虚拟仿真实验、模拟实训、实践教学指导等教学模式；三是善于指导学生开展互教互学活动，活跃课堂气氛，使学生更加深刻地理解有关的教学内容，解决疑难问题；四是正确使用各种教育教学设备、手段辅助教学，包括计算机、网络与其他多媒体技术手段；五是应付和解决教育教学中出现的各种突发问题；六是善于指导学生养成良好的学习方法和学习习惯；七是善于调控教学活动的气氛；八是善于实施“因材施教”，针对学生个性特点和个别差异，利用导入、提问、讲解、示范、指导等的教学技巧展开教学。

（3）教学评价能力

教学评价就是依据教学目标，利用各种可行的技术和方法，对教学过程和结果进行评判。

“双师型”教师的教学评价主要体现在对学生学习表现的评价、学生学业成绩的评价、对自我及同行教学过程和效果的评价等方面。主要包括：第一，把握评价内容。究竟要评价哪些内容，需要认真思考和明确。第二，制定评价标准。对需要考核的知识点、技能要素等观测指标制定具体的评价标准。第三，掌握评价方法。结合评价对象的实际，精心选择、设计和灵活采用与教学相匹配的评价方法，如跟踪调查法、访谈、查阅资料、听取学生报告法等。坚持量化评价与质性评价相结合，定期评价与日常评价相结合。第四，正确考核学生的知识水平。恰当选择考核点，确定考核的目标层次，正确编制试题和试卷。还要能够正确分析考核结果，确定考核的信度和效度。第五，正确评价学生的技能水平。采用恰当考核方式，正确评估操作技巧和技能，评定技术技能等级或成绩。第六，正确评价自己的教学效果。善于根据各类反馈信息来总结自己的教学得失，评价教学目标达成度，审视自己的教学能力。

（4）教学改革能力

科技在进步，社会在发展，教学不能故步自封，必须与时俱进，改革与创新永不停息。新经济时代，职业教育课程教学改革势在必行。必须深化教学核心内容、教学方法、教学手段、考核体系等方面的改革，培养符合时代要求与社会需要的高素质、复合型技能人才。

“双师型”教师要善于教学改革与创新。教学改革与创新的能力是衡量“双师型”教师专业化发展效果最核心的能力。

下面以营销课程为例，进行分析。

教学内容方面：一是将新兴内容融入传统教材。比如将“粉丝经济”“社群经济”“内容营销”等新兴内容与案例加入传统教材，教给学生更多、更新的营销思路与方法手段；二是将新的企业岗位需求融入教学内容。如随着企业微营销＋移动端＋社交化的营销发展趋势，可以将微视频制作、文案编辑器、内容营销、创意广告等新的岗位需求融入教学，强化这些需求所对应的知识和技能，让学生掌握更主流、更前沿的实操能力。

教学方法方面：一是进行在线课程建设。大力推进教学方法的改革，利用 MOOC 和 SPOC 网站及平台，建设在线课程资源与资料库，将知识装进学生“口袋”；二是开展混合式教学。借助“互联网+”与“移动学习”工具，开展线上线下混合教学。利用论坛、评论、点赞等社交化的在线教学方式，将知识植入学生“脑袋”。让学生充分利用碎片化时间，提高学习效率、改善学习效果；三是理论知识生活化、情境化。在讲解理论知识时，可以设置理论应用的仿真模拟情境，将枯燥的、晦涩难懂的学术术语、专业术语转化为生活语言、网络用语，让抽象的理论知识生活化、情境化、具体化，更加生动形象。

教学考核评价方面：要注重形成性、过程性考核。借助在线平台的教学模块和数据统计功能，将学生的学习过程记录下来。通过设置合理权重，对学生的日常表现、任务完成、参与度、贡献率等学习形成性环节进行客观评价，得到最终的综合评价。

（5）教学监控能力

教学监控能力是教师素质的核心内容。结合现有的研究基础，可以看出，教学监控能力是教师为了实现预期的教学目标，在教学的过程中对教学活动各环节进行主动检查、评价、反馈、控制和调节的能力。教学监控有助于教师及时发现、矫正教学过程中存在的问题，从而帮助教师实施有效教学。

按照教学活动的规律，教学监控可以分解为三个阶段：第一，课前的教学设计监控。实施教学活动前，教师必须通过对课程、教材和学生进行有效的体察、分析，以预测教学中可能出现的问题和教学效果。第二，课中的教学实施监控。教学活动涉及师生双边互动，甚至可能涉及与其他部门的多边关系，充满着不确定性和复杂性。实施过程中，教师要进行教学进度监控、氛围监控及学生情绪监控等。第三，课后的教学反思与评价监控。反思与评价能力是教师提升自我的关键因素，包含教学反思监控和教学评价监控两种监控能力。教学反思与评价监控能力越高，其对自我、学生和教学活动的认知程度就越高，就越有助于形成适合自己的特色教学风格。

（6）教学反思能力

教学反思是教师对自身教学实践的再认识、再思考，也是教师应具备的基本技能，也是教师专业化成长的有效途径。叶澜教授指出，一个教师写一辈子教案不可能成为名师，如果一个教师写三年教学反思就有可能成为名师①。反思的主要内容，包括对教学实践活动的反思、对教学关系的反思、对个人经验的反思、对教学理论的反思等。

对“双师型”教师的教学反思能力的考察，主要包括以下方面：一是是否具有反思意识。“双师型”教师是否对教学反思的内涵、意义有清晰的认识，是否形成了反思的习惯，能够在长期的教学活动中坚持反思。二是是否具有科学的反思方法。包括能否科学确定反思内容、反思时限，反思方式选择是否灵活多样等。反思的方式可以为撰写反思日记、开展教育叙事、举行集体研讨、探索行动研究等。三是是否进行及时到位的整改。针对反思发现的问题是否及时进行整改，以不断完善自己的教学。

6.3.3 双实践：学科专业实践＋教学实践

“纸上得来终觉浅，绝知此事要躬行。”职业教育的人才培养目标决定了实践教学的极端重要性。实践性是职业教育的重要特征。职教师资要进行双重的实践活动，即学科专业实践和学科教学实践。因此，职教师资需要具备双重实践能力，包括学科专业实践能力和学科教学实践能力。

6.3.3.1 学科专业实践

职业教育培养的是技术技能型人才，学生要在“做中学”，教师要在“做中教”。学生在真实的专业、工作情境中，通过参与设计、实施、检查和评价等相关职业活动，习得相关理论知识和技能知识，获得综合的职业能力。因此，基于职业教育“应用型、职业性”和实践导向的特质，“双师型”教师必须具备学科专业实践能力。

学科专业实践是指教师在职业教育教学过程中，面向生产、建设、管理、服务第一线，将特定行业的职业知识、职业能力和职业态度融入其中。这种融合式教学存在于一线劳动的具体组织与实施过程中。因此，职业教育师资的教学实践必须与专业技术人员的职业实践相适应②。

专业实践能力是指教师掌握相关职业领域内的一线工作岗位知识和技能，熟悉相关职业领域内的专业技术和管理规范，具有丰富的实践经验和处理现场复杂问题的能力。主要表现为专业操作示范能力、实践实训指导能力、实训和顶岗操作的能力。操作示范能力是指教师具有能规范地操作、进行技能演示的能力；“双师型”教师是操作技能的指导者，在教学中能够做出准确示范，找出和纠正学生存在的问题，指导实践实训，才能胜任实践教学工作；实训和顶岗操作的能力是指“双师型”教师不仅要能够模拟实操，必要时还能够顶岗操作。孟庆国指出，“职教师资的实践能力突出表现在实习实训教学中的技能指导能力，与行业发展实际相结合的技术跟踪能力，以及实际岗位的操作能力和技术开发能力等”③。可见，“双师型”职教师资需要具备丰富的实践工作经验，熟悉行业的生产、服务流程与技术、技能操作，

---

① 叶澜等.教师角色与教师发展新探[M].北京：教育科学出版社，2015：112.

② 吴全全.职业教育“双师型”教师内涵及能力结构解读[J].中国职业技术教育，2014(21):211.

③ 孟庆国.职业技术师范教育——中国高等教育的一个特殊群体[J].职教论坛，2013（1）：61.

具有较强的实践操作能力，拥有技能专长、获得必备的技能等级证书，否则，很难为学生提供专业性的实践指导。

当前，我国职业教育产教融合趋势进一步深化。产教融合要求职业教师能够成为帮助企业解决实际问题的专家和顾问，帮助企业攻克技术难题，提高生产效率，产出合作成果；通过产教融合，职教师资能够紧密结合产业需求，适时调整人才培养方案、课程标准和授课计划，时刻保持自己的知识更新；通过产教融合，教师能够更加熟悉本专业对口职业岗位的操作规程、关键技术和实操技能，更好地指导学生的实践实训活动，提升专业技能。

6.3.3.2 学科教学实践

教学实践是教师的第一要务。所谓教学实践，就是根据人才培养目标、培养方案和教学计划，设计和实施所教课程的教学思路、目标和流程。教师教学能力就是通过教学实践活动得以培养、发展和提升的，具有极强的实践性。实践性决定了教师要提高教学能力，必须通过教学实践活动才能实现。在教学实践活动中，教师具有主观能动性，通过发挥自身的主观能动性，达到教学实践的目的。也就是说，"教师在教学能力发展中的主观能动性蕴含于教师教学能力的实践性这一基本特性"①。

职业教师的教学实践存在于教学的具体组织与实施过程中。教学工作是实践性很强的工作。专业教师必须深入教学一线，全方位践行相关课程理论教学和实践教学等理实一体的教学形式、教学环节和教学方法。对职业教师而言，就是要将"劳动—技术—教育"三个领域的知识整合于自己的教学实践中，在教学实践中传授专业知识和专业技能，实现教学目标。也只有这样，职业教师才能将所学的理论知识转化为技能，实现教师专业化成长。

教学实践活动包括理论教学和实践教学。

理论教学方面：要求在课程教学中，能够解构和重构课程知识点，并将其以专业的方式传授给学生。依据课程的性质和目标，对课程内容进行教学设计和实施。教师要依据授课对象的学习特点、基础能力等，设计教学内容和选取教学方法。针对不同课程设计不同的教学过程、教学环境和教学情境。在教学过程中，基于工作过程系统化地将课程的理论知识点、技能知识点顺序打乱、揉碎，再重新组合，形成新的更有逻辑性的知识团、技能团；把合适的工具载体加载其中，形成各个教学情境；然后再运用适当的教学方法完成各个教学情境里面的教学任务，实现教学目标。

以《国际商务函电》课程为例②：

首先，解构知识。即根据国际贸易从业人员典型的工作岗位任务，分解工作过程中的要素。如图 6—13 所示。

---

① 宋明江.高职院校"双师型"教师教学能力发展研究——基于行动学习理论的视角[D].西南大学，2015：36.

② 肖燕.基于工作过程系统化的《国际商务函电》课程知识解构与重构[J].山东女子学院学报，2011(5)：85.

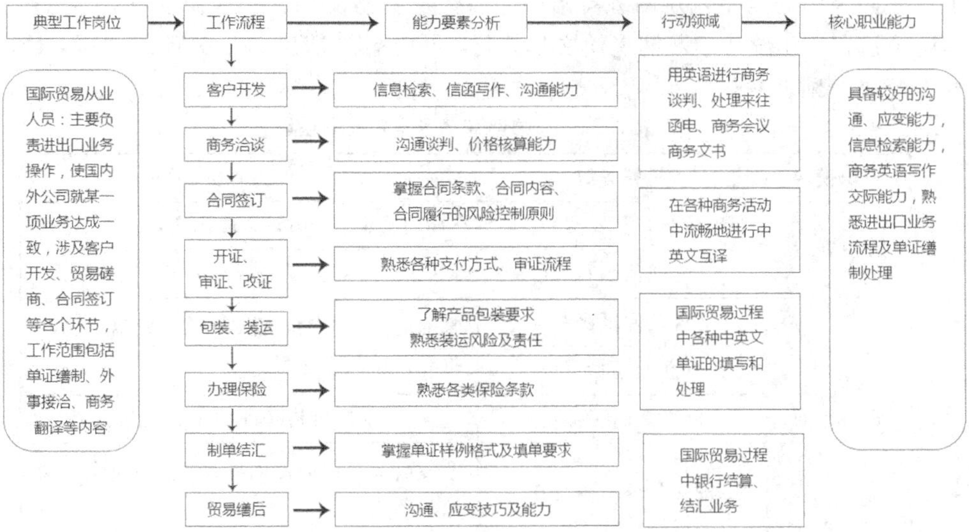

图 6—13　外贸工作流程与能力要素分析

其次，归纳知识。即根据核心岗位的工作流程，整理出相应的能力要素，从而归纳、提炼出国贸从业人员岗位的职业能力要求。从上一步解构工作过程要素到第二步提炼职业能力要求是分析与归纳的结果。如图 6—14 所示。

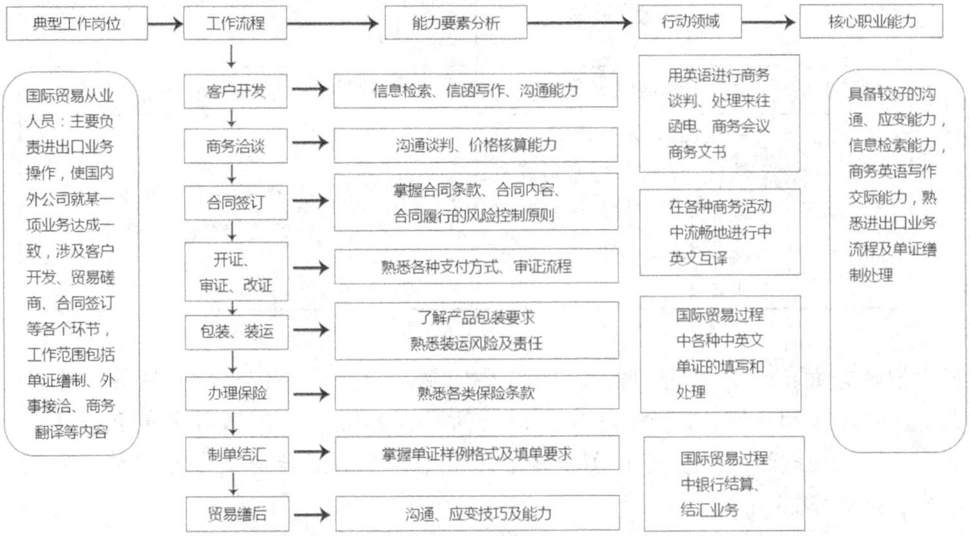

图 6—14　进出口外贸业务工作流程与能力要素分析

最后，重构知识。就是重新整合知识模块、设计教学任务。根据前面提炼出的职业能力要求，确定《国际商务函电》课程开发重点：突出商务英语写作、交际能力培养，整合知识模块，设计教学任务与情境案例，突出教学内容与工作岗位之间的关联性。

根据前面对进出口外贸业务典型工作流程与相应能力要素、能力要求的分析，按照进口方和出口方两个不同的角色对商务英语信函写作及贸易流程进行模拟演练，导出对应进、出口工作岗位流程，并设计学习情境使之具体化，同时融入适度的相关理论知识，最后整合出五大教学模块。见表6—4。

表6—4 《国际商务函电》教学模块

知识模块	任务分解	能力目标
客户开发	搜索信息，寻找贸易伙伴	掌握建交渠道、方法、现代交际工具的用法
	建交信函写作	掌握国际商务函电写作格式、文体特点
贸易磋商	询盘及回复函写作	掌握商务洽谈的步骤，询盘、发盘、还盘、接受订单的全过程
	发盘及还盘写作	
	价格磋商函拟定	掌握价格磋商的相关技巧
	接受及订单函写作	掌握商务单证的样例格式、填单要求及单据间关系
交易履行	合同及信用证拟定	掌握合同条款、合同内容、合同履行的风险控制原则
	支付函写作	掌握商务单证的样例格式、填单要求及单据间关系
	包装、运输、装运函写作	掌握支付、包装、装运、保险相关内容知识及分类
贸易善后	贸易善后函写作	掌握贸易善后信函写作特点及技巧
综合实训	依托国际贸易模拟实习软件，通过一整套仿真业务案例串起整个进出口业务流程，进行综合模拟实训	进一步培养学生商务英语写作交际能力以及处理外贸业务的综合职业能力

实践教学方面：要求“双师型”教师熟悉企业行业岗位工作流程，具备企业行业岗位专业知识、专业技能和一定实践经验；能够胜任所教课程的各个实践环节的教学工作，包括实践教学设计、实践教学组织实施和实践教学评价等；具备指导学生专业实践、模拟实训和毕业实习等实践教学能力。

一是模拟实验实训教学。教师要能够对学生实验实训进行周密完善的组织策划，撰写实验实训教学大纲和计划，在实验实训过程中给予学生精心指导、引领示范，等等。

二是进行现场实践指导。现场指导学生专业实践，现场进行实际操作、演示，与一线人员进行沟通探讨。

三是指导毕业实习。毕业实习是综合性实践，是人才培养的重要环节。教师要能够进行实习的组织策划、过程指导、监管考核、效果评价等。

四是就业指导。包括对学生就业、择业进行组织策划、毕业就业教育指导、职业规划等。

五是社会服务。教师能够运用其专业知识和技能为政府、企业、行业协会、社区、个人等提供咨询服务、技术指导、教育培训等。这是职业教师教学实践能力的延伸，是其教学能力富有成效的重要体现。

6.3.4 双研究：学科专业研究＋教育教学研究

学术性是研究型职教师资的应然要求。职教教师必须具备一定的科研创新能力和学术研究能力。苏霍姆林斯基强调：如果你想让教师的劳动能够给教师带来一些乐趣，使天天上课不致变成一种单调乏味的业务，那么你应当引导每一位教师走上从事研究的这条幸福的道路上①。

科学研究是专业技术工作者的立身之本。科学研究以特定的方法，经过系统的工作，获得对于世界独特认识的过程。教学与科研并非相互矛盾，而是相得益彰。把科研融入教学，可以帮助教师解决教学中的热点问题、难点问题；能够为专业教学架桥引路，有利于深化教学内容，提升教学质量，培养高素质人才。同时，也促进教师“教学学术”的有效提升。

职业教育不仅要培养职业人才，同时还承担着知识创新、技术创新的重要使命。职业教师既要教书育人，还要进行科学研究。进行科学研究必然要求教师具备一定的科研能力。难以想象没有充足学术性能力的教师如何进行研究式教学，如何指导学生，如何帮助学生搭建起学科知识、技能和职业框架体系，如何实现自身专业化成长。当今时代，科技飞速发展，新知识尤其是新技术知识大量涌现。职业教师是与经济社会联系最紧密的教育，因此，职业教师要具有创新和终身学习的能力，始终走在经济社会发展的最前面；并能与企业、行业互动、合作交流，助力产学研协同发展，成为研究型学者或教师。

教师科研能力是教师能够胜任科学研究工作的主观条件。教师的科研能力体现在：具有探究意识、发现问题的能力，选取科研课题的能力，搜集整理分析资料的能力，运用科研方法的能力，研究设计能力，实施科研活动的能力，撰写论文、报告、著作的能力，发表科研成果、项目申报与结题的能力，研究成果的转化能力等方面。

职教教师的科学研究包括两个方面：一是学科专业领域研究；二是教育教学研究。在教育教学研究中，不仅包括本专业的教育教学研究，还应该包括职业教育科学研究。

研究能力的级别从低到高可以分为四级：

一级：善于在工作中观察、思考，能够发现问题；收集相关的资料和信息；提出建议，阐述基本观点。二级：善于在调研中寻找关键问题，分析问题产生的原因和发展规律，提出建设性意见，并在期刊发表学术论文，阐述基本观点。三级：善于在研究中凝练研究方向，追踪问题发展的进展，提出优化解决方案，并在较高级别或核心期刊上发表论文，阐述基本观点。四级：善于在研究工作中聚焦研究方向，创造出某一领域系列创新型研发成果，提出专家级可复制的问题系统解决方案，并在权威期刊上发表学术成果，出版专著，阐述观点②。

---

① 苏霍姆林斯基.给教师的建议[M].杜殿坤译.北京：教育科学出版社，2000：494.

② 陈岩.高职院校师资素质能力界定探究[J].天津商务职业学院学报，2018(3)：77.

6.3.4.1 学科专业研究

前沿化的科研成果不仅能够体现职业教育的高阶性，更能为教师素养重构、教育内容革新、学生质量提升等提供坚实的知识保障。基于职业教育具有服务区域经济、社会发展的功能，因此，职业教师要结合行业、专业发展的现状和趋势进行科研探索。教师要善于发现新情况，提出新思路，解决新问题。教师要具备较强的学科专业研究素养，包括较强的专业科研能力、技术研发能力、开拓创新能力和实践探索能力。能够将专业研究融入教学过程，在教学中引入最新的技术成果、研究成果，为开展教学和实践活动提供强大的智力支持，并为学生专业实习、解决实际工作问题提供指导，确保教学内容紧跟和引领社会发展步伐。

职业教育的专业研究与社会生产具有天然贴合性。因此，职业教师要做到以下几点：一是要对经济社会发展变化保持强烈的敏锐感。善于把握经济社会发展变化的脉搏，关注行业、企业的发展变化及其产生的影响，并对其进行系统的理论分析和实证研究。二是要能够掌握适用的研究方法。确保研究的科学性和严谨性，从而得出正确的研究结论，用以指导实践。三是要注重产学研结合的研究。能够针对行业企业存在的问题开展专项研究，研究成果能引领行业企业技术发展，为行业企业技术升级提供服务，真正实现产学研相结合。

职教师资要以前沿的科研成果凸显职教的底色。以财经专业为例，教师应该具有财经科学的创新思维能力，包括：良好的财经理论素养；掌握财经学科研究方法，分析工具及方法；善于发现财经领域存在的问题；把握市场人才供求状况、岗位变迁规律；把脉学科专业发展前沿动态和趋势，理性分析现象，提出自己独到的见解和应对策略等。财经教师要对自己任教的财经课程岗位技术变革具有敏锐的观察力，能够通过科学研究预测岗位未来 5 年及更长时间的技术变化。

因此，在职教师资培养中，要注重学生的学术训练，以培养其研究意识和研究能力。

6.3.4.2 教育教学研究

开展教育教学研究是教师应尽的本分。教学研究能力是教师教学能力的保障，在整体上可以提高教师教学能力。通过教育教学研究活动，可以把教学与研究有机地融为一体，使教师的知识不断融合，形成创新型、综合化的职业技术教育教学知识。这不仅有利于促进职教师资教育教学水平的提高，同时也使教师的知识得到不断丰富和更新。

（1）学科教学研究

教育是富有创造性的工作，需要不断研究和探索现代教育活动的规律。

随着对教师专业性研究的深入，人们越来越认识到，教师不仅要拥有丰富的知识、掌握熟练的教学技巧，还必须拥有一种“扩展的专业特性，主要包括把对自己教学的质疑和探讨作为进一步发展的基础，有研究教学的信念和技能……”①。这些扩展的专业特性正是教师作为研究者的特性。教师只有成为研究者，才能获得专业发展的自主权，从“必然王国”走向“自由王国”，从而提高教师的专业地位，使教师真正成为一种高水平的职业。

懂得教育科研方法，具有教育科研能力，这是现代教师素质的必要组成部分。这要求教

① 贺文瑾.职教教师教育的反思与建构——基于专业化取向的研究[D].华东师范大学，2007:40.

师在教书育人的过程中积极探究，探求教育教学的规律，不断地创新教学方法、提高教学能力与学术研究能力，积极参与或主持教学改革、课程开发、科研课题等工作，引领学科教学发展方向；同时，还要不断总结经验，参加教育科学研究。在参加教育科研的过程中，要以问题导向，正确选择研究课题、科学设计研究方案、进行实验操作、客观记录实验结果、积累第一手资料，深入分析研究，形成创新性的研究成果。

作为职业教师，要强化研究意识，以研究的态度和方法对待教育教学实践过程中的诸多问题。选择研究课题时，要立足与自身教育教学密切相关的、现实中普遍存在的重大问题，社会关切的热点问题，比如探索实践教学中校企合作良性机制的构建；现代信息技术对职业教育教学的影响和机遇；学生“工匠精神”的培育，不同阶段工匠精神的核心，有效的培育路径与策略等。

财经职业教师要积极探索财经教育教学的规律，能够将财经领域的新技术、新变化设计成教学活动的载体，融入课程教学的各个环节；研究教育教学环境的变迁，不断发现新教育技术、新教育群体、新商业环境对财经课程教学的影响；不断完善课程教学方案，更新教学内容、方法和手段。

（2）职教科学研究

职业教育是教育与经济的结合点，是教育与职业沟通的桥梁，是与社会联系最紧密的教育形式，在提高劳动者的素质中起着关键的作用。发展职业教育，必须依靠发展职业教育科学研究，建设科研型教师队伍。加强职教科研是引领职业教育发展方向的有利手段。职教科研的内容，主要包括：探究职业活动规律和发展趋势，探究职业劳动所需的专业知识和方法知识；探究职业活动过程和实用科学知识的获取；等等。

当前，我国对职教师资培养模式的研究更多注重的是“学科专业”所规定的知识、能力和素质，从本质上忽略了职教师资及其所培养的技能型人才所从事的职业活动的规律、特点、职业本质以及教育、行业和职业工作之间的关系。但职业教育作为一个独立的教育类型，具有典型的“职业技术性”。从教师专业化角度分析，为适应专业化的职业劳动要求，适应职业活动规律，要重视对职教师资从事的职业领域的科学研究。

职教科研要注重选择、确定研究的方向。可采取自上而下与自下而上结合的方式选择。自上而下，就是从宏观层次的政策、策略等研究入手，如现代化职业教育体系、职业教育办学机制、职业教育集团化办学、职业教育人才培养模式、职业教育与产业深度融合、职业教育专业和课程体系等重大问题；自下而上，则是从教育教学实践的微观领域入手，研究特定领域教育教学模式、专业实践模式、教学改革试点等。自上而下与自下而上两种方式有机结合，不可分割，二者相辅相成。自上而下的研究要以微观研究为基础，而自下而上的研究要依靠宏观作指引。财经行业作为一个庞大的职业领域，有着大量的问题需要探究，具有很大的研究空间。

在职教师资培养中，教育科学的地位日益重要。教育科学“应该成为师范生必须参加研究的学科，就像其他专业学生必须参加其学习的专业学科研究一样，从而使他们在教育科学研究方面的能力得到培养”①。而这些能力正是将来作为职教师资开展教育教学研究所必须具备的能力。

① 贺文瑾.职教教师教育的反思与建构——基于专业化取向的研究[D].华东师范大学，2007：78.

6.4 “四双型”职教师资能力结构模型

美国著名教育家柯南特说过：“一个学校要站住脚，教师一定要有特色。”①职业教育是一种特色鲜明的教育类型，“双师型”就是职业教师最大的特色。就是既要具有较高的学科专业知识和教育教学能力，又要具有较强的学科专业实践技能和学科教学实践技能。具体来说，就是一方面要类似文化课教师，具有较高的文化和专业理论水平，有较强的教学能力和素质；另一方面，要类似工程技术人员，具有广博的专业基础知识，熟练的专业实践技能。这就要求职业教师教育必须是专业性、技术性、师范性和学术性四性融合、四位一体的教育。

由此，可以将职教师资的能力扩展为四个方面，构建一个“四双型”职教师资能力结构。

6.4.1 模型构建

“双师型”的“双”主要指专业理论知识相关能力与素质和专业实践技能相关能力与素质，“双师型”教师就是同时具备所教授学科的专业理论知识与实践能力的教师，即既懂理论，又会实践。吴全全认为，职业教育“双师型”教师的教育教学能力由四个方面构成：一是掌握专业理论知识的能力；二是掌握与该专业相关的职业工作过程知识的能力；三是掌握职业教育的教学论与方法论知识的能力；四是掌握职业教育教学过程知识的能力。

同时，职教师资还要具备相应的专业技能的实践操作能力。实践操作能力包含两个方面：一是在特定专业领域里，能够运用理论指导实践；二是能够完成具体的社会实践。盛向东认为，“双师型”教师专业技术操作能力不仅要掌握所教专业科目内的高新技术知识，还包括本专业领域内的某些传统设备与高新设备的维护和操作技能。职业教师如果不具备专业技能的实践操作能力，其在课堂教学就犹如“无源之水，无本之木”。

在现有研究基础上，本研究将建立一个“四双型”的职业教师能力结构理论模型，框架图如下。

---

① 武方红.校企联合培养“双师型”教师研究[D].浙江师范大学，2012：16.

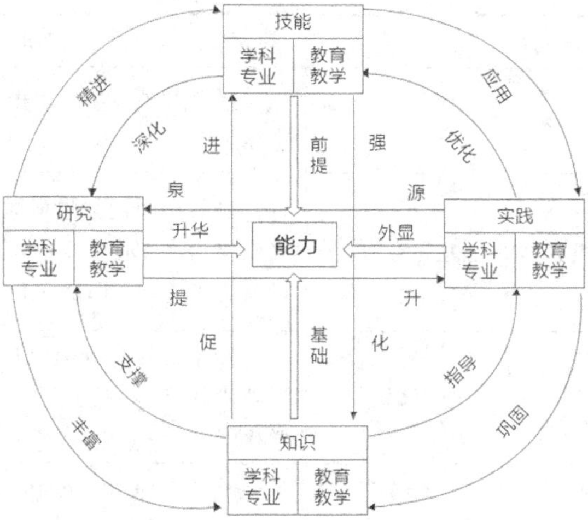

图 6—15　职教师资“四双型”能力结构整体模型

图 6—15 是职教师资“四双型”能力体系结构整体模型。它呈现了职教师资能力结构的四个要素：知识、技能、实践、研究（学术）。这些要素以能力为中心，共同支撑构成职教师资能力体系，达到教师专业能力、教学能力、实践能力和研究（学术）能力平衡与协调。

能力是模型框架的核心。如前所述，职教师资包括四大能力：

一是专业能力，是指职教师资精通本学科专业的基础理论、基本知识和基本技能，具备从事专业劳动的知识和技能基础。二是教学能力，是指职教师资理解教育教学规律，掌握教学技能，能够运用科学的教学方法和手段，凭借自己的专业知识和技能，胜任专业理论教学；同时在实验、实训等实践教学中能做出准确示范，胜任实践教学工作。教学能力是职业教师的基础能力，是职教教师从事教学工作，有效传递知识、进行人才培养的基本条件。三是实践能力，是指职教师资熟悉相关职业领域内的一线工作过程和技能，能够理论联系实际，进行实践操作的能力，也包括教学实践能力。四是科学研究能力，是职教师资探究学科专业发展和教育教学规律，进行创新的能力。包括选题能力、搜集整理分析资料的能力、运用科研方法的能力和撰写论文、报告的能力。

四大要素是构成职教师资能力体系的支撑。其中，知识是指教师任教学科的专业理论（知识）和教育教学理论（知识）；技能是指教师任教学科的专业技能和教学技能；实践是指教师任教学科的专业实践和教学实践；研究是指教师任教学科的专业研究和教育教学研究。每个要素里面包括若干子系统。四大要素从不同维度上体现新时代职业教育对职教师资的能力要求，融会贯通满足新时期所需的职教教师能力结构的“四大支柱或四大系统：应知、应会、会教、会研”。应知是指应具备相应的专业知识；应会是指具备相应的专业技能；会教是指具备较强的教育教学能力；会研是指具备一定的学术研究能力。

以“双师型”会计教师职业能力要求为例加以说明，见表 6—5。

表 6－5 “双师型”会计教师职业能力要求

<table>
<tr><th colspan="3">项目</th><th>要求</th></tr>
<tr><td colspan="3">形式</td><td>具有教师资格证、相关会计从业及职称资格证</td></tr>
<tr><td rowspan="6">能力和素质</td><td colspan="2">具备一般教师的能力和素质</td><td>良好的政治思想素质、职业道德、教育教学能力、身心素质、创新素质，以及先进的教育理念、丰厚的文化素养等</td></tr>
<tr><td rowspan="5">具备双师型教师的特殊要求</td><td>行业职业道德</td><td>熟悉会计职业岗位从业人员职业要求、职业责任和职业态度，并能有效地传递给学生</td></tr>
<tr><td>行业、职业素养</td><td>熟悉会计理论基础知识，掌握会计基础技术；具备会计基本操作技能；能进行会计行业分析和职业分析，据此选择教学内容、安排教学进程以及改进专业工作内容等</td></tr>
<tr><td>社会交往和组织协调能力</td><td>具备与学生、家长和会计行业及相关单位（如会计事务所、企业、银行、工商、税务等政府部门等）进行交往的能力；善于组织教学和组织学生进行市场调查、行业调查，到事务所、企、事业、机关单位实践、实习等，并注重培养学生的交往能力</td></tr>
<tr><td>管理能力</td><td>具备班级管理和企事业单位财务管理能力以及培养学生管理能力的能力</td></tr>
<tr><td>创新能力和适应能力</td><td>善于发现会计及相关行业中的新现象、新问题，收集相关信息，进行专业创新和教学创新，适应企事业单位、行业发展需求和教学发展需求</td></tr>
</table>

6.4.2 模型结构要素及其相互关系

6.4.2.1 知识是能力的基础

知识是能力的基础。扎实的知识基础促进教师技能形成和提升，指导着教师职业实践，也是其学术能力的支撑。

知识包括学科专业知识和教育教学知识。作为教学活动的组织和实施者，教师专业理论知识水平的高低将直接影响到职业教育的教学效果。因此，教师必须首先必须掌握相关专业知识。必须系统地掌握本专业知识体系，精通若干专业基础和核心知识，了解本专业领域的最新理论成果、关键技术和前沿技术，把握专业发展动态，并及时将各种新成果、新方法和新需求反映到教学过程中。同时，还要知晓相关行业、专业的知识、技能、技术，并能将这些知识、技能、技术进行相互渗透、融合和转化。此外，要加强人文修养，树立大教学观理念，具有比较丰富的社会学科、自然学科、人文学科等知识。其次，要具备一定的教育学、心理学知识。教育教学有其内在的发展规律，要深入研究职业教育教学的发展规律，并将相关研究成果有效地运用于教学实践；要深刻认识职业教育学是“对人们就业以及在社会上承担社会与生态责任的生活所需要的资格与能力获取过程的前提和条件、目标、可能性与现实性进行研究”的科学[①]；了解学生不同教育阶段及不同工作岗位过渡阶段的学习特征和心理特征，并掌握相关教育方法，因材施教；深刻认识职业教育学知识的特征，与普通知识的区别和联系；关注本专业及职业领域的发展动态，及时吸纳出现的新知识和技能，构建动态的专业理论知识体系，以满足职业教育教学高质量发展的要求。

6.4.2.2 技能是能力的前提

技能是关于方法和流程的知识，是形成相应能力的前提。技能应用于教师的职业实践，技能提升将进一步强化知识内化，深化学术研究。

培养应用型技术人才，要求职教教师“能说”“会做”。职业教师要善于引导学生进行自我建构式学习，将职业岗位和工作过程转化为教学过程中易于被学生学习的工作任务和学习情境，从而激发学生学习兴趣，提高教学效率。为了实现这一目标，教师必须首先了解与本专业相关的职业领域，了解该职业领域的职业工作内容及流程，掌握相应技能，包括专业技能和教学技能。

专业技能方面，掌握职业岗位所必需的实用性专业技术、技能及其应用能力。包括：①熟悉行业技术工作的主要内容和操作流程。②掌握职业技术规范，熟练运用职业岗位主要工具进行操作。③进行基本的实验和设计。④一定的解决生产实际问题的能力。⑤一定的科技推广、科技服务的能力。⑥经营管理、服务能力。

教学技能方面，包括了解和研究学生能力、把握教材的能力、选择运用教学方法的能力、实施教学的能力、指导学生学习的能力、教学监控的能力、教学反思的能力、教学研究的能力。

6.4.2.3 实践是能力的外显

实践是能力的外在表现。丰富的实践促使教师进一步优化技能，充实和巩固专业知识，实践是教师学术研究的源泉和动力。

所谓实践，是指教师运用自己的知识、技能解决教育教学、相关行业、企业生产中的实际问题。实践能力可以分为呈现、重组知识结构的能力和解决实际问题的能力。职业教师要培养应用型人才，为经济社会服务，必须通过实践活动，对自己的知识结构进行重组和呈现，解决实际问题，最终实现职业教育的办学目标。

实践具体体现为专业实践和教学实践。专业实践方面，要求教师通过实践操作，解决生

---

① 吴全全.职业教育“双师型”教师内涵及能力结构解读[J].中国职业技术教育，2014（21）：214.

产、经营、管理、服务等实际问题，并能进入企业单位进行顶岗实践，体验行业的发展，促进专业建设和人才培养；教学实践方面，教师专业实践能力是一个复合型的有机整体，不仅包括知识和技能的传递，更涉及教师专业生活习性的改变和个体深层认知结构的重建。

财经类专业教师的实践能力，一方面，教师能够运用所掌握的财经类知识解决财经领域问题，包括财务能力、营销能力、管理能力、统筹策划能力等相关内容；另一方面，在教学过程中，财经教师能够运用自己的教学技能进行实践教学。教师实践教学能力需要在专业实践和教学活动过程通过不断建构而形成。

6.4.2.4 研究（学术）是能力的升华

学术研究是教师能力的升华。通过深入的钻研，发现新问题，找到新答案，有助于教师丰富专业理论知识，精进技能，提升实践效率和效益。学术研究包括教研与科研。

研究能力是指在掌握科学技术知识的基础上，善于发现问题，寻求有效解决方案，具备有效地解决问题和实现目标的能力。开展科学研究与技术开发、探索教育教学规律是职业教师的重要职责。“双师型”教师更偏重于理论应用的研究和高新技术的开发与推广，以及教育教学领域的研究。

科研、教研活动可以促进教师理论水平的提高，同时，也培养了教师的实践能力，从而有助于教师深入浅出、通俗易懂地讲授专业知识，并能以开阔的思维、敏锐的见识引导、启迪学生思维，教会学生思考。

在职教师资培养中，特别是高层次教师培养中，要加强学术训练，培养研究能力。如在职教专硕的培养中，要加强训练以下内容：基础研究能力（储备包括学科知识、掌握研究方法、运用本学科专业术语等）；批判性思维(质疑意识、反思意识、辨别能力、发问能力等)；创新性思维(学术敏感性、探究精神、跨学科思维、逆向思维等)、学术规范与成果发表(学术规范要求、引用规范、论文发表等能力)。

第 7 章

我国职教师资培养的历史进程与政策演化

我国已建成世界规模最大的职业教育体系。职业院校正在成为高素质产业大军的重要培养基地。培养培训了大批中高级技能型人才，成为契合产业升级、发展实体经济、促进中小企业集聚发展、推动经济社会发展和促进就业的中坚力量。

当前职业学校共有 1.12 万所，在校生超过 2915 万人①，每年开展各类培训上亿人次②。2021 年，高职学校招生 557 万人，相当于 10 年前的 1.8 倍；中职学校（不含技工学校）招生规模企稳回升，达 489 万人。中高职业学校每年培养高素质技术技能人才上千万，为经济社会源源不断的发展提供了技术技能人才③。统计表明，60％以上新增就业人口毕业于职业院校，特别在加工制造、高速铁路、城市轨道交通、民航、现代物流、电子商务等快速发展的行业中，新增从业人员 70％以上来自职业院校④。

全国职业学校共开设 1300 余个专业，12 万余个专业点，基本涵盖了国民经济各领域，有力地支撑了我国成为全世界唯一拥有全部工业门类的国家。2022 年 3 月，“国家职业教育智慧教育平台”正式上线，覆盖了 19 个专业大类、396 个高职专业，汇聚了 660 余个专业教学资源库、1000 余门在线精品课和 2000 余门视频公开课，以及 420 余万条视频、图片、文档等资源，为全民学习提供了充足数字资源⑤。

当前，职业教育毕业生的社会认可度越来越高，职业教育的整体形象越来越好。职业教育开始从“别人家孩子的教育”变成“自己家孩子的教育选择”。“十三五”期间，我国建立健全以企业、技工院校和各类培训机构为依托，以就业技能培训、岗位技能提升培训和创业培训为主要形式的培养培训体系。

教师是办好教育的根本依靠。高质量的教师队伍，是办好高质量职业教育的根本依靠。党的十八大以来，以习近平同志为核心的党中央对职业教育特别是职教师资队伍建设高度重视，进行了一系列重大决策部署，教育部及地方政府认真贯彻落实，推进职业教育增值赋能、提质培优，广大教师把大有作为的殷切期盼转化为大有可为的真实实践，职教教师队伍建设

① http://www.moe.gov.cn/fbh/live/2022/54487/sfcl/202205/t20220524_629748.html.

② 《人民日报》2022—05—29http://www.moe.gov.cn/fbh/live/2022/54487/mtbd/202205/t20220530_632545.html.

③ http://www.moe.gov.cn/fbh/live/2022/54487/sfcl/202205/t20220524_629748.html.

④ 谢留枝.我国职业教育所取得的成就[J].经济研究导刊，2015(19):241.

⑤ http://www.moe.gov.cn/fbh/live/2022/54487/mtbd/202205/t20220530_632545.html.

取得长足进步。

经过60余年探索，特别是近30年的发展，全国建成8所独立设置职业技术师范院校，32所普通高校建立了职业技术教育(或师范)学院和100个全国重点建设职教师资培养培训基地，基本形成了中国特色的职业技术师范教育体系。

7.1 我国职教师资队伍概况

改革开放以来，职教师资队伍建设工作取得了巨大成就。截至目前，已经形成了一支热爱职教事业、基本满足教育教学要求、专兼结合、相对稳定的职教师资队伍。但是，也要看到，与面向 21 世纪职业教育改革和发展的需要，目前职教师资队伍培养及建设现状还很不适应。下面分别从职教教师的来源渠道、数量、结构、素质等几个方面进行分析。

7.1.1 我国职教师资主要来源

我国培养职业教育师资的教师来源渠道多样。有研究表明：由高校毕业后直接任教师的占 67.1%，由高校调入的占 8.7%，由企业调入的占 22.2%，由科研机构调入的占 2%①。综合起来，主要有以下四种途径。

7.1.1.1 直接录用各类本科院校毕业的本科生、研究生

包括综合性大学、职技高师院校、普通师范类院校、技术性大学、专业院校等。这是中、高职师资来源的主要途径，占比超过 70%。近年有少量国外留学归国的研究生加入。“资料表明，职业技术院校的教师 66.6%是从学校毕业后直接上讲台，有的学校甚至高达 96%。”②专业课教师主要靠大专院校培养，普通文化课教师更是如此。

这类来源渠道中，除了职技高师培养的毕业生能在一定程度上同时具备“师范性”、“职业性”和“学术性”之外，其他几种院校毕业教师来源都不同程度上存在师资素质要求不符合职业教育要求的问题。职技高师毕业生任教前学习了教育学、心理学理论，进行了教育实习，但专业知识较薄弱。

普通高校毕业（非师范类）的本科生、研究生，虽然专业理论知识扎实，教师岗前培训时学习了教育学等课程并取得了教师资格证书，但许多教师没有学过教育学、心理学、职业教育学 、职业心理学、职业教育法等师范类课程，没有参加过教育实习，没有进行一年以上的专业实践训练。其教学基本功和应用实践能力相对薄弱，仅靠为时一个月的岗前或在职培训是不够的。国外留学归国的研究生更是没有进行过专门的师范技能训练。

普通高校内设的高职学院、职业教育学院，师资一般来源于本校。由于许多高校定位于

① 柏晶，周周.高等职业教育转型背景下发展性师资培养模式的建构[J].职业教育：下旬刊，2015(2):36.

② 易玉屏.非定向型职教师资培养模式研究[D].湖南农业大学，2006:15.

研究型或教学研究型，职称评定靠科研成果、论文、著作和学历，故教师多热衷于读学位、撰写论文和著作，造成许多教师教学能力不强，实践技能不高。

职教专硕，由于硕士研究生导师的来源和培养途径与普通高校教师基本相同，多为学科专业出身，对专业知识比较精通，但职业教育学知识方面相对匮乏；师范出身的导师，对教育学比较精通，但专业知识又相对薄弱。

7.1.1.2 从相关行业、企业中引进、调入

为充实双师队伍，职业学校主管部门从企业界、经济界等下属企业单位选调专业技术人员到职业学校去担任专业教师。这类教师来自各一线工作岗位，动手能力强，实战经验丰富、能够弥补直接录用学院派出身教师存在的不足，是职业技术学校教师队伍的重要力量。但他们由于缺乏相关教育理论基础，缺乏教育教学实训，教学能力则相对较差，需要培训。

由于事业单位“逢进必考”，公办学校这类教师比例并不高。据统计，大学毕业直接任专业基础课和专业课的教师占 86.5%，而从企业调入的所占比例为 7.4%①。同时，由于法律法规和人事体制还不够完善，职业院校从企事业单位进入渠道并不十分畅通，常会遇到这样或那样的阻力，妨碍了优秀人才的吸纳。

7.1.1.3 职业院校毕业生留校任教

即职业院校选留本校的优秀毕业生留校任教。职业院校自己的留校生，大多能安心本职工作、努力上进，专业理论知识和实践技能基础较好，但是，在教育理论、专业知识、教学技能等方面均存在不同程度的缺陷，需要进一步提升整体层次和素质。

7.1.1.4 外聘（兼职）

从企业、高校或社会上短期聘用能工巧匠或专家型人才，组成学校兼职教师队伍，目前总体所占比例不大。

兼职教师主要承担专业理论课和实践指导课的教学任务。兼职教师有的毕业于大、中专学校，有的学徒出身。大部分兼职教师是专业工作者，包括专业技术人才、熟练技工、工程师、会计师、经济师等。这类教师的主要特点，一方面，他们具有丰富的实践工作经验；另一方面，他们又具备一定的理论基础，而这正是高校毕业生所欠缺、职业学校所需要的。目前，多数职业学校都在聘任兼职教师，但总体来说数量不多且不稳定。

但要看到，外聘教师虽然有优势，有利于帮助学生了解行业发展的新动态和新需求，但外聘教师大多缺乏教学技能，理论功底不深，再加上兼职身份，难以把主要精力投放到教学中去，且难以管理，无疑会给教学工作带来较大的困难。

国外职业学校兼职教师的数量很大，一般兼职教师与专职教师的比例各占一半，有些学校兼职教师甚至超过了专职教师的数量。如英国专兼职教师的比例大约为 4∶6。日本专修学校兼职教师的比率更高，是专职教师的 2.8 倍②。由于种种原因，目前我国兼职教师人数

---

① http://www.cvae.com.cn/zgzcw/szll/200909/f344dd634982466ca427b33c792cd67e.shtml.

② 漆书青等.职业技术教育师资培养模式研究[M].南昌：江西高校出版社，1998：71.

比例较少。调查显示尚不足 30%，能做实质性人才培养工作的兼职教师人数比例就更少。

以上四种来源，在不同职业学校中体现为：

(1) 中等职业学校。教师一般都来自工、农、林、医、经管等各类院校毕业生。在大学学习和中等职业学校任教期间，均没有系统学习过教育学、心理学、教学法等师范类课程，缺乏师范技能训练。

(2) 高等职业技术学院教师。一是获得任教资格的综合性大学的应届毕业生（当前以硕博为主）；二是技术性企业的高技术员工；三是其他院校的教师或者中职学校的教师调入。独立建制的高职学院大多由中等职业学校升格而来或由高等专科学校更名而来，师资来源与中职学校相同。

总体说来，当前我国职业教育师资的职前培养渠道还是比较单一、封闭，大部分是从学校到学校，或从学校到企事业单位再到学校，尚未建立起开放式的职教师资培养模式。财经类教师也是大同小异，主要来自财经院校、非财经院校的财经专业和职业技术师范院校的财经专业。

目前我国职业技术师范院校数量少、规模小，培养的毕业生满足不了需求，且不少学校还在向非职业技术师范转型；而专业院校毕业生不愿担任职业学校教师，企业中那些技艺高超的技师又因为体制、学历或经费等原因无法进入职业学校，因此，我国职教师资来源受到限制，数量受到影响，结构也不合理。

7.1.2 我国职教师资的数量概况

近年来，我国职教师资数量总体稳中有升，但依然存在数量不足的矛盾。尤其专业课教师和实习指导教师比例不足，骨干教师和专业带头人匮乏，兼职教师补充困难。

7.1.2.1 总体稳定

近年来，职教师资数量总体稳定，中职、高职职业学校师生比大约维持在 20∶1。2022 年 5 月，教育部资料显示，全国职业学校专任教师规模从 2012 年的 111 万人，增加到 2021 年的 129 万人（其中：中等职业学校专任教师 69.54 万人，高职专科学校 57.02 万人，本科层次职业学校 2.56 万人），增幅为 17%，为职业教育高质量发展提供了有力支撑①。

7.1.2.2 缺口仍然较大

从师生比来看，职教师资缺口仍然较大。2021 年，中职专任教师 69.54 万人，在校生 1576.47 万人，师生比为 22.57%（生师比不含技工学校）。若按 1∶18 计算，应有教师 87.58 万人，缺口达 18.04 万人。

相对中职而言，高职的师资数量缺口更大。尤其高职（专科）由于招生规模扩大，生师比偏高。2021 年，高职高专专任教师 57.02 万人，招生 552.58 万人，在校生 1590.10 万人②，

① http://www.moe.gov.cn/fbh/live/2022/54487/sfcl/202205/t20220524_629747.html.

② 教育部教育统计年鉴.http://www.moe.gov.cn/jyb_sjzl/moe_560/2020/quanguo/.

与 2001 人招生 35 万人相比，规模增加了约 15 倍，师生比为 27.88%，若按 1∶18 计算，应有教师 88.34 万人，缺口达 31.31 万人。高职师资没有及时跟上，导致高职院校师资严重缺乏，大大限制了高职的健康发展。

尤其是财经商贸类专业，2020 年，中职财经商贸类专任教师 37775 人，在校生 149.9672 万人，师生比为 39.7∶1，若按 1∶18 计算，应有教师 83315 人，缺口达 45540 人。师资缺口相当大。特别值得一提的是，2019 年中职财经商贸专业专任教师 37955 人，生师比（按当年在校生计算）37.44∶1；2020 年专任教师比上年减少 180 人，学生增加 78812 人，师生比提高了 2.26 个百分点，师资缺口进一步加大。2020 年，中职在校生人数为 12678379 人，其中财经商贸专业在校生人数为 12678379 人，占比 11.82%，但专任教师财经商贸类仅为 5.82%。高职高专因缺乏财经商贸类专任教师人数数据，无法测算。但在在校生 1459.5488 万人中，财经商贸类为 257.8281 人，占比达 17.66%①。

与 16∶1 的理想生师比相比，差距还相当大。事实上，职业学校与普通教育对教师的数量要求本来就不同。吴启迪说："职业教育生师比不应该太高，与普通教育相比应该更低一点"②。因为，职业教育与普通教育的教学有明显差异，课程门数多，专业面向广，技能训练要求小班教学，学生的自控自学能力差，管理难度大等，这些都会影响教师作用的发挥。

7.1.2.3 职教师资队伍常有波动

受社会上崇尚学术、轻视职业教育的传统思想影响，部分职教师资工作不安心，不用心。一些高职优秀教师则纷纷流向普通高校或外资企业，中职优秀教师纷纷流向普通中学，职教师资人才流失严重。近年来，职业学校中具有高学历的青年教师大量流失，甚至存在边培养、边流失的现象，使得职教师资数量出现不小的降幅。据不完全统计，目前中职教师在职攻读硕士学位的人员当中，约有 70%的学生有跳槽的打算。高职教师一旦具备了高学历、高职称，掌握了工程实践知识，拥有了工程应用能力，往往就成为其他企业和普通本科院校挖掘的对象。从而造成了高职教育"双师型"教师的严重流失和畸形流动。社会地位低，缺乏爱岗敬业的精神，不安心本职工作，教师待遇偏低、外界诱惑大等因素，都是导致青年教师离岗的主要原因。在访谈中，也有不少青年教师表示对未来比较迷茫，尚有重新规划职业的打算。

高职本科由于还处于初期发展中，师资队伍及学生人数规模都较小。但本科高职将是未来发展的趋势，大力培养合格师资也是刻不容缓。

7.1.3 我国职教师资结构

7.1.3.1 结构不断优化

从年龄结构看，基本上形成了老中青兼具的专业教师队伍，保障了教师队伍的新陈代谢。2020 年，中职学校 50 岁以下专任教师占比将近 80%，高职院校占比 83%，中青年正成

① 根据教育部统计数据的测算.

② 蒋留生.当前职教师资存在的问题及其对策[J].江苏师范大学学报：哲学社会科学版，2008(6)：123.

为职教教师队伍骨干力量①。

表 7－1　中职学校专任教师年龄情况

单位：人
unit：person

	合计 Total	29 岁及以下 29 and Umder	30～34 岁 30 to 34	35～39 岁 35 to 39	40～44 岁 40 to 44	45～49 岁 45 to 49	50～54 岁 50 to 54	55～59 岁 55 to 59	60 岁及以上 60 and Over
总计 Total	648718	108685	101960	112456	97949	98559	84376	43264	1469

来源：http://www.moe.gov.cn/jyb_sjzl/moe_560/2020/quanguo/202109/t20210902_558000.html.

"双师型"教师数量不断增加。近年来，我国"双师型"教师平稳增长，结构不断优化，职业教育现代化改革发展的条件基本形成。2021 年年末，我国"双师型"教师在专业课教师中的占比，均超过 55%（中职 56%、高职专科 59%、高职本科 59%），达到了《实施方案》（职教 20 条）占比过半的要求②。

学历结构逐步上升。专科及以下学历层次的教师人数逐步减少。2021 年，中职学校本科及以上学历专任教师占比 94%；高职学校本科及以上学历专任教师占比 99%，研究生及以上学历专任教师占比 41%，长期以来职业学校专任教师学历不达标的问题得到有效解决③。

兼职教师比例扩大。在兼职教师队伍建设方面，《职业学校兼职教师管理办法》中规定，"兼职教师占职业学校专兼职教师总数的比例应在学校岗位设置方案中明确，一般不超过 30%"。2003—2017 年，我国中职学校中兼职教师数量占专任教师比例基本维持在 20%～30%，基本维持在 10 万人左右，拥有实践经验的企业兼职教师已成为中等职业学校（机构）师资队伍中一支不可缺少的力量④。高职方面，也日益注重兼职教师队伍建设。2021 年，广东省高职兼职教师人数达到 2.8 万人，兼职教师与专任教师人数比达 1∶1.7，兼职教师成为职教教师队伍的重要组成部分⑤。2022 年，我国将在国家职业教育智慧教育平台建立兼职教师库，专设教师企业实践项目板块，为校企搭建沟通桥梁。

7.1.3.2 仍有待进一步完善

从年龄结构看，当前师资团队在年龄结构方面越发呈现出不够科学的态势。老中青专任教师比例不合理，年轻教师比例过大，不利于建立和优化学术梯队。最近几年，为满足职业教育的师资需求，新入职的教师数量较大。在老中青不同年龄段中的人数比重，青年教师通常占

① http://www.moe.gov.cn/fbh/live/2022/54487/sfcl/202205/t20220524_629747.html.

② http://www.moe.gov.cn/fbh/live/2022/54487/sfcl/202205/t20220524_629747.html.

③ http://www.moe.gov.cn/fbh/live/2022/54487/sfcl/202205/t20220524_629747.html.

④ 平和光，程宇，岳金凤.推进职业教育师资队伍建设 夯实职业教育立教之本——改革开放 40 年我国职业教育师资队伍建设综述[J].职业技术教育，2018(27)：12.

⑤ http://www.moe.gov.cn/fbh/live/2022/54487/sfcl/202205/t20220524_629747.html.

55%以上，出现了严重的人才断层①。2020年，中职教师45岁以下占比达66.89%②。可见，教师队伍年龄“断层”现象和高职务教师的年龄老化现象十分严重。当前，骨干教师面临新老交替，形势严峻，很多学校主要骨干教师数量不仅少而且年龄偏大，名师更是凤毛麟角③。

从“双师型”教师比例看，且不说2020年中职（不含技工学校）“双师型”比例仅为30.87%，即便2021年超过55%（中职56%、高职专科59%、高职本科59%），达到了占比过半的要求，仍然有一部分是非“双师型”教师，不能达到“双师型”一体化的要求，与理想的80%比例还有较大的差距。而且现实中一些“双师型”教师徒有虚名，尽管拥有各种职业资格证书，如中级会计师、注册会计师、注册税务师、注册评估师等，但是并不在相应的岗位上执业。因此，实践经验方面还是非常欠缺的，实践能力、动手能力、实训能力、现场教学都处于弱势，与市场对“双师型”教师既有渊博的理论基础又有丰富实践经验的要求还有很大的差距。2013年北京高职院校做过调查，有专业资格证书的教师26.7%，有在企业从业经历的教师不足20%④。

“双师型”教师不足，教师实践能力的欠缺，职业教育就难以做到专业与产业、职业岗位对接，专业课程内容与职业标准对接，教学过程与生产过程对接，学历证书与职业资格证书对接。

教师专业结构比例有待优化。据中国教育统计年鉴统计，2020年中职文化课和专业课、实习指导课教师的比例分别为42.75%、53.68%、3.57%，专业课、实习指导课教师的比例为2016年以来新低。行政人员、教辅人员、工勤人员占职工总数的25%，占专任教师总数的32%⑤。而早在“十五”时期教育部《关于“十五”期间加强中等职业学校教师队伍建设的意见》中规定“专业课教师在教师总量中的比例应达到60%”。从专业类型来看，结构也不够合理，表现为医疗卫生、管理类教师数量多，工科、农类专业和新兴产业教师数量不足，而适应现代服务业、新技术、新工艺的专业课教师严重缺乏。

从学历结构看，具有博士、硕士学位的教师严重缺乏，教师的学历层次整体水平偏低。教育部在《关于新时期加强高校教师队伍建设的意见》中指出，到2005年，在职业教育技术学院中，具有研究生学历的教师比例要达30%。虽然目前中职学校本科及以上学历专任教师占比已超过90%，但本科占比达到了84.4%，硕士为8.45%，博士为0.066%，专科及以下占比7.08%，说明高学历还非常稀缺⑥。虽然高职学校本科及以上学历专任教师占比99%，研究生及以上学历专任教师占比41%，但2020年，整个高等教育博士研究生占比27.99%，硕士研究生占比37.18%，本科占比34.07%，专科及以下占比0.76%。显然，高职，尤其高职高专，教师学历仍以本科、硕士研究生为主。学历层次偏低，有待进一步提升。

兼职教师比例还不合理。《现代职业教育体系建设规划(2014—2020年)》要求“到2020年，有实践经验的专兼职教师占专业教师总数的比例达到60%以上”⑦。《国务院关于加快发展现

① 肖庆东.应用型本科高校师资培养模式研究[J].吉林省教育学院学报：中旬，2019(2)：46.

② http://www.moe.gov.cn/jyb_sjzl/moe_560/2020/quanguo/202109/t20210902_558000.html.

③ http://www.cvae.com.cn/zgzcw/szll/200909/f344dd634982466ca427b33c792cd67e.shtml.

④ 张海霞.浅析在创新时代下提高财经类高职教师职业素养[J].中国乡镇企业会计，2014(8)：234.

⑤ 根据教育部教育统计年鉴测算.

⑥ 根据教育部教育统计年鉴测算.

⑦ https://baike.so.com/doc/9067153－9398317.html.

代职业教育的决定》指出：要使“专兼结合的‘双师型’教师队伍建设进展显著”①。截止到 2020 年，我国中职专任教师 648718 人，聘请校外教师 79098 人②,外聘教师占比 12.49%，还有较大的提升空间。调查显示，兼职教师中只有不到 10%经常到校进行实践教学，80%以上从未曾到校进行过实践教学③。同时，兼职教师的教学时间很难得到保证，队伍流动性大，人员变化多，给职业院校的教学带来一系列问题。可见，政、企、校协同一致，齐心合力，推动专兼结合的“双师制”队伍建设，优化师资结构具有重要意义。

7.1.4 我国职教师资的素质分析

7.1.4.1 素质显著提升

在数量扩大的同时，职教师资的素质进一步提高。除前已述及的学历不达标的问题得到有效解决之外，在职称结构、专业化发展、先进典型等方面也有长足进步，教师素质显著提高。

(1) 职称结构不断优化

专业教师的职称结构一定程度上反映了教师的专业技术水平，也是衡量一个学校教师业务水平与质量高低的重要尺度。近五年我国职教专任教师职称概况如下。

表 7—2　2016—2020 年高职（专科）师资职称结构（%）

年份	2016	2017	2018	2019	2020
正高级	4.4	4.5	4.64	4.7	4.71
副高级	25.09	25.57	25.63	25.47	25.07
中级	40.79	40.37	40.15	39.93	38.95
初级	19.72	19.00	18.64	18.34	18.19
未定级	10.00	10.55	10.94	11.58	13.08

表 7—3　2016—2020 年中职师资职称结构（%）

年份	2016	2017	2018	2019	2020
正高级	0.40	0.40	0.37	0.39	0.47
副高级	24.65	24.96	24.58	24.74	24.67
中级	39.87	39.34	39.47	38.56	37.71
初级	25.71	24.92	24.56	23.90	23.34
未定级	9.4	10.33	11.03	12.40	13.82

① 国务院.关于加快发展现代职业教育的决定[Z].国发〔2014〕119 号，2014-05-02.

② 教育部教育统计年鉴.http://www.moe.gov.cn/jyb_sjzl/moe_560/2020/quanguo/202109/t20210902_558001.html.

③ 解娟霞.高职财经类教师实践教学能力培养探讨——以浙江高职院校为例[J].财会通讯，2013(28)：37.

表 7－4　2016－2020 年中职财经商贸类师资职称结构（%）

年份	2016	2017	2018	2019	2020
正高级	0.34	0.36	0.33	0.39	0.49
副高级	24.91	25.04	24.41	24.34	23.82
中级	38.26	37.78	38.15	37.47	37.60
初级	26.63	25.78	25.67	25.35	25.06
未定级	10.00	11.04	11.44	12.45	13.02

可见，职称层级在逐年上升。中、高职专任教师中高级职称已超过 25%，与 2000 年相比，大约提升了近 10 个百分点。

（2）专业发展成效显著

2012 年以来，中央财政累计投入培训经费 53 亿元，省级财政配套投入 43 亿元，有力支撑了 5 年一个周期的全员培训工作。近年来，在国家实施职教师资素质提高计划推动下，成功构建了“国家示范引领、省级统筹实施、市县联动保障、校本特色研修”的四级职教师资培训体系，遴选确定了一批国家级职教教师、校长培养培训基地。2019 年，启动国家级职教教师教学创新团队建设工作，计划分两批建设 364 个创新团队，示范带动建立省级创新团队 500 余个、校级团队 1600 余个，教师分工协作模块化教学的模式逐步建立，团队能力素质全面加强①。2022 年，启动实施“职教国培”示范项目，着力打造一批能够发挥高端引领和示范带动作用的国家培训项目，为各地各校打造培训样板，带动区域发展。职业教师专业发展成效显著。

（3）先进教师典型不断涌现

树典型，促发展。教育部进一步加大对职教教师的表彰力度，在全国模范教师、全国教书育人楷模、全国优秀教师、国家级教学成果奖、“万人计划”教学名师等表彰项目中，均按照同等比例为职教教师设置奖项。2017 年 5 月 25 日，习近平总书记对黄大年同志的先进事迹作出重要指示，教育部在全国高校开展了两次黄大年式教师团队示范创建，共有 40 个职教教师团队入选。多个省份也打造了一大批地方性黄大年式职教教师团队。在一系列举措激励下，职业教师专业发展动力不断激发，增强了教师职业认同，提高了职教教师岗位吸引力。有力地引领、带动了各职业院校在教育教学中推进协同育人，培养全面发展的时代新人；在科研工作中实施协同创新，集智攻关，破解实际工程难题；在团队建设上突出老中青传帮带，打造接续奋斗的人才梯队。

7.1.4.2 还有待进一步提升

我国职教师资不仅存在数量短缺的问题，而且整体素质相对偏低，师资结构较不平衡，亟待扩大师资来源渠道，进一步提升教师素质。

（1）高层次职称教师占比仍然较低

从表 7－2 至表 7－4 可以看出，高层次职称教师占比仍然很低，尤其是正高级职称高职

① http://www.moe.gov.cn/fbh/live/2022/54487/sfcl/202205/t20220524_629747.html.

不足 5%，中职不足 1%。如 2020 年，高职教授 4.71%，副高比例仅 25.07%，而中级、初级职称及未定职级教师则占到 70.22%。2020 年，中职正高不足 0.48%，副高比例不足 25%，而中级、初级职称及未定级职级教师则占到 71.96%。财经商贸类正高 0.49%，副高比例 23.82%，而中级、初级职称及未定级职级教师则占到 75.68%。显然，具有高级职称教师相对偏少，职称结构有待于进一步升级。

(2)“双师”素质不强

“师能”方面，职教教师虽然多是科班出身，具备比较扎实专业的基本知识，但比较缺乏师范技能，对职业教育规律的理解和把握不够，对职业学校学生的研究欠缺。新的职教育人模式、教学方法得不到有效运用；不能针对学生实际，开创职教特色的教育、教学方法，而是泛用套用普教的教学方法；教研教改方面，动力不足，能力不强，基本没有形成教学名师、学科专业及课程带头人、教学骨干等梯级层次的教师团队，群体联合攻关能力比较差。

在技能方面，专业教师的职业技能及实践教学能力存在先天不足。多数专业教师都是从学校到学校，缺少一线企业生产、经营、管理技术和相关经验。教学“重理论、轻实践”，“从书本到书本”，与实际需求脱节，缺少鲜活的案例。动手能力差，对课程的把握理论多于实践。比如教证券投资的教师从未接触过股票，教期货的教师没有体验过期货，教国际金融的教师没有做过外汇都是常见现象。

研究显示，目前我国职业院校近七成的专业基础课和专业课的专任教师是从学校毕业后直接上讲台的。在教学中项目教学法、行动导向教学法难以实施，无法实现“学中做、做中学”的“教、学、做”一体的教学模式。虽然职业院校也在引进行业的“双师型”教师，但引进教师中，真正从事过实际工作、实践能力强的教师极少。调查得知，“入职前有 5 年以上的本专业实践工作经历”的教师仅占 7.8%，“入职前没有在企业工作的经验”的教师占到 76.6%①。大多数教师的实践工作年限低，专业实践经验缺乏，专业技能不强，难以胜任专业实践教学的要求。

四川农业大学职业技术学院的一项调查显示，有 47.09%的职教师资认为自己的专业技能不足，专业实践能力较低，还有 48.02%的职教师资认为理论知识与实践知识在教学中不能较好地结合，52.17%的职教师资认为自己缺乏足够的去推广技术、进行技术研发的能力，4.65%的教师从来没有从事技术开发②。即使强调“双师型”教师队伍建设，但是考证的多，有动手能力的少。多数教师实践教学能力都处于弱势，职业教育对理实一体化的“双师型”教师要求还有很大的差距。

职业院校要求专业教师每年到企业顶岗实习一个月，但调查表明：经常深入第一线了解生产实践的专业课教师占比为 20.67%：47.01%的教师只是有时去，32.31%的教师很少去或是根本没去过；认为自己专业实践能力较低的教师占比为 32%，认为自己理论与实践在教学中的结合一般或较差的占 39.24%；56.84%的教师缺乏良好的技术推广能力和开发能力，47.06%的教师从未参加过企业技术推广与开发工作③。

而且，大多数企业缺乏积极性，不愿意接受学校的教师参加企业一线的顶岗实践，国家

---

① 解媚霞.高职财经类教师实践教学能力培养探讨——以浙江高职院校为例[J].财会通讯，2013(28):37.

② 转引自谢俊文.普通师范大学职教师资培养的功能释放[D].湖北师范大学，2019：2.

③ 易玉屏.非定向型职教师资培养模式研究[D].湖南农业大学，2006：13.

政策在多数学校或行业企业未得到真正落实。有些培训工作呈现一头热的尴尬局面，某种“默契”已经成为校企双方的共识。教师顶岗实习缺乏监管，全靠自觉，教师往往在企业只是挂个名而已，出勤不出力。

更重要的是，职业院校教师到企业实践制度解决了外在的、形式上的“双师型”，却没有从文化、内涵上和精神上成为“双师型”教师。在现实中，徒有“双师型”虚名的教师更是常见。

就会计专业而言，目前我国会计专业教师队伍状况明显滞后于教育、教学需求，主要表现在：一是拥有“双师”资格证的教师较少，特别是既有硕士以上学位又有实践工作经历的财经类人才非常稀缺；二是某些教师虽然考取了会计师或CPA证书，但实际操作经验不足，研究能力、理论水平还有待提高；三是随着经济的发展，会计准则、会计制度在不断变革，但部分教师未能适时更新知识结构。因此，要实现高职会计教育的培养目标，“双师型”职教师资培养模式的改革与创新建设任重而道远。

（3）综合素质较差

表现为：人文素养不够，专业知识老化，高新技术了解掌握不够，知识储量不足，知识面狭窄，知识结构单一，人文社科等通识知识素养需进一步提高；现代教学方法的理论水平和应用能力不足：缺乏因材施教能力；墨守成规，应变能力较差；教学方法陈旧单一，教学经验少；缺乏现代教学理念与技术手段的准备。一份教师对自我能力调查分析表明：23%认为教学技术和手段跟不上现代教学技术发展的需要；22%认为专业知识和技能跟不上行业发展的需要；21%认为教学评价方式跟不上学生群体变化的需要；18%认为职业教育教学能力跟不上职业教育课程教学改革的需要；16%认为技术研究跟不上企业技术更新发展的需要[①]。

无论专任教师还是学校管理者，都认为职教师资的专业课程开发与建设能力、实用技术研发与推广能力、以学生活动为中心的教学设计及实施能力、实践教学的设计与实施能力、组织管理指导学生自主学习的能力、利用现代教学技术的能力、教学方法与手段创新的能力、教研教改能力、指导企业技术革新的能力和为企业提供高质量培训的能力都基本处于一般的状态。

（4）教育理论素养偏低

许多专业课教师重学科知识而轻教育理论。学科课程要求过深、过剩、过专，教师教育课程基本被忽视。认为只要有了专业学问就一定能成为一名称职的教师。备课时往往把主要精力集中在钻研教材和书写教案上，忽视钻研生动、形象、启发、灵活的教育形式和自动化、智能化的教学过程。许多非师范专业教师职前均未系统学习过教育教学理论与教学方法，仅仅是应付教师资格考试。

目前，多数青年教师在求学阶段接受的都是普通高等教育，没学过职业教育理论知识，不了解职业教育的特点、规律及人才培养目标，不熟悉应用型、技能型人才培养模式。在教育教学过程中自觉不自觉地重学科体系，一味追求学术的“精、专、深”，轻实践能力，忽略学生专业技能的培养和训练。很少在培养目标引领下探究课程设计的过程、原理，探索课程目标、课程内容以及课程评价方案，探求“以能力为本位”的职业教学模式和职业教育教学规律。

---

① 刘蓓，汪长明.供给侧经济发展模式下职教师资能力体系建设初探——基于乌鲁木齐职教集团职教师资能力体系建设[J].机械职业教育，2017(2)：58.

一些教师缺乏现代教育意识、创新教育意识，教育思想僵化落后，教学方法陈旧，缺乏创新精神，故步自封；一些教师靠自己对职业教育的主观理解来开展教学工作，以成人教育和普通高等教育的思想观念来进行职教工作实践。这种教师的工作效果与职业教育所要求的目标之间的偏差也就可想而知。可以说，许多职业教师都缺乏关于职业技术教育的职业理念。

大部分引进人才没有系统地学习过职业教育理论。如广东某技术师范大学某学院引进的八名教师中，其中只有一人受过系统的职业教育理论学习。绝大部分对职业教育特性和特点、国外职教的知识了解太少。尽管都是博士硕士以上的高层次人才，但这跟职业学校的定位要求客观上来说是有差距的①。全国很多职业学校都存在这种情况，拼命引进高学历、高职称的人才，但这些“人才”往往都没经过系统的职业教育理论的学习。经济发达的广东省尚且如此，其他地区更是普遍存在。

财经商贸类领域这种现象十分突出。大多数的财经类老师，毕业于财经类高校，更多的是学习自己本专业的课程，没有经历过系统的师范教育，教育学和心理学知识相对薄弱。教学技能不够娴熟，教学能力亟待提高。往往是经过短期突击通过教师资格证考试，而对《教育学》《心理学》这两门专业课程并没有真正地系统学习、消化，在这一领域并不擅长。对《职业教育学》《职业教育心理学》《学科教学论》基本没有涉猎。所以，对于学生心理、教学规律、教学方式、教学技巧等专业知识方面都很欠缺，这种必然会影响与学生的沟通，直接会影响教学效果。

(5) 科研能力成短板

科学研究是教师的重要职责。科研有利于促进教学，服务地方经济文化建设。但是一些职业院校，甚至是高职院校，科研工作起步较晚，教师科研能力的总体水平不高。科研机构不健全，缺乏科研的氛围，科研经费投入不足，科研骨干培养不力，远未形成高素质的科研团队。缺少必要的科研基础设施、仪器设备，缺乏与行业、企业合作研究的经历，难以单独完成省级科研课题，省级科技厅在科研立项方面对职业院校也没有给予足够的重视。

同时，由于学术考核、晋升体制等原因，很多教师都在做“职称科研”。研究与实践领域脱节，课题选择不接地气，研究的内容与实践相去甚远，研究的结果不能解决实践问题，论文没有写在大地上，研究成果很少能够转化为生产力。

(6) 知识更新能力不强

当今世界，知识更新非常快，职业教师必须与时俱进，不断更新知识结构。但这方面却不尽如人意。一方面，迫切需要更新教育和教学方面的理论和实践知识。大部分职业教师没有接受过职业教育理论的专门知识，对于职业教育的理念和从事职业教育的实践经验比较欠缺，对职业教育的特征、性质、规律和发展趋势认识模糊；另一方面，需要不断学习新材料、新技术、新产品、新思维。大部分的职业教师没有亲身的行业职业实践经历，对需求驱动的职业教育不能及时做出调整。他们需要把企业对技能型应用人才的新要求融入职业教育教学中。比如会计专业，不少会计专业教师对会计准则、会计制度改革未做到适时更新知识结

---

① 甄任贺.职业技术师范院校电气职教师资培养的优化研究[J].职业教育：下旬刊，2014(10)：77.

构，知识日趋陈旧。所以，职校教师要具有较强的知识更新能力，否则沿袭普教的教学理念和教学方法，将成为职业教育教学改革的瓶颈。

以上从来源渠道、数量、结构、素质四方面分析了我国职教师资队伍的现状。可以看出，我国职教师资队伍建设工作取得了很大的成就，但同时也存在很多问题与不足。培养、建设一支能适应新时代我国职业教育发展需要的“双师型”职教师资队伍，已成为当前十分紧迫而艰巨的任务。

7.2 改革开放以来我国职教师资培养的历史进程

改革开放以来，中国职教师资培养不断创新，取得历史性的成就。先后经历了恢复与重建、快速发展、调整巩固与提高、新时代稳步发展与提升等阶段，形成了具有中国特色的人才培养模式，构建了较为完整的人才培养体系。

7.2.1 恢复与重建期：1978—1990 年

“文化大革命”十年，我国与世界的差距进一步拉大。“文化大革命”结束后，当时我国的教育水平还处于初级阶段，尤其是职业教育十分薄弱。1978 年，邓小平同志在全国教育工作会议上明确指出：“教育事业必须同国民经济发展的要求相适应……要扩大农业中学、各种中等专业学校、技工学校的比例。”①为了确保职业教育的顺利发展，国家把职教师资培养提上了议事日程。1979 年，为了适应经济和社会发展要求，我国开始调整中等教育结构，恢复和发展国家职业教育。

7.2.1.1 独立设置职业技术师范学院

1979 年，国家劳动总局和教育部下发《关于增设四所技工师范学院的通知》，计划在天津、山东、河南、吉林建立 4 所本科层次的技工师范学院专门培养职教师资②。吉林工程师范学院和天津技工师范学院分别于 1979 年、1980 年恢复建校并开始招生③。截至 1989 年年底，全国在河南、浙江、山西、上海等地共建有 14 所职业技术师范院校，本专科在校学生超过 13000 余人④，每年可为各类中等职业学校输送 3 000 名左右的师资⑤。职业技术师范学院的设立为职业教育发展输送了大批师资，使得职教师资的培养相对规范、系统，为职业教师的专业发展奠定了良好基础。但 21 世纪以来，职业技术师范教育出现了转型、萎缩的现象。目前，我国有 8 所独立设置的职业技术师范教育高等学校（简称职技高师），开展本科和研

① 邓小平.邓小平文选.第二卷.2 版[M].北京：人民出版社，1994:107.

② 即天津技工师范学院、吉林技工师范学院、山东技工师范学院、河南技工师范学院。

③ 曹晔等.当代中国中等职业教育[M].天津：南开大学出版社，2016：285.

④ 杨金土.30 年重大变革——中国 1979—2008 年职业教育要事概录（上卷）[Z].北京：教育科学出版社，2011:320.

⑤ 李蔺田.中国职业技术教育史[M].北京:高等教育出版，1994：429.

究生教育①。

7.2.1.2 综合大学开设职教师资班

针对职技高师的职教师资培养不能完全满足我国职业院校教师需求的问题，国家逐渐把师资培养机构向非师范类普通高等学校延伸。作为将培养工作与非师范类高等院校相衔接的开端，1983 年 3 月 31 日教育部发出《关于 1983－1984 学年度全国中等专业学校选派教师到全国重点高等学校进修的通知》（以下简称《通知》），成为将师资培养工作与非师范类高等院校相衔接的开端。《通知》首次提出在非师范高等学校开设职业技术教育师范系、师范专业或师资班，通过选派教师到高校学习，来完成定向培养职教师资的任务。此后，我国多所高校陆续开设了职教师资班、专业或系。江苏省在华东工程学院、华东水利学院、苏州蚕桑专科学校等设立了职教师资班，山东省也先后在山东工业大学、山东农业大学、莱阳农学院等开设职教师资班，河北省在 12 所高校的 25 个专业开办了职教师资班，努力满足职业学校专业课师资短缺的需求②。1995 年，国家批准浙江大学、天津大学等院校招收职教师资班，将师资计划纳入学校年度招生计划。

7.2.1.3 普通高校设置职业技术教育学院

1980 年，国务院批转教育部、国家劳动总局《关于中等教育结构改革的报告》中指出：省、市、自治区应积极筹办职业技术师范学院。明确提出要建立国家和省级两个层次职业技术师范教育学院。1983 年 5 月，教育部印发《关于编报 1983－1985 年培养职业学校专业课师资计划的通知》，大力促进对职业教育专业课教师的培养。1985 年 5 月印发的《中共中央关于教育体制改革的决定》要求“建立若干职业技术师范院校，有关大专院校、研究机构都要担负培训职业技术教育师资的任务，使专业师资有一个稳定的来源”③。

1986 年，国家教委颁发《关于加强职业技术学校师资队伍建设的几点意见》进一步提出：“有关大专院校有计划地设置职业技术师资班、专业或系，纳入高校招生计划，为职业技术学校培养师资。高等师范院校，应根据学校师资、设备等条件增设相关或相近专业的职业技术师范系、科、班，担负起培养部分专业课、专业基础课师资的任务④。”重点是通过建立健全职业技术教育师资培养系统，着力解决师资的培养和培训问题。

在政策的推动下，掀起了培养职教专业课教师的热潮。很多省市所属高校开始着手设立职业技术师范系，有计划地培养专业课师资。1985 年 7 月，原浙江工学院（现浙江工业大学）创建技术师范系；1986 年，原湖南农学院（现湖南农业大学）成立职业技术师范部。1989 年 10 月，天津大学职业技术批准成立教育学院。全国大多数高校都成立了职业技术教

---

① 8 所独立设置的院校：天津职业技术师范大学、吉林工程师范学院、广东技术师范大学、江西科技师范学院、河南科技学院、江苏技术师范学院、安徽农村科技学院、河北科技师范学院.

② 张洪华.中国职教师资培养的探索与创新(1978－2018 年)[J].职业技术教育，2018(28):42.

③ 中共中央、国务院.关于全面深化新时代教师队伍建设改革的意见[EB/OL].(2018－01－31)[2018－8－8]. http://www.gov.cn/zhengce/2018－ 01/31/content_5262659.htm.

④ 平和光，程宇，岳金凤.推进职业教育师资队伍建设 夯实职业教育立教之本——改革开放 40 年我国职业教育师资队伍建设综述[J].职业技术教育，2018(39):6.

育学院。

职教系（学院）的规模比原职教师资班大有发展，培养中突出了师范教育特色，初步形成了职业教育教师的培养体系，有效缓解了中职专业课师资量少质低的情况。到1988年，全国已有160所高等院校开设了职教专业，在校学生达2.17万人①。目前全国已有32所高校设置了职业技术教育学院，开设职教师资班，进一步完善了职业技术师范教育二级体系。同时，积极开展基地建设，全国各省市根据区域和行业部门的实际需要，依托高等学校或中等职业学校，相应建立了300多个职教师资培养培训基地。

7.2.2 快速发展期：1991—2000年

20世纪80年代末，我国的职业教育得到了迅猛发展，原有的中职师资培养模式在数量和质量上都难以满足社会需求。1990年6月，全国首届高等职业技术师范教育办学指导思想座谈会在北京召开，围绕“定向与非定向”“办学特色”等问题展开了激烈讨论并达成共识②。之后，全国各地高校纷纷设立职业教育师资班、系、学院或研究机构。1991年，国家发布《关于大力发展职业技术教育的决定》，要求多渠道解决职教师资特别是技能教师的来源问题，遵循培养和培训、专职和兼职相结合的原则③。1992年，邓小平同志南方讲话拉开了我国市场经济改革的序幕。1993年，中共中央、国务院发布《中国教育改革与发展纲要》，提出非师范院校承担职教师资培养的要求。同期，《教师法》（1993年）、《教育法》（1995年）、《职业教育法》（1996年）相继出台，依法治教体系逐步形成。至此，我国从制度层面初步构建了职业技术教育师资培养体系。

7.2.2.1 扩大、规范职教师资培养专业范围

1990年，全国职业技术师范院校会议召开，提出了制定专业目录的发展思路。随后，国家教委委托培养院校开展专业目录起草修订工作和专业教学改革试点工作，历经5年的改革实践，于1995年颁布了《普通高等学校本科专业目录〈职业技术师范教育类〉（试行）》（以下简称《专业目录》）。具体内容包括：在专业设置上，拓宽了专业面，规定了36个职业技术师范教育类专业，并把原来“口径”相对较窄的专业变为“宽口径专业”，增强了人才培养的适应性；顺应发展需求，相继增设了市场营销、园艺、畜牧等专业，增加职业技术学校职教师资培养的专业数量；每个专业都包括“教育”二字，以体现其师范性。《专业目录》的颁布，使得专业设置有据可依，结束了以前职业技术师范教育依附于普通院校进行专业设置的混乱局面，也标志着我国职教师资培养开始走上正规化、科学化和规范化的道路。

1996年，在培养职业技术教育师资的成人高等教育专科起点本科班的专业中，增加了市场营销、旅游管理等8个专业，这些专业仅限于培养职业技术学校教师。同年，中国农业大学、中国纺织大学等14所部(委)所属高校开办新增12个专业的成人专升本职教师资班，招

① 李蔺田.中国职业技术教育史[M].北京：高等教育出版社，1994：429.

② 张洪华.中国职教师资培养的探索与创新(1978—2018年)[J].职业技术教育，2018(28)：43.

③ 肖江.我国职教师资建设政策演进及启示[J].高教论坛，2021(4)：75.

生达 1040 人①。

1998 年，教育部统一印发了《普通高等学校本科专业目录》，取消了对职业技术师范教育类专业的单独发文。撤销了原目录中的 12 个专业，保留了 24 个师资培养专业，增设了职业技术教育管理专业②。职教师资培养专业目录的出台突出了职教教师的专业地位，促进了职教教师的专业化发展，为各培养院校的专业设置提供了指引。

7.2.2.2 实施职教教师资格证书制度

为解决职教师资水平参差不齐的问题，1991 年，国务院出台《关于大力发展职业技术教育的决定》(以下简称《决定》)，《决定》首次提出职教教师资格证书制度。1993 年颁布的《教师法》明确规定“国家实行教师资格制度”；随后，《教师资格条例》和《中华人民共和国教育法》都明确指出，要实行职教教师资格证书制度。1996 年，国家教委下发《关于取得中等职业学校实习指导教师资格应当具备的学历的规定的通知》，规定要取得中等职业学校实习指导教师资格。1998 年，《中华人民共和国高等教育法》指出取得高等学校教师资格需具备研究生或者大学本科学历。教师资格证书制度规范了职教师资的“入口关”，突出了职教教师的专业地位，为职后的专业发展奠定了良好基础。

至此，我国拉开了职教师资专门化、独立化培养的序幕，为职教师资培养体系的不断完善奠定了坚实的基础。

7.2.2.3 职教师资培养纳入国家师范生体系

为了增强职教教师工作的吸引力，更多优秀人才从事职教工作，《中华人民共和国教师法》及《国家教育委员会关于〈中华人民共和国教师法〉若干问题的实施意见》规定：“国家对师范生免收学费，并实行专业奖学金制度。”1995 年 12 月，国家教委与财政部联合印发《关于职教师资班学生享受师范生待遇的通知》，将职教师资培养纳入师范生体系。规定职教师资班的学生应享受师范生的待遇，免收学费，并实行专业奖学金制度。1997 年 9 月，国家教委《关于加强中等职业学校教师队伍建设的意见》提出，对现有独立设置的职业技术师范学院需加强建设，职教师范生在校期间不仅享受专业奖（助）学金而且免交学费，毕业后实行五年任教服务期制度。

上述文件无疑明确了职业技术师范教育的社会地位，但职教免费师范生制度在现实中并没有得到很好的贯彻落实。

7.2.2.4 职教师资培养的层次开始得到提升

20 世纪末期，随着职业教育的发展，职教师资的学历层次亟待提高，国家首先开始着手本科学历达标。1995 年 11 月，国家教委下发《关于制定并落实职业教育师资培养计划的通知》，要求“制定本地区职业教育师资培养五年计划”。1996 年 7 月，国家教委颁发《关于取得中等职业学校实习指导教师资格应当具备的学历的规定的通知》，对实习指导教师提出了

---

① 刘晓，沈希.我国职教师资培养:历史、现状与体系构建[J].河北师范大学学报(教育科学版)，2013(11):72.

② 王芳等.改革开放以来我国职教教师专业发展政策的回顾与思考[J].职业教育研究，2021(2)：5.

学历要求。1997 年 9 月，国家教委印发《关于组织中等职业学校在职教师参加高等教育自学考试有关问题的通知》，提出组织中职学校在职教师参加高教自学考试，以加速实现中等职业学校教师学历达标的要求；同时颁布《关于加强中等职业学校教师队伍建设的意见》等文件，分别对职教师资的学历、专业等进行了结构调整，并取得较好成效。

随着职业教育的进一步发展，本科层次已不能满足职教师资和职业学校发展的需求，需要较高层次的硕士研究生人才。1998 年 12 月，教育部印发《面向 21 世纪教育振兴行动计划》，提出“采取多种形式，大力提高中等职业学校教师队伍素质，努力实现高中阶段教育的教师和校长获硕士学位者应达到一定比例”。1987 年，华东师范大学成立首个职业技术教育学硕士点，次年招收了首批 2 名该方向硕士研究生。尽管有了零的突破，但该方向领域研究生并非面向中职等职业学校培养专业教师的，更偏重职业技术教育学学科专业研究。而且由于当时职教整体发展水平的限制，直到 1998 年，华中师范大学、福建师范大学、西南师范大学、东北师范大学等高校才陆续招收职业技术教育学方向的学生①。

7.2.2.5 重视在职教师的培训

伴随着教师专业化发展的要求越来越高，对教师职后培训的需求越来越大。1991 年 10 月，《国务院关于大力发展职业技术教育的决定》提出“要本着培养和培训、专职和兼职相结合的原则，多渠道地解决职业技术教育的师资特别是技能教师来源问题”。这是首个以国务院名义颁发的职业教育文件，首次提出要建立职教师资继续教育制度，为未来一定时期职业教育师资队伍建设指明了方向。20 世纪 90 年代，中职学校校长培训模式逐渐形成入职培训、骨干校长培训、高级研修三种形式，广泛采用“学习理论—交流经验—研究问题—实地考察”四结合的培训模式。

1995 年 6 月 1—3 日，国家教委在北京组织召开职业技术教育师资培训基地工作会议。会议要求各培训基地的工作任务在新形式下实行重点转移，由原来的培训职教管理干部为主，转移到以培养和培训专业课教师为主，兼顾职教管理干部培训。1999 年“园丁计划”及“十一五”期间“中等职业学校教师素质提高计划”的实施，旨在加强师资培训，提升教师素质，开发培训资源，完善教师培训体系，逐步形成国家、地方和学校三级培训网络。

同时，大力建设培训基地。1993 年《国家教委关于加强全国职业中学校长岗位培训工作意见》提出，各省份可依托有条件的普通高校、教育学院等建立 1～2 个培训机构。1994 年，国家教委又陆续在同济大学、东南大学、西安交大、东南大学四所重点大学设立职教师资培训基地②。截至 1998 年年底，全国共建 306 个职教师资培养培训基地，其中在高等院校设立的有 215 个，在中等职业学校设立的有 91 个；培养培训专业课师资的基地 182 个，培养培训实习指导教师的基地 124 个③。至此，我国基本形成了职教师资培养培训体系。

① 柯婧秋，石伟平.改革开放 40 年我国职业教育师资队伍建设的历史演进与未来展望[J].中国职业技术教育，2018（21）：26.

② 陈雪，曹晔.改革开放以来我国职教师资培训的回顾与展望[J].教育与职业，2020(16)：55.

③ 平和光，程宇，岳金凤.推进职业教育师资队伍建设 夯实职业教育立教之本——改革开放 40 年我国职业教育师资队伍建设综述[J].职业技术教育，2018(27)：6.

1999年，教育部《面向21世纪教育振兴行动计划》提出建设50个重点职业教育培养培训基地。为此，中央财政拨出2000万元专款。至1999年11月，天津大学等20所学校成为首批全国重点建设职业教育师资培训基地。

职教师资培养在不断调整和探索中稳步发展。到20世纪末，我国基本建成以职技高师院校和普通高校的职业技术教育学院（系）为主，体系比较完整且布局相对合理的职教师资培养培训体系。

7.2.2.6 开始倡导“双师型”师资

1995年，国家教委印发《关于开展建设示范性职业大学工作的通知》，明确提出要有“一支专兼结合、结构合理、素质较高的师资队伍……其中有1/3以上的‘双师型’教师”①。这是国家政策文件中首次使用“双师型”教师概念，标志着我国开始从满足数量转向探究符合职业教育特点师资素质。

90年代中期以来，各职教师资培养单位根据各自的实际情况，积极改革探索，充分发挥自身的特色和优势，重构职教师资人才培养模式，取得了较好成效，形成了一批有特色的培养模式：如探索实施“双证书、一体化”教学模式（天津职业技术师范大学），“六三”模式（吉林工程技术师范学院）、“三位一体”模式（江西科技师范大学）、“三三四”模式（河北科技师范学院）、“同济模式”（同济大学职业技术教育学院）以及“S—T—A—R”模式（浙江工业大学职业技术教育学院）等。1997年，天津职业技术师范大学荣获国家优秀教学成果一等奖。

同年，首次召开全国职教师资队伍建设工作座谈会，提出师资队伍建设要“以建立‘双师型’师资队伍为重点”，职业院校“要不断提高师资队伍中的‘双师型’教师的比重。截至2010年，‘双师型’教师达到中职学校专业课教师50%以上；高职学校专业课教师70%以上”②。2000年3月，教育部印发《关于开展高职高专教育师资队伍专题调研工作的通知》，第一次对“双师型”教师和“双师”素质教师的概念的内涵进行了解释。同年，教育部印发《关于加强高职高专教育人才培养工作的意见》进一步明确“双师型”教师既是教师，又是工程师、会计师等。

7.2.3 多元化发展阶段：2001—2012年

20世纪末，我国高中阶段教育职普比例达到6∶4，职业教育取得了长足发展。进入21世纪，职业教育在经济社会发展中的作用更加凸显，国家把职业教育放在了更加突出的位置。职教师资培养进入多元创新和综合发展的变革时期，培养成效得到巩固和提高。

本阶段重新认识职业教育，确立了走中国特色职业教育发展道路的指导思想，坚持大力发展职业教育的战略重点不动摇。在职教师资队伍建设上，要求更加注重职教师资学历层次和素质提升、职教师资培训基地建设、“双师型”师资队伍建设、教师到企业实践制度建设。

2002—2005年，国务院连续召开三次全国职业教育工作会议，先后两次做出大力发展职

---

① 张洪华.中国职教师资培养的探索与创新(1978—2018年)[J].职业技术教育，2018(28):43.

② 王建华.职教师资人才培养模式改革创新研究[J].职业技术教育，2011(1):51.

业教育的决定。颁布了《关于大力推进职业教育改革与发展的决定》(2002)、《关于进一步加强职业教育工作的若干意见》(2004)、《关于大力发展职业教育的决定》(2005)①。这一时期，职业教育发展与职业市场需求和劳动就业紧密结合，开展校企合作、工学结合，结构合理、形式多样，灵活开放，自主发展。到 2008 年，全国职业教育招生数达到 1100 万人（含高职和中职），在校生超过 3000 万人，实现了国家教育结构调整。2010 年，《教育规划纲要（2010—2020 年）》的颁布和实施，标志着我国职业教育进入了建设中国特色现代职业教育体系、全面提高职业教育质量的新时期，也为职教师资培养带来了新的机遇。

7.2.3.1 培养主体走向多元合作

进入 21 世纪，我国职业教育从单一的学校办学走向校企合作办学模式，从升学导向转向就业导向。很多培养院校多方联手与企业、地方政府等签署合作协议，共同探索人才合作培养、改革职教师资培养机制、创新职教师资人才培养模式，构建新的职教师资培养体系。

2001 年，国家在正式文件中首次提出“教师教育”概念，并提出建立高层次、多元化的教师教育体系。截至 2001 年 7 月 31 日，全国共有 32 所普通高校建立了职业技术教育(师范)学院或职业教育承担职教师资培养工作②。《教育部 2003 年工作要点》中再次强调：“加快建立开放灵活的教师教育体系，提高办学层次，推进师范院校改革，鼓励综合性大学开展教师教育。”2007 年 12 月，天津职业技术师范大学与海南省人民政府签署合作协议，双方围绕教育师资培养、培训和海南省职教师资培养培训基地建设等核心问题共同探索创新，构建新型省、校合作模式。

2010 年，《教育规划纲要（2010—2020 年）》出台，明确指出要依托相关高校和中小型企业，加强政府、学校、企业的多元合作，共同建立“双师型”教师培养基地。例如，吉林工程技术师范学院在吉林省教育厅支持下，牵头组建由职教师资培养单位(职技高师)、职教师资用人单位(职业院校)、职业学校学生用人单位(行业企业)组成的，覆盖全省的职教教师教育共同体——吉林省职教教师教育联盟，以联盟的形式探索职教师资培养改革和发展新机制；2010 年 7 月，浙江工业大学与浙江天煌科技实业有限公司和杭州电子信息职业学校联合，在杭州成立国内首个职业教育师资培养培训集团；2011 年开始，天津职业技术师范大学先后与广西、西藏、新疆以及浙江温岭等地合作培养“免费中职师范生”项目。这些项目通过创新校企合作模式、多方联手，充分发挥各方主体的特色和优势，以破解职业教育师资培养过程中的诸多难题。

由此可见，我国职教师资培养的参与主体逐渐从单一走向多元，互动、互通，呈现出多主体参与共同发展的现象。这对我国职教师资的专业化、多元化及高质量发展起着不可或缺的重要作用。

7.2.3.2 开展综合化办学

1999 年，高校开始大规模扩招。高等教育大众化，带动普高热，中职萎缩，中职教师的

① 陈雪，曹晔.改革开放以来我国职教师资培训的回顾与展望[J].教育与职业，2020(16)：56.

② 曹晔，刘宏杰.我国中职师资队伍培养培训主要政策 60 年演变进程综述[J].职业技术教育，2010(25)：18.

需求不断下降。教师资格证制度、人事招生考试制度以及职业院校对高学历教师的需求加大，使得本科职教师范生到中职的就业优势不再，就业大幅减少。在此影响下，职教师资培养院校纷纷调整办学思路，扩大人才培养目标范围，改革办学模式，去“师范化”，以拓宽学生的就业渠道，促进区域经济发展。利用职业技术师范教育应用性、实践性强的优势，实施师范教育和非师范教育“两栖作战”“两条腿走路”模式，同时兼顾职教师资和应用型人才的培养，形成多学科的办学格局。

在专业设置方面，学校增设非师范专业。比如，2005 年，天津职业技术师范大学新设 23 个本科非师范专业，17 个职教师范专业；2009 年，安徽科技学院只招收 3 个师范专业，其他专业都不再是“教育类”专业。有的学校干脆更名摘帽，独立设置的 8 所职技高师先后更名，改为“科技”“工程”等师范学院。在师范专业内部，也将职教师资培养纳入应用型人才培养体系，强化专业课程，师范课程属于从属地位，拓宽学生的就业口径，这在一定程度上弱化了师范教育①。

7.2.3.3 创新人才培养模式

为适应高等教育大众化背景下中职学校的教育教学改革，提升职教师资培养质量，加强“双师型”教师队伍建设，培养院校纷纷不断创新人才培养模式。概括起来，主要包括以下几种模式：(1) 提高生源素质。严把招生生源入口关，选拔真正适教、乐教、善教的优质生源进行师资培养。例如，天津职业技术师范大学开展卓越教师培养，广东技术师范大学招收高职起点的职教师资。(2) 采用分段培养。为增强职教师资培养的灵活性，针对贯通培养的本科毕业生缺乏技能的问题，如天津市提出了“4＋0.5”培养模式，要求新进教师上岗前进行半年的企业培训，合格后方可入职。为应对中职学校专业调整过快的形势，广西教育厅采取了“4＋1”模式培养中职教师，对理工科毕业学生先进行一年的教育学科培养，使其获得教师资格证和职业技能资格证书。(3) 采取分流培养。为了解决应用型人才培养趋于同质化，职教师资培养特色被弱化等问题，一些学校采取分流培养模式。就是有针对性地设计不同的课程模块，对学生进行专业分流培养。比如，江西科技师范学院按职教类、普教类、应用类对学生专业进行专业分流，创建了“三位一体、分流培养”的人才培养模式。学生可以在第五个学期，按照自己的兴趣和意愿在“职业方向课程模块”中任选一个职业方向主模块和一个职业方向副模块，进行分流学习②。(4) 校地合作培养免费师范生。2010 年，天津职业技术师范大学与海南省人民政府签订了《关于加强职教师资队伍建设合作的框架协议》，每年为海南省培养 30 名定向免费中职生，毕业后按照协议回到相应地区中职学校从事职业教育工作。后来，中职免费师范生的合作省市从最初的海南省扩展到了内蒙古、甘肃、海南、广西、西藏等省、市、自治区，人数从 30 人增至 554 人③。

---

① 李美忱，曹晔.我国职教教师教育：40 年变迁与成就[J].职教通讯，2019(23)：48.

② 温伯颖.职技高师院校本科专业分流培养模式及其实现途径研究[J].职教论坛，2017 (30) ：35.

③ 孟庆国，曹晔，杨大伟.中国职业技术师范教育史[M].北京：教育科学出版社，2016：163.

7.2.3.4 实施教师素质提升计划

1999年，教育部制定《面向21世纪教育振兴行动计划》，提出要采取多种形式，大力提高中等职业学校教师队伍素质。2005年，国务院颁布《关于大力发展职业教育的决定》，要求“实施职业院校教师素质提高计划，切实提高中等职业学校教师队伍的整体素质”。为此，2006年12月，教育部和财政部联合印发《关于实施中等职业学校教师素质提高计划的意见》，其中，针对骨干教师的培训是整个计划的重点。明确提出到2010年，培训15万名中等职业学校专业骨干教师。2007年，项目开始全面实施。截至2009年，中央财政累计投入4亿多元，省级财政投入近6亿元。中职教师素质提高计划取得明显成效，完成国家级和省级专业骨干教师的培训12万余人，通过80个重点专业的师资培训方案、专业核心课程和专业教学法教材的结题评审和成果验收，中央财政资助近3600所中职学校、5400多个专业点，聘请教师12000余人①。“十一五”期间，该计划共完成18万中职专业骨干教师培训，超计划3万人，并从“国培计划”中选拔了1000名成绩优秀者出国深造，上万名教师取得了更高一级的职业资格证书②。

2011年11月，教育部再次发布了《关于实施职业院校教师素质提高计划的意见》（2011—2015年），指出要实施职业院校专业骨干教师培训项目、中等职业教育学校青年教师企业实践项目、职业院校兼职教师推进项目、职教师资培养培训体系建设项目。中央财政累计投入超过26亿元，共组织了45万名职业院校专业骨干教师参加培训，支持2万名中职学校青年专业教师到企业实践半年，建设职教师资培养培训专业点300个，开发职教师资本科专业培养方案100个，为进入改革“深水区”的职业教育注入了强劲驱动力③。

此阶段的职业院校教师素质提高计划引导地方政府和职业院校采取多种措施提高教师素质，进一步畅通了职教教师专业发展的路径。

7.2.3.5 重视“双师型”职教师资队伍建设

20世纪90年代，学术界开始了“双师型”教师的理论与实践研究。为进一步细化高等职业教育的师资队伍建设，2002年教育部发布《关于加强高职（高专）院校师资队伍建设的意见》，提出“建设一支理论基础扎实、又有较强应用能力的‘双师型’教师队伍”。2004年，国务院印发《2003—2007年教育振兴行动计划》，强调“大力加强‘双师型’教师队伍建设，鼓励企事业单位专业技术、管理和有特殊技能的人员担任专兼职教师”。同年，《关于进一步加强职业教育工作的若干意见》提出要深化人事制度改革，加强“双师型”教师队伍建设。2005年，《关于大力发展职业教育的决定》，从职称系列和证书获得等方面界定了“双师

---

① 平和光，程宇，岳金凤.推进职业教育师资队伍建设 夯实职业教育立教之本——改革开放40年我国职业教育师资队伍建设综述[J].职业技术教育，2018(27)：9.

② 教育部职业技术教育中心研究所.中国特色职业教育发展之路——中国职业教育发展报告（2002—2012）[M].北京：高等教育出版社，2012.转引自王芳，罗小芳，吴娟.改革开放以来我国职教教师专业发展政策的回顾与思考[J].职业教育研究，2021(2)：6.

③ 平和光，程宇，岳金凤.推进职业教育师资队伍建设 夯实职业教育立教之本——改革开放40年我国职业教育师资队伍建设综述[J].职业技术教育，2018(27)：9.

型”教师的外在表征形式，教师可“申请评定第二个专业技术资格……申请取得相应的职业资格证书”。

2006年，国家强调培养建设和引进“双师型”教师，教育部在《关于全面提高高等职业教育教学质量的若干意见》中提出，“逐步建立‘双师型’教师资格认证体系，研究制定高等职业院校教师任职资格和准入制度”①。对“双师型”教师提出了一定的门槛限制。同年，教育部和财政部印发《关于实施国家示范性高等职业院校建设计划加快高等职业教育改革与发展的意见》，助力建设专兼结合的职教师资队伍。以上一系列政策在制度层面明确了职业教育教师培养建设不同于其他学校教师培养建设的特色，推动了理论研究与实践探索的逐渐发展。

2007年年初，教育部副部长吴启迪在教育部新闻发布会上明确指出“全面推动职业教育师资工作，加快建设一支适应职业教育以就业为导向、满足实践性与技能型教学要求的高素质教师（双师型）队伍”。2007年4月，《教育部关于“十一五”期间加强中等职业学校教师队伍建设的意见》强调职业学校优化教师结构，建设专兼职结合的“双师”队伍，大力推进教师到企业进行实践，提高教师实践教学能力。2010年7月，《教育规划纲要（2010－2020年）》，明确提出“以‘双师型’教师为重点，加强职业院校教师队伍建设。加大职业院校教师培养培训力度”。2011年11月，《关于实施职业院校教师素质提高计划的意见》，提出着力培养一大批“双师型”专业骨干教师。可见，“双师型”作为我国职教师资人才培养目标定位已经成为共识。“双师型”精神为职教教师专业发展指明了方向，也对职教师资的专业素养提出了更高、更全的要求。

在国家政策推动下，各地职业院校纷纷开展探索实践，“双师型”教师比例显著增高。职教师资培养院校也积极探索“双师型”教师培养模式，在课程开发、教学实施、实训基地建设以及人才培养方式方面进行改革创新，产生了良好的政策效应。如天津职业技术师范大学的“双证书、一体化”模式、吉林工程技术师范学院的“六三”模式等皆是在该政策背景下产生的。截至2012年，近40％的专业教师成为“双师型”教师，高职院校“双师型”教师所占比例达到35.3％，双师型素质占专任教师比例达到51.5％②。但是，这一时期“双师型”教师数量不足的问题依旧存在，“双师型”教师的考核、晋升、社会地位及待遇方面也存在诸多问题，影响了职业教师的职业吸引力，制约了职业教育教师队伍整体素质的提高。

7.2.3.6 实行教师到企业实践制度

2002年5月，教育部办公厅印发《关于加强高等职业（高专）院校师资队伍建设的意见》，要求各高职（高专）院校要通过支持教师参与产学研结合、专业实践能力培训等措施，提高现有教师队伍的“双师”素质。同年8月，国务院《关于大力推进职业教育改革与发展的决定》重申安排教师到企事业单位进行顶岗工作或实习锻炼。2004年，教育部在《关于进一步加强职业教育工作的若干意见》中提出建立符合职业教育特点的教师继续教育进修和企业实践制度。2005年10月，国务院出台《关于大力发展职业教育的决定》，明确规定“建立职业教育教师到企业实践制度，专业教师每两年必须有两个月到企业或生产服务一线实践”，“企业有

① 张洪华.中国职教师资培养的探索与创新(1978—2018年)[J].职业技术教育，2018(28):42.

② 孙翠香，卢双盈.“双师型”教师政策变迁：过程、特点及未来态势[J].职业技术教育，2013(28)：48.

责任接受职业院校学生学习和教师实践”。这是国家首次明确提出建立“教师企业实践制度”。为落实国务院的要求，2006 年教育部发布了《关于建立中等职业学校教师到企业实践制度的意见》，对企业实践的方式、内容等做出明确规定，标志着教师到企业实践工作的规范化与制度化①。2007 年，教育部、财政部联合印发《关于组织实施中等职业学校专业骨干教师培训工作的指导意见》，对培训对象的时间、形式、内容等做出了要求，并规定教师的企业实践时间不少于总学时的 50%②。2010 年，《教育规划纲要（2010—2020）》对这项工作的未来发展指明了方向：“建立健全政府主导、行业指导、企业参与的办学机制，制定促进校企合作办学法规，推进校企合作制度化”，“制定优惠政策，鼓励企业接收学生实习实训和教师实践”，“依托相关高等学校和大中型企业，共建双师型教师培养培训基地”，“完善教师定期到企业实践制度”。同年，教育部通过文件确定中国铝业公司等十家企业为职业教育教师企业实践单位。

2011 年 11 月，教育部、财政部又一次联合发布《关于实施职业院校教师素质提高计划的意见》，提出了“企业实践制度”具体的操作办法，“参培教师先进行一个月的专业理论和教育教法培训，然后到对口企业进行一个月的企业实践，通过现场观摩、上岗操作等方式，熟悉相关专业领域的新知识、新技能、新工艺、新方法”。要求 2011—2015 年，教育部、财政部在中等职业学校中需要选 2 万名在校青年教师到企业切实地参与专业实践。

7.2.3.7 形成多层次办学格局

据悉，截至 2001 年年底，我国职业高中教师学历合格率 49.15%，中等专业学校专任教师中本科以上学历占比为 73.86%③。可见，职教师资学历还有进一步上升的空间。2000 年，教育部《关于全面推进素质教育、深化中等职业教育教学改革的意见》强调提高具有研究生学历的职教教师比例。为落实此项工作，同年，教育部、国务院学位委员会下发了《关于开展中等职业学校教师在职攻读硕士学位工作的通知》，要求以培养中青年专业带头人为重点，建立一支本硕一体化、具有“双师”素质的高水平职教师资队伍，2000—2005 年平均每年招收约 1000 名中等职业学校教师在职攻读硕士学位。次年，教育部印发《关于加强高等职业（高专）院校师资队伍建设的意见》，提出到 2005 年高职高专专任教师总数中获得研究生学历或硕士以上学位的教师基本达 35%。从 2000 年起，天津大学、同济大学等 13 所综合类型的高校开始选拔优秀中职教师在职攻读硕士学位。2001 年 3 月，教育部决定成立全国中等职业学校教师在职攻读硕士学位工作专家指导小组，同年 4 月，专家指导小组编写发布《关于制定中等职业学校教师在职攻读硕士学位培养方案的指导意见》，对中职教师在职攻读硕士学位的指导思想、培养目标、课程设置、培养方式、论文选题、学位授予等核心问题做出了明确规定。截至 2008 年，全国通过在职学习获得硕士学位职业教师达到近 4000 名。

---

① 平和光，程宇，岳金凤.推进职业教育师资队伍建设 夯实职业教育立教之本——改革开放 40 年我国职业教育师资队伍建设综述[J].职业技术教育，2018(27)：6.

② 陈雪，曹晔.改革开放以来我国职教师资培训的回顾与展望[J].教育与职业，2020(16)：54.

③ 教育部.2001 年全国教育事业发展统计公报［EB/OL].（2002 —06 —13）［2019 —10 —13].http://www.moe.gov.cn/s78/A03/ghs_left/s182/moe_633/tnull_844.html.

2001 年，华东师范大学设立了我国第一个职业教育学方向的博士点[①]。2007 年，华东师范大学教育学博士后流动站招收我国第一个职业技术教育学专业博士后。

可见，在政策引领和各高校的积极响应下，职教教师的学历层次不断提升完善，并且逐步构建贯通“本—硕—博”一体化的职教师资人才培养格局，职教教师专业发展的道路更加通畅。但是截至目前，我国高层次“双师型”职教师资培养体系还有待健全完善。

7.2.3.8 加大骨干教师的培训力度

一是扩大培养规模。2002 年，国务院《关于大力推进职业教育改革与发展的决定》提出：实施骨干教师为主的全员培训、提高学历层次的进修以及教师到企事业单位进行专业实践和考察。这是我国第一次强调指出逐步完善职业教育师资培养培训网络。同年，教育部印发《关于加强高等职业（高专）院校师资队伍建设的意见》，鼓励教师参加进修和培训，有计划地提高骨干教师的轮训工作水平。2006 年 12 月，教育部和财政部联合印发《关于实施中等职业学校教师素质提高计划的意见》，明确提出到 2010 年培训 15 万名中等职业学校专业骨干教师。2011 年 8 月，教育部发布《关于推进中等和高等职业教育协调发展的指导意见》，再次强调“加强师资队伍建设，注重教师培养培训”。

二是加大培养培训基地建设。2000 年，教育部再次下发《关于进一步加强中等职业教育师资培养培训基地建设的意见》，开启了职教师资培养机构从职业技术师范学院向全国重点建设职业教育师资培训基地拓展的转变。在政策影响下，分别于 2000 年 5 月、2001 年 3 月、2006 年 3 月和 2007 年 10 月批准建设共 56 个全国重点建设职业教育师资培训基地[②]；到 2012 年，我国已建成 93 个职教师资培养培训基地、8 个教师职业技能培训示范单位、10 个教师企业实践单位，各省区市也已建立 300 多个省级基地为职教教师专业成长提供了支撑保障，一定程度上扩大并提升了职教师资培养的规模与质量[③]。至此，我国逐渐建立起以国家、省级为主体，培养院校为基础的三级职教师资培训体系。

三是创新培训模式。2005 年，国务院颁布《关于大力发展职业教育的决定》，提出大力推行校企合作、工学结合培养模式。“十一五”教师素质提高计划中，创新性地提出了对骨干教师实行“基地＋企业”的培训模式，即两个月的培训时间，一个月在基地、一个月在企业。于是“十二五”以来，在国家倡导的“基地＋企业”培训模式基础上，各地、各培训基地结合自身条件加大了师资培训模式的创新力度，产生了一批培训新模式。如辽宁省“千名教师进企业，千名技师进学校”的“双进”培训模式；吉林工程技术师范学院构建了“校—企—校”联盟的培养培训一体化模式；重庆师范大学的“行业需求为导向、能力为本位、学员为中心”的培训模式。此外，还有河北科技师范学院“六位一体”、陕西科技大学的“4563”等许多各具特色的培训模式。上述培训模式更趋实用性、特色化，对提高职教师资“双师”素质起到了重要推动作用。

---

① 孟庆国，曹晔，杨大伟.中国职业技术师范教育史[M].北京：教育科学出版社，2016：74.

② 魏明，郝理想.论中国特色职教师资培养培训体系的建设及发展趋势[J].职教论坛，2011(24)：35.

③ 平和光，程宇，岳金凤.推进职业教育师资队伍建设 夯实职业教育立教之本——改革开放 40 年我国职业教育师资队伍建设综述[J].职业技术教育，2018(27)：6.

四是开发职教师资培训资源。为满足培训需要，首次进行大规模中职学校教师培训资源开发，中央财政拨 4000 万元专款予以支持。共计完成了 80 个重点专业师资培训方案、课程和教材开发项目，开发了中职学校的教师培训包、校长培训包和公共基础研究成果三大类培训资源，形成了五大类成果：83 种各类报告、76 种各类标准、77 种各类培训方案、73 种各类质量评估指标体系、235 种各类培训教材，近 800 位专家参与培训包开发[①]。同时，还邀请德国职教专家参与专业教学法教材的研发编写工作。培训资源的开发应用，有效地推动了职教师资培训的规范化、科学化、可持续化，促进了职教师资培训能力的提升以及培训体系的完善。

7.2.3.9 培养范围走向国际舞台

这阶段，职教师资培训不仅在国内开展，还走向了国际舞台。通过采取“请进来”和“走出去”等方式，加强国际交流，学习国外先进经验，拓展国际视野。

1998—2004 年，实施了中德唐山农村职业教育项目。项目聘请德国专家培训果树、农机等 5 个专业的教师 527 人，还有 70 人接受出国培训。2002—2007 年的中澳职教项目，国内培训职教教师及管理干部 860 人次，选派了多名职教教师赴澳培训。2004—2006 年，教育部启动了“中德职教师资进修项目”，3 年累计培训骨干教师 916 人，涉及汽车运用与维修、数控技术应用、机电技术应用、电子技术应用、旅游管理与服务、国际商务等 6 个专业[②]。天津大学、东南大学与德国马格德堡大学技术职业教育开展“双硕士培训合作项目”[③]，受到求学者与职业学校的欢迎，提高了我国职教师资培养的水平，为我国职教师资培养改革积累了宝贵经验。

2007 年，启动了新一轮“中德职教师资进修项目”，500 名中职学校专业骨干教师、675 名重点职业学校校长赴德国和奥地利进修、考察。这是我国职教史上第一次大规模地选派骨干教师出国研修。2006—2010 年，教育部、财政部共同实施了“中等职业学校教师素质提高计划”，选拔了 1000 名国家级培训优秀学员出国培训。

部分省份也与国外合作开展职教师资培训项目，如 2003 年中法湖北职业教育培训项目、2008—2009 年广西—新加坡中职教育培训项目等。此外，还有院校之间的国际交流与合作。可见，这一时期，培训范围从国内扩展到国外，培训内容重视对国外先进职业教育理念、课程和专业教学法的学习。

7.2.4 新时代创新发展:2013 年至今

方向引领，顶层设计，构建职教师资培养现代治理体系。2012 年 11 月，党的十八大提出“加快发展现代职业教育”的战略部署，标志着我国进入中国特色社会主义新时代，也标志着我国职业教育走向新的发展阶段。

进入新时代以来，国家先后出台了一系列关于职业教育的纲领性文件，对职业教育师资

---

① 陈雪，曹晔.改革开放以来我国职教师资培训的回顾与展望[J].教育与职业，2020(16):54.

② 陈雪，曹晔.改革开放以来我国职教师资培训的回顾与展望[J].教育与职业，2020(16):54.

③ 刘晓，沈希.我国职教师资培养：历史、现状与体系构建[J].河北师范大学学报(教育科学版)，2013(11):73.

队伍建设进行顶层设计，提出了新的目标和要求。职教师资培养从局部性、阶段性发展过渡到体系性、终身性发展，标志着我国开始着手构建职教师资培养现代治理体系。

7.2.4.1 以标准体系建设为引领

（1）教师专业标准建设

2012 年 8 月，国务院印发《关于加强教师队伍建设的意见》，明确要求完善教师专业发展标准体系，要求制定职业学校教师专业标准。同年 12 月，教育部、国家发展改革委、财政部发布《关于深化教师教育改革的意见》，提出并出台职教教师专业标准。2013 年 6 月，教育部印发《职教师资本科专业培养标准、培养方案、核心课程和特色教材开发项目管理办法》，对专业教师标准、专业教师培养标准、评价方案、课程资源等内涵进行了详细阐释，明确三年内开发 100 个职教师资本科专业的培养标准、培养方案、核心课程和特色教材，其中专业项目 88 个，公共项目 12 个。2013 年 9 月，《中等职业学校教师专业标准（试行）》（以下简称《标准》）正式出台，该标准对中职教师的专业素养提出要求，包括 3 个维度、15 个领域、60 个基本要求。《标准》是引领职教教师专业发展的基本准则，也是师资培养、准入、培训等工作的基本依据和参考标准。

2019 年，《实施方案》（职教 20 条）提出要“构建职业教育国家标准”，针对职教师资“实施教师和校长专业标准，提升职业院校教学管理和教学实践能力”。同年，教育部等四部委联合印发《深化新时代职业教育“双师型”教师队伍建设改革实施方案》（简称《“双师型”方案》）提出，建立中等和高等职业教育层次分明、覆盖公共课、专业课、实践课等各类课程的教师专业标准体系。

目前，《中等职业学校教师专业标准（试行）》和《中等职业学校校长专业标准》已经出台，但高等职业院校、本科层次职业教育学校的教师专业标准还没有出台。

（2）“双师型”教师认定标准

关于“双师型”教师，无论是理论还是实践层面，都进行了丰富的研究，衍生出了双能力、双证书、双师结构等多种内涵解释。2019 年的《实施方案》（职教 20 条）首次在国家文件中对“双师型”教师进行了明确表述：“是同时具备理论教学和实践教学能力的教师。”同年，《“双师型”方案》中提出，建立层次分明，覆盖公共课、专业课、实践课等各类课程的中等和高等职业教育教师专业标准体系。但长期以来，对职业院校“双师型”教师如何进行认定，在国家层面并没有统一标准。一些地区根据本地中等职业教育特点，本着先行先试的原则，根据自身的实际情况确定了相应的认定标准。值得庆幸的是，就在日前不久，教育部印发了《职业教育“双师型”教师基本标准（试行）》①，对中职和高职学校“双师型”教师的认证进行了规范，分为初级、中级、高级三个层次。《标准》突出了职业资格（技能）证书、在技能竞赛、教学成果、科技发明方面的获奖或指导学生获奖的作用，可以为“双师型”教师认证提供指南。

（3）职业技术师范教育专业认证标准

2019 年 10 月，教育部印发了《职业技术师范教育专业认证标准》（以下简称《专业认证

---

① 教育部官网.http://www.moe.gov.cn/srcsite/A10/s7034/202210/t20221027_672715.html.

标准》）。《专业认证标准》紧扣“学生中心”“产出导向”“持续改进”等基本理念，从培养目标、毕业要求、课程与教学、合作与实践、师资队伍、支持条件等多方面为高等院校中职职教师资培养提供了指引。认证标准分为三级，基本情况如表7—5。

表7—5 职业技术师范教育专业认证标准

层次	定位	宗旨	制定依据
一级认证	专业办学基本监测要求	促进专业基本建设	国家教育法律法规和中等职业学校教师专业标准
二级认证	专业教学质量合格要求	加强专业内涵建设	国家教育法律法规和中等职业学校教师专业标准
三级认证	专业教学质量卓越（一流）要求	以评促强，追求卓越，打造一流质量标杆	国家教育法律法规、中等职业学校教师专业标准及《教育部关于实施卓越教师培养计划2.0的意见》

一级是基本要求，二、三级标准在工匠精神、实践操作能力、职业指导、创新创业、“双师型”教师等方面更加凸显职教特色。《专业认证标准》是规范、评价与引导职教教师培养专业建设的重要依据及参考。

除了上述三类标准外，职教领域内一些其他标准如职业院校教师评价标准对职教师资队伍建设也发挥着重要作用。

7.2.4.2 进一步提升师资素质

2010年以来，为推动职业教育转型发展，进一步提升职教师资素质，国家加大了对职教师资的培训力度，完善培训制度，开发培训项目，丰富培训内容，建设培训资源，创新培训模式。职教师资培训工作更加规范化、制度化和常态化。

(1) 实施职教教师素质提高培训

本阶段，继续实施职业院校教师素质提高计划（2011—2015）。2012年，国务院《关于加强教师队伍建设的意见》提出，加强师德建设，推行教师培训学分制度，完善以企业实践为重点的职业学校教师培训制度等。2016年，教育部、财政部颁布《关于实施职业院校教师素质提高计划（2017—2020年）的意见》，开启实施职教师资分层分类国家级培训。强调通过实施“职业院校教师示范培训”“中高职教师素质协同提升”“校企人员双向交流合作”等多样化培训计划，实现“2020年加快建成一支师德高尚、素质优良、技艺精湛、结构合理、专兼结合的高素质专业化的‘双师型’教师队伍”的目标。次年，为确保计划实施成效，教育部印发了《职业院校教师素质提高计划项目管理办法》，教育部、财政部又印发了《关于做好职业院校教师素质提高计划2017年度项目组织实施工作的通知》，同时配套发布了《职业院校教师示范培训项目实施指南》《卓越职业院校校长专题研修项目实施指南》《骨干培训专家团队建设项目实施指南 》《中高职教师素质协同提升项目实施指南》《校企人员双向交流合作项目实施指南》等5个具体指南，从职责分工、组织实施和经费管理等方面对该计划进行了规定，为计划实施提供了指导意见和实施依据。2019年，《方案》再度强调落实职教教师素质提高计划，要求落实职教教师5年一周期的全员轮训制度。上述系列政策力度大，要求严，越来越强调全员培训、形式内容多样以及企业参与等，使得素质提高计划更加具体完善可操作，促进了职教师资的专业化发展。

（2）深化职业学校教师企业实践制度

2014 年，国务院《关于加快发展现代职业教育的决定》指出，强调健全企业参与制度，要研究制定促进校企合作办学有关法规和激励政策。2016 年，教育部等七部门印发《职业学校教师企业实践规定（试行）》，明确要求没有企业工作经历的新任教师应先实践再上岗、专业课教师 5 年必须累计不少于 6 个月的企业或生产服务一线实践等制度。2019 年，为进一步深化产教融合、校企合作，确定了包括中国通信服务股份有限公司等在内的首批 102 个全国职业教师企业实践基地①。由此可见，政策层面对职业学校教师企业实践制度进一步深化，不仅明确了教师参与企业实践的要求，更提出了调动企业参与积极性的解决办法。

（3）打造国家级职业教师教学创新团队

2019 年，《“双师型”方案》特别指出要“创建高水平结构化教师教学创新团队”。同年，教育部印发《全国职业院校教师教学创新团队建设方案》，明确了职业院校教师教学创新团队建设的具体目标、建设措施以及遴选标准等。职业教师教学创新团队是推动新时代职教教师队伍建设的重要创新举措，是构建职教教师共同体的重要途径。

7.2.4.3 开创“双师型”教师队伍建设新局面

本阶段，“双师型”教师培养被摆在了职教师资队伍建设的重要位置，各地也陆续开始探索培养模式，进一步畅通了职教师资专业发展的路径。

（1）“双师型”教师培养取得显著成效

2012 年 8 月，国务院《关于加强教师队伍建设的意见》对职业学校“双师型”教师队伍的培养提高到新的历史高度。2013 年 4 月，教育部、财政部《关于做好 2013 年“国培计划”实施工作的通知》还提出“……提升培训质量方面要对‘双师型’教师培训提出要求”，还要求分别“建立‘双师型’教师培养培训基地工作评估和动态调整机制”。2014 年 6 月，国务院下发《关于加快发展现代职业教育的决定》，对“双师型”教师队伍建设进行了详细的规定，包括完善教师资格标准、实施教师专业标准、加强校长培训、健全教师专业技术职务（职称）评聘办法、落实教师企业实践制度、推进高水平学校和大中型企业共建“双师型”教师培养培训基地等方面。

2016 年 11 月，教育部财政部印发《关于实施职业院校教师素质提高计划（2017—2020 年）的意见》（以下简称《意见》），系统规划了 2017—2020 年的职教师资培训。《意见》在 2011 年职业院校教师素质提高计划的基础上，进一步开创了“双师型”教师队伍建设的新局面。《2017 中国高等职业教育质量年度报告》显示，全国有 26 个省市、自治区（包括新疆生产建设兵团）的“双师型”教师中位数超过 50%②。截至 2018 年年底，中职学校“双师型”

---

① 王芳等.改革开放以来我国职教教师专业发展政策的回顾与思考[J].职业教育研究，2021(02)：7.

② 平和光，程宇，岳金凤.推进职业教育师资队伍建设 夯实职业教育立教之本——改革开放 40 年我国职业教育师资队伍建设综述[J].职业技术教育，2018(27)：11.

教师占专任教师的比例为 31.48%，高职学校比例为 39.70%[①]。

2017 年 12 月，国务院下发《关于深化产教融合的若干意见》，强调“校企合作共建‘双师型’教师培养培训基地”。2019 年 1 月，《实施方案》（职教 20 条）中提出了若干实施策略，“……多措并举打造双师型教师队伍，把双师型教师培养与建设作为结构优化的主要抓手”，明确要求到 2022 年，“‘双师型’教师占专业课教师总数超过一半”；“2020 年起基本不再从应届毕业生中招聘”。同年 9 月，《实施方案》（职教 20 条）进一步将“双师型”教师队伍建设实施策略具体化，对《意见》和《实施方案》（职教 20 条）中关于“双师型”教师队伍建设的要求与思路进行了更详细的规划设计，全方位指出了新时代职教“双师型”教师队伍建设的路径和方向。2021 年年末，“双师型”教师在专业课教师中的占比，均超过 55%（中职 56%、高职专科 59%、高职本科 59%）[②]。经过 20 余年的实践探索，“双师型”教师培养和队伍建设取得显著成效。

（2）实行 1+X 证书制度

对标 1+X 证书制度，筑牢“双师型”教师专业化发展的支持体系。自 2019 年《实施方案》（职教 20 条）提出“学历证书+若干职业技能等级证书制度”（简称“1+X 证书制度”）以来，截至 2020 年 3 月，教育部分 4 批发布了 162 个职业技能等级证书标准，1+X 证书制度的启动实施为职教系统带来了新的发展契机[③]。在此背景下，为了促进职教师资专业化全面发展，“双师型”教师培养和队伍建设必须对接 1+X 证书制度，树立理实结合思维，把握实践技能形成规律，为 1+X 证书制度的顺利落实创造有利条件。

（3）产教融合机制进一步完善

随着 1+X 证书制度的不断落实推进，职业教育产教融合机制也进一步完善。通过加强产教融合，支持职教教师教育教学，学生技能培养，协同企业技术开发。因此，要求“双师型”教师进一步提高实施专业教学改革、服务专业建设发展的能力。在产教融合平台上，“双师型”教师通过实施专业教学改革，服务专业建设发展，敏锐洞察产业发展动态与企业技术前沿，不断优化课程教学体系，及时更新教学内容，为经济社会建设提供源源不断的人力资源和智力支持。

7.2.4.4 进一步完善培养层次体系

（1）教育硕士设立职业技术教育领域

2015 年，国务院学位委员会决定在“教育硕士”学位中新增“职业技术教育”领域，批准首批 45 所院校开展的教育硕士（职业技术教育领域）培养试点工作，并于 2016 年开始招生。旨在培养兼具较强职业技术教育教学实践和研究能力的高素质中等职业学校专业教师。此项举措开启了我国“双师型”职教师资培养的新时代，填补了空白。我国职教师资硕士层次培养从在职（非全日制）教育的单一形式扩展到全日制、非全日制两种形式。至此，我国“双师

① 教育部.“双师型”教师队伍建设有关工作情况[EB/OL].（2019-02-19）[2019-10-11].http://www.moe.gov.cn/fbh/live/2019/50294/sfcl/201902/t20190219_370020.html.

② http://www.moe.gov.cn/fbh/live/2022/54487/sfcl/202205/t20220524_629747.html.

③ 李梦卿，李鑫.我国职业教育“双师型”教师队伍建设：盘点“十三五”、谋划“十四五”[J].职业技术教育，2021(6):13.

型”职教师资培养从本科层次提升至研究生层次，促进了职教师资培养的全方位和多层次发展，推动了中职职教师资队伍建设的改革。2017 年，教育硕士（职业技术教育领域）研究生报名人数 1564 人，是 2015 年职业学校教师在职攻读硕士学位报名人数的 27.5%；录取人数为 843 人，是 2015 年职业学校教师在职攻读硕士学位录取人数的 40.9%[①]。2021 年，西部某师范大学财经商贸类招生人数由 2016 年的 5 人上升至 25 人。

(2) 服务国家特殊需求的“双师型”博士项目

为满足国家对更高层次更高素质职教师资的特殊需求，对接职业院校改革发展之急需，2013 年，国务院批准天津职业技术师范大学开设“双师型”职教师资人才博士学位培养项目。该项目采用多方联合、工学与教育学交叉融合的跨学科培养模式，旨在培养将实践性和学术性有机结合、将专业理论与实践与教学理论与实践完善融合的高素质复合型职教骨干教师和高水平学科专业带头人。“双师型”博士项目是我国首个“双师型”职教师资博士学位培养项目，开拓了高层次职教师资人才培养渠道，填补了该领域人才培养的空白，完善了我国职教师资的培养体系，标志着我国高层次职教师资培养取得重大突破。至此，我国逐渐构建了一个由本科—硕士—博士全系列、完整的职业技术教育学科体系，形成了多层次的“双师型”职教师资人才培养格局。

目前，我国“双师型”职教教师培养已经形成较为完整、横纵贯通的培养体系，为职教师资培养的可持续发展奠定了基础。横向上，培养形式不断拓展，形成涵盖全日制、在职攻读硕士学位、联合培养等不同种类多样化的教师培养格局；纵向上，学历层次不断提升，本科、研究生多层次培养并存。

7.2.4.5 进一步创新人才培养方式

2010 年，《教育规划纲要（2010—2020 年）》提出，加强学校之间、校企之间、学校与科研机构之间合作以及中外合作等多种联合培养方式。在政策支持下，各培养院校以培养“双师型”教师为重点，探索多方参与、灵活开放的职教师资培养培训新模式。

(1) 建立校企校联盟

针对职技高师办学体制封闭、学生培养与岗位规格相分离、资源不足、技术落后等弊端，吉林工程师范学院率先打破原有单一主体办学体制，成立吉林省职教教师教育联盟，实施“校企校”三位一体的协同育人制度。通过与企业和职业学校等成员单位合作，建立试点专业、专业方向和生产实践岗位，来加强学生的专业和教学实践能力，促进学生职业技能和教学技能的发展。建立“校企校”联盟较好地实现了职业教育教师培养由单一主体、封闭模式向多方参与、开放教育与系统育人机制转变，取得了良好的效果。

(2) 实施卓越教师培养计划

为了提高职教专业教师的综合素质和专业化水平，培养学校骨干教师和专业带头人，2014 年，教育部《关于实施卓越教师培养计划的意见》（以下简称《卓越教师意见》）提出构建协同培养新机制，强调政府、高校、行业企业、中职学校在课程资源利用、教师团队组织、

① 平和光，程宇，岳金凤.推进职业教育师资队伍建设 夯实职业教育立教之本——改革开放 40 年我国职业教育师资队伍建设综述[J].职业技术教育，2018，39（27）：10.

培养培训基地建设与教学研究等方面达到合作共赢的效果，共同促进职教师资的专业发展。自《卓越教师意见》实施以来，各高校积极探索卓越师资培养模式，吉林工程技术师范学院构建“校—企—校”协同育人机制，立体设计“一、二、三课堂”[①]；西南大学与广东市相关部门开展了“工程类职业教育双师型卓越人才”专业学位研究生联合培养项目，定向培养“懂产业技术、善教书育人”的双师型职业院校教师。卓越职教师资的培养以问题为导向，注重培养学生实践教学能力，突出人才培养特色。卓越职教师资计划旨在培养出具有高超素质、宽厚基础、技能娴熟、能够胜任理实一体化教学的卓越职教师资，使得真正“善教、乐教、适教”的优秀人才进入职教师资队伍。

(3) 依托“基地”，政校企协同培养“双师型”教师

根据《卓越教师意见》提出的“建立健全高校与地方政府、行业企业、中职学校协同培养教师的新机制，建设一批职教师资培养培训基地和教师企业实践基地，积极探索高层次‘双师型’教师培养模式”的要求，各地开展了协同培养“双师型”教师的实践探索。江苏省张家港市派遣 20 多位中等专业学校专业教师到企业担任访问工程师，与江苏新美星机械集团合作建设师资培训基地，2013—2015 年连续三年均圆满完成了全省青年教师为期 6 个月的企业实践国培项目。在技术服务方面也取得突出成效，教师参与的企业产品研发和技术改造达到了 18 项[②]。如机电专业与江苏典创科技有限公司合作开发了 3D 智能交互教学平台，软件与信息服务专业参与制作的动画片《开心农场》在中央电视台优漫频道播放，汽修专业参与汇众 4S 店汽车教学工厂的生产与管理，会计专业与金典软件有限公司合作开发了“乡镇经济数据统计信息化公共服务平台”。

(4) 顶岗实习、精准支教

为缓解贫困地区职业学校教师数量短缺，同时弥补职教师范生师范技能和专业技能不强的问题，有学校将职教师范生实习与实习学校专业教师培训有机结合，开创了“顶岗实习、置换培训”的新型教师教育实践模式，实现合作双方互利互惠，各得其所。2014 年，天津职业技术师范大学与贵州省签订“校地合作”职教师资培养培训协议，学校安排 90 名优秀学生到相应中等职业学校的教学岗位进行为期 3 个月的顶岗实习。与此同时，从贵州职业学校“置换”出来的教师又到天津职业技术师范大学接受培训[③]。“顶岗实习、置换培训”为师范生提供了难得的“实战演练”机遇，有助于增强其教学实践技能。同时，也为师资匮乏学校开创了一条教师培训新路径，促进了职教师资一体化、专业化培养。

(5) 开展工程实践教育

培养院校紧跟现实需求，在“双师型”教师培养的基础上，加大工程实践教育，开设“工程实践教育”实验班，为高职和应用型高校实训中心培养人才。在培养上，突出学生的专业实践能力和实践教学能力，将操作技能、专业技能、师范技能贯穿于培养过程之中，以实现

---

① 张鹏，方健，董鹏中.卓越职教师资人才培养培训体系创新与实践——以吉林工程技术师范学院为例[J].职业技术教育，2017，38 (8) ：74.

② 冯胜清.政校企协同下“双师型”教师培养模式探讨——以张家港为例[J].职教通讯，2017(4)：75.

③ 邹联克.现代职业教育背景下职教师资培训模式探索——中职“顶岗实习与置换研修”师资培训的实践与思考[J].贵州教育，2015 (1) ：19.

毕业生操作技能“一专多能”。如天津职业技术师范大学自2015年开始组建工程实践教育实验班，实验班以培养“双师型”工程实训中心教师为目标，旨在培养既具有较强工程实践能力又具有较强教学能力的“一体化”师资。实践证明，毕业生理论扎实、实践教学能力强，深受用人单位欢迎。

7.2.4.6 国际化发展不断深入

党的十八大以来，伴随着“一带一路”倡议的推进，一批重大工程和国际产业合作项目相继在沿线国家落地。在这种背景下，迫切需要我国职业教育走出国门，支撑和服务“一带一路”战略对技能技术人才的需求。这也对职教师资培养国际化提出了新要求。

2016年，教育部出台《推进共建“一带一路”教育行动》，提出要推进职教教师教育朝着国际化方向发展。在文件精神的鼓励下，教育部积极推进与德国、澳大利亚等国家开展职业教育教师。不少培养院校积极行动起来，如天津大学、东南大学与德国马格德堡大学联合开展“职业教育双硕士培养项目”，造就了一大批高质量、高素质的职教教师①。浙江工业大学教育科学与技术学院邀请德国马格德堡大学、美国加州大学长滩分校、澳大利亚科廷大学、韩国首尔大学以及泰国、马来西亚、新加坡等国共50多名国际职业教育专家来学校，为职教硕士研究生讲学，开展学术交流②。

可见，这一时期职教师资培养的国际交流与合作，提升了职教师资培养国际化水平，丰富了我国职教师资培养形式，为职业教育带来了鲜活的师资新力量，也为我国职教师资国际化培养的改革工作提供了宝贵的经验借鉴。这将进一步夯实我国现代化职教师资培养体系构建“本土化”与“国际化”对接机制的基础。

---

① 汤秋丽，赵英.新中国成立以来我国职教教师教育政策的变迁分析——基于历史制度主义的视角[J].现代教育科学：中学教师，2021(3):93.

② 陆宇正，刘晓.建国七十年我国职教师资培养的历史演进与现实思考[J].职教发展研究，2019(3):46.

7.3 我国职教师资培养政策的演化特征

国家的政策保障与支持是发展职教师资的关键。自 20 世纪 70 年代末以来，我国相继颁布了 70 多个有关职教师资培养的政策文件，在制度上逐步从笼统的学校教师培养中分离出来，政策分类和表述中职教师资特色更加鲜明，针对性更强，能更专门化地推动我国职教师资培养工作。

职教师资的培养政策的演进是伴随着职业教育事业的发展形势而变化的。纵观政策的演进脉络，可以看出政策变迁由形式到内容，由粗放到精细，大致是以三个步骤补齐各个师资问题的“短板”：第一步，着力解决教师的数量问题；第二步，着力提升教师学历层次水平；第三步，致力提升职教师资队伍的素质。归纳如下。

7.3.1 从零散到系统

改革开放以来，党中央、国务院高度重视职教师资的培育，在被“文革”破坏严重的情况下，不断探索创新。从 1980 年开始，陆续出台了一系列促进职业教育发展和师资培养的政策措施，在培养主体、培养体制、培养层次、招生对象、培养模式等方面不断进行规范、完善，逐步构建起较为完备的职教师资培育体系。职前培养多由独立设置的职技高师、普通高校下设的二级学院或职业技术教育学院承担；在职培养多针对培育“双师型”教师实施，由职教师资培训基地或社会培训机构承担。在学校层面，多采取校企校合作培养等措施，有效促进了职教师资专业发展工作。在社会层面，职教师资的供给范围也从单纯的高等学校扩展至社会职业培训机构、企业培训部门、社区教育机构等多种类型。回顾我国职教师资培养体系建设，从最初的 8 所职业技术师范学院，到当前的多元参与，我国职教师资培养无论在规模、质量、体系上还是在制度上，都达到了历史最高水平。

从纵向来看，职教师资培养学历层次得到有序提升，“双师型”职教师资培养已经形成了较为完善的“本—硕—博”一体化的体系。从横向来看，职教师资培养建设形式得到拓展，实现了学历教育与非学历教育、全日制与非全日制培养的并进齐驱。

从政策文件表现形式来看，从最初的“通知”“意见”“会议精神”或散见于某些相关文件的零星表述，到对职教师资队伍建设进行专门、系统的论述和规划，并以法律的形式进行规范。且制度之间在培养类型横向和时间纵向上逐渐形成比较严密的递进逻辑关系，为不断优化职教师资培养提供了指南和依据。

7.3.2 从数量扩张到素质提升

回顾历史可以发现，快速补充职教师资数量是职教师资培养的实践起点。最初为满足应急发展，采用“挖潜改造”，然后过渡到独立设置的职技高师、普通高等学校和普通师范院校分工、协作，共同平稳培养。经过多年的努力，我国职业教育师资队伍的规模逐步扩大，素质逐步提高，结构不断优化。

改革开放初期，国家为满足职业教育发展需要，短时间培养更多的职教师资，职教师资队伍建设采取“两条腿走路”的方针：一是挖潜改造。二是设置专门的师资培养机构。通过“改”、“分”、“调”、“聘”、“留”和“设置专门的师资培养机构”等措施大大缓解了职教师资短缺的问题。

1995 年，国家教委印发《关于开展建设示范性职业大学工作的通知》，提出将“双师型”教师占 1/3 以上作为申请试点建设示范性职业大学的基本条件之一，标志着职教师资建设开始由追求数量向追求素质转变。1997 年 9 月颁布的《关于加强职业学校教师队伍建设的意见》等文件，分别对职教师资的学历、专业等进行了结构调整，并取得实效。同时，国家教委以文件形式提出组织中等职业学校在职教师参加高等教育自学考试，以加速实现中等职业学校教师学历达标的要求。

进入 21 世纪，国家开始重视职业院校教师的教学以及科研水平，提升职教师资的素质。2004 年教育部颁发的《关于进一步加强职业教育工作的若干意见》文件中，对职业院校的教师质量提出了要求。随后，关于职教师资素质提高、师资队伍建设的政策文件相继出台，关注的点都涉及职教教师的素质、质量、专业发展、教师专业标准等方面。2006 年，教育部、财政部出台了《关于实施中等职业学校教师素质提高计划的意见》，此后开启了五年一轮的职业院校教师素质提高计划。2021 年，教育部开启了第四轮职业院校教师素质提高计划（2021—2025 年），职教师资的培养培训进一步有序化、制度化。

从纵向上看，职教师资政策的关注点从最初注重规模扩张走向了注重质量和素质的提升，从注重队伍增量走向强调提质增能。为切实提高中等职业学校教师队伍的整体素质，全国重点建设了一批职业教育师资培训基地，目的就是要切实提高职教师资的整体素质，促使我国职教师资队伍建设从注重数量规模向注重高素质专业化转变。

在学历层次上，2001 年我国在职技高师院校启动了中等职业学校教师在职攻读硕士学位，有组织、有计划、成规模地培养骨干教师和专业带头人。2015 年，开展教育硕士专业学位“职业技术教育领域”培养试点，从本科层次培养走向硕士层次培养，这对于推动职业教育师资队伍的改革，培养高素质、专业化的高学历“双师型”教师具有重要意义。2013 年，天津技术师范大学“双师型”职教师资博士学位培养项目，旨在提高职业院校教师的学历水平和专业化水平，填补了我国在职教师资培养领域的空白，标志着我国高层次职教师资培养取得重大突破，由此我国基本形成了本科、研究生贯通的职教师资人才培养格局。

2019 年《实施方案》（职教 20 条）对高学历“双师型”职业教育师资的培养提出了更新更高的要求，指出“支持高校扩大职业技术教育领域硕士专业学位研究生招生规模，探索本科与硕士教育阶段整体设计，分段考核、有机衔接的人才培养模式，推进职业技术教育领域博士研究生培养”[1]。这预示着我国“重点实施研究生层次的职教教师培养制度”时代的来临。

7.3.3 从单一封闭到多元开放培养

改革开放后，在政策引领下，我国职教师资的职前培养的主体逐渐从单一、封闭到多元化和开放化转变，基本形成多元参与的职教师资培养体系和格局，推动着我国职教师资培养培训的深化发展。主要表现在以下方面。

一是形成三大培养主体。从 20 世纪 70 年代末，以独立设置的职技高师院校为单一主体的时期，先后拓展了普通高校建立二级学院以及建立职教师资培训基地等多种培养主体。到 90 年代中期，我国逐渐形成了三大职教师资培养主体，其一是独立设置的职业技术师范学院（简称职技高师）；其二是普通师范大学；其三是普通高校下设的职业技术教育学院。这三大主体对职教师资的培养各有特点，各具优势，在职教师资培养过程中相互衔接配合取长补短，共同构建了我国职教师资培养的主体范畴。

二是建立了大批职教师资培养培训基地。从 20 世纪 80 年代末开始，教育部和各地依托高等院校、中等专业学校建立了一批职教师资培养培训基地，承担师资培养培训、理论研究与信息服务等职能。类型包括全国重点建设职业教育师资培训基地、全国职教师资专业技能培训示范单位、全国职业教师企业实践单位以及省级职教教师培训基地。

三是师资培养从单一学校培养走向校企合作培养。为充分发挥企业在培训职教师资中的作用，国家非常重视职业教育教师协同培养，持续出台了一系列相关政策文件。如 2010 年，《教育规划纲要（2010—2020 年）》指出，要“加强‘双师型’教师队伍和实训基地建设……鼓励企业接收学生实习实训和教师实践”。2014 年，《国务院关于加快发展现代职业教育的决定》提出“研究制定院校、行业、企业、科研机构、社会组织等共同组建职业教育集团的支持政策……推进高水平学校和大中型企业共建‘双师型’教师培养培训基地”，强化职业教育教师协同培养。职教师资培养模式由学校单一培养走向校企合作培养的转变，为建设我国具有“双师型”特色的职教师资队伍探索出了新的科学培养方法。

值得一提的是，2001 年我国开始实施教师资格制度，替代了原本师范生定向招生、定向分配的制度，非师范专业的学生也可以到学校任教，拓展了职教师资的培养渠道。

总之，从政策走向上看，探索校企合作、多方参与、灵活开放的多主体联合培育职教师资的协同培养模式成为职业教育教师政策的发展趋势。

7.3.4 从教师到“双师”

20 世纪 90 年代末期以来，“双师”型教师逐渐成为职教师资建设和培养的热点。在“双师型”教师内涵发展及职教师资专业化思想的影响下，制定“双师型”教师专业标准、促进“双师型”教师培养日益成为职教师资政策及培养实践的重点。在对“双师型”教师的政策规范上，经历了一个从外在特征认证的角度表述“双师型”职教师资到从内在素质认证的角度

---

① 石伟平，付雪凌.职教师资培养体现须重新系统设计[N].中国教育报，2018－04－24.

界定“双师型”职教师资的发展过程。

1995年，国家教委第一次在政策上明确提出了“双师型”教师的概念，将“双师型”教师表述上升为国家政策层面，提出中职学校三分之一以上达到“双师型”要求。1997年，全国职教师资队伍建设工作座谈会召开，要求2010年该比例不少于60%[①]。1998年起，我国相继颁发了一系列相关意见及决定，包括《高等专科学校、高等职业学校和成人高等学校教学管理要点》、《面向21世纪深化职业教育教学改革的原则意见》及《关于加强高等职业（高专）院校师资队伍建设的意见》等。上述政策指出：要通过教学实践、专业实践和业务进修、大力培养、“从企事业单位引入”等多种渠道，尽快形成一批既有较高学术水平、教学水平，又有较强实际工作能力的“双师型”职业院校专任教师。

为使“双师型”教师的培养区别于其他类别的教师，2004年，教育部《关于全面开展高职高专院校人才培养工作水平评估的通知》中的附件一和《高职高专院校人才培养工作水平评估方案（试行）》中规定了“双师”素质教师的具体条件。2005年，国务院《关于大力发展职业教育的决定》首次对职教教师到企业实践的时间做出了明确的规定，保障了职校教师实践学习的时间，强化了企业责任。2006年，教育部和财政部发布的《关于实施国家示范性高等职业院校建设计划加快高等职业教育改革与发展的意见》，强调培养和引进“双师型”教师队伍，建设专兼结合的职教教师。2010年，教育部、人社部和财政部印发的《关于实施国家中等职业教育改革发展示范学校建设计划的意见》，及2011年教育部《关于进一步完善职业教育教师培养培训制度的意见》进一步落实教师定期企业实践制度。至此，我国职教师资培养制度已明确开始了向“双师型”教师制度转变，培养工作已呈现明显的“双师型”特色要求。

2013年，《中等职业学校教师专业标准（试行）》颁布，标志开始对“双师型”职教师资内在素质进行认证，也意味着我国对“双师型”职业教师内涵理解的不断深化。2014年，国务院发布的《关于加快发展现代职业教育的决定》和《现代职业教育体系建设规划（2014—2020年）》，对“双师型”职教师资质量建设的路径进行了深入探讨，包括提升教师的教学质量、科研能力和改革教师绩效评估等方面。2019年1月《实施方案》（职教20条）把“双师型”教师队伍建设作为结构优化的主要抓手，提出要“多措并举打造‘双师型’教师队伍”。同年，教育部、财政部印发《关于实施中国特色高水平高职学校和专业建设计划的意见》，部署实施中国特色的“双高计划”，指出要以“四有”标准打造高水平“双师型”师资队伍。

7.3.5 从职前培养到职前、职后一体化

早期的师范教育，主要是指在师范学校进行的职前培养，围绕职前培养来展开教育教学活动，而对于教师的入职教育、入职后的职后教育均有所忽略，割裂了教师作为专业人员的职前、入职和职后的前后衔接发展阶段，教师教育培养阶段呈现出脱节、分离局面。改革开放后，逐渐开始重视职教师资的继续教育。数据统计，1978—2011年，我国职教师资培养培训政策的三大主题即职业教育教师培养、在职培训和培养培训基地建设，比重分别占职业教育教师培养政策的12%、64%和22%，充分体现了国家对职教师资培养培训工作，尤其是教

① 邓文新，曹丽.“双师型”职教师资培养的理论基础与创新实践综述[J].广东教育·职教，2021(7)：68.

师在职培训工作的重视①。

1996年，《中华人民共和国职业教育法》以法律形式规定了行业企业应当参与职业教育与职业教育教师培训。这是我国在法律条文中正式提出职业教育教师的培养和培训工作。通过一系列政策措施的实施，逐步建立起职教师资前培养、入职教育、职后培训相结合的培育格局，之前职前、职后培养阶段脱节、分离状态得到了改善。

2006年、2011年教育部实施两个五年职业院校教师素质提高计划，分别提出培训15万、45万名职校专业骨干教师，以及提出实施中职青年教师企业实践项目、职业院校兼职教师推进项目等。五年职业院校教师素质提高计划已经常态化、制度化，从2006年至今已完成三轮培训，目前已规划到2025年。2021年6月，教育部、财政部印发《关于实施职业院校教师素质提高计划（2021—2025年）的通知》，提出要发挥示范引领作用，带动地方健全完善职业院校教师培训体系和全员培训制度，打造高水平、高层次的技术技能人才培养队伍。

7.3.6 从教师职业到教师专业化发展

教师不仅是一门职业，更重要的是教师具有很强的专业性。2010年以来，教师培养开始转向按照教师专业化发展来实施，注重教师专业能力培养，加强教育实践课程，从传统师范教育理论化、学科化转向实践化、专业化培养。

2011年，《关于实施职业院校教师素质提高计划的意见》提出，“开发100个职教师资本科专业的培养标准、培养方案、核心课程和特色教材，完善适应教师专业化要求的培养培训体系”②；2013年，教育部印发《中等职业学校教师专业标准（试行）》，对职教教师专业发展的目标和内容从3个维度、15个领域提出了60项基本要求，意义重大③；教育部、财政部在2016年出台的《关于实施职业院校教师素质提高计划(2017—2020年)的意见》指出，要积极开展中职、高职、应用型高校教师团队研修和创新项目，创建一批中高职教师专业技能创新示范团队，加快建立高素质、专业化的“双师型”教师队伍，不断推进职教教师的专业化发展；2018年教育部等五部门印发的《教师教育振兴行动计划（2018—2022年）》，强调为中等职业学校大幅培养具有精湛实践技能的教师、引领带动高层次的“双师型”教师队伍建设④；2019年，《实施方案》(职教20条）强调，“要建立100个‘双师型’教师培养培训基地，以‘双师型’教师队伍建设为提升职教教师教育质量的主要抓手”。这些政策文件的出台和实施，不断提高了职教师资队伍的专业化水平和整体素质，职教师资专业化发展成为教师培养的新趋势。

---

① 宫雪.改革开放以来我国职业教育教师政策研究[J].中国职业技术教育，2012，(21)：26.

② 教育部，财政部.关于实施职业院校教师素质提高计划的意见[Z].教职成〔2011〕14号，2011—11—08.

③ 卢德生，刘瑶.新中国成立七十年我国职教教师教育政策变迁与展望[J].中国职业技术教育，2019(9)：38.

④ 卢德生，刘瑶.新中国成立七十年我国职教教师教育政策变迁与展望[J].中国职业技术教育，2019(9)：35.

7.3.7 从师范教育到教师教育

“师范教育”一般指教师职前预备教育；“教师教育”则是在终身教育理念指导下，根据教师专业发展的阶段性，对教师职前培养、职业培训和在职研修整体考虑、总体设计的教育模式。

随着我国职业教育与终身教育的快速发展，原有的封闭式、单一化的“师范教育”已不能满足职业教育的发展需求，职教师资培育逐渐转向具有多元性与开放性特征的“教师教育”。

20世纪末，我国师资培养体系在理论和实践上都出现了由“师范教育”向“教师教育”转型，主要表现在三个方面：一是由三级师范向二级师范转型，这是指取消中等师范层次，增加研究生层次；二是师范教育由封闭型向开放型转型，所有高等学校只要具备培养师资条件的都可以培养教师；三是实行职前培养和职后培训一体化①。

2001年5月，《国务院关于基础教育改革与发展的决定》第一次正式使用了“教师教育”的概念，提出要“完善教师教育体系……大力加强中小学教师队伍建设”。“教师教育”内含了“终身教育”和“继续教育”的意蕴，体现了职教师资专业化发展的内在规律和客观要求。同年11月，教育部师范教育司提出建立多元的、开放的、专业化的、高层次的、具有特色的教师教育体系。2002年2月，教育部《关于“十五”期间教师教育改革与发展的意见》明确指出“教师教育是在终身教育思想指导下，按照教师专业发展的不同阶段，对教师的职前培养、入职教育和在职培训的统称”。《“十五”意见》提出，到2005年初步形成以现有师范院校为主体、其他高校共同参与、培养和培训相衔接的开放的教师教育体系，基本形成适应全面推进素质教育需要的基础教育教师队伍。

教育部在《关于推进教师教育体制创新，从教师培养培训分离向教师教育一体化转变》中指出：“教师教育体制改革的重点是推进教师教育一体化，教师教育一体化的关键是教师教育机构的一体化。”② 随后《教育部2003年工作要点》再次强调，要加快建立灵活开放的教师教育体系，提高办学层次，推进师范院校改革，鼓励综合性大学开展教师教育。这些政策文件在终身教育思想的指导下，正式厘清了教师教育的内涵，确定了教师教育开放化、一体化的培养、培训模式。2004年，《2003－2007教师教育振兴行动计划》明确提出“全面推动教师教育”。实践证明，“教师教育”适应我国职业教育发展的趋势和要求，是“继续教育”与“终身教育”在职教师资培养方面的具体实践。

以上分析了我国职教师资培养政策的演进特征。可以预见，随着科技、经济、社会与职业教育自身发展规律的作用，职教师资培养将会向专业化、标准化、一体化、协同化、规范化、多元化、国际化、可持续化的方向发展。因此，探索、优化新时代职教师资培养模式，已成为当前重要而紧迫的任务。

---

① 赵超先.美国师范教育的发展及其课程设置[J].南京高师学报，1998(3)：2.

② 袁贵仁.为全面建设小康社会准备高质量专业化的教师[J].中国高等教育，2003(20)：3－7.

第 8 章

我国职教师资培养模式评析

8.1 当前我国职教师资培养的主要模式

当前，我国职教师资主要通过院校培养，形成了多种独特的培养模式，每种模式各具特色与优势，也各有不足。典型模式有：

8.1.1 独立设置的职业技术师范大学（学院）培养模式

如前所述，目前我国共有 8 所独立设置的高等职业技术师范院校（简称职技高师），承担中等职教师资的培养任务。即准职教教师在职技高师接受职业技术师范教育。职技高师借鉴中小学教师培养模式培养职教教师，培养过程中突出师范性和职业教育规律。职技高师利用自身的师资和技术优势，将专业课程与其他职业技术课程相结合，教学理论指导与教师科研实践训练相结合，课堂理论讲授与实践操作相结合，追求职业性、师范性与学术性的统一。

培养方式普遍采取“学科＋师范”的形式，即在原来专业的学科教育基础上，增设教育学、心理学、教学法等教育类课程，是学科专业教育和师范教育的简单叠加。学生毕业后分配到职业学校从事教学工作。

该模式的优点是，侧重理论学习、掌握理论知识和培养学术能力，因此职教师资具有较强的教育理论素养与较高的专业实践能力，学生在职业教育理念、教育教学能力等方面有明显优势；缺点是学历层次仍以本科为主，与目前职业教育的师资需求不大相符，学生就业前景堪忧，而且因过于注重理论学习，学生专业实践能力还是有所欠缺，操作能力较差，难以适应职教实践教学的要求。

职技高师是我国专业教师培养的主要基地之一，是“双师型”职教师资培养的最基本的模式，为职业教育培养和输送了一大批合格的师资，在相当长的时间内发挥了积极的作用。但是，这种单一的技师院校培养模式，造成职教师资理论上较强而在职业技术上偏弱，从而制约了提高职教师资的综合素质。当前职技高师的职教师资培养功能逐渐弱化，发展处境尴尬，不少学校进行功能转型、更名，这进一步降低了职教师资的培养质量。

但无论如何，高等职业技术师范教育是适应我国教育结构的调整和大力发展职业教育需要的产物，其历史功绩和现实作用不可否认。目前仍然是我国高等教育尤其是技术师范教育的重要组成部分。

8.1.2 普通高校课程学习＋入职培训模式

职业教师通过综合性大学、专业院校和普通高等师范院校培养，学习教育类、师范类或专业类课程，毕业之后再接受相关入职培训，合格后再进入职业学校任教。

综合性大学一般是指文、理、工、医等学科较齐全的大学。在我国，综合性大学都是办学条件好、学术水平高，社会影响大的地方重点和全国重点大学。专业院校主要指财经、医学、农业等专业性较强的普通高校。综合性大学专业门类齐全，专业院校学科专业特色显著，学科实力雄厚，实训条件优越，对于培养专业性较强的专业师资有很大优势。同时，因为综合大学生源良好，学生的基础素质优秀，往往更有利于培养出优秀的师资人才。综合性大学和专业院校主要为职业教育输送师资“毛坯”，即学生在综合大学和专业院校接受专业理论和技能教育，毕业后再到专门的职教师资培训机构进行教育教学技能训练，确保职教师资的学术水平和教育技能都有较强的优势。普通高等师范院校一直是我国各级各类学校教师培养的中流砥柱。我国各级各类教育绝大多数的现任师资都是师范院校的毕业生，也是职业院校文化课教师的主要来源。这种局面是我国传统的封闭式师资培养模式导致的。在职教师资培养中，师范院校的主要职能是突出师范性，承担培养职教师资教育教学知识和技能的任务，充分发挥其在教育知识和技能教学方面的优势和特长。但是，目前师范大学也在向综合性发展，具有很多非师范专业，很多师范大学非师范专业甚至已远远超过师范专业。传统的师范强项与快速发展的新兴非专业结合，是师范大学培养职教师资的优势。

这种模式的优点与缺点十分明显。优点是一批获得研究生学历的相关专业毕业生进入职校，提高了师资队伍学历、能力整体层次；缺点是专业课教师专业能力和教学能力结合不足，且缺乏实践经验，实践教学能力相对较弱。

8.1.3 综合性高校教育学院培养模式

综合性高校教育学院培养模式指在有条件的综合性高校设立相对独立的教育学院，面向在校学生和社会人士提供职教师资教师教育类课程。课程修业结束，对教师资格申请者进行考核，合格后颁发相应的资格证书或学历证书，从而完成职教师资资格准入准备。同时，教育学院也为在职教师提供在职培训和学习，承担师资培训任务，使职教师资获得专业发展，实现教师职前职后教育一体化。

现在很多高校设立了类似教育学院的教师进修学院、继续教育学院、职业教育教师学院，等等。在管理机构设置上，教育学院一般配有相应的领导机构和职能机构，以此来协调与学校或其他院系之间的相关事务；教务处则主要负责相应教学工作。大多数综合性高校还设有高教所、高研所等教育科研机构。

8.1.4 普通师范大学设立高等职业技术师范学院培养模式

随着我国教育结构的调整和大力发展职业教育的需要，普通师范大学日益深入参与职教师资的培养。主要方式就是在师范大学中设立专门为职业院校培养培训优秀师资的二级学院。一般是集职教师资培养培训、职业技术教育研究为一体的教学科研实体。目前省属以上重点师范大学均有挂牌的高等职业技术师范学院，主要职能是面向职业教育培养师资和进行非学历职业培训。普通师范大学设立高等职业技术师范学院，反映了我国职业教育事业发展的客观需要。

8.1.5 教育硕士（职业技术教育领域）专业学位培养模式

2015 年，国务院学位办在原有的中等职业学校教师在职攻读硕士的基础上，批准了 45 所高校开展教育硕士（职业技术教育领域）的招生试点，这 45 所高校包括现有 8 所职业技术师范大学、普通师范大学和综合性高校。

培养目标主要面向中职培养硕士层次的职教师资，其专业设置依据是中职的专业目录。教育硕士主要招收职教相关专业的本科生，教育硕士的学制目前为三年（2020 年以前为 2 年）。7 大课程模块、3 方提供课程、三导师制和 5 大能力关注是该模式的设计特色。

但该模式也存在很多问题：一方面，招收教育硕士（职业技术教育领域）高校，如果内设教育学院，其教育学院与专业学院之间学科分离，难以建立相应的合作机制。现有校内专业导师（非双师）难以提供全面的指导，从而无法有效为职教硕士提供职业教育教学方面的指导，对教育硕士专业技术能力的提高也没有太大帮助。另一方面，对于没有职业教育学学科的高校，由于缺乏职业教育学导师与职校导师，无法提供职教理论课程、教师教育课程与教学实习实训，因而缺乏能力为职教师资提供教育理论学习，教师教育相关课程以及实习实训等也难以落实。这种模式缺乏真正有效的手段培养职教师资的教育理论能力。同时，两类高校均缺乏行业导师，难以安排企业实践。

8.2 我国职教师资培养模式的特色

改革开放40年来，我国形成了包括8所独立设置的职技高师院校和综合大学、专业性大学、普通师范大学在内的职教师资培养体系，各类学校在办学过程中形成了各具特色的职教师资职前培养模式。

8.2.1 合作培养

合作培养旨在实现教学资源共享、优势互补，提高职教师资的培养质量。高等院校是目前我国职教师资培养的主体力量，但是由于职教师资培养具有特殊性，培养主体需要兼顾职业性、学术性、师范性等多个维度，也就需要协调培养院校与职业院校、普通高校、行业企业等不同主体之间的需求与行为，加强校校合作、校地合作、校企合作、校政合作。

8.2.1.1 校内合作

为了培养复合型职教师资，同一高校内往往需要不同学院之间的跨学科、跨专业进行协同培养。从学科支撑的角度看，综合性师范大学最常实施这类协同。比如在华南师范大学，以职业教育学院为依托，目前在专业设置方面已探索了两种有效的校内协同模式。一是借助“教育学(电子商务)”“教育学(网络工程)”专业建设平台，通过经管大类学科、教育学与计算机类的学科协同，职业教育学院与国际商学院、计算机科学学院之间的院际协同，培养能在中职学校担任行政管理和教务管理、开展校本教研等方面工作的职教师资；二是通过电子商务(职教师资专业)、网络工程(职教师资专业)专业与职业教育师范课程模块进行协同，培养能在电子商务、网络工程等专业领域从事教育教学和人才培养的专业教师①。目前，职教教育硕士培养基本都是基于校内合作完成的。

8.2.1.2 校校合作

校校合作包括综合性高校与师范院校合作、普通高校与职业院校等之间的合作。

(1) 综合性高校与师范院校合作模式

综合性高校最突出的优势是学科门类齐全、专业师资力量雄厚，可以负责学生部分学科专业知识的教学和专业能力培养；而师范院校更熟悉教育科学理论、教师教育规律、教育类

---

① 陈伟等.卓越职教师资培养模式的建构：依据、内容及挑战[J].广东第二师范学院学报，2018(2)：6.

专业师资力量雄厚，主要负责学生教师教育类课程和教育技能方面的培养。两者合作能实现优势互补，有利于培养“双师型”教师。

在实施策略上，两校可协商制定学科专业课程与教育教学类课程的实施模式，共同研究在不同培养阶段，分别提供课程组合以及两类课程的安排方式等。经过学生自愿申请和一定的考核程序，两校可学分互认、教师互聘、政策互通、资源共享。学业结束，两校联合实施学生评价、联合颁发相应的证书和文凭，达到教育资源共享合作培养高质量职教师资的目的。

两类学校由于办学优势不同，可以取长补短，合作培养职教师资，可以真正实现综合性高校的学科专业类教师、师范院校的教育教学类教师以及优质生源的强强联合。在综合性高校缺乏教育教学类专业教师和建立独立的教育学院较为困难的情况下，此模式较为理想。

(2) 高职院校与技术师范院校及综合高等院校合作培养模式

此种模式师资培养的起点相对较低。生源学历层次以专科为主，经过专升本后进入本科院校接受职教师资培养教育，学业结束后颁发资格证书和本科文凭。比如常见的“3＋2”专升本职教师资培养模式，实质就是高职院校与综合高等院校、技术师范院校的合作培养。“3”指三年制高职院校（专科）专业技能学习，“2”指两年制的本科专业知识与技能提升。一般而言，地方高职院校与技术师范院校、普通师范都会开展此类合作。选拔高职高专中的优秀毕业生，通过考试或推免的形式，进行两年后期培养，最终成为合格的职教“双师”人才。同时，其他高职院校学生也可以通过专升本考试升入本科院校，完成本科教育后取得相应的资格认定与学历学位。比如，在湖南省的一体化职教师资培养模式中，湖南铁道职业技术学院等 6 所高职院校与湖南师范大学等 3 所本科院校通过分段协同培养，将职业教育专业知识、技能培训与教师教育综合素养培养有效结合起来，使职教师范生掌握扎实的专业基础知识、过硬的职业技能和教学技能。

这种模式既可以实现学生学历层次升级，同时可以较好地实现专业对接，对培养职教师资大有裨益。但在实践操作中也存在一些问题，比如高职院校和本科院校在人才培养方案、课程体系、评价方式等的有效衔接上，高职院校和本科院校高效协同与合作等问题上，还有待细化、调整。但总体来看，这种职业指向明确的本科职教师资培养模式已经成为发展的趋势。

8.2.1.3 校企合作

校企合作，指学校和企业之间的跨领域合作。该模式主张高校和企业实行优势和资源互补，各取所长，协同培养人才。对于以企业为主要就业领域的职业学校相关专业，对于培养“工匠之师”的高等学校，校企合作培养职教师资必不可少。由于高校具备丰富的师资力量和理论知识教学资源，但缺乏实习、实训设备，更缺乏一线工作过程的实践，因此需要与企业合作。通过校企合作，基地学校利用师资力量优势，完成职教师资的理论教育，借助企业先进的设施设备和实训条件，完成职教师资的实践技能训练，可谓两全其美。

校企合作，不仅仅表现在专业技术技能领域的合作，也不仅仅表现在资金、设备上的互补利用，更重要的在于双边人力资源领域的合作与交流。在师资培养的过程中，校企派出代表共同参与管理和建设。高校和企业共同制订“双师型”教师培养方案，开发相关课程，组织生产科技攻关，开展生产性实习、实训。在职教师资培养过程中，学生需要在企业里接受实训。企业除提供实习基地、设备、原料外，还应派人员指导学校的实践教学和应用技术研发。

由于"双师型"教师培养中常常存在设备条件有限、指导技术力量有限的矛盾，因此需要提高校企合作的高度和协同深度，比如可以聘请企业优秀专业技术人员直接参与职教教师培养，从而消解这一矛盾。

校企合作为学生实践提供便利空间、实训场地和上岗机会，同时企业中的优秀专业技术骨干也为职教师资培养提供了必要的师资力量。

各培养学校为培养具有"双师型"职教师资，不断积极探索教育教学改革，创新校企合作的师资培养模式。如天津职业技术师范大学的"双证书、一体化"培养模式；西北农林科技大学的"三突出、四双制"培养模式；河南科技学院的"学科—专业—基地—公司—农户"培养模式；山东理工大学的"324"培养模式等。这些模式虽然各具特色，但有一个共同之处，就是都十分强调校企合作培养，并建立相应机构和管理机制以保障校企合作培养的顺利进行。

为加强校企合作，培养学生的实践动手能力，天津职业技术师范大学有机融合职教师资培养的"学术性、师范性、职业性"，于2005年成立了天津职业技术师范大学工程实训中心，形成了"合理配置资源、跟踪技术发展、营造企业环境"的专业建设思路。实训中心和企业双方选派人员组成校企合作建设指导委员会，推动双方开展不同层次、不同形式、不同特色的校企合作。湖北工业大学利用地缘优势，长期与东风汽车有限公司开展校企合作，联合开办职教师资班，通过专业理论教学＋企业实践操作模式培养职教师资。学生在大学接受系统的专业理论培养，然后到企业进行生产实践，在企业生产中了解技术、掌握技能，取得了良好的效果，成功打造了一批既懂教学、又懂技术的优秀职教师资。北京师范大学基地采用"名校＋名企"的方式，与中软国际、神州数码、美国 Autodesk 软件（中国）有限公司、幸星国际影视动漫学院等企业建立了长期合作关系，让学生走进企业，感受企业文化，了解企业工作环境，用人需求，学习企业先进的管理理念和操作技能[①]。

总之，校企合作试图通过培养院校和企业之间的"优势互补""强强联合"，发挥企业在"双师型"职教师资培养中的作用，打造一条灵活高效、互利共赢的师资培养路径。但是，由于多种因素影响，目前校企合作的培养模式仍不够成熟，还需要对其进行适应性的变革与创新，比如，探索校企合作中如何平衡企业与院校的利益以激发企业的参与积极性。

8.2.1.4 中外合作

中外合作就是与国外合作培养职教师资。有条件的学校在探究、汲取国际上职教师资专业化培养经验基础之上，依托中外合作项目联合进行职教师资人才的培养。如同济大学得到德国的大力支持，率先走出国门，极大地推动了职教师资培养新路径，创出"同济模式"。同济大学职教学院致力于改善上海及其周边地区职教教师质量和数量，依托"中德合作职教师资培养项目"，并不断探索形成具有中国特色的职教师资培养模式。该项目长达11年，而且鉴于项目所取得的成就，中德双方同意在其结束后，继续依托同济大学职教学院这个平台，围绕职教师资培养培训研究与实践工作，开展了向东南亚国家进行成果和经验辐射的"三国合作职教师资培养项目"。

多年来，同济大学职教学院先后与包括国内外大学、职业院校、知名企业等数十家机构

---

① 李梦卿.职教国培：全面提升教师专业素质［N］.中国教育报，2012—8—19(3).

和单位建立了合作伙伴关系，并以此为依托构建起开放性的职教师资培养系统。利用这一系统，一方面有效实现了职教师资培养的社会化和国际化互动，提高了人才培养质量；另一方面使项目经验得到有效辐射，实现了倍增效果。此外，学校还利用中德合作建立的 E-learning 平台，开发了一系列网课，以远程教育的方式，对上海以外的地区开展职教师资培养培训工作。

当前，同济大学的职教师资培养对象以研究生为主，包括职业教育学硕士、教育硕士层次的职业教育教学、研究与管理人才培养。

8.2.2 纵向分段

所谓“纵向分段”，是指在职教师资培养过程中，根据学制分阶段地进行专业知识、专业技能和教学技能的培养和训练。

分阶段培养主要包括两个方面的“分段”：一是教育内容分段。从逻辑上讲，职教师资培养的教育内容，至少涉及三个方面：通识教育、学科专业教育和职业教育师范教育。以四年制本科层次的职教师资培养为例，不少学校第 1 学年实施通识教育，第 2～3.5 学年实施学科专业教育，同时开展教育实习、毕业论文（毕业设计）写作等综合性培养环节。以三年制硕士层次的职教师资培养为例，第 1 学年或 1.5 年主要是修课程学分，包括公共课程和专业课程。第 2 年则主要是实习，包括教育实习和专业实习，第 3 年主要是完成学位论文写作和毕业授位。二是学制分段。由于对职教师资“双师型”特质要求高，而很多培养院校及其内部学院的教育资源往往精于其一而弱于其余，因此，需要进行学制分段，实行接续培养。综观国内的实践，目前已形成了多种职教师资培养的学制分段模式。最传统的是“高职＋本科”模式。这种模式终结于本科层次，因此大多旨在培养中职师资。目前“本科＋硕士”模式也日益流行。如果是同等学力培养，常见的是两阶段。以华南师大为例，分段培养基本运行机制如下图。

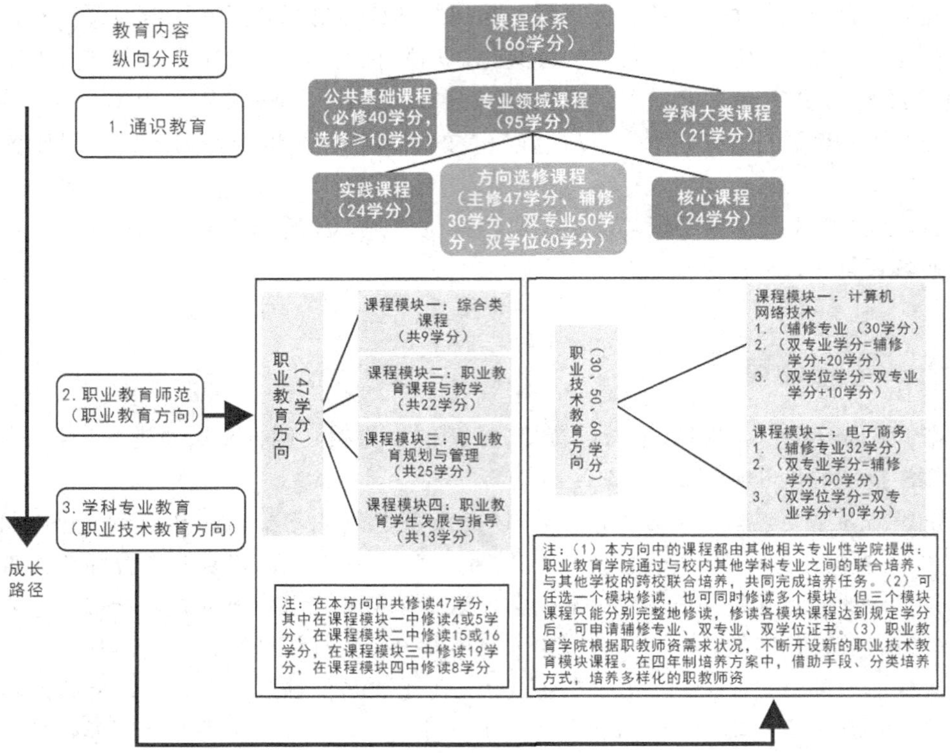

华南师范大学“2+2”校内“纵向分段分类”职教师资培养模式①

在实践中，为了培养多层次、多样化的职教师资，各培养院校建立了多元化教育教学类课程实施模式，如1.5+2.5、2+2以及“4+X”等。“4+X”即在本科教育（4年制）的过程中或过程后实施教育教学类课程（“X”），实现“大学教育+教师教育”的培养合成 。目前主要有：“1.5+2.5”、“2+2”、“4+0”、“4+0.5”、“4+1”、“4+2”、“1+3”、“1+4”、“3+1”、“3+2”、“3+2+2”等几种模式，其本质都是采用分段式培养策略。

1.5+2.5：学生在1—1.5学期主要学习综合教育课程和学科基础课程，旨在加强基础，提高素质，培养基本技能。从第4个学期起，按照招生专业分专业方向教育，主要学习专业方向课程和学科实践课程，旨在培养专业技能。如2008年，广西师范学院“面向中国—东盟自由贸易区的管理类师资培养模式创新实验区”获得自治区级师资培养模式建设立项。

2+2：分离式教师职前培养模式。学生在前两年主要学习综合教育课程、专业教育课程，旨在夯实专业基础，后两年以教师教育课程为主，旨在加强教师职业能力的培养，以适应课程改革的需要。湖南师范大学、广西师范学院等都进行过探索和试验。该模式也指2年高职学院培养加上2年对口本科院校学习培养的职业教育教师培养模式，但目前专科阶段多为3年。

“4+0”培养模式：该模式是指职教师范生4年都在职业技术师范院校或者综合性大学的

① 陈伟等.卓越职教师资培养模式的建构：依据、内容及挑战[J].广东第二师范学院学报，2018(2)：5.

职业教育学院学习，这是现阶段我国职业教育教师培养的主要模式。

"4＋0.5"：针对普通本科毕业生进入职业学校缺乏技能的问题，天津市提出了"4＋0.5"培养模式。即新进教师上岗前需要进行半年的企业培训，合格后方可入职。

"4＋1"：是针对有意向到职业技术院校从事职教工作的高等学校毕业生而开展的培养模式。除了 4 年的本科专业学习外，再加上 1 年教育教学专业课程学习，旨在增长其教育教学专业理论，锻炼其教育教学实践技能。如广西教育厅对理工科毕业的学生采取了"4＋1"模式培养中职教师，本科毕业后进行一年的培养，使其获得教师资格证和职业技能资格证书。该模式是"4＋0"培养模式的升级。

"4＋2"模式：是针对硕士研究生层次的职教师资培养。指在本科教育的基础上再加上 2 年硕士课程学习。在本科毕业后两年时间内，学习教育教学理论知识，参与行业与教学实践，同时也在相关专业院系继续学习学科专业类课程，修满相应学分后完成学位论文，毕业时可获得职业技术教育学硕士学位。综合来看，"4＋2"模式层次较高，具有广阔的前景，也是当前职教师资培养中应当推广的培养模式。如湖南师范大学在"2＋2"免费职教师资培养的基础上，依托卓越职教师资培养计划，将培养时间延长 2 年，增加教育硕士（职业技术教育领域）培养内容①。培养结束之后，授予教育硕士学位。在教育硕士阶段，专业教育与教师教育双翼并重，但主要强化学生对职业教育和教师教育的体验，提高教学技能。

"1＋3"培养模式：在四年学制中，先对学生进行为期一年的基础理论学习，再进行三年的以工程实践能力为主的技能训练，将理论学习、专业技能、操作技能、师范技能贯穿于四年的培养过程中，培养学生"一专多能"；在专业能力方面，主要培养工程应用人员常见工作能力；在师范能力方面，加强书写能力、语言表达能力和教学技能训练，强化实践教学能力。

"1＋4"：为了弥补职高生源文化基础的不足，河南职业技术师范学院进行了学制改革。在职高对口生源入校后，先用 1 年的时间结合专业需求强化文化基础知识教育，然后再进行 4 年的专业教育，效果较为显著。

"3＋1"：培养院校先进行三年的专业基础课、专业理论课和职业教育类课程学习，最后一年将学生送到职业技术学院进行专业实践训练。毕业后学生获得本科学历证书、学士学位证、教师资格证和相应的职业技能证书。这种模式优点是三年课程学习，学生专业理论和教育理论知识较为扎实；一年专业实践训练可以夯实学生的技术实践能力。同时，可以开展一定的科学研究，更好地指导实践。而且也弥补了普通高校毕业生技能训练不够、企业实践不足的缺点。

"3＋2"模式：主要面向专升本群体。指三年的高职高专学习与两年的本科阶段学习相结合的职教师资培养模式。专科阶段（前三年），主要是专业知识学习和技能训练，本科阶段（后两年）进行本科专业技能培训和教师教育专业课程学习，毕业后成为职教师资人才。如广东技术师范学院自 2009 年就开始率先实践这种模式，广西师范学院也一直在实践此种模式，已有多届毕业生。这种模式的优点在于实现了职业技术专业知识和技能学习与职业教育教学专业知识和技能学习的结合，学生熟悉职业教育的理念、模式、方法、特点，技术技能较强，对企业文化也有较深刻的理解。因此，这种模式培养出来的职教师资专业能力和师范

① 中国教育报.2017 年 11 月 14 日.http://edu.people.com.cn/n1/2017/1114/c1053－29645027.html.

技能都比较强，综合素质也较为突出，实现了培养目标的要求。

“3＋2＋2”：为了形成纵向衔接、提升层次、融为一体的职教师资培养体系，全国积极探索“新工科”的背景下广东省在率先提出“新师范”的口号，出台《广东“新师范”建设实施方案》。作为广东省师范教育领头羊的华南师范大学，在积极探索职教师资培养的过程中，提出了整合各类培养模式的“新师范”思路，即：“3＋2＋2”模式。该校与纳入“广东省一流高职院校建设计划”的省内18所高职院校合作，在“高职＋本科”的“3＋2”模式完成本科层次的培养基础上，争取通过免费的教育硕士培养，最终建立“高职—专升本—专业硕士”七年一体、纵向贯通的“3＋2＋2”模式，打通从高职到硕士甚至上升至教育博士的职教师资纵向培养体系①。

“4＋X”模式的生源起点一般是本科生，而“3＋2”模式起点多为中、专科学生。相对而言，“3＋2”模式更为适合具有明确专业意向和就业意向的优秀高中生以及大中专学生，而“4＋X”模式则较为适合就业意向不太明朗的学生。

8.2.3 双师型一体化

为满足职业学校对“双师型”师资的需求，各个职业技术师范院校根据自身的办学条件和办学特色，加大了职教师资人才培养模式的探索，围绕打造“一体化双师型”教师，开创了诸多各具特色的“双师型一体化”师资培养模式。如“双证书一体化”师资培养模式、“本科＋技师”、“六三”式培养模式、农科专业“三三四”培养模式、“四双型”人才培养模式、“3＋2”人才培养模式等。

8.2.3.1 “双证书”一体化

“双证书”是指要求学生具备学历和资格证书两方面的资格，毕业时学生既有大学本科毕业证书，又具有职业技能等级证书。“一体化”职教师资是既有较强的专业理论知识，又有较高的操作技能，既能从事专业理论教学，又能指导技能训练的“一体化”职教师资。

培养过程中，把学籍管理与“双证书”达标指标相结合，并制定相应的奖惩措施，使学生自觉重视技能训练。改革教学计划和教学内容，以保证对学生的技能训练。聘请高级技师担任实习教师，建立专兼结合的实习教师队伍。不断改善实习条件，加强实践教学管理。天津职业技术师范大学等在这方面探索出了一套成熟的做法。天津职业技术师范大学提出了“双证书一体化”的职教师资培养模式，将理论、试验、实训、设计四个维度有机结合，将专业技能与职业资格技能和高新技能训练相结合，实施“1＋X”的实训教学模式，开设典型案例专题等具体方式。要求毕业生要获得学历证书和职业资格证书，既能够讲授专业理论课又能担任专业技能训练课。吉林工程技术师范学院以应用型专业教育为主线，强调“三性”统一，提出“双师型职教师资和高级应用型人才并重培养”，突出实际操作能力和创新能力的养成训练；河南科技学院围绕“强化素质教育，突出实践教学，培养双师教师”培养目标，创建、实施了“四双”（双师型素质、双基地、双技能训练、双证书制度）职教师资培养工程，切实加

① 陈伟等.卓越职教师资培养模式的建构：依据、内容及挑战[J].广东第二师范学院学报，2018(2)：4.

强实践教学环节和师范技能教学环节。江苏技术师范学院强调产学研结合、校企合作、手脑并用、学做合一，提出“三性、三证和双能”模式，创立了人才培养的“三证书”(毕业证书、专业技术等级证书和教师职业基本技能证书)毕业制度。西北农林科技大学培养基地为培养“双师型”职教师资，坚持突出实践技能、突出职业特色、突出创新能力“三突出”培养，实行“双大纲”“双课堂”“双证书”教育；山东理工大学提出要求对培养对象双证书（职业资格证书与学历证书)并举的要求；江西科技师范学院创建了“厚基础、宽口径、多技能、强应用”的人才培养模式。

8.2.3.2 “四位一体”

重庆文理学院构建了以专业技术课程为主的“四位一体”的课程模式和实践教学体系。课程教学方面，传授专业知识和技术，同时树立职业教育理念、课程理念、教学理念来指导专业课程教学方法改革；采用适合职业教育教学特点的项目教学法、案例教学法、探究式教学法等教学方法，以促进学生逐步形成专业教学能力，以适应中职学校专业课教学的需要。实践教学方面，包括四个模块，分别是学科基本素质(专业课程实验、专业知识应用、教学实习、行业认证等)、教师专业素质(师范素质及技能、公共技能)、专业实践能力(专业见习、专业实习、生产实习等)和综合实践能力(社会实践、技能竞赛、科技活动等)模块，这些模块注重实践能力和实践教学能力的培养。

8.2.3.3 “双序列、四层次、多模块”

北京联合大学师范学院构建了“双序列、四层次、多模块”的职教师资实践教学体系①。双序列是指职业和专业两个序列；四层次是指基本素质、基本技能、专业技能和综合技能；多模块是指每个层次包含多种实践能力和实践教学能力模块，如专业基础训练、专业新技术训练、专业技术证书、教学实习、实验教学微格训练等模块。通过实行多个目标明确的模块训练，能够有效地培养和提升职教师资的实践教学能力。

8.2.3.4 双实践教学模式

双实践教学旨在提高职教师资教育教学能力和专业实践能力，培养“双师型”教师，使所培养的职教师资人才更加符合职业学校的要求。

河北科技师范学院探索出了双“三三四”职教师资培养模式，即人才培养模式的“三三四”(培养目标三性、教学模式三结合、教学过程四突出），以及实践教学模式的“三三四”(三项技能、三大实践、四年不断线）等②。该校通过构建校内实训、校外实践相结合的实践教学模式，形成了科研能力训练、专业能力训练、教师职业能力训练的实践教学体系。在注重专业实践的同时，强调教学实践，进行微格实训教学等实践教学环节强化职教师资的从师能力，对培养和提升职教师资的实践教学能力发挥了重要作用。

其他高等职业技术师范院校也都非常重视和突出实践教学，力图培养出更多“双师型”

---

① 高满茹.高等职业技术师范教育实践教学体系的构建与实践[J].职教论坛，2010(6)：64.

② 孟庆国.职业技术师范教育的现实、困境与发展路径 [J].中国职业技术教育，2012（30）:26.

职教师资，既具备专业理论教学能力，又具有实践教学能力，以满足中职课程理论教学和实践教学的需要。比如，北京联合大学师范学院在强化专业技能实训的同时，为提高职教师资的教育教学能力，在职教师范类专业开设了教育学、教育心理学课程，使其学习和掌握现代教育理论，同时加强了微格教学实训，增强教学技能；江苏技术师范学院为职教专业学生开设了职教课程开发、职业与劳动心理学、教育实习的准备培训等课程。

8.2.3.5“双学位（历）”培养模式

为了增强职教师资专业的吸引力，提升学生学历层次，促进学生长远发展，部分学校实施了“双学位（历）”制培养模式。

一是“4＋0”双学位模式。在4年制本科学习过程中，一方面完成专业课程学习，获取专业学位证书；另一方面辅修职教师资课程，获取教育学学位证书。如云南师范大学，针对云南省职教师资的需求和学校自身发展的需要，面向全省农学类、工学类、经济学类等高校学生，增设了教育学专业（教师教育方向）双学位教育，实施了跨校际、跨学科、开放式的“4＋0”双学位职教师资培养模式。

二是“4＋1”双学位模式。是对“4＋0”双学位培养模式的进一步完善，主要针对普通综合院校中有意愿成为职教师资的毕业生开展。他们本科期间由于没有足够的时间、学习精力或者学习条件等原因，未能接受教师职业理论学习和能力训练。前四年的专业课学习以学生所在院校专业设置为准，后一年学习由培养机构——高师院校设置为依据，课程主要涉及教育学方面的知识。其中第一学期主要培养教师基本教学能力、组织能力、现代教学技术、教师职业道德等方面的能力，第二学期开展为期三个月的职业院校一线教学见习、实习。最后对学生进行综合考核，成绩达标后授予教育学学士学历证书。

4＋2/3职教硕士培养模式。是为了适应职业教育发展对高层次教师的需求设立的，主要针对普通高校四年制本科专业毕业生。培养分两阶段进行：第一阶段学生在普通高校接受四年本科专业培养，系统掌握该专业该领域完整的专业理论、专业知识和专业技能，打下扎实的专业基础；第二阶段接受2或3年研究生教育，旨在进一步提升学生学术研究能力，塑造教师的专业素养，促使学生在学术研究、教学能力、专业技能达到高水平、高标准的要求。通过学位论文后，可授予教育硕士学位。

3＋2一体化模式。前已述及，这是高职专科教育的继续与深化。获得专科学历的优秀学生，在掌握原有专科专业理论知识和实践操作技能的基础上，进一步升入本科高校学习，加强教学能力的培养。前三年的专业课学习以学生所在高职院校为准，后2年以培养机构——高师院校设置为依据，课程主要涉及教育学方面的知识。本科阶段学习分为两个阶段：第一年为第一阶段，以教育学知识的学习为主；第二年为第二阶段，以教育实践训练及学位论文的写作为主。修满规定学分，可以取得教育学学士学位证书。

8.2.4“定向生”培养

国家根据区域经济发展或行业发展需要，指定职业教育教师培养高校或基地有针对性地培养紧缺专业的职业教育教师。

“定向生”的关键在于“定”。这一模式多地都曾经推行过，目前仍在推行。如免费师范生、乡村医生、农村教育硕士，等等。职教师资定向委培一般由地方政府或职业院校依托区域优势或行业优势而指定与某些高等院校展开合作，委托高校或培养基地为其定向培养职教师资。定向型职教师资培养模式的生源往往具有一定的局限性和特定范围。主要是职业技术院校中的优秀毕业生、普通高中或职业高中的优秀毕业生等。特定生源进入职业技术师范学院前，明确其培养目标为职业教育教师。培养过程中，培养院校平行开设学科专业类课程和教育教学类课程，以达到委托培养目标。学生毕业后定向分配到职业学校从事教学工作。定向生职教师资培养的模式学习年限一般为四年，层次为本科。

8.2.5 “分流”培养

提高师资培养的有效性、针对性，可以因材施教，进行“分流”培养。就是针对不同类型的行业，细分人才培养目标，对应不同职业领域的人才规格如教师、工程师、经济师、律师等对学生实行“分流”培养。为适应分流培养目标，在课程设置上既注重基础又注重专业、既注重理论又注重实践、既强调能力培养和综合素质，又强调职业针对性，建立与分流培养相适应的；培养机制上校内培养与校外培养并重、知识与能力并重。“分流”培养有助于使学生打下扎实的专业基础，掌握专业核心技能，具备较强的职业适应能力，满足就业市场需求，也能适应将来的职业发展需要。

比如，江西科技师范学院采取了“三位一体、分流培养”的人才培养模式。学生入学后，学校根据人才培养目标，按职教类、普教类、应用类对学生进行分流培养，有针对性地制定不同的培养方案，设计不同的课程模块。在大三第五学期，学生可以按照自己的兴趣和意愿在“职业方向课程模块”中任选一个职业方向主模块和一个职业方向副模块，进行分流学习。分流培养解决了应用型人才培养同质化、“工业产品化”趋向、职教师资培养特色弱化等问题。

8.3 我国职教师资培养模式存在的问题与不足

经过多年的发展，我国职业教育取得了举世瞩目的成就。与此同时，职教师资在规模上也取得了跨越式发展，专任教师达到130多万人①。然而，在终身教育理念和职业教育快速发展下，职教师资培养仍然存在诸多问题，如培养理念相对落后、培养形式单一、管理模式僵化、培养质量不高等。

8.3.1 培养主体仍然封闭

从培养机构来看，目前院校培养仍是职教师资职前培养的主渠道。独立设置的高等职业技术师范院校（职技高师）仍是我国职教师资尤其中职师资培养的主体。其他如企业、培训机构、社会团体等尚未真正成为职教师资培养的主体，在协同培养过程中也往往处于附属地位。因此，从机构维度来看，我国职教师资培养还属于封闭式、定向式的人才培养模式。

从培养过程来看，总体来说，高等院校作为职教师资培养的主体依然紧紧封闭在狭隘的精美的“象牙塔”之内，游离于社会经济发展之外，对外部激烈的市场竞争和经济社会的快速发展，以及强烈的社会需求无法及时做出有效的回应，关心不够，甚至漠不关心。因此，职教师资培养与职业教育要以就业为导向，加强职业教育实践环节，加紧职业教育与社会、生产实践联系的内在要求格格不入。

现实中，职教师范教育体系发展面临困境。一方面，8所职技高师办学定位不断调整，不再以职教师范教育为主（这些学校职教师范生占比不断降低，有的院校甚至不足10%），对中职学校专业覆盖率低，据统计覆盖率只有23.7%，有的甚至已经更名；另一方面，综合性大学开设的职业技术教育学院，由于招生政策、生源质量、毕业就业等制度限制，大部分已经停止本科层次职教师资培养。

8.3.2 职教教师教育的观念陈旧

8.3.2.1 重普教，轻职教

一直以来，我国重普教，轻职教的观念根深蒂固。职业教育在整个教育体系中处于弱势

① 胡秀英，张纪霞，文颖频，杨廷海.终身教育理念下的职教师资培养探讨[J].化工时刊，2021(6):60.

地位，导致职教师资地位低于普教师资，职教师资培养的地位也低于普教师资培养工作。其实，恰恰相反，由于职教师资工作的特殊性，工作难度更大，对职业教师的能力、素质要求更高，所需投入也更多。由于职教师资培养在整个师范教育体系中处于弱势地位，因此无论生源来源、学校师资、国家投入都逊色于普通师范。在课程设置方面也存在着职业教育学科课程定位边缘化、内容普教化、知识学术化、教学抽象化及评价失真等问题。

8.3.2.2 重学术，轻技术

职业技术师范教育作为高等本科教育的一种，多年来由于历史原因，也存在学术情结，甚至学术优先。

职教师资的培养模式受普通教师培养的影响非常大。长期以来，我国中职师资的培养基本上沿用了普教师资的培养模式。在培养过程中，课程设置大多采用简单叠加的形式，即以专业课程为主，加入若干教育类课程。通常加大纯粹理论性知识的学习比重，忽视对学生的动手能力、实践能力的培养，提升了学术性，却削弱了技术性。在课程建设实践中，往往自觉或不自觉地用普通高等教育相关专业的标准来衡量职教师资培养的课程体系和教育教学水平。主要表现为：课程设置的比例失调，重学科专业知识轻教育教学知识，重理论学习轻技能训练。在课程结构上，教育教学专业课程比重严重偏低，在总学时中的占比平均为 5%～6%。分析多所高等职业师范学院网络上发布的课程设置，发现其教育类课程设置，亦呈现同样的趋势。还有些职业技术师范院校在“重学术性”的名义下消解师范性，以至于教育类课程一减再减。长此以往，必将导致职技高师院校培养出来的毕业生在能力、素养上与普通高校毕业生并无差别，失去竞争力。

8.3.2.3 重理论，轻实践

众所周知，职业教育既有教育的属性，又具有技术的属性，是一种以培养学生专业技能和应用能力为主旨的教育。职业教育“重点掌握本专业技术领域实际工作的基本能力和基本技能”[①]。然而，由于长期受传统教育观念的影响，职教师资培养仍然沿袭传统的教育模式，教学内容重理论，轻实践；以理论教学为主，实践教学为辅，体现不出职业教育职业性、技术性的特色。从原因看，职教师资培养实践教学改革的主要障碍是社会和学校对实践教学的认识不足。整个课程体系基本是理论知识，注重实务、便于操作的课程缺乏，学生缺乏足够的实践经验和切实的技能训练。

具体表现在以下几个方面：

(1) 实践教学与理论教学的地位不平等。没有将实践教学和理论教学放在同等重要的位置，认为实践教学仅仅是理论认识的验证，教学质量主要看理论知识水平，而实践能力则无足轻重。在实际教学工作中，一般先理论，后实践，认为实践教学只是理论教学的附庸，将其视为理论教学的辅助手段。专业课程讲授过分倾向于学术性和追求学科的系统性，教学方式大多是课堂理论学习，忽视了应用性和实践性的知识。在具体的教学计划中，理论教学的课时占据绝大部分，即使极少数的实践教学也常常因为各种客观和人为因素而流于形式。对

---

① 顾明远，梁忠义.世界教育大系——教师教育卷[M].长春：吉林教育出版社，2000：235.

实践能力的考核方法也与理论知识基本类似，比如提交实验报告、口试，甚至是笔试的方法，导致实践教学的考核与学生的实际操作和动手能力相脱节，学非所用。理论与实践“两张皮”，理实割裂的现象严重，这直接导致学生学习就是一直在存储理论知识，而不能及时在实践中加以应用，从而导致学生实践技能水平低，动手能力差，最后必将使学到的理论知识逐渐被遗忘，教育失效。

(2) 对实践教学的资金投入不够。当前，部分高校的实验室数量不足，规模不够，实习仪器、设备不足或陈旧，学校将大部分的资金用于学校基础建设、图书资料、学术研究，对实验室、实验仪器和设备的投入远远达不到职业教育对职教师资培养提出的要求。特别是财经类专业，需要投入更多电子商务软件、用友会计软件、金融财务模拟软件等软件设施。这些软件设施价格昂贵，升级换代快，时效性强，一些师资培养院校不愿或无力购买，软件建设投入低，致使财经类专业建设缓慢，学校软硬件设施的不完善，也制约了财经类教师实践教学能力的培养。

(3) 实践教学组织不规范。与理论课相比，实践教学的组织通常比较随意和松散，比如实验课，许多学校的生师比比较高，使得教师在规定的实验时间内无法小班上课，更无法对学生进行个别指导；同时，由于学校实践教学条件所限，有时候甚至连正常的实验教学时间也无法保证。实训和实习的情况就更不容乐观，由于许多师资培养院校没有自己的校办工厂或实验商贸企业，学生无法在校内进行实训或实习，而有些企业又由于经费和人员等问题，不愿意接受实习生。因此，一些师资培养院校只能让学生进行分散自主实习，这种实习形式类似“放养”，大多数情况下只是走走过场，因此很难保证学生实际动手能力和操作能力的提高。

8.3.2.4 重证书，轻能力

重证书、轻能力现象依然严重。在“双师型”教师培养过程中，大多培养院校把重点放在关注学生通过考试取得各种职业资格或技能等级证书上。有些人擅长考试，用填鸭式的培训，集中几个月时间专攻考试、死记硬背，来对付一场资格证考试。当前，职业资格认证普遍存在重知识、轻能力，重书面考试、轻实际操作的倾向，因此证书本身的含金量并不高。

据不完全统计，大学生可报考的证书多达100多种。据中国青年报社会调查中心通过民意中国网和手机腾讯网对16030人进行的一项调查显示，57.8%受访者参加过证书类的考试。43%受访者参加过职业资格认证考试①。有些人手上证书一大堆，但却是眼高手低，缺乏动手能力。“双师型”教师培养沦为考证驱动，这不能从根本上解决中职学校教师队伍的软肋——实践能力不强的问题，更无法培养出创新型的职教师资。

8.3.2.5 重职前，轻职后

职教师资培养缺乏终身教育理念。现阶段，我国的职教师资培养基本上是终结性和一次性完成的模式。在职前培养中学生如果获得师范专业的毕业证书，即取得职教教师的资格，基本上可以一劳永逸，以后的培训是无足轻重的。这种职前的师范教育与教师继续教育和在职培训在一定程度上是脱节的，在整体上没有实现职前职后的贯通培养和职前培养与职后培

① http://news.jcrb.com/jxsw/201409/t20140919_1433474.html.

训的一体化。随着国家对职教师资的职后培训的日益重视，相信该问题会日渐缓解。

8.3.3 培养目标与现实存在偏差

确切地说，职教教师培养的基本质量规格就是“双师型”，即教师＋专业工程师。但当前，培养目标还不明晰、不到位，学术性、师范性、技术性还有待整合，培养目标与现实需求契合度不高。

一是定位模糊。职教教师的基本素质是既具有学科专业理论知识，又具有专业实践操作技能，同时还要具备示范讲解的实践教学能力。大部分高校中，职教师资专业的培养目标指向模棱两可，既指向培养职业学校专业教师，又指向培养专业技术人员，目标定位不明确。在培养目标中，对职教师范生的教学技能没有具体分类，具体内容模糊不清，以至于教学技能的学习不够系统、全面。虽然这种“双指向”培养目标定位有利于增加专业吸引力，吸引生源，拓宽学生的就业范围，但却不能确保职教教师的专业化水平和“双师型”职业能力。目前的 8 所独立的职业技术师范大学，也只有一所专门以培养职业学校专业教师为目标，没有包含技术型专业应用人才，其余几所学校均以中、高职师资和生产服务一线的工程型应用人才为目标，靶向目标并不明确。可见，职教师资的培养目标仍有待明确。

二是培养目标与培养现状存在矛盾。即使目标明确了，在培养过程中也难以找到理论和实践的平衡点，无法完全兼顾“三性”或“四性”的统一。在各方面因素的限制和影响下，往往偏离了培养“双师型”教师这一根本目标。比如有些学校在人才的培养上，强调学术性、职业性、师范性“三性”统一，突出创新能力与实际操作能力的训练和养成。然而在实践中，由于时间、精力、培养条件等诸多方面的限制，这三者常有偏颇。尤其是学术性与技术性，由于生源、学制、师资、教学条件、培养机制等多种因素的制约，两者很难实现同步发展。而师范性也常常因为课程设置的不完善、培养方式的局限等原因而受到削弱，影响了职教师资的专业性。学术性、师范性、技术性三者之间不能实现有机平衡。这样，职教师资培养的结果往往是在学术性上不及普通本科生，师范性不如普通师范本科生，技术性不如高职生。存在忽视人文教育、师范技能训练、忽视实践教学或忽视理论教学，课程结构偏离人才培养目标，师资队伍不能满足课程教学，人才培养特色不鲜明等问题，使得“双师型”教育成为一条腿长一条腿短的“瘸腿”教育。

三是职教专硕的培养目标与培养现状存在矛盾。职教专硕学位设置初衷是为中职培养专业教师或管理人员。但事实上中职的教师来源，本科生仍是主流。据笔者了解，目前毕业的职教硕士去中职的意愿非常弱，反而多数进入了高职院校，也有部分进入行政机关或事业单位从事专业工作。有些学生甚至愿意去高职、高校当辅导员，也不愿意去中职。作为专业硕士，定位是应用型，但培养过程中仍然偏学术性、专业性，师范性和应用性不足。由于是新生事物，绝大多数培养学校尚未建立起具有特色的培养模式，基本上是沿用学术型硕士的培养模式，培养中未能凸显职教专硕双师双能的培养目标和特色要求。对学位论文，有些学校完全依据学术型、理论型硕士的写作范式来要求学生。这样就不自觉地滑入了学科培养的老路。可见，培养目标无法落地，与现实存在偏差。

8.3.4 课程体系不合理

8.3.4.1 课程结构严重失衡

目前，职教师资培养的课程设置在结构上严重失衡。课程设置没有从教师专业化发展的角度去界定文化知识、学科知识、教育知识之间的关系，各类课程比例严重失调。有研究表明，在职教师资培养中，普遍存在理论课程和必修课程相对过剩，专业课程和公共课程相对过剩，实践类课程流于形式等问题。虽然采用了模块式课程，但模块与模块之间逻辑联系不够紧密，彼此孤立。基础课、专业课课程安排前后顺序颠倒，知识内容交叉重叠，顾此失彼，特别是师范教育类课程与专业课之间缺乏必要的整合。

（1）公共基础课的比重较大

一般达到课程总数的 30％。某师范大学职教硕士教学计划中，公共基础课程占比达 33.33％（12/36）。除此之外，我国多数的公共基础课都是必修的课程，学生选择的范围较小。调研表明，公共基础课的选修课仅仅达到公共课 4.85％的比例。同时，在专业课中，学科类专业课的比例过大，占到专业课的 70％左右，且选修课程中也几乎都是学科类基础课程，比重达到 18.2％[①]。课程种类繁多，内容庞杂，内容之间缺乏严密的内在联系，学生很难区别出哪些课程属于主干学科。

（2）教育学科课程的定位边缘

教育教学类课程被边缘化，定位偏位的问题尤为突出。从性质上把教育学科课程排斥在专业学科课程之外。一是门类单一，仅开设国家教师资格考试规定的三门课程，即教育学、教育心理学和教学法（部分学校增加了教育技术和媒体制作等课程），旨在应对师资资格证书考试。但总体上内容陈旧，方法落后，效果较差，不能有效地培养适应未来教师专业化发展的先进职业教育理念和教育技能。二是课时少。以某职技高师模具设计与制造专业教学计划为例，职业教育学、职教心理学分别为 48 学时，教材教法 32 学时，现代教育技术 48 学时（理论和上机各为 24 学时），占总学时的 6％，大大低于国际通行的教育类课程占总课时 20％～35％的比例[②]。三是学分低。这些课程的学分仅占课程总学分的 5％～6％左右，有些学校甚至根本未设置有关职业教育的课程。四是地位低。由于被认定为公共课，教育教学类课程在职教师资培养课程体系中往往成为可有可无的点缀品，不仅学生不重视，许多学校的教务管理部门也不重视。

（3）实践课比例偏小

与理论课、必修课相对过剩相比，实践课程和选修课程比重严重不足。通过比较分析，发现目前我国职教师资培养的课程设置中理论教学与实践环节的比例大致是 7∶3，甚至比例更大，“重理论，轻实践”已成为不争的事实。而美国或日本同类教学计划显示，大部分需要

---

① 杨小丽.中日职教师资培养的比较研究[D].苏州大学，2020(4)：15.

② 史秋衡.试论我国高师教育课程设计模式的改革[E B/O L].http：//www.edu.cn/20010823/207979.转引自徐朔.职教师资培养的基本属性和课程设置问题[J].职教通讯，2005(10)：12.

实践环节的课程，周授课学时与实践学时的分配比例为 1∶1，有些甚至达到 1∶2，大大超出我国此类课程设置中实践环节的比例①。

（4）实践课程存在断层现象

调查发现，目前我国承担职教师资培养的大部分高等院校，实践课程体系均存在断层现象。具体表现为，专业能力基础课与专业能力核心课之间存在断层与不连续，整体的实践课程（包括专业实践和教师教育实践课程）在某一学期出现空当，或者教师技能训练中的某个环节缺失，没有形成系统、有序的实践技能训练课程体系。

（5）专业教学论课程缺失

很多培养院校还远远没有意识到专业教学论课程的重要性，对该课程缺乏足够的重视。目前设立了专业教学论课程的培养院校屈指可数，学者专家对这门课程的研究和开发也比较消极。在对职业教育专业教学论的研究方面，我国还非常缺乏，相关的学科也没有建立起来。作为职教专业课教师必备的“职业科学”专业教学论在我国还没有形成系统的学科。特别是基础教育之外的学科，如财经商贸课程，基本没有系统的教材教法学科。专业教学论课程往往成为有丰富教学经验的教师传道解惑的经验交流会，起不到专业教学论课程应有的作用。目前职教硕士的专业教学论只有《教学设计与案例分析》《课程开发与教材分析》两门课程，总学分 5 分，每门课程 36 学时。

（6）注重专业教育，忽视通识教育

大多数培养院校在师资培养课程设置上注重专业教育，忽视通识教育。把人文社科、自然科学、艺术类公共选修课放在可有可无的位置，不被重视。比较而言，两课类政治课程所占的学分、学时多，人文社科与自然科学的比重少，缺少哲学、文学、艺术、历史等人文学科。自然科学特别是技术科学、科学技术发展史之类的课程几乎是空白。职教师范教育培养的是从事职业教育的教师，而职业教育与生产、管理、服务一线紧密联系，因此师资培养不能脱离社会科学、自然科学。科技进步对职业教育的培养目标、课程、教学产生直接的重大影响，作为职业学校的老师，必须充分了解科学技术发展历史、发展进路及发展趋势。而这些课程的缺失不能不说是我国职教师资培养课程中的重大缺陷。正如有学者指出的那样“我国的高师院校的课程设置，基础课的比例虽然略低于其他国家，但是社会科学类课程‘清一色’为政治理论课，人文科学与自然科学的比重极低”。总之，理科学生缺乏人文精神的熏陶，文科学生缺乏自然科学知识基础。

（7）选修课程门类单一

选修课程门类单一，特别是教育类选修课程缺失。在职教教师教育专业的课程中，不仅选修课程学分所占比重极小，而且课程门类单一，尤其是未设置教育类选修课程。必修课和选修课相比较而言，必修课占据的比例相对较高。有学者对几所知名职技高师进行了调查，研究表明，教学计划中必修课学分占比最高达到 87.77%，比例最低也达到了 78.36%；相对而言，选修课的学分比例则小很多，比例最高也仅仅占到了 21.64%，比例最低甚至只有 12.23%，介于之间的学分比例在 15%左右②。

① 刘冬.职教师资培养的课程体系优化研究——以《机械电子工程（师范）》为例[D].浙江工业大学，2015：27.

② 宋夏.中职专业课教师教育专业课程设置研究[D].河北科技师范学院，2013：31.

8.3.4.2 培养内容不够全面

受综合大学课程设置的影响，职教师资本科的课程设置与普通高校专业趋同，强调学科知识的掌握而弱化实践能力的培养。在进入“双一流”建设名单的高校中，公共基础课、学科基础课和专业课所占比重过高，而教育类课程及专业实践课程所占比重较低，这就导致作为预备职教师资的学生教学技能没有师范专业学生强，专业知识的掌握程度上又没有普通专业学生好，不能有效体现职教师资应有的“三性”。

前面提到，职教师资培养课程中“专业教学论”课程缺乏。学科教学论历来是我国普通师范教育教育类核心课程，对教师教学能力的培养有着十分重要的作用。对于职教师资来说，相应的课程理应包含职业教育学、职业教育心理学、职业学科教学论，然而职业学科教学论却缺失了相对应课程。“职业与学科专业教学论”对于职教师资教学能力和职教教师教育学科专业建设都具有极为重要的意义，然而在目前的职教师资师范教育中，职业学科专业指向的教学论通常被普通教学论替代或者干脆缺失。这在财经职教师资培养中尤其突出，目前尚难以找到专门针对财经课程的教学法教材，如会计、金融、营销等课程的教材教法。

8.3.4.3 专业课与市场需求脱节

目前，多数培养院校在课程建设方面高呼要树立以能力为本位的课程观，能力导向的培养观。以能力为本位就要求课程设置贴合市场需求，适应经济发展，对接岗位要求。但是，通过对用人单位的走访及一些培养院校开设专业课程的情况进行调查而知，情况并非如此。学校在专业课程设置方面与市场脱节严重，专业课程的设置随意性强，调研不足，忽视了课程设置的开放性。市场经济的变幻莫测要求财经商贸职业教育的专业课程要紧跟市场变化，时刻根据市场要求做出调整，不能墨守成规，要有继承、有摒弃、有创新。

8.3.4.4 课程职教特色缺失

夯实基础，强化实践，突出课程的职业性和师范性是培养职教师资课程建设的核心。但长期以来，人们未能脱离传统教育观念的束缚，在职教师资培养课程建设中，总是自觉或不自觉地用普通高等教育的专业标准来评价其课程体系和教育教学水平，重学科知识，轻教育知识；重理论，轻技能；重文化传授，轻人文素养。据调查，目前不少学校所开设的公共基础类课程、专业类课程、教育类课程的学时比例分别为43%、53%和4%；其公共基础课是千人一面，一刀切，很少考虑职业教师素质要求的特殊性；所开设的专业课基本与相应的非师范专业相一致，实践技能难以强化；特别是教育教学类课程开设比例与普通师范院校的10%相比，竟相差1倍多，与教育部所要求的相去甚远。

在课程开发上，一般闭门造车，导致理论与实践脱节，职业特色黯淡。近年来，在同类院校的努力下，虽对职业技术师范教育的课程体系进行了探索和实践，但普遍缺少用人单位的参与（虽然有代表参与，但对最终结果的影响仍然微弱），缺少从岗位需要的知识、能力要求出发整合的灵活有效的课程体系。从实践效果看，选用的教材缺乏实践性和实效性，特色不够鲜明。课程和教材作为培养培训应用型人才的重要载体，尚需倾力打造。

以财经专业为例，普通财经专业与财经职教师资专业相比，把后者的专业课程视为前者课程的简化，仅仅补充一些教育类理论课程和实践课程。而教育类课程中，主要部分是普通师范教育领域的教育理论、教材教法等缺乏职业特色的课程。教师专业发展、教师职业道德、教育研习等教师素养类、教育科研方法类课程普遍开设较少。特别是缺乏将学科专业与职业教育学两个领域内容连接起来的专业教学论课程。职教师资学科专业课程的实践部分也多是经济师、会计师相应的专业实践，如专业实训和实习等。即使在职教师资的初、中、高级证考实践中，也只是考虑到技能方面的训练，以证书、学历或职称为需求导向，远远没有达到促进职业能力综合发展的要求。完善的职业技术师范教育类课程体系见下表。

职业技术师范教育类课程体系

<table>
<tr><th colspan="3">课程</th><th>任务</th></tr>
<tr><td rowspan="9">教育原理</td><td rowspan="4">必修课</td><td>职业教育学</td><td rowspan="4">通过强化教育基本理论，使教师能够在教育实践中依据教育学和心理学基本原理去实施教学，采用科学有效的教育教学方法，形成从事教育科学研究与实验的基本能力</td></tr>
<tr><td>职业教育心理学</td></tr>
<tr><td>课程教材法</td></tr>
<tr><td>教育科学研究方法</td></tr>
<tr><td rowspan="5">选修课</td><td>中外教育思想史</td><td rowspan="5">进一步丰富教育理论知识，了解中外教育发展史和国内外教育发展概况，熟悉有关的职业教育法规与政策，了解和熟悉职业学校心理卫生工作的特点与方法，为做好教育工作打下宽厚的理论基础</td></tr>
<tr><td>职业学校心理卫生学</td></tr>
<tr><td>国外职业教育发展专题</td></tr>
<tr><td>我国职业教育发展专题</td></tr>
<tr><td>职业教育法规与政策</td></tr>
<tr><td colspan="2" rowspan="3">教学技能课</td><td>教学工作技能训练</td><td rowspan="3">强化教师的教学基本技能，形成较好的教学艺术；形成信息技术能力，灵活地搜集和处理新信息；掌握娴熟的专业技能，形成“双师型”教师</td></tr>
<tr><td>信息技术能力训练</td></tr>
<tr><td>专业技能训练</td></tr>
<tr><td colspan="2" rowspan="4">教育实践课</td><td>教育参观</td><td rowspan="4">加强理论与实践的有机结合，达到学以致用</td></tr>
<tr><td>教育见习</td></tr>
<tr><td>教育实习</td></tr>
<tr><td>教育社会调查</td></tr>
</table>

从目前职业技术师范院校的教育类课程设置来看，要达到这样完善的课程体系还有很远的路要走。

8.3.5 培养方式不完善

8.3.5.1 教学方法缺乏创新

在课程教学方面，授课方式传统、单一，缺乏灵活、丰富的教学方法。以讲授、满堂灌的形式偏多，理论教学注重单向灌输，缺乏思维方法的训练。案例、素材陈旧，千篇一律，项目任务生搬硬套，行为导向、情景模拟等教学方法较少运用，微课、慕课、互联网实时教学成为点缀。不能根据专业特色实现因材施教。教学方式陷入固定化、模式化、流程式①。教学中往往在很短的时间内呈现了过多的知识量；教师讲授时间太长，超出学生注意力集中的有效时限；讲授内容偏重基础理论，强调专业性、学术性。联系实际比较少，忽视了职业教育的职业性、实践性。

实验课也多为简单的验证和重复操作，缺乏创造性，自主探究式的教学方式应用偏少。学生只会被动地接受考试，为考试而考试，为考试而学习。如今提倡研究性学习，如果职教教师本身都不具备研究性学习能力，则难以培养出富有创新精神的学生。

教师的教学方法起不到良好的示范作用，学生处于被动学习知识的状态，这不仅影响学生学习效果，更重要的是师范生入职以后也可能沿袭这些被动式的教学方法，难以适应双师型教师的工作要求，也不利于自身职业发展，更不利于开发学生的创新性思维，培养优质的职业人才。

8.3.5.2 协同培养不尽如人意

现行的职教师资协同培养还不尽如人意，难以实现多元主体协同并进的目的。从参与主体来看，职技高师或综合型大学等普通高校在参与职教师资培养的过程中，缺乏相关政策保障，外部驱动力不足；企业与培养院校在协作培养职教师资上关系难以深入，企业缺乏内生动力。培养院校具有积极性，但无主动权，企业则相反，由于缺少内在利益驱动，既不主动也不积极，导致校企合作难以维持。

首先是校企合作不紧密。虽然近年来校企合作办学出现良好的发展态势，但就整体而言还处于起步阶段，良性的校企合作机制尚未形成，激励校企合作办学长效体制机制还明显不足，尤其是激发企业系统、深度参与职教师资培养的体制机制还缺乏突破。在校企合作的具体执行过程中，存在“一头热”“两张皮”问题，企业参与积极性不高、合作不够深入，出现“剃头挑子一头热”的局面；“校企合作是学校单方的事情”成为普遍认知②。调研发现，校企合作形式单一、深度不足、企业积极性不高导致的一头热、一头冷现象很难化解。

造成这种局面的原因是多方面的：一是校企双方之间缺乏有效的专门中介组织机构。一般合作主要通过教师的人脉比如熟人关系去联系企业，存在合作准备周期长、效率低、见效慢、不规范、合作关系脆弱的问题。二是相关法规制度不健全。尽管我国已经出台了《职业教育法》等促进校企合作的相关法规，但整体看来，相关法律法规多偏于政策取向规定，有些是号召式的，没有具体条款，缺乏可操作性，而且真正与校企合作直接有关的法律法规基本缺失。从全国范围来看，绝大部分地区都没有为校企合作专门制定操作性强的地方性法规。调查显示，在实践层面的校企合作基本处于自发状态，缺少政府层面或主管部门的专门管理机构，也缺乏系统的监督、评估。尽管许多地方积极探索了校企合作的模式，但对其管理尚处于缺乏政策支撑的状态。由于缺乏完善的体制机制和政府的有力调控，企业缺少合作动力。三是双方管理机制不同，导致校企合作中双方权责和利益诉求得不到保障。很多合作

① 谭积明，徐国胜.职教师资职业能力职前培养创新探索[J].职教论坛，2015(17)：8.

② 邱璐轶.高职校企合作的影响因素分析[J].教育探索，2011(4)：156.

协议中的技术支持和资源共享在现实中无法落地，企业在校企合作中出现这样那样的偏颇，比如学生顶岗实习中，企业提供的技术或专业性强的岗位较少，更多的是技术与专业性不强的劳动力密集型的岗位。这样情形下学生从事简单劳动与顶岗实习的初衷相去甚远①。以上原因导致校企合作常常流于形式，往往以学校与企业签订合作协议、挂牌了事，没有实质性的合作内容。

对于财经类专业而言，校企合作基本还处于起步阶段，多数合作流于形式，缺乏长效机制，存在着诸多问题。

第一，校企双方目标函数不同，导致步调并不一致。企业一方是以营利为目的的，而学校是以培养学生，提高学生素质为目的的。一方面，企业希望学生能够直接上岗为企业创造价值，为企业节约大量的培训成本，但是在学校方面，学生的实践课程多与企业的实际需求脱节。另一方面，作为企业员工有自己的岗位职责和工作，很难做到像校内老师那样手把手去教学生，只能做类似讲座这样的专题活动。所以校企合作天生就存在一些壁垒，只能依靠教师的实践能力提升来弥补学生的实践能力不足。

第二，校企合作需求与制度环境缺位之间的矛盾。师生进入企业进行实习和培训，会给企业带来一些生产经营、管理和安全上的问题，有时由于保密的因素，导致合作受阻。调研中有老师讲道："财务、金融等岗位上岗是有条件限制的，很多岗位不能让学生参与上手。有时见习都不可以。当我们在跟银行、企业合作的时候，企业会比较担心这个无证上岗的事情，而且这个矛盾目前是属于比较难调和的②。"这就造成了学生只能在旁边观察实习，得不到实际动手操作机会的局面，更无法进入核心业务，导致学生实践能力无法得到真正提升，继而影响了学校技能供给的质量。

第三，职教专硕导师团队指导优势难以充分发挥。职教专硕实行专业学科教师与教育学科教师的"双导师"联合培养。有些院校建立了"三导师制"或"四导师制"，旨在通过各导师间通力合作，提升研究生专业技术能力、职业教育教学能力、教育教学研究能力。但由于导师团队在培养中责权不太清晰，校内外兼职导师如何发挥作用，如何有效合作，尚没有明晰的模式和有效机制来约束各方责权，特别是校外导师，因此，导师团队指导优势很难充分发挥。

在校校合作方面，培养院校、职业学校作为两类不同类型的高校，在办学方向和思想观念甚至校园氛围等方面都存在很大差异，在实际操作过程中会遇到协调上的困难。如如何进行双方分工、教师互聘、学分互认、学生分阶段管理等问题，都有赖于建立一个功能齐全的组织协调机构，并建立一套完善的合作培养方案和规章制度。

在校内协同方面，由于培养院校自身性质的不同，面临着不一样的困境。对于普通师范院校来说，由于非师范专业一般处于弱势，往往缺乏专业学院的支撑；对于综合类院校来说，教育学院在师资、课程、课时等方面难以与其他专业学院有效协调。

---

① 李艳梅.我国职业教育校企合作的成就和问题及其对策初探[J].职教论坛，2015(36)：27.

② 曹先仙，关晶."四新"经济对我国职业教育技能供需体系的挑战与对策——以中职智能楼宇专业为例[J].职教通讯，2019(3)：57.

8.3.5.3 教学技能学习成短板

教学技能是多种组织教学能力的综合体，教学技能高低展现了整体教学水平，也直接影响教学质量。

(1) 培养院校不够重视学生教学技能培养

教学技能的培养是一个系统工程，包含师资体系、课程设置与实施、教学方式、实训设施体系等多个方面。师范生教学技能培养的成效深受师范教育氛围的影响，如果学校没有从理念层面上重视教学技能的培养，那么各个环节的培养都可能存在问题。

(2) 教学技能实训设施不完善

教学技能实训分为校内实训和校外实习实训。校内外实训设施均不完善。一方面，校内实训设施使用率较低。约 64%的学生认为使用程度一般或者没有得到充分使用[①]；另一方面，与校外实训基地联系不密切。校外实训的实训基地主要是职业学校，职教师范生主要通过教育见习、教育实习、顶岗教学来进行真实教学环境的实践实习。但职业学校培养职教师范生的积极性不高，责任心不强，双边合作不深入，教育实习时间较短，学生无法真正受益。

(3) 教学技能类课程实施不力

第一，课程数量开设不足。调查表明，认为教学技能课程数量“非常充足”“比较充足”“一般”“比较不充足”“非常不充足”的学生占比分别是 6.64%、32.7%、38.86%、17.06%、4.74%[②]，这说明只有极少部分学生认为充足，大部分认为教学技能类课程不是很充足。第二，训练时间不充足。调查表明，认为教学技能训练时间“非常充足”“比较充足”“一般”“比较不充足”“非常不充足”的学生占比分别是 2.84%、36.02%、40.28%、6.59%、4.27%[③]，这说明教学技能训练时间还不够充足，需要增加课时，延长训练时间。第三，学习成效一般。调查表明，认为自己教学技能总体水平“非常强”“较强”“一般”“较差”“非常差”的占比分别是 1.42%、16.59%、71.09%、9%、1.9%[④]，可见，只有少数人认为自己教学技能水平“非常强”和“较强”，还有较大的提升空间。

总体来说，目前职教师范生的教学技能水平不容乐观，还未形成系统化的教学技能，仍需加强对职教师范生教学技能培养，教学技能培养模式仍需进一步完善。

第四，学生对教学技能培养的学习主动性不足。据调查，职教学生第一志愿率较低，专业多为调剂专业或者遵从父母意愿选择，本身对专业和培养目标不够了解，因此学习积极性不高。学习积极性不高既浪费教育资源，也影响教学技能的培养成效。

第五，职教专硕培养中，培养院自身缺乏教师特色，限制了研究生教研能力发展。过多开设学科专业课程，不注重教学研究，导致研究生教育教学能力弱，违背了培养专业中职学校教师的初衷。一些学校把职教专硕研究生安排到教育类其他班的研究生合班上课，没有职业教育特色；一些学校安排教育学课程与教育类其他研究生合上，专业学科课程与专业学院

---

① 齐娇娇.职教师资教学技能培养模式优化研究[D].湖北工业大学，2020：15.

② 齐娇娇.职教师资教学技能培养模式优化研究[D].湖北工业大学，2020：15.

③ 齐娇娇.职教师资教学技能培养模式优化研究[D].湖北工业大学，2020：15.

④ 齐娇娇.职教师资教学技能培养模式优化研究[D].湖北工业大学，2020：15.

的研究生合上，班大人多，不利于培养体现职业学校专业教师核心能力的、建立于专业教学理论、专业教学方法之上的专业教学能力，教研能力的提升也难以保障。

8.3.5.4 理论与实践脱节

我国职业院校教师基本上都是在学科型人才培养模式下培养出来的，从学校到学校，从学生到教师，毕业后直接走上讲台，从学生直接变为老师，缺乏实际工作经验和专业实践技能，很容易造成实践和理论的脱节。在课程体系构建上，沿袭过去先理论后实践的惯例，理论与实践两张皮的传统桎梏长期未能突破。教学内容以理论知识为主，理实一体化课程的开设和实施十分有限。

8.3.5.5 实践教学问题较多

第一，课程实施流于形式。实践课程中，学生比较松散，教师没有进行严格的管理。在实验操作时大多数人都是敷衍了事，无法保证一对一指导，也无法保证每人亲自动手操作，实践操作流于形式，因此无法真正学习到实践知识。同时，近年来不少培养院校大幅扩大招生，实习安排难问题越发突出，实践课程的实施更加流于形式。实训教学往往只能满足于一般性技能训练，许多高精尖技术技能教学任务难以落实，不能很好地满足职业教育教学的特殊需要。此外，学校与实习单位经常交流沟通不畅，既没有与实习单位对学生的实习目的和项目进行有效沟通，也缺乏对实习过程进行监督，导致实习效果不理想。

比如金融事务专业，在教学过程中过度重视理论知识学习，专业教学内容固化，所授理论知识往往跟不上金融市场的发展。不重视系统培养学生的实践操作技能，学生在发现问题、分析问题以及解决问题的能力比较薄弱，缺乏创新精神和创新思维。实践项目也比较单一。学生在银行或金融机构实习，往往只能做一些简单的大堂营销业务和后勤工作，接触不到核心业务，达不到实践锻炼的效果，也因此导致学生的学习兴趣不高，实习时心不在焉，得过且过。

第二，职业教育实践薄弱。在教育专业双实践教学中，往往专业实践更受重视，实践学时比例也更高，而教育实践却形式单一、内容僵化、时间较短，指导不力，管理松散，效果不佳，难以真正达到《关于加强师范生教育实践的意见》的标准。学生的“三字一话”、教育技术运用等教学基本功和教学技能不够扎实，特别是将专业和教育结合的能力薄弱。

本科阶段一般是在四年的时间里，穿插开设学科专业知识、教育专业知识的课程教学。实习一般安排在最后一年，时间约为一周，仅占总课时的 3%～5%，由此导致了职教师范生教育实践能力较差。职教专硕培养过程中，行业企业实践及教育教学实践质量也不高，特别是最初几年。由于缺乏实践教学的具体、可参考的评价标准，无法保证职教专硕研究生在中职学校的教育教学实践、行业企业实践的教学质量，导致他们的专业实践能力和专业教育教学能力不强，无法满足中等职业教育对高质量专业教师的能力需求。因此，近两年对职教专硕的培养进行了较大调整，增大了集中实习比重，实习时间也由 8 周增加至 12 周，但有些学校、有些学生还是不够重视。

第三，实践教学过程不规范。实践教学的目标、内容、形式、考核方式、时间安排、教师指导、结果反馈等缺乏严格的具体标准和要求，易流于形式，特别是校外的职业学校实习和企业实践，校内外导师权责划分不清，指导、考核、监管难度大，学生实践技能难以得到有效锻炼。一些培养院校在办学思路上理论与实践脱节，缺乏与产业部门、科研机构的紧密合作。总体上是以学校本位培养，基本上是以学校为基地，以课堂教学为主渠道，以理论学习为主要内容。而从普通高校入职的毕业生则缺少职业学校见习和实习的经历，缺少在实际工作场景中的训练，很多新教师上岗前对自己新入职的工作环境、工作性质一无所知，不仅从教后适应期较长，对职业心理健康也会产生消极影响。这种培养方式的职业性、实践性、社会情境性都有待强化。

第四，实践教学方法落后。目前，许多职教师资培养院校仍然沿袭传统的教学方法，采用简单的“课堂讲授＋教师示范练习”的方法进行授课，“教师授课为主、学生参与为辅”，这种方法对于实践和操作性强的课程并不适合。即使是在实验和实训中，也是教师先示范，然后学生进行自主练习，这种“大锅饭”的教学方法模式僵化，内容枯燥，难以普惠每位同学，大部分时间只好在课堂上记笔记，背理论，致使学生学不会操作专业技术。这样的实践教学方法致使学生的学习内容偏离或滞后于职业岗位发展需要、脱离生产岗位实际，导致学生所学不能所用或者是所学不够所用现象。

比如财会、金融、商务、营销等财经师资培养以前的实验教学中，以手工操作实验为主，内容陈旧，实验数量少，缺少综合型、系统型模拟实验，从而导致学生做实验的兴趣不高，态度敷衍，因此综合动手能力和实践创新能力难以得到有效的提高。即使是现在不少学校采购了所谓综合型、系统型模拟实验软件，但在实际执行过程中由于有相当多的学生不认真准备，没有把课外应该准备好的实验方案带到实验室。在每次课只有 2 学时的实验时间中，实际上这些“改进型”实验方案也仅仅是过过场而已。

第五，实验、实训基地条件不足。职教师资培养要求专业设备品种多、数量大、水平高、更新快，但目前许多培养院校实验、实训场所和设备设施不足，难以达到上述要求，不能为学生营造培养职业能力所需的真实的实践环境。由于缺乏足够的校内外实验实训条件，实验课、实训课开课率不足，很多实践课程老师都在普通教室的黑板上手工演示完成。比如，教师在讲授会计凭证、会计账簿和会计报表等实践性内容时，要求学生动手实践，使教学更加具体化，这就需要信息技术设施的辅助作用；但是由于理论教室本身的器材限制，达不到专业实践实验室要求的条件，很多教学环节不能实施，因此不利于学生对所学内容的理解，提升技能。教学技能训练由于微格教室数量不足，往往也是采用“纸上谈兵式”的教学。

职教专硕培养中，虽然获得试点院校要求有行业企业的专业实践基地、实践指导教师等，但由于缺乏实践教学具体要求和评价标准，实践教学效果尚有待检验，基于实践教学的教研能力发展也受到限制①。

8.3.6 评价机制依然僵化

科学合理的质量评价体系是提高师资培养质量的前提和必要保障。但目前的传统评价机

① 唐瑗彬，牟向伟.“双一流”背景下职教专业硕士教研能力提升策略研究——以广西师范大学为例[J].职业技术教育，2019 (20)：46.

制制约着人才培养，主要表现为：重理论轻实践，重分数轻能力，重结果轻过程，等等。

在对学生的评价考核中，授课教师所采用的教学评价方式一般为考试、作业、小论文形式，这种考核方式并不适用于技能实践教学的考核。在专业实习和教学实习中，实习单位一般对实习学生没有给予严格的考核，只对学生做终结性的评价，专业技能和教学技能训练也缺乏详细的过程性考核标准，指导老师与校领导也很少严格打分。因此，在实践教学评价方面，实习实训等实践训练缺乏科学、统一的考核标准。在学生评优评奖方面，不少培养院校对学生评优评奖规则多年不变，具体操作上也缺乏科学、公开、公正，影响学生的创优争先积极性，从而最终影响人才培养。

在对教师的考核中，囿于传统评价机制的束缚，给教师带来各种困惑。其突出表现是学校考评体系缺乏职教师资培养的针对性。重论文，轻能力；重学科，轻教育；重理论教学，轻技能训练 ；重学术性，轻职业性。机械量化的偏多，务实质化的偏少，有的甚至存在脱节，不符合教职师资培养规律，特别不利于客观公正考核评价作为"职教教师之师"的人才，影响人才成长和发展的积极性。考评过程中，人情作用大，随意操作较多，这种不够严谨的评价机制在很大程度上影响了高质量职教师资人才培养的实效性。

8.3.7 保障体系不健全

8.3.7.1 制度建设滞后

健全的制度是保障职教师资培养的关键。建立健全完善的职教师资制度体系是促进职教师资培养的重要途径。虽然我国目前已经建立了比较系统的职教师资培养法律法规体系，但仍需要进一步完善。

教师资格制度方面，目前我国职教教师无论是学位证书还是职业资格证书都比较单一，如在学位证书方面，只有传统的学士、硕士、博士学位，缺少一些适合职教教师特殊需要的学位，如单科教育证书等，这在很大程度上限制了一些学有专长者或特殊专业的能工巧匠进入职教教师队伍。教师资格证书在我国局限于一种普通的上岗证书，仅仅起到持证上岗的作用，缺乏可持续地激励教师专业化发展、不断提升素质的教师资格等级证书体系，从而丧失了教师资格证书应有的意义，没有起到对职教教师的专业化发展的引领作用。

"双师型"教师制度方面，缺乏科学的新商科专业"双师型"教师的认定标准。当前对"双师型"教师的认证，主要是围绕教师资格证之外的技能证书等展开，这对新商科"双师型"教师认证并不科学。新商科专业广泛，涉及财务、行政、市场等多个企业岗位，渗透到大多数行业。每个行业具有多种资格证书，且不断发生变化。这些技能证书含金量大小不一，尚未明确选择何种证书作为新商科专业"双师型"教师的认定标准，进而导致教师缺乏明确的实践学习目标。

协同培养方面制度建设十分滞后。包括职业职教师资协同培养的组织管理体系、协同培养组织的运行机制以及协同培养单位之间的资源共享机制在内等，都不是很完善。由于组织管理体系的缺位，职教师资培养院校、企业、职业学校、科研院所不能形成联系密切的协同培养有机整体；由于缺乏深度融合、全方位、一体化的协同培养运行机制，导致各主体难以实现优势互补、资源共享，协作共赢；由于资源调配机制的缺位，职教师资协同组织之间条块分割和资源分散的现状未能改变。如重庆某地提出了颇具有前瞻性的“城校互动”职教发展模式，其要义之一就是资源共享，但由于法律和政策缺失，迄今仍未建立完整意义上的真正资源共享的实训基地①。

8.3.7.2 经费投入不足

职业技术师范教育属于应用型技术师范教育类型，培养培训成本相对较高的。但目前职教师资培养的经费投入标准与其他院系基本相同，职教与普教骨干教师培养的拨款大体相当。学生学费收费标准偏低，如某师范大学职教专硕学费就属于最低一档。据不完全统计，同层次教师培养，职教要比普教的成本高三分之一左右，相同的经费投入不能有效保证职教师资的培养质量。

职教师资培养院校的实训、实习设备等硬件条件投入不足，影响了职教师资的动手实践能力的培养。一些学校在规模持续扩张的情况下，学生实训实习教学的设备与条件却得不到相应扩充和更新。实践教学所需的设备数量不足，规格陈旧，软件更新滞后，耗材补充迟缓，计划的实践教学时数得不到保障。实践教学实施难以达成教学目标和人才培养目标要求。

比如制造业、财经等学科专业的技能训练设施设备及软件的前期购置、后期维护和修理、更新等都需要巨额经费的投入。教学实训过程中的耗材也需要大量经费支持，这些依靠学校常规经费投入是无法解决的。

8.3.7.3 硬件设备匮乏、闲置并存

职业教育是经济社会发展的产物，更应超前发展才能满足经济社会发展需要，因此，职教师资培养更需先进超前的设备条件。法国、德国职业学校的设备都是还没有完全正式用于生产的先进设备，经过一个周期的培养训练后正好满足技术和设备推广对人才的需求。因此，能够使得学校满意，设备生产厂家受益，也深受用人单位欢迎。

目前我国大多培养单位实验实训设施老化、软件陈旧、学生技能训练过时、师资培养质量难以得到社会认可。教学、实训设备对于普通教师培养尚不可缺，对于实践性要求更强的职教师资培养就更为重要。设施、设备的质量直接与教学内容、教学方式和教学实践等密切相关。“巧妇难为无米之炊”，设备问题是职教师资职前培养的一大瓶颈。很多学校实习、实训场地、设备方面都是短板。但同时，也有学校存在资源闲置的情况。

8.3.7.4 缺乏专业化的“教师之师”队伍

师资队伍是培养高质量的职教师资的重中之重。培养职教师资的教师队伍基本都来源于普通高校的专业教师，这些教师本身就缺乏职业教育理论知识基础，缺乏企业实习经验，也缺乏相关实践技能。其既有的专业知识背景并不能完全与职业教育的应用性、操作性相匹配，在对职教师资的培养中，容易偏向理论知识，而缺乏实践能力方面的训练。

当前，本科、硕士研究生的职教师资培养缺乏一支集专业知识和教育教学理论方法、学

---

① 张璐.职教师资培养模式研究[J].学园，2019(12)：78.

科专业与教育知识于一体的专业教学法教师队伍。专业课教师中几乎没有掌握教育教学理论与方法的教师，教育学教师基本不懂学科专业，做不到理实一体，更无法体现“三性”或“四性”特色。与普通师范教育相比，职业技术教育教学研究起步晚、基础薄弱、研究机构零散，没有形成研究团队和梯队，特别是博士层次的研究生培养不足，以致在理论指导、教材开发、高水平师资提供上制约着专业教学法等课程的开设。学校只能采用组建综合型教研团队的形式，但由于跨越学科，存在管理壁垒，导致真正的合作难以建立。

由于在培养过程中教学或专业技能方面存在缺失，因此，学生只能毕业后在职业院校任教时经过自身长期的积累与磨炼，并凭借个体的能力与天赋，才有可能对专业知识与教学知识加以整合。

随着科技的发展，师资队伍知识老化陈旧，更新滞后，难以跟上科技进步的步伐。很多财经教师在“一证定终身”的体制下存在知识结构僵化、专业知识过时以及实践技能缺失的现象。大学毕业，持有一本经济师、会计师资格证书，就可以多年高枕无忧，不思进取，无所作为，得过且过。不少以前所学的知识已经时过境迁，随着时间的推移以及科学技术的发展而变得不实用。全国高校中70%的教师都面临着知识更新不及时和专业化水平亟待提高的现实问题。因此要快速转变角色，从繁重的教学、科研任务中有计划地抽出时间定期进行充电或培训，及时对自身固有的知识结构和教学理念进行合理的更新。

财经专业教师实践实操技能缺失。现在财经教师大多是从大学毕业就走上大学讲台，从校门到校门，从书本到书本，没有任何实际工作的经历，因此，缺少专业实践实操技能。我国会计专业教师队伍的现状明显落后于教育、教学的需要，主要表现在：一是拥有“双师”资格证的教师较少；二是即使某些教师考取了会计师或CPA资格证书，但实际操作经验不足，研究能力、理论水平均有待提高。

职教专硕的导师队伍也不能很好地满足研究生人才培养的需要。职教专硕导师主要由校内导师（教育学科教师和专业学科教师）、校外导师（行业企业专家和职业学校的专业带头人）构成。

校内教育学科的教师主要侧重对研究生进行职业教育理论的学习指导，培养研究生的教学技能及职业技术教育教学研究能力；专业学科导师，侧重专业研究，不了解职业教育，不懂得职业教育的基本理论，更不了解职业教育实践，不了解中等职业学校对教师的基本要求，把握不准职业学校专业教师培养目标，在教学中仍然按照学科领域的专业人才来培养学生；校外职业学校的教师主要侧重对研究生进行教育教学实践的指导，提升研究生的专业教育教学能力。但目前职教专业硕士导师队伍未能很好体现出“四性合一”的实效。此外，尽管各培养院校都实行了“三导师制”或“四导师制”，为学生配备了校内外的指导教师，但不同类型的导师之间并没有建立起有效的沟通与合作机制，难以形成人才培养的合力，没有起到“1＋1＋1＞3”的效果。

第 9 章

发达国家和地区职教师资培养特点及启示

“他山之石，可以攻玉”。西方发达国家为了保持本国在经济、人才竞争中的优势，都十分重视职业教育，重视职教师资的培养。发达国家职业教育发达，职教师资培养历史悠久，并积累了相当多的成功经验和理论成果。借鉴和学习国际上的成功经验和做法对于推动我国职教师资培养具有重大意义。本章就一些主要发达国家和我国台湾地区职教师资培养情况做一介绍，借鉴国（境）外先进经验以优化我国职教师资培养模式。

9.1 发达国家及地区职教师资培养特征

9.1.1 德国

德国职业教育历史悠久，其“双元制”培养方式蜚声世界，被誉为德国经济腾飞的秘密武器。作为世界第四大经济体，全国上下高度重视职业教育，对职教师资的培养也丝毫不曾忽视，在多年的探索中逐渐形成了“双阶段＋两次国家考试”职教师资培养模式。主要特征如下。

9.1.1.1 “双元制”教学

“双元制”是德国职业教育的特色，举世闻名。无论是在职业技术人才培养中，还是在职教师资培养中，都广泛采用。双元制，即企业和学校共同培养。学校和企业互相配合、共同协作，整合利用企业与学校不同的教育环境与资源，使教育实践与课堂学习有机融合，培养具有高素质、高能力的人才培养模式。教学过程中不仅注重学生理论知识的掌握，而且注重学生实践能力的培养。

“双元制”也是德国职教师资培养的一大特色，即指充分利用学校和企业两大不同主体的教育资源与培养环境，采取课堂教学与实践操作相结合的培养方式，鼓励跨机构、跨部门之间的合作，实现合作方之间的优势互补，确保师资培养质量的一种模式。

德国双元制具有以下特征：(1) 教学与生产过程紧密结合，按照企业要求培养学生。学生在企业进行实践技能培训时，接触的是企业最新的技术、设备、材料，提高了学习的针对性，有利于学生毕业后尽快直接投入工作。(2) 双元制教师队伍由专职教师和兼职教师构成。专职教师负责传授理论知识，兼职教师负责培养实践能力；学校与企业签订培养合同，学生根据需求在企业进行学习培训，学生具有学徒和学生双重身份，并来回切换。(3) 校企广泛合作，企业积极参与。在国家政策保障下，校企双方各司其职，实现双赢。(4) 双元制在考核方式上与传统的教学模式不同，学生既要通过理论考试，还要通过实践环节的技能考试，只有二者都合格才能毕业。(5) 在教学方法上，注重采用启发式、讨论式教学和学生自学。学生自己设计、规划整个学习过程，在老师的帮助下，检查、评估学生的学习。

9.1.1.2 健全的职业教育法律法规体系

第一，完善的师资培养法律保障体系。德国早在 1969 年，就颁布了《联邦职业教育法》，并颁布了配套措施。以后通过制定《职业教育促进法》《联邦职业教育法》《职业训练法》《联邦职业教育保障法》一系列法律确保“双元制”模式的正常运行，确立了双元制教育的法律地位。在培养过程中，严格执行国家律法，上有政策，下有有效的执行机构。如此确立了严格规范的职教师资培养法律体系，并以严格的实施力度促使德国构建完善的职教师资培养体系。

第二，成熟的校企合作机制。国家制定相关政策和激励措施，对企业参与培养提供保障。职业学校和企业合作广泛对此不无关系。在国家政策的激励下，校企合作广泛，企业尤为积极主动。企业为师资的培养提供了真实的实训场地、先进的设施设备，大大提升了学生专业技能和教师教育能力，为职教师资队伍的培养提供保障。

第三，严格的教师准入要求。法律对职教师资作了相应的规定。明确规定职业教育教师必须有相应的学历，而且具备本专业的实际工作经验，对职教教师的入职标准有严格的要求。如经过两阶段学习的职业技术师范学院的毕业生，必须参加国家规定的两次职业教师资格考试，完成国家规定的实习实训课程，才能去职业学校任教。企业及培训机构的实习指导教师，在经过“双元制”职业培训后，完成专业学校的学业并获得相应文凭和岗位资格证书，才能成为实习实训指导教师。德国法律严格要求：没有经过系统师范教育达到规定考核标准的人，绝对不能从事任何教育培训工作。德国职教教师一般需要硕士研究生及以上学历。

9.1.1.3 企业的高度参与

德国的“双元制”职教师资培养，自始至终都贯穿着企业的生产活动。教学计划、课程设置、教学模式都是以业务过程为导向的。把业务过程转化为学习过程，再按这个学习过程来组织教学。因此，企业在德国的职教师资培养过程中发挥了不可替代的作用。他们一方面为教师培养提供实习的场所，给予他们实践锻炼的机会；另一方面，实力雄厚的大中型企业还往往独立组织实施教师培训班，自己编制教材，以培养本企业所需要的“师傅”(指导教师)。

校企合作中，企业作为主导方给学校提供实习的场所和实训设备，尽可能保障与学校教学实践场地一致，也为职业教师设立进修与学习的培训班，同时企业培训师也可去学校参加教师教育能力的培训。

在师资构成上，企业也发挥着重要作用。德国职教师资培养的教育资源较为多元，且灵活性很强。职业技术教育师资培养力量主要由职业院校、各企业、高等学校以及德国较为权威的行业协会或团体共同组成，采用专职师资和兼职师资并举的方法多方通力合作确保职教师资的培养水平和质量，兼职师资，则主要来源于企业、行业团体。

派送教师去企业进修实习也是校企合作的一项重要内容，这样教师就能及时把企业中的最新信息带到自己的教学中去。同时，职业教师也会利用自己在长期工作和教学中积累的经验，为企业提供解决问题的思路和方法，对企业的经营理念进行理论上的系统指导。

校企合作是德国财经职教师资培养模式的传统优势。它壮大了职教师资培养的力量，拓展了职教师资培养的实践平台。这种模式主要适用于导向性较为明确的职教专业，为企业或职业院校定向培养师资人才。

9.1.1.4 理实一体的教学技能培养

实行专业理论和实践一体化培养是德国职教师资教学技能培养的特色，贯穿于教学技能培养的全过程。主要分为两个阶段。

(1) 硕士阶段理论与实践相结合的培养方式①。大学毕业后，准职教教师进入教育学院进行硕士阶段的学习，进行为期不少于 18 个月的、科学的学校实践教育，尤其注重培养实践能力和科研能力，结束时参加第二次国家考试。作为预备教师一般固定在一所职业学校，学校和教育学院共同任命与之专业相同的资深教师作为指导教师。学校实习形式包括听课、试讲和各项校内活动。教学方法一般采取研讨、分组讨论和角色扮演等，比大学阶段更加重视运用理论解决实践中遇到的问题。

该期间特别注重专业教学法学习。专业教学法课程模块分为教育学院理论学习与职业学校专业实习两部分。每一个门类的课程中，都设有专业教学论课程，并且所占比例不低。理论课学习实行讲授与练习相结合，授课形式主要有演讲课、研讨课和训练课。其中研讨课在思辨的氛围中帮助学生理解与记忆知识；训练课通过实践加深记忆促进知识的内化吸收。教育专业实践就是在相关学校的实习，在真实的教学环境中让学生深刻体会并运用专业教学法。

(2)“两阶段，两考试”

“两阶段，两考试”培养模式基本架构如图 9－1 所示：

---

① 硕士之前是大学的学习阶段，一般 4～5 年，对专任教师的培养共有 13 个职业领域。这期间还必须在其所选职业的相同行业的企业里，至少实习一年.

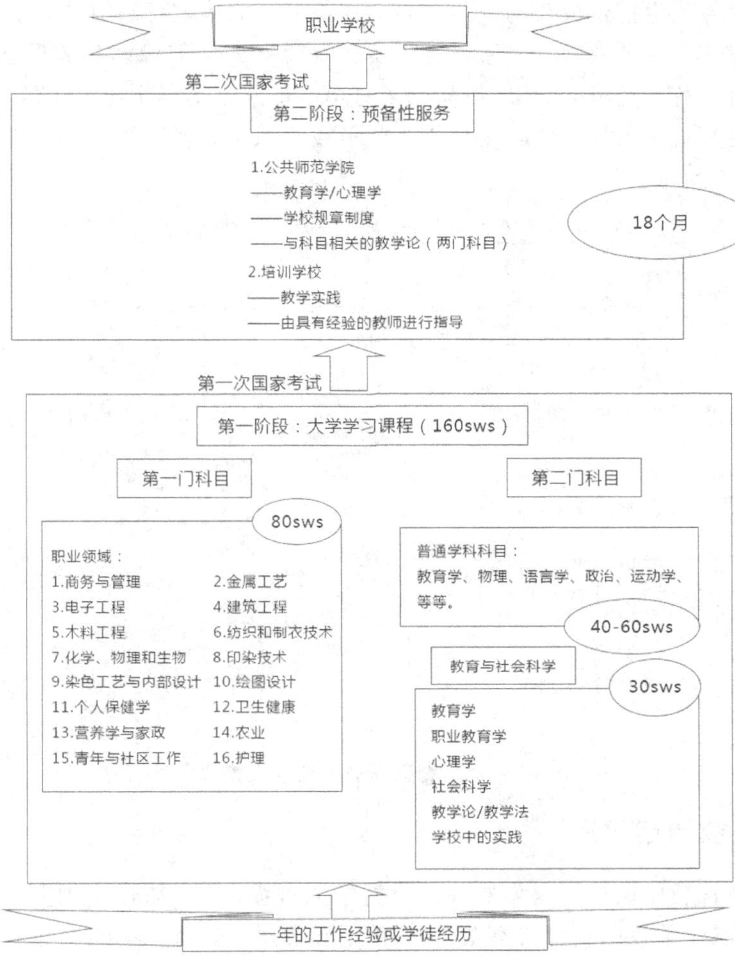

图 9－1 “两阶段，两考试”培养模式基本架构①

注：sws 即周学时。

实习之前要先见习。在相应的职业学校中进行见习，同时在教育学院进行理论学习，主修的是专业教学法。见习完成后，在职业学校进行教育实习。根据实习过程中的意见反馈，再回到教育学院学习提升理论，之后再去职业学校实习。如此往复循环的理实一体的培养方式，通过理论弥补实践的不足，通过实践加深理论知识的理解与运用，学生经过由听到讲、由生到熟的教学技能训练，教学技能知识掌握得更为透彻，教学技能的练习更具有针对性，教学技能培养的效果更为全面综合。通过反馈式理论与实践培养相结合的学习，教学技能一步步得到提升，如德国海德堡大学，将实践经验作为教学活动的起点，坚持“知行合一”的教育理念，以实践为基础开展理论教学；用教育理论进一步指导教学实践，使理论与实践有机融合，从而有效提高师范生的专业技能和教学技能，促进专业化发展。最后，以教育实习为

① 梁杰.中等职教师资培养模式研究——基于三性合一的视角[D].河北科技师范学院，2015：23.

桥梁和纽带，为师范生搭建成长与发展平台，实现从“学校教育”到“工作世界”顺利过渡，由“学生”“准教师”到“教师”角色顺利转换。海德堡大学与德国相关职业学校合作，并与国内的多家企业合作，实施“3+2”师资培养模式，即三年本科学习加上两年研究生学习；学习过程围绕实践展开，以教育实习为核心，以实践为抓手，理论学习和专业实践相结合交替进行。如图 9-2 所示：

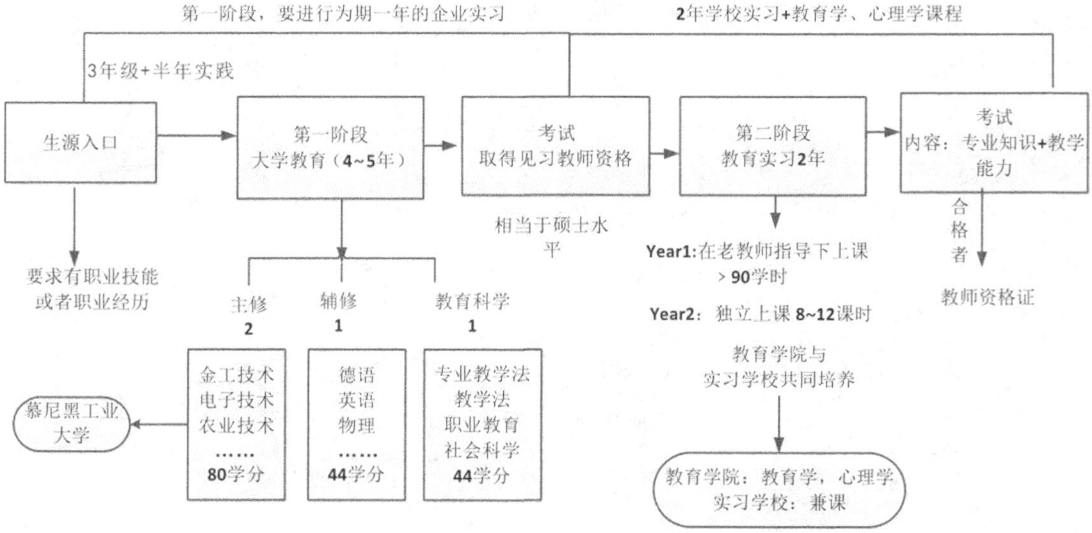

图 9-2　德国职教师资培养模式①

9.1.1.5 职前职后贯通

德国职业教育教师的成长与发展是一个持续的过程，在两阶段基础上扩展为“三阶段”。“能够成为德国职业学校的教师必须具备以下几个条件：至少一年的工作经验或者是学徒经历；进行为期 9 学期的大学课程学习，累计周学时约为 160 小时，修满学时后需要参加第一次国家考试；以预备性服务的形式进行实践性教学培训，之后再进行第二次国家考试，考试合格者方能进入职业学校任教。”②在这个过程中，学校始终为教师创造一个良好的成长环境，给予教师培养、培训及提高的机会。

首先，德国职教教师必须完成职前教育。在综合性或技术大学学习 5 年，学习一个职教主专业和一个普教辅修专业，通过相当于硕士学位的第一次国家考试（师资培养的第一阶段）；其次，在州教育学院学习 2 年，接受教育理论方面的学习，同时在职业学校实习，接受同专业“双元制”职业培训，通过第二次国家考试，取得职教师资教师资格，方可去学校任教。此为师资培养的第二阶段。此后，德国的职业教育教师还要参加职后的继续教育，即第三阶段的师资培训。要求每两年必须脱产进修一次，其进修与物质利益挂钩，进修后可提高工资待遇，改变教师职务等。根据联邦各州的法律规定，继续教育和进修培训，是职业教师必须履行的义务。

---

① 刘冬.职教师资培养的课程体系优化研究——以《机械电子工程（师范）》为例[D].浙江工业大学，2015：16.

② 梁杰.中等职教师资培养模式研究——基于三性合一的视角[D].河北科技师范学院，2015：23.

9.1.2 美国

美国职业教育一般是在高等教育中的社区学院进行。美国职业学校专业课教师主要来自高等学校或这些学校内可以设立授予职业技师资格文凭的教育学院。早在 20 世纪初，美国就已经开始重视职教师资的培养工作，美国职教师资的培养制度和培养流程相当成熟和完善。国家出台了相应的法律保障，其对教师的任职资格、聘任制度、专业发展等都有系统化的规定和说明。具体如下：

9.1.2.1 职教师资培养标准双管齐下

美国职教教师的认证体系完善，入职前把关严格。2019 年 9 月 4 日，美国劳工部统计局（Bureau of Labor Statistics）发布《职业技术教育教师前景手册》，明确规定要想参与和获得职业技术教育教师资格证书，通常必须至少有一个学士学位，还需要所教学科的相关工作经验证明。若是公立学校教师，还需要出示官方颁发认可的教师资格证书或许可证。

美国实行严格的职教师资准入制度，采用国家和州双标准。地方政府根据国家标准制定符合本州州情的法律法规，对职教师资的培养、教师资格证认定和要求等做出适合本州的更为具体的规定，两个层次的标准均对职教师资准入条件、培养模式、教师资格证认定等都做出较为具体规定。

9.1.2.2 重视职业教师专业化发展

根据职业技术教育的特殊性，在美国申请教师资格，除了要求具备联邦政府和各州政府规定的教师资格证书，还要参加实践环节的专业培训，特别重视职教教师的职前培养与职后专业化发展。在为职前教师提供专业师范教育的基础上，积极为在职教师提供制度化的专业发展教育。美国职教师资培养的特色就是定期为职前培养和在职教师职后发展提供专业发展教育。在职前，要求具备联邦各州政府规定的教师资格证书，并参加专业的实践环节培训；职后，要求职教教师参加后续学习，接受继续教育要求，确保职教教师的理论水平与能力与时俱进。一方面，要求并安排在职教师到企业、工厂等一线去进行实践锻炼，提高实践技能。如要求每年假期，教师必须到企业、工厂第一线学习和实操，提高技术水平；另一方面，要求教师每年去高等学校和社区学院接受继续教育，提高理论水平，通过持续的继续教育，确保职教教师理论学习的先进性和实践操作的专业性。

9.1.2.3 以能力为本位

CBE（Competency Based Education），即以“能力为本位的教育”的职教师资培养模式，就是根据学生需要掌握的能力来制订学科教学计划，特别重视实践教学。教师以培养学生的能力为目标，根据学生的表现和市场需求制定培养目标和实施教学，目标具体可操作。其核心理念是以培养学生的工作能力为主要目标，锻炼学生的自主学习能力、探究能力和实践操作能力。

在培养目标上，定位于能够满足社会经济发展对人才职业能力的需求上。培养目标要求学生掌握三种能力：通用能力、专项能力和拓展能力。通用能力指学习能力、语言表达能力、信息能力等；专项能力是由知识、技能经验以及态度四方面能力相互统一达到某一标准之后形成的从事某一职业的能力；拓展能力包括自我反思与剖析能力、可持续发展能力、创新能力等。

人才培养过程坚持以能力为本位的教学原则。在课程开发与设置上，该模式通过制定DACUM表来开发课程，要素主要包括开发理由、开发理念以及市场需求①。摒弃传统僵化的课程体系，课程内容注重知识之间的交叉融合，以模块化的形式组织进行，分层分类针对不同学生制订不同课程方案。

9.1.2.4 完善的职教师资培养体系

一是规范化的师资培养机构。师资培养一般在具有授权职教教师资格的高等学校开设教育学院进行培养，专业包括职业教育课程以及工业技术教育、应用技术教育等。美国对职教教师培养机构资格认证和管理较为规范。美国教师教育认证委员会是职教师资培养认证机构，大学及学术机构必须经过认证之后才能够培养职教师资。目前，美国具备职教师资培养的机构主要包括：大型的研究型的州立大学、州政府支持的学术机构以及私立大学。美国职教师资培养机构兼具开放性与规范性、多样性的培养特色，规范化的师资培养机构有利于培养高质量和高水平的职教师资。

二是成熟的培养流程。首先，学生要在综合大学里的专业学院学习专业知识，获得学士学位；然后，要在综合大学或者教育学院设立的职业教育、工业技术教育、应用技术教育等专业研修规定的教育课程和学分，并且对所学专业课程要累计有1年以上的实际工作经验，才能到职业学校任教。为了丰富学生的实践教学经验，社区学院为附近大学的在校学生提供了大量做兼职教师、教育见习、实习的机会，为他们提供全面的职业教育课程，指导他们的大学学习生活。如果是经师范教育机构培养的职教师资，在培养过程中还需要接受专业训练，要广泛学习职业技术教育课程。学生通过学习职教专业课程，除了提升专业技能外，还要掌握专业理论知识与实际操作的关系、职教领域相互之间的关系、专业技术训练与普通教育类课程的关系等方面的内容。例如，要想获得工艺与技术专业职业技术教育资格证书，学生就必须选修英语、数学、化学、物理、心理学、演讲等通识教育类课程。

9.1.2.5 富有特色的课程体系

美国职教师资培养的课程体系具有自身的特色，充分重视技术性与学术性、师范性的整合度，把师资培养的目标完美地体现在课程设置中。第一，教育基础课程种类多样，分类精细。教育课程包括职业教育类、教学方法类、教育技术类等课程；课程门类设置非常精细，比如有专门的教学方法课程、教学计划课程、学生评价课程。通过对职业教育基础性知识的掌握，以达到高标准的从教教学能力和学术要求。丰富而精细的教育课程设置体现了对教育课程的重视程度。第二，教学专业技能课程设置较为完善。美国职教师资培养中典型的教学专业技能课程有教材教法、教学技巧、教学策略、辅助教学法等，课程形式为实践实训课。

① DACUM是Develop a curriculum的缩写，即教学计划开发。DACUM是关于某项专业的职责、任务的二维矩阵表。篇幅所限，此处不予列出。

专业教学技能课程按教学流程明确划分，因材施教，教给学生不同的教学方法。职教师范生通过专业教学技能课程训练，综合心理学、教育学、职业教育学，融合专业教育知识和专业技能形成，同时提升专业教学理论知识水平和专业教学技能水平，进而形成自己的综合教学能力。教育基础课程和专业教学技能课程都是为了教育实习奠定坚实的理论与实践基础，在最后一年设置教育实习课程，从理论课程到实践课程、从基础教育课程到专业教育课程形成了美国职教师资培养的课程体系。学生必须参加职业技术教育实习，在社区学院的课堂中实践并检验职业技术教育专业知识与技能。

另外，职教师资培养教学计划中也开设有职业技术教育理论方面的课程，比如，职业技术教育学、职业教育心理学、职业技术教育教学方法研究等。

9.1.2.6 实践为主的教学技能培养方式

美国职教师范生教学技能培养以实践训练为主。第一，贯穿师资培养整个过程的校内临床实践。美国非常重视职教师范生的临床教学实践，临床教学实践模式非常完善。临床实践以实践为主要形式展开，是一种较为灵活的教学方式。就是在校内学习过程中，通过观察和实验等实践学习方式有针对性地分析教育中某个环节或某个问题，或者就教育理论本身进行探讨。美国重视教学方法课程的实践学习，采用辅助教学法，结合微格教学、实训教学，将理论学习与实践练习完美结合。通过临床实践阶段的学习，学生可以掌握基本的教学理论知识和教学技能，形成从教的基本意识与能力。完成这一步，学生才可向学校提出申请进入下一阶段的教育实习，学校审核通过后方可进入。第二，独立的教育实习阶段。临床实践合格后学生通过申请进入教育实习阶段。教育实习内容包含教育教学各环节的技能，实习结束考试合格即可毕业、取得学位和教师资格证书。临床实践是初步形成教学技能阶段，教育实习是教学技能培养更高级的阶段，这一阶段就是学生进行独立教学工作，反复练习使教学技能达到熟练的阶段。美国通过实践的形式培养具备专业教学技能的职教师范生。

9.1.3 英国

虽然英国是世界上最早开始工业革命并实现现代化的国家，却一度提倡绅士教育，曾有着根深蒂固的“重学术、轻技术”的传统。随着时代的发展，科技的进步，英国政府逐渐意识到职业教育在国富民强中的重要作用，开始重视职教师资的培养和队伍建设工作。把职教师资的质量作为教育改革的重要内容，确立了系统而又严格的职业教育教师资格标准。当前，英国职教师资具有极其完备的职教师资培养体系，形成了独具特色的“三段融合、三方参与”模式。

9.1.3.1 三段融合

具有英国特色的三段式培养模式是指职教师资培养涵盖职教师资发展的三个阶段，即职前培养、入职培训和职后培训。三个阶段紧密结合，贯穿职教师资发展的整个职业生涯，形成一体化的培养过程。这种培养模式既关注现阶段的师资培养和发展，又关注师资培养的长远规划和能力提升，因而职教师资的培养体系更加健全和完善。

9.1.3.2 培养目标完整

近年来，英国提出“完整性”的职教师资培养目标。所谓“完整性”，是指实现教师良好的个人品质、熟练的教育教学技能和超高的研习能力三要素的协调统一。

为了实现培养目标，在课程设置采用模块化模式。主要的特征是：课程内容划分为模块，主要包括教育学知识、专业知识、教育技术知识等，学习者可以根据本人的兴趣及实际情况等自行选择课程，安排课程的内容以及顺序，学生获得职业资格证书的最终依据是通过所有考核并且达到职业标准要求。

9.1.3.3 严格的教师资格制度

英国政府实行国家通用标准的职业教师资格证书，并不断进行优化。英国政府几经尝试与变革，经过长期探索，最终确立了当前的职业教师教育制度和职业教师资格证书取得标准。在这个过程中，企业“雇主”扮演了重要角色，拥有充分的选择权，也就导致了英国职业技术教育师资培养具有明显的“市场化”特点①。

为进一步吸引其他行业优秀人才从事教学工作，2011 年，英国出台《培训下一代卓越教师》等政策文件，鼓励已经取得显著成效的“先教计划”(Teach First)机构实施“后教计划”(Teach Next)，要求申请者在获得教育专业学士学位或其他学科学士学位基础上，再接受一年的教育专业训练可获得“研究生教育证书”(PGCE)。PGCE 课程主要由学科研究、专业研究及教学实践经验三部分组成。为了确保申请者顺利从事教学工作，英国还实行严格的教师资格考试制度及新教师试用制度；新教师必须接受 1～2 年的试用，试用合格才能获得完全教师资格。

9.1.3.4 师资培养参与者多元化

英国政府采取了“三方参与”的职教师资培养模式，利用高等院校、职业技术院校与企业三方的资源优势，共同培养职教师资，推进职教师资的专业化和社会化。三方共同参与，共享教育资源，以打造培养专业化的职教师资人才为核心，形成高效的英国特色的职教师资培养模式。高等院校主要负责职教师资的学科专业培养任务，讲授专业核心理论、知识与技能以及核心价值观及行业职业道德。而职业技术院校和企业主要负责培养职教师资人才的实践能力，为其搭建实践平台，提供实践机遇，提升其实践水平。同时英国也采取专职与兼职教师结合的制度，也会邀请企业中经验丰富的专业技术人员和行业权威作为兼职教师来授课。

9.1.4 澳大利亚

澳大利亚职业教育教师的来源主要有两个：其一是通过高等院校培养高学历、高素质的专任职业教育教师；其二是从社会上选拔优秀的专业技术人才经过培训成为兼职教师。经过多年的实践与探索，澳大利亚在职教师资培养上积累了极其丰富的经验。

---

① 念潮旭.中职师资培养的逻辑、困境与路径[J].教育与职业，2021(04):87.

9.1.4.1 三种培养方式

澳大利亚职教教师培养方式共有三种，分别是高等院校培养、社会选聘和在职培训。其中，专职教师大多由高等院校培养而来。澳大利亚高等院校职教师资培养体系由高等教育学院和大学共同组成。在高等教育阶段，其专任职教师资包括非师范类的本科毕业生、大学本科毕业生、教育学士、教育硕士四种；其学位证书分为五种：教育证书、单科教育证书、教育学士证书、教育硕士证书、博士学位证书五种。澳大利亚的大学采用“平行法”来培养专任职教师资，培养专业能力的同时培养教学能力。在课程安排上，高校同时开设专业学位课程与教育专业课程，学生在上课时可同教育专业的同学一起，也可同非师范类的同学一起。兼职教师则多是从社会上选拔优秀的专业技术人才，先让其接受一年师范教育，学习教育理论，训练教学技能，然后才能成为职教兼职教师。

澳大利亚对职业教师的素质要求非常严格。无论高校培养的专职教师还是从社会上选拔培养的兼职教师，他们不仅要具备所教专业相应的基本知识，还必须懂得课堂教学的方法策略、善于培养学生的创造能力，担任专业教师者则必须经过培训，并取得培训行业四级证书。

9.1.4.2 以 TAFE 为特色的多层次职教师资培养体系

澳大利亚已经建立了以 TAFE 为特色的全国统一的、有效的、良性运转的、以公立为主的职教体系。TAFE 的含义是技术与继续教育（Technical And Further Education），是由行业主导，政府、行业、社会与学校相结合，相对独立的多层次的综合性职业技术教育与培训机构。TAFE 是在澳大利亚政府直接指导下建立并逐步发展起来的，经过 30 多年的探索实践，凸现出强劲的生命力，形成了自己鲜明的特色。

综合大学主要负责 TAFE 学院教师的职前教师教学专业课程培训工作，开设有相关的证书、文凭和学位课程。有的注册公司也开设申请教师资格证书或文凭的课程，或与大学合作提供学位课程。主要包括教学证书、副文凭、高级文凭和学士学位。学生读完规定的课程后，可以获得相应的资格证书，其中，学士学位课程主要有两类：教育学士和成人与职业教育（或培训）学士。

9.1.4.3 强调职业教师的教育教学素养

澳大利亚对职教师资的要求，除必须具有丰富的学科专业知识外，还必须具备从事跨学科的教育教学能力、特殊教育能力、环境教育能力、运用现代教育信息能力、编写教学计划、讲授理论课和指导学生实践的能力等。在教育教学能力培养过程中，特别注重教育实习环节。

9.1.4.4 高度重视职教教师的实践经验

澳大利亚职业教育教师的培养一般是按照“培训与鉴定”培训包的内容进行的，特别重视实践性。“培训与鉴定”培训包包括 8 个能力模块、55 个能力单元，涵盖了作为职业教育师资应具备的全部能力。入职时，必须具备三种最低要求：第一，具有所教学科的专业技能资格证书。第二，取得职业教育教师资格证书。第三，有在企业、行业三至五年的工作经历。

为了丰富职教师范专业学生的专业实践经验，学校一方面加强与企业等用人单位的合作，带领学生到企业生产现场去见习；另一方面聘请有丰富实践经验的企业技术人员到学校作讲座，讲授专业知识，示范专业操作技能。还派学生到企业生产、服务第一线进行专业实习，由企业技术专家手把手地进行指导。政府还要求职业教师必须经常或定期到企业进行专业技术实践，参加企业的培训，学习新技术。规定教师每周要在相关企业兼职工作10小时，而且要进入相关行业或专业委员会；经常参加学校与社会联系的各种活动，以了解经济社会发展动态，获取各种新知识、新信息。政府规定，一般学院的教师每学年有两周以上带薪到企业进修的时间，接受行业专业技能培训。教师在企业接受培训的相关费用由企业承担，这极大地调动了教师参加企业培训的积极性。

9.1.5 日本

据统计，截至2017年，全球寿命超过200年的企业，日本拥有3146家，位居第一。日本企业之所以具有竞争力，产品之所以受到全世界消费者的追捧，表层原因当然是产品质量优秀，本质原因是产品生产过程的精益求精，深层原因则是职业教育的成功和技能型精英工匠人才的辈出。一句话，是因为职业教育的成功。职业教育的成功离不开职教师资作保障。在长期的探索和实践中，日本打造了具有本土特色职业技术教育师资培养模式。日本职教师资培养起始于明治维新，20世纪80年代第三次产业革命后进入快速成长期。

9.1.5.1 职教教师教育机构体系

隶属于日本劳动省的职业能力开发大学是日本培养职业教育实习指导教师的主要机构，在培养职业训练指导员(实习指导教师)工作中起主要作用。职业能力开发大学设立有四年制的长期课程和六个月的短期课程。四年制长期课程招收高中毕业生，培养具有较高理论知识、专业技能和教学能力的教师；六个月短期课程，是为具有专业技能和实践经验的人开设的，参加学习者要经过考核，必须通过国家二级技能考试，有三年以上的实践工作经验。

精良的日本职教教师教育机构体系具有类型多样、主体多元、市场导航三大特性。类型多样，指日本职业教师教育和培训机构种类繁多，包括职业高职专门学校、高等专门学校、技术师范院校或教师教育学校以及具备培训资质的企业；主体多元，是指日本职业教师教育由政府、学校、企业、职业教育专业团体多元主体共同参与实施；市场导航，是指日本职业教师的需求完全根据市场供求关系而定，教师的培养数量和课程始终接受社会和企业的评价和定义。

9.1.5.2 产学合作，互动共赢

与职业技术教育的“产学合作”一样，日本职教师资队伍建设也并非单打独斗，而是镶嵌于校、政、行、企的网状合作关系中。通过产学研合作，各方在追逐耦合利益诉求的过程中发展壮大，实现互动共赢。

为了培养专业知识扎实、技能水平高、教学能力强的中等职业学校教师，日本采取了以大学为主体的“产学合作”模式，用校企共育的形式来培养职教师资。大学是创造知识的教育机构，产业以新产品的开发为最终目的。在培养过程中，双方合作的途径一般是通过“产业界向大学投资”“校企双方在人员上进行交流”“企业委托大学搞科研项目”的形式，实现

双方技术与人员相互流动，在流动中获得各自的利益。比如职业能力开发大学与丰田公司之间的“产学合作”，学校负责提供课程方案并按教学计划开展教学，丰田公司负责提出阶段性的人才培养规格及培养计划，并参与制订学校的教学计划，校企双方在实践过程中逐步对合作形式进行调整并使之完善。

在日本政府和教育部门的主导下，日本的社会、企业、院校及学生之间建立了积极的互动关系。通过“产学合作”模式，加强了各个培养院校和企业之间的交流沟通，帮助学生明确了职业前景和规划，让职教师资培养更具针对性和实用性；同时，企业和院校之间的紧密合作，也为日本企业发展增添了活力，提高了企业的招聘效率和社会形象。

9.1.5.3 理论和实践两手抓

日本职教师资培养非常重视理论和实践这两个抓手。在培养职业教师前，要求教师专门去企业工作一段时间，这种培养模式被称为“职业训练指导员模式”。“职业训练指导员”除了要掌握一定的专业系统的理论知识以外，还要拥有熟练的实践操作技能，他们必须去相关企业实践工作两年，才有资格走上执教岗位。

“职业能力开发综合大学”在职教师资培养中，特别重视理论与实践的结合，实行理实一体化培养。一方面，在课程设置中突出的是教育教学理论和专业技能两方面的知识。教育教学课程体系包括基础教育类课程、专业教育类课程及教师职业技能教育课程；同时开设专业理论及专业技术课，将理论知识与专业技能的教学融为一体。要求教师根据不同专业和教学目标分别制定培训内容，选择不同的教学法进行课堂教学。无论是“职业训练指导员”的长期课程、短期课程，还是在职指导员的进修课程，都突出培养“职业训练指导员”的理论课讲授能力与实践教学能力。另一方面，课程设置与行业企业发展联系紧密。课程设置的核心是学科专业，以培养学生的专业知识和实践能力为出发点。其培养方式借鉴职业教育的“产学合作”模式，注重校企合作。在校企合作中，学校提供人才培养方案并进行培养训练，企业为人才培养提供实践条件和指导，双方在实践中不断探索和完善合作模式。

9.1.5.4 完善的法律制度保障

日本非常重视职教师资队伍建设的法律保障。从20世纪70年代起，日本陆续颁发了一系列关于职教师资培养的法律法规，如1985年出台的《职业能力开发促进法》，1989年修订的《学校教育法》，1991年修订的《学校教育法》《短期大学设置基准》《高等专门学校设置基准》等法案。通过立法，赋予了职教师资终身接受培训的权利，赋予了研究生院培养博士层次职教师资的权利，赋予了“准学士”层次的职教师资入读研究生院的资格。

与此同时，日本不断制定和修订相关职教教师培养系列制度，成效显著。如“教师许可证制度”历经1985年、1988年和1991年三次修订，催生了职业教师师资录用、考核及进修培养体系。1999年出台的“公共职业教师资格制度”打通了企业高水平技能人才通过资格考试获得企业职业教师岗位的通道；“专门研究院制度”开启了经济、金融、公共卫生等领域职业硕士课程。21世纪制订的《二十一世纪教育新生计划》将职业教育纳入国家终身教育体系，从而保证了职教教师的终身学习和持续成长。

9.1.6 我国台湾地区

9.1.6.1 职教师资培养机构多元化

我国台湾地区形成了师范大学与综合大学共同培养职教师资的多元化的师资培育体系。台湾地区“师资培育法”第五条规定，教师的职前教育“由师范院校、设有师资培育相关学系或师资培育中心之大学为之”。目前，台湾职业教育形成了以三所公立师范大学为主、一般大学为辅的师资培育体系，形成了开放式的多元化师资培养格局。

职教师资的培育机构为师范大学（学院）、教育学院及大学教育学系。职教师资的培养由师资培育大学所设的师资培育中心和师资培养对口专业所在的系共同培养。学生在专业所在系学习专业知识，提升专业能力，在师资培育中心学习教育专业课程，培养未来教师教学技能，发展教育能力。多元化的师资培育机构缓解了台湾紧缺的职教师资需求问题，也为优质职教师资培养提供保证。

9.1.6.2 课程设置注重培养教师专业能力

台湾非常重视职教教师教育专业能力的培养。在课程设置中体现明显，教育课程由教育部门统一制定，主要包括教育基础课程、教育方法课程、教材教法与教学实习课程三部分。第一，教学技能理论类课程，主要培养职教师范生一般教师教学技能。第二，教育方法课程，旨在培养职教师范生的教育教学能力。这类课程既包括教育学原理、心理学、教学设计等教育学方面知识，也包括班级管理、教学技术等知识。第三，教材教法与教育实习课程。即专业教学论课程，属于专业教育实践类课程，旨在培养学生的专业教学实践能力。这门课程要求学生学习专业课程的教材编制的方法和教学法的运用，通过实践的教学活动，让学生参与教学练习。在课程教学基础上，培养方案安排为期半年的教育实习，培养学生的综合教学能力。教学技能是在理论学习基础上反复练习而形成的，教学技能实训是教学技能形成的必要条件。

9.1.6.3 教学技能培养突出实践价值取向

台湾地区采用由浅入深、层层递进的实践实训进行教学技能的培养。分为三个阶段：第一阶段，教师为学生讲授教学技能理论课。旨在让学生初步了解教学技能的基本理论知识。理论讲授采用实践取向的教学方法。在台湾地区培育职教师资本科生的高校中，课程实施校内教育类课程以研讨、教学演练的方式进行，校外以教育见习的多种方式进行，比如教学技能核心课程《课程发展与设计》，就以理论授课和实务练习相结合进行教学，旨在培养教师教学法以及设计课程教案能力的课程。第二阶段，安排严格的教学实习课。此阶段进行教材教法与教学实习课程教学，采用校内外教育实习教学方式，旨在增强学生对教育理论的实践运用。该课程的前期教学活动包括认知实习、见习、教学观摩及校内班级的教学试讲练习，后期采用校外教学实习的方式，规定实习时长不少于54小时。第三阶段，进行为期半年的教育实习，旨在真实的教学环境中培养职业教师。学生进入学校的教育实习基地进行为期半年的实地教学训练，学生身份为“实习教师”，目的是使学生体验教师角色，承担教师的工作任务，形成教师教育能力，培养专业精神。

9.1.6.4 构建完善的师资培养保障体系

完善的法律体系是台湾地区职教师资培养的保障支撑。第一，《师资培育法》为职教师资培养提供办学准则。《师资培育法》以立法的形式提出要采取措施加强职业教育师资培训，该法案规定了师资培育主体、师资培育的职前课程以及教育实习要求、教师资格的认定制度等，严格要求师资培育的质量。第二，有完善的政策配套措施。《师资培育法实施细则》严格规定了师资培育机构的职责、师资职前教育课程的制定以及认定办法、毕业生认定办法等实施细则，为师资培训机构办学提供指导准则；《师资培育数量规划方案》提出建立考核机制，考评师资培育机构的办学行为；《师资培育之大学及教育机构办理教育实习办法》详细规定了各大学办学的基本准则。台湾从法律、政策方面对职教师资培养予以支持保障，形成了较稳定的教师培训制度和较完备的技职教育师资培育体系。

9.2 对我国职教师资培养的启示

西方发达国家和我国台湾地区职教师资培养模式各具特色，虽有不同，但也有相似之处。其成功经验对优化完善我国职教师资培养模式有着积极的启示意义，为我们制订职教师资培养的“中国方案”带来一定启示。

9.2.1 完备的法律体系

纵观发达国家和我国台湾地区职教师资培养历史，其完善的职教师资培养体系离不开完备的法律体系作保障。法律在培养资格、培养标准、任职资格、考核标准等方面进行了规范，为其职教师资培养提供了强有力的支持。美国的师资培育法案出台较早，早就以立法的形式规定教师从业资格，提高培养职教师资的质量。德国比美国更早，《联邦职业教育法》以法律的形式对实训教师的专业资质进行规定，并且不断修订完善职业教育法，使得职教师资培养专业化与标准化程度更高。英国早在100多年前就开启了职业教育法治化、规范化的治理进程，1889年，颁布了其最早的一部职业教育法律——《技术教育法》；随后，英国又相继出台了《巴特勒教育法》《就业与训练法》等，对职教师资培训体制等做出了进一步规范①。台湾地区的职教师资法律较为完善也较为详细，并且不断出台相关的配套政策措施，保障法律的顺利执行与实施。

9.2.2 健全的师资培养保障机制

这方面，美国最具有特色。表现在：实行评价机制与激励机制相结合，提高职教教师队伍的质量，形成专兼职结合的模式确保师资的数量，为高校培养提供充足而又优质的师资；德国校企合作制度最为突出，保证了企业教师和学校教师质量的双重提升。为了确保职教教师的专业化发展，很多国家均以立法的形式对职教教师的继续教育、校企合作等予以规范和制度化。

① 吴青松，刘群，巫霞.职业院校全面开展职业培训的困境和出路——基于英国、德国职业教育培训立法的启示[J].成人教育，2020（10）：84.

9.2.3 多样化的师资培养机构

从职教师资培养机构来看，德、美、澳、中国台湾地区已经形成了规范的、多样化、开放式的教师教学技能培养机构。目前，德国师资培育机构由师范大学或者学院转变为综合性大学或技术大学培养的开放式的师资培育体系。这种开放式的培养机构不但强化培养了职教师资的专业教学技能，也加强了职教师资的教师教育技能，成为德国职教师资培育的重要保障。美国职教师资职前培养机构主要是经过专业化认证的高等学校，由这些高校开设课程进行中等职业教育师资培养。专业化认证从源头保障了师资培养的质量与水平。多元化、开放式的职教师资培养格局，为台湾提供了充足而又优质的职教师资；职教师资教学技能的培养机构主要是在符合职教师资培养的大学设定的师资培育中心进行，发展教育能力。从上述国家及我国台湾地区的发展经验来看，多样化的师资培养机构是培养优质职教师资的必备条件，值得学习与借鉴。

9.2.4 融合性的课程体系

9.2.4.1 完善的教学技能课程体系

前述国家和我国台湾地区职教师资培养都设置了较为完善的教学技能课程体系。德国表现为模块化课程体系，从本科阶段到研究生阶段教学技能培养内容的侧重点不同，教学技能课程及课时不断增多，对专业教学法的培养一直持续到预备实习期。美国的职教师资教学技能课程，内容广泛，既包括理论课也包括实践课，涵盖了一般教学技能与专业教学技能。完善的课程体系是美国职教师资专业化发展的基础，确保为美国职业教育培养优质师资。台湾地区，教育类课程类型齐全，选修科目灵活完善，在重视教育基础类课程的同时还非常重视职教师范生的专业领域教学能力发展。虽然德国、美国、我国台湾地区职教师资培养的课程名称有所不同，但课程类型与培养内容大同小异，其师资培养经验都得益于完善的教育类课程培养体系。

9.2.4.2 全方位的专业课程体系

以德国为例，职教师资培养的课程设置分为三类，其作用各不相同。第一类，为职业性专业课程，旨在注重学生的专业技能发展。第二类，为第二专业的专业课程。该类课程由跨专业的其他专业院系制定和提供，旨在扩展学生的专业知识面，特别注重提升的学生人文素质和文化素养。第三类，为职业教学类课程，主要学习与职业教育有关的理论知识，特别注重学生专业知识与教育知识的结合。美国在教师培养上有“替代路径”与“传统路径”两种路径，且两种路径的课程设置也并不相同。传统路径的课程内容主要是根据国家或各州所制定的教师资格标准而设置，侧重培养学生的教育教学能力、应变能力，具有很强的指向性和目的性；而替代路径则更加注重学生的教学实践，开设更多教学论或教学法相关的课程。英国的课程设置与教师资格认证的层级水平直接挂钩，但其内容比教师资格标准中所要求的更加全面，不仅注重培养学生的专业教学能力和教学技能，还注重培养学生的反思性教学能力。澳大利亚在课程设置上特别注重培养教师的综合能力，课程内容与国家四级证书、专业文凭证书等能力框架关系密不可分，在注重教师教学能力的同时，还注重文化课及实践能力的培养。

9.2.5 多方参与展开立体合作

通过对上述国家和我国台湾地区职教师资培养的梳理可以看出，这些国家和地区都非常重视企业在职教教师培养方面的作用，而事实上企业也确实发挥着极其重要的作用。比如，德国明确规定职教教师的培养要在企业和学校两个场所进行，而且职业教育教师在入职前要有三年的实际工作经验，有的大中型企业还独立组织实施教师培训班，自己编制教材，以培养职教师资；澳大利亚在职教师资入职标准的要求中指出，职业教育教师要有在企业、行业3～5年的工作经历，教师定期到企业进修，参加相关的专业发展培训；台湾地区也非常注重校企合作培养，通过立法确保企业参与职教师资培养。校企共育保证了实践教学的真实性与有效性，能让未来的职教教师掌握一线最先进的生产技术和最新的工艺流程，了解而且能够指导一线人员的操作。为此，我们要走产学研结合之路，要主动争取企业对职教师资培养的支持，利用学科优势、科研优势、人力资源优势，带领未来的职教教师到企业找项目，共同进行课题攻关，与企业形成良性合作关系，实现多方参与的立体合作，共同培养职教师资。

9.2.6 严格的教师资格认证制度

教师资格准入是保障高质量人才流向职业院校的最不可忽视的重要一环。作为职业教育发展良好的国家，发达国家及我国台湾地区对教师资格准入这一环节的把关十分严格，实行严格的资格认证制度。对准入条件做出明确的规定，并进行严格的考核，从源头上保证职业教育师资的整体素质。德国对从事职业教育的教师不仅有一套完整的培养培训体系，而且采取严格的国家考试制度。德国联邦劳动和社会秩序部根据职业教育法的规定，制定了《实训师资资格条件》，对实训师资的要求作了明确而详细的规定，并且具体到某一行业，如《农业实训教师资格条例》等。澳大利亚现有 14 所技术与继续教育学院(简称 TAFE 学院)接受职业技术教育。而 TAFE 学院的教师要求具有大学本科学历并已在企业工作 5 年以上。在上岗前，还必须参加为期 1 年的新教师上岗培训，培训结束时接受教育部门和学校的评估考核，不合格者不能颁发教师资格证书。美国实行联邦政府和各州双重认证标准。有的州设有工业技术教育学位，取得一定学位的人才能担任教师，有的州颁发《职业技术教师证书》。如美国马萨诸塞州 2003 年提出的 Proposed Amendmentsto VOCATIONALEDUCATIONREGULATIONS，其中就对职教师资的类型、培养、资格认定和要求等都做了非常具体的规定和要求。日本也有严格的教师资格审定制度，针对专科层次的教师，需符合以下条件才可任教：一是专科毕业，有从事本专业相关的工作、教学 6 年以上；二是大学毕业 2 年以上，有从事本专业教学、科研的相关经验；三是获得硕士学位者。这对我国具有借鉴和学习的意义。我国应在现有教师资格证基础上，不断完善和规范“双师型”教师的考核与认证。

9.2.7 能力导向的专业实践能力培养

大多数发达国家以培养“双师型”职教教师都以能力为导向，都非常重视学生的综合素质，且特别看重其专业技能和实践经验。综观上述国家和地区，都高度重视学生的专业实践能力。

一是规范的校内实践。从职教师资培养形式上看，我国台湾地区、美、德都很注重采用实践倾向的技能培养方式。德国在本科阶段重视第一专业的培养，但是也安排了教育实践，定向实践为期四周；硕士阶段则开始重视职业学校教学实习，通过实践应用让学生通过教学实习加深对专业教学论和专业教学法的理解，为预备实习期做好准备。美国更加注重教学实践，实践教学贯穿理论教学的全过程，实践教学的主要方式有实训教学、微格教学。学生通过教学技能考核才能进入职业学校实习。台湾地区职教师资培养在注重学科专业教育基础上，强调教学技能训练，提升教学能力。教育类课程以理论与实践相结合的方式实施，形式多样，包括实务演练、实地见习、实地参观等多种教学方法；专业教学法的课程也以校内外教育实习实训进行，在培养职教师资教学技能方面实践倾向明显。通过严格的教学实践课时要求以及半年之久的教育实习，保障在充分练习与实践的基础上培养理论与实践一体化的职教师资。

二是充足的校外教育实习。德国、美国、我国台湾地区都非常重视职教师资的教育实习环节，并且教育实习的时间都超过半年。德国职教师资的教育实习大约有两年时间，在教师进修学院学习理论知识，在职业学校进行教育实习。美国教育实习是在职教师资（预备）四年制学习的最后一年进行。美国教师实习之前要求较高，学生只有在通过学校前期理论学习与实践的考核之后，才有资格申请成为实习教师。因此，具有实习资格就已经具备了较强的教学技能，通过教育实习进一步提高职教师资的教学技能。台湾地区教育实习是职教师资（预备）在大学四年课程结束之后进行的，为期半年，旨在培养学生教学、管理、研究等综合教学技能，为培养真正的职业教师打好基础。教育实习增强了学生对真实教学环境和工作的切身感受，历练了师范生教学技能，起到从学生转变为教师的过渡作用。可见，教育实践是提升职教专业教师教学能力的重要措施，虽然德国、美国、我国台湾地区的人才培养模式不同，教育实习阶段和时间长短也不尽相同，但是都通过职业学校的教育实践，配备专业教师指导未来职教教师的发展，提高教师教育实践能力。

三是重视职教师资的专业实践能力。大多数发达国家和地区都非常重视职教师资的素质要求，并特别看重专业实践能力和实践经验。德国大多数职教师资都是企业中的工程师、技术员在工作若干年后，再通过大学职业技术师范专业的学习，转而成为职教师资的。这就从源头上保证了职教师资实践经验特质。如前所述，在德国，理论课职教师资必须要在与大学所学专业相符的行业实习至少一年，待四年理论知识学习通过之后，还得在教师进修学院学习教育课程和在职业教育学校进行两年的教学实习；如果是实践课教师，那么不仅要具备理论课教师所掌握的专业理论和专业知识，还需要进行专门的专业技能培训，掌握实践教学设备的操作技能和流程。美国、澳大利亚等国家的职业教育教师，要求必须具有 3～5 年从事本行业工作的实践经历。美国社区学院的师资，除了要持有州政府颁发的教师资格证书，还强调具有相应的行业实践经验。在社区学院，除通用课程教师是专职教师外，大多数教师都是实践经验丰富的兼职教师，兼职教师是学院从社会、企业部门中聘请的技术高超、经验丰富的工程人员和管理人员。在澳大利亚，职业教师以行业实践经验优先，没有直接从大学毕业生中招聘职业教师的现象。要求职业教师首先必须具有3～5年本行业工作的实践经验。大学毕业生采取边工作边学习教育理论的办法，一般需3年时间，才能获得教师资格证书。TAFE学院的教师全部从有实践经验的专业技术人员中招聘。例如，会计专业教师是从注册会计师中招聘的，工程专业教师是从工程师、工艺师中招聘的。新招聘的教师在进行教学工作的同时，由学院提供资助到大学教育学院进行为期1～2年学制学习，取得教师资格证书。美国的职业技术学校聘请教师时特别重视教师的实践能力与经验，如焊接和护士专业教师都要求具有2年以上工作经验。

9.2.8 一体化的职教师资培养过程

德、美、日、英等国及我国台湾地区拥有较为健全的职教教师贯通培养体系，注重职前与职后一体化培养，具有职前培养专业化、职后培训制度化的特点。职前、入职、职后等三个阶段的培训衔接紧密，有专门的培养进修机构及科学的考评制度。入职前，德国的职业教师需要经过一系列严格的学习与培训，入职后也需接受一系列的培训。根据各联邦州的法律，参加进修培训、接受继续教育是教师必须履行的义务，职业教师必须不断学习新技术、新规范、学科和教学方面的新知识。可以说，德国职教教师的专业发展是贯穿于教师生涯始终的。在美国，职教师资的继续教育体系也非常完备，并把培训和进修作为教师晋级的主要根据之一。许多社区学院每年拿出一定的专项经费，用于教师进修与培训。教师可以参加各种教学研讨会或课程进修班以及其他培训，还为教师提供短期与长期的到国外访学的机会，并且可以报销相关费用。为了使教师跟上科技进步的步伐，美国很重视职业教师深入企业。每年假期要求教师必须到工厂、企业第一线工作，以接触实际，提高技术水平；或者到高等学校研修学习。日本也非常重视职教教师的进修与培训，有多种进修方式，包括校内进修、校外进修和海外考察学习等。我们可以借鉴国外成功经验，加强职前、入职和职后教育机构的联系与交流，实现职能分担，资源共享，共同发展，真正形成一体化的培养模式，并构建职业教师终身教育体系。在职前教育阶段，注重理论性、技术性、师范性融合，并进行严格的培训与考核；在新教师入职阶段，帮助他们转变职业角色，适应工作环境，尤其要重视其在专业知识、教学能力和职业道德上的培养；在继续教育阶段，拓展专业教师继续教育的渠道和场所，更新培训方式，为教师的进修提供充裕的机会，及时补充职教教师进行新专业、新技术知识等的学习。

第 10 章

新商科背景下我国财经职教师资培养模式优化创新

从前面的分析可知，我国职教师资培养存在的问题，有属于体制等宏观层面的问题，也有属于学校或培训单位自身建设等微观层面的问题。因此，需要采取相应的政策措施，提高职教师资培养的实效性，进一步优化完善职教师资培养模式。

10.1 培养理念：德技兼修

作为人才培养模式的指导思想，培养理念是构建人才培养模式的前提。只有在正确的培养理念指导下才能实现人才培养目标。职教师资作为“工匠之师”，是实现职业教育“就业导向、职业导向、技能导向”目标的保障。因此，在职教师资培养过程中必须树立正确的培养理念。同时，随着社会的发展，职业教育的理念需要与时俱进，不断创新，引领职教师资培养健康发展。

10.1.1 立德树人

“培养什么人、怎样培养人?”是社会主义教育事业发展中的根本问题。解决这个根本问题的必由之路就是“立德树人”，“立德树人”是教育的根本任务。“立德树人”要坚持德育为先。“德为才之帅”，“德”是一个人成长的基石，是做人的根本。其基本内核是：要把社会主义核心价值体系融入教育全过程，把理想信念教育作为教育核心价值观的重中之重，把弘扬以爱国主义为核心的民族精神和以改革创新为核心的时代精神作为重要内容，引导和教育学生自觉践行社会主义核心价值体系。

“立德树人”的根本目标是促进学生全面发展。人的全面发展是人和社会发展的最终价值取向。教育作为助推人全面发展的主要手段，必须全程以生为本，着眼于学生的全面发展、和谐发展、健康发展和可持续发展。

“立德树人”要坚持培育学生健全的人格。教育是塑造人类灵魂的伟大事业，是“心灵与心灵的沟通，灵魂与灵魂的交融，人格与人格的对话”①。教育要关注学生的内心世界，培养学生积极向上的品格和乐观开朗的心理品质，学会分享快乐，创造幸福，塑造学生纯真完美的心灵。教育者要尊重教育规律和学生身心发展规律，为每个学生提供适合的教育，为每个学生提供公平的受教育机会、满足每个学生的学习需要。

新商业时代，人们的效率意识大为增强，但也诱发了拜金主义、利己主义、诚信缺失等道德问题。新商科教师应以德立身、以德立学、以德施教，自觉将立德树人的教育理念与自我修养、教育教学行为紧密结合起来。将立德树人融入教育教学各个环节，通过言传身教，帮助学生树立正确的世界观、人生观、价值观，引导学生“明大德、守公德、严私德”，培养学生适应新商科时代的商业伦理，教会学生承担相应的社会责任。

财经课程教学要特别注重课程思政。改革开放以来，西方经济学、管理学理论对财经教学影响较大，经管类专业课程大量引进西方原版教材。马克思主义在经济学和管理学等哲学社会科学中“失语”、教材中“失踪”、论坛上“失声”的现象客观存在。长期以来，财经职业教育专业课教学中，更多的是注重实践操作，把专业课与思政教育割裂开来。实际上，在财经职业教育中，处处蕴含思政元素。比如经济类课程中的投资、消费行为，财会类课程的账务核算、监督，金融课程中投资理财，营销课程中的商业营销行为……

要梳理财经课程中所包含的思政元素并植入具体每一门课程中。这首先要求专业课教师要提高思想政治教育的意识和能力，制订高质量的课程思政教学实施方案，在专业知识传授过程中挖掘课程思政内涵，不只“教书”，更要“育人”；其次要掌握学生学习特点和学习规律，重视学生个体经验的形成并将其与价值观形成相结合，引导商科学生培育和践行社会主义核心价值观。

10.1.2 以学生为中心

学生是教学活动的主导，拥有绝对的自主权。在教学过程中，强调以学生为中心，教师引导学生独立探索，培养和提高学生的综合能力。在学生的学习过程中，教师要进行必要的指导和引导。教学内容方面，要强调教学与学生将来从事的工作密切相关，并注意发展学生的通用能力。

在信息化教育环境中，学生学习自主性和自由度明显增加，因而要特别注重转变传统以教师为中心的知识传授方式。在教学方法运用中，体现以学生为中心。例如案例教学法在财经类课程教学中运用广泛，在案例教学中要“以学生为中心，以案例为基础，通过文字或图片呈现出案例情境，将理论与实践紧密结合，引导学生发现问题、分析问题、解决问题，从而掌握理论、形成观点、提高能力的一种教学方式”②。

---

① 赵新法.立德树人——教育的根本任务[N].人民网——中国共产党新闻网，2012－12－03.http://dangjian.people.com.cn/n/2012/1203/c117092－19773912.html.

② 马燕.高等教育国际化背景下地方财经高校教师“四种能力”培养路径[J].广西教育，2021(7)：88.

10.1.3 职业能力导向

“能力导向”是指财经职教教师的培养过程中，以专业知识为载体，采用恰当的培养方法和策略，启发和引导学生进行思维活动，训练学生的专业技能和教学技能，将基础能力、教学能力、教导能力、创新能力、扩展能力等核心素养的培养贯穿于培养的全过程，培养学生的科学思维，发展学生的综合能力，特别是财经教师的专业思维和财经知识教学教育能力，提升学生的综合素质修养。对于职教教师的培养来说，能力导向至关重要。教学活动中，不仅要培养学生独立自主的学习能力，解决实际工作问题的能力，还要培养学生具有质疑、独立思考的能力。

师资培养过程中，要围绕职业能力展开教学活动，进行师生、生生对话。教师要进行学情分析，着重培养学生的专业能力和教学能力，使其依靠自身的能力来理解、掌握知识，发现问题、分析问题、解决问题，最终真正掌握甚至建构自身的知识和能力体系。因此，能力导向需要进行教学研究与改革，保证学生独立学习、思考的时间，让学生在提出问题、发现问题、分析问题和解决问题中锻炼自己的能力，并且独立思考，敢于、善于提出不同的看法、见解和意见。

10.1.4 可持续发展

教师专业化要求师资培养树立终身学习观念，培养学生终身学习的能力，为可持续发展奠定基础。教师的学习不是阶段性的，随着时代的发展，社会的进步，教育对象需求的变化，教师的学习必将与时俱进，贯穿于整个职业生涯，甚至整个生命历程。这一点，对紧贴经济社会发展趋势的财经职业教育更加现实而重要。比如会计专业职教师资培养，由于经济的快速发展，会计准则不断更新，因此要特别注重学生的可持续发展。帮助学生树立终身学习的理念，培养终身学习的能力，为其将来的成长埋下伏笔，留下提升空间。在师资培养过程中，必须以学生为中心来开展教学活动，构建学生主动参与的教学模式，改变传统会计“教师讲，学生听”的课程设计和教学方式，建立师生之间平等对话的教学模式。作为教学过程中的引导者，教师应当着眼于激发学生的学习兴趣和积极性，强调学生学习能力的培养，注重师生之间的互动。

要培养出在职场具有竞争力的财经职教师资人才，必须紧紧围绕“能做、善教、会学”这一主线，重构课程体系，重构培养模式。以职业资格考试要求为标准培养专业技能，以职业教育对教师教学能力的需求来培养师范技能，以职业可持续发展为目标来培养学生的学习能力，使学生既能做又能教，并具有专业发展潜力。

可持续发展要求树立系统培养观念，推进师资培养的纵向上职前、职后有机衔接，层次上本科、硕士研究生、博士研究生有效进阶。通过教学、科研、实践三者紧密结合，学校、企业、社会密切配合，加强学校之间、校企之间、学校与科研机构之间合作以及中外合作等多种联合培养方式，形成体系开放、机制灵活、渠道互通、选择多元的人才培养体系。

10.2 培养体制：协同高效

人才培养体制是制约人才培养模式的关键环节。经过多年的改革完善，我国职教师资的培养体制不断优化，培养主体不断拓展，但总体上还属于封闭式的“定向型师范教育”，还有进一步优化完善的空间，以构建适合我国国情、更加开放的多元的职教师资培养体制。

10.2.1 集成办学资源

从我国乃至世界高等职教师资培养的发展历程来看，大多数国家都经历了一个从无到有、从低级到高级的师范教育发展过程。师资培养机构也经历了从中等师范学校出现到被高等师范学校取代，再到高等师范学校被综合大学取代，或综合大学与高等师范学校共同培养教师的过程。从职教师资培养机构设置的维度来看，职教教师人才培养模式也不断由“封闭式”向“开放式”转变。

所谓开放式，是指职教师资培养对所有具有办学条件的高等院校和培养机构开放。只要具有要求的办学条件，得到国家的认可，都可以参与职教师资的培养。当前，对于职教师资培养体系建设来说，完全开放的教师教育模式并不完全适合我国国情。当然，完全封闭的师范教育体系也不符合教育发展规律的，同样不可取，因为职业学校专业范围广，类型多，专业课教师特殊性强，不可能由少数学校独自承担。

根据我国经济社会发展的实际情况、职业教师职业发展的基本需求，以及几十年职教师资培养工作的经验，我们认为我国职教师资培养体系应多渠道集成办学资源，以独立设置的职业师范院校为核心，具备条件的高校共同参与，封闭与开放相互结合，培养和培训一体衔接。培养过程中，以职业教师资格制度为引领，在职教师资通用标准的基础上，发挥职业院校师资类型的多样性，构建多元化的职教师资资格标准，实现职教师资培养的多元性和开放性。也就是说，我国职教师资培养模式既不能沿袭过去完全封闭的职业师范教育模式，也不能照搬西方所谓开放的教师教育模式，而应是一个适合中国国情的半封闭、半开放的培养体系。

通过综合大学、师范院校、文理学院或其他专门学院附属的教育学院（师范学院）或教育系科，可以为有意愿获取教师资格的学生提供本科或本科后续发展教育理论学习和教育实践训练。制定行业领域具有企业实践经验的专业人士获取职教师资的资格标准，鼓励他们通过多种形式参加职业教育教学项目和课程，获取相关学分，取得相关专业的职教师资资格证书。

此外，还可以挖掘“隐藏效能”，集成各种非正式组织、社会团体的教学资源，如职教教师教育协会、研究会、学会等，参与、促进职教师资的培养。

10.2.2 拓展培养渠道

目前，我国教师教育领域存在突出的结构性矛盾。现有职业技术师范院校尚不足以满足职业教育对“双师型”师资的需求，供给侧改革任务艰巨，师范学院的升格压力大，促使职教师资培养要转型升级。

第一，继续发挥职业技术师范院校（职技高师）的龙头带动作用。职业技术师范院校为我国职业教育事业发展培养了大批职业教育教师，积累了丰富的经验，在职业教育理论和技能人才成长规律的研究方面也取得了长足的进步。

第二，巩固具备职业教育教师培养资质的普通本科院校的主体作用。与职技高师相比，普通本科院校的办学历史更为悠久，综合实力更具优势，部分专业建设水平更高。有关部门应该根据职教教师专业认定标准，支持有条件的普通本科院校承担职教教师培养培训工作，加大经费支持，使其发挥职业教育教师培养培训的主体作用。鼓励综合类院校开设职教教师教育辅修专业，为综合类院校学生获取职教师资资格证书、进入职业院校任教提供通道。

第三，强化地方师范院校在职教师资培养中有益的补充作用。地方师范院校具有比较丰富的优质教育资源，在师资培养方面积累了一定理论基础和实践经验。其设置的财经非师范专业，学生在辅修师范课程基础上，将是很好的职教师资预备人选。

第四，构建综合性、一体化的职教师资培养阵地。依托新的高水平职业教育力量和优质师范教育资源，建设集中职、高职师资培养培训、职业教育综合研究于一体的职教师资培养阵地。拓展地方院校服务面，优化专业结构与学科布局。同时，要努力促成优质工科、财经专业普通高校、高职院校与师范院校合作，联合培养职教师资，根据专业需求，瞄准相关高水平专业的高职院校助力发展职业技术师范教育。

第五，扶持民间资本参与职教师资培养办学。这是从当前我国供给侧改革的要求出发，提高劳动者的素质，从而提高我国经济发展的效率与活力，达到经济结构调整优化的目的。鼓励多渠道办学，不仅可以为社会经济的发展培养出适合市场发展需要，而且可以在教的过程中更具灵活性。

这样，可以形成综合性院校、职业技术师范大学（学院）、普通师范大学、社会专业人士有机参与的职业教育师资培养体系。

10.2.3 协同联合育人

要实行政教协作、产教融合、多方联合，立体合作，共同参与职教师资培养。一是要建立“协商共建、协同管理、利益链接”的职教师资协同培养组织架构；二是要构建“交叉复合、协同培养、多元平台”的职业教育教师协同培养机制；三是要突破各协同单位的内部机制障碍和外部体制壁垒。

职业教育教师协同培养机构涵盖高等院校、职业院校、行业企业、科研院所等职业教育利益相关主体，通过紧扣信息链、资源链、教学链、产业链等方式，把各协同单位连接起来，充分体现政、研、学、产、用的有机协同。从协同创新的本质出发，扩大培养主体范围，与地方教育等行政部门、行业企业和中、高等职业学校建立权责明晰、稳定协调、合作共赢的多方协同培养机制。不断深化政教协作、产教融合，校一政一企一校合作，基本形成教师培养、培训、研究和服务一体化的合作共同体。优化配置职教师资培养资源，打通通道，科学界定与协同诊断，根本解决培养过程中的疑难问题。

职业教育教师培养要积极争取政府支持。政府在推动职业教育向前发展过程中具有特殊的职能，主要体现为提供政策法规、资金投入和组织管理方面的支持。中央政府的政策具有规范性和导向性，能够推动职业教育有序地发展。省级政府根据本地区经济发展、产业结构的实际，便于对本省内的职业教育院校进行科学合理的布局、优化各种资源配置、提供适时的信息服务、进行科学的评价检查等。地市级地方政府是推行和实施国家职业教育相关政策的基础力量，起到宏观调控、人事政策、资金投入及监督评估的作用；地市级政府还要通过多种途径筹集职业教育资金，并根据各个院校的实际情况按时拨付。

密切校一企一校合作。职业教育教师的培养主体至少应包含培养院校、行业企业和职业院校。培养院校在职业教育教师培养过程中应起到主体作用，主要培养职教师范生的专业理论素养，为职教师范生奠定专业理论基础。

突出企业生产实习基地和职业学校教学实习基地的两翼作用。专业实践能力的提高，仅仅依靠学校教育是无法解决的，它必须依托企业真实的生产工作环境。行业企业通过参与培养院校的专业设置、人才需求预测、人才培养规格制定、专业建设标准设立、人才评价实施等培养职教师范生的职业能力。在学生实践实训方面，要更多给予支持。职业院校应该在职教师资培养过程中发挥更大的作用。职业院校在职教师资培养过程中应承担起实践基地的重要作用，通过提供实习实践机会锻炼职教师范生的教育教学技能。为此，职业学校应该加强与职业技术师范院校以及普通本科院校职业技术教育学院的合作，建立一批高质量的教学实习基地。

2013 年，重庆师范大学成立了重庆市职业教育协同创新中心，以协同思想为指导，以协同创新体系为平台，吸纳了包括普通高校、评估机构、科研院所、职业院校、企业在内的 100 多家单位联合培养职业教育教师，制定了“重庆市职业教育协同创新中心理事会章程”“重庆市职业教育协同创新中心人员聘任管理办法”等各种规章制度，突破了职业教育教师协同培养体制机制的政策壁垒。2017 年 6 月，广东省成立职教师资培养培训联盟。各个地级市教育局、科研院所、中高职学校、行业企业都是联盟的成员，整合了省内高校、职业教育研究机构和龙头企业等优质资源，实现了职业教育教师培养主体多元化，提升了广东省职业教育教师培养的质量和水平。

总之，职教师资培养是一项系统工程，应走群策群力路线。通过“校政行企”的共同参与和立体合作，汇聚四方智慧、资源、信息和能量，生成共同理解和协同有效的行动，合力破解我国职教师资队伍培养进程中的壁垒和顽疾。

10.2.4 提升办学层次

目前，本科层次的职教师资已经越来越难以满足社会经济的迅速发展。我国高学历的职教教师仍存在较大缺口，很多职业院校对硕、博等高层次职教师资的需求越来越大。

2018 年，国务院印发的《关于全面深化新时代教师队伍建设改革的意见》中提出，结合中国职业教育及职教师资培养现状，高层次将成为未来职教师资培养的时代趋势。深化研究生教育改革，探索全日制“职教师资”型硕士研究生、博士研究生的培养模式已经成为高层次职教师资培养的必需途径，更是职业教育发展的必然趋势。尤其是博士层次职教师资培养，仍处于探索阶段，需要深入研究。笔者认为，首先，国家应该进一步扩大职教硕士研究生招生规模，将毕业研究生充实到职业教师队伍中；其次，职业学校要制定相应的政策，鼓励在职教师攻读硕士学位；最后，鼓励普通高校为职业学校定向培养研究生学历教师，构建职教师资研究生学历层次师资培养渠道。具体如下：

（1）以职教专硕为研究生层次中职教师资培养的主渠道。自 2016 年职教专硕招生以来，已经培养了一部分职业教师，但人数有限，尚不足以缓解中职高层次师资短缺的局面。需要进一步扩大招生规模，完善培养模式。

(2)4＋2/3 深造培养作为重要的补充。可以选拔普通高校或四年制高职高专院校应届优秀毕业生，到具有培养研究生资格的培养院校进行 2～3 年的教育理论、专业理论和应用技术深造学习和实践。达到某一专业教育硕士的水平，可以充实到职教师资队伍。

(3)构建本、硕连读培养途径。鼓励普通高等学校建立高等职业技术教育（师范）学院，定向招收职教师资班，采用本、硕连续的方式进行培养。采用 4＋X 学制，用四年时间学习专业理论，使其达到本科水平。根据不同专业需要确定的年限（X），进行专业理论的再提高，包括教育理论、教学技能、教育研究、应用技术和实践操作的学习和训练。对毕业生授予某一专业教育硕士学位，从事职业教育工作。

（4）打通本—硕—博贯通培养通道。调整研究生教育结构，扩大增设职业技术教育相关专业硕、博士点，实现职教师资的本—硕—博贯通培养。招生全日制专业硕士，吸引高技能人才继续接受师范教育，充实职业院校“双师型”教师队伍；积极探索博士层次的“双师型”教师培养，为职业教育培养高水平学科带头人。建议设置商科教育学博士学位。

10.3 培养目标：四性合一

新时代塑造新商业，新商业孕育新职业，新职业急需新人才。商业业态的变化带来了职业需求和岗位工种的变化，以职业会计为例，传统财务会计的岗位胜任力已经发生变化，从财务会计单纯的核算扩展到与解析过去、控制现在、筹划未来相结合。银行金融业服务岗位则由传统的柜台服务向普惠金融、私人定制理财转变。劳动力市场、职业岗位、工作任务的改变，倒逼职教师资培养改变人才培养目标。

10.3.1 需求导向

需求导向，是一种以满足消费者需求为导向的营销观念。在职教师资培养目标上，实则异曲同工。培养职教师资，首先确定其目标用户群，即用人单位的需求，并将用人单位的需求贯穿于整个人才培养流程，从而使培养的人才符合市场的需求，得到客户的认同。

在经济和社会发展的新形势下，职教师资培养要适应市场经济规律和职业教育特点及发展要求，把握住时代脉搏，关注经济社会对人才的需求，立足市场，转变观念。要明确培养目标，以实用型教育回应职业教育“就业导向、职业取向”的需求，面向社会公开办学，充分利用社会教育资源，为职教师资人才培养创造良好的条件。培养既具有能够为职业教育服务的能力、素质和较深厚、较扎实的专业基础知识，同时又具备相应的教育研究能力的高素质职业教师。因此，学校必须做好市场调研，从各个企业、当地政府和往年的学生就业情况中了解社会人才需求现状。

10.3.2 “四性”融合

对于“双师型”职教师资培养来说，其培养目标要融入“职业性”“技术性”“师范性”“学术性”。

首先，“职业性”彰显“双师型”教师应具备“专业”素养——教师职业与某一应用型职业所需的专业素养和能力。也就是说，“双师型”教师应具备职业世界中相关职业活动的专业知识与能力素养。对财经师资而言，所培养的财经职教教师既要熟悉财经职业科学的知识与技能，又要具备财经专业应用技能或岗位的知识与能力。

其次，“技术性”彰显“双师型”教师要具备区别于普通教师的基本特征和核心素养。即具备与“人类社会对物品的设计、生产、制造、交换”这一“工作体系”直接相关的“技术技能知识与技术技能实践能力”，也就是说要具备工匠精神与技术技能①。

再次，“师范性”彰显“双师型”教师要掌握专业的教育教学知识与能力，具备扎实系统的教育学、心理学、财经学科教学法等学科知识与能力素养。

最后，“学术性”彰显“双师型”教师要具备较强的研究意识和研究能力。特别是在学科领域的基础理论和应用理论研究方面，能熟练运用学科领域的抽象符号系统构建、创新“职业教育学”和财经科学领域的概念、理论和学说，能创造性发现教育学和财经学科领域复杂问题、并解决这一问题的素养。

10.3.3 目标定位

职业教育师资培养目标要以师资类型和素质要求为基础。由此，可以把职业教育师资的培养目标分为三个层次。一是总体培养目标，即要培养经济社会建设需要的德、智、体全面发展的，适应生产、建设、管理、服务第一线需要的能力本位型的应用性师资；二是专业教育目标，即要培养宽口径、厚基础、人格健全、能力较强、素质较高的全面发展的“双师型一体化”教师；三是大众素质教育目标，即广泛的、非专业的、非功利性的基本知识、技能和态度的教育。

落实到“双师型一体化”师资，就是要培养学生不仅具有本专业扎实的理论知识和一定的教学经验，而且必须具有较强的从事本专业实际工作的能力，在教学过程中能够实现理论与实践的高度统一。

以财经专业为例，要求学生“能做、会教、善学”，既要学习相关财经理论和实务操作知识，又要学习师范教育的基本理论和教师技能，获得财经课程教育方法和技巧方面的基本训练，具备分析与解决财经实务和财经教育实际问题的能力。

培养目标要与相应的培养层次相匹配。本科更强调其“专业性”“技术性”“师范性”，硕士、博士研究生在此基础上需要加强其“学术性”。但不论何种层次，“四性”不可割裂。某师范大学会计学本科专业（职教师资班）培养目标为：本专业以立德树人为根本任务，着力培养掌握管理、经济、法律、计算机应用知识，既能够在中等职业技术学校以及各类学校从事会计类专业教学和教学研究工作，又能在各种工商企事业单位及政府部门从事会计核算、审计、财务管理、税务处理、会计信息化等工作的专业扎实、视野开阔、具有创新精神和创新能力的高素质应用型和管理型人才。

某师范大学职教硕士（会计方向）的培养目标：培养掌握现代教育理论、具有较强职业技术教育教学实践和研究能力，能够胜任职业技术教育教学和管理工作，运用现代教育理论、方法和技术，能理论联系实际，解决教育教学中的实际问题，创造性地开展专业教育教学工作的高素质中等职业学校专业教师。

天津职业技术师范大学对跨学科博士层次“双师型”职教师资的培养目标定位：具备较高的思想政治素质和道德素质、掌握系统的职业教育理论和教育教学方法、掌握本学科方向的扎实专业理论和实践技能的、能够创造性地开展工科专业建设和课程开发的“高职院校的专业带头人”“‘双师型’领军人才和优秀专业带头人”。

---

① 王振刚，孙翠香.跨学科博士层次“双师型”职教师资培养机制研究——以天津职业技术师范大学“特需项目”为例[J].职教论坛，2016(23)：5.

10.4 课程设置：理实一体

双师型教师培养关键在课程，课程是实现培养目标的途径和桥梁。理实一体化要求在课程设置和实施中贯穿“知识＋技能”“知行合一”“做学合一”“工学结合”等理论联系实际的核心要素，构建理实一体化的课程教学结构框架及实施流程。

10.4.1 以实用性和创新性为导向

10.4.1.1 实用是基础

课程体系的设置要坚持实用性。应遵循工作过程导向进行课程设计，重视该课程所达成的某项岗位技能与职业劳动相结合。即从实际工作岗位的典型工作任务出发，以完成岗位任务所需要的知识作为学习内容，以培养市场所需要的职业能力为目标，以实践过程的学习为主要内容的一种全新的课程设置模式。加强校企合作，让学生有机会去企业中加强实践，巩固理论知识和技能训练成果。

要将教学模块与职业能力对接。职教师资培养的课程设置必须适应当前国家和地区社会的需要，与职业教育教学实际接轨。其课程内容在保证学术性的同时，应加强应用性，密切联系生产、建设、管理、服务一线的技术要求与流程，重新整合课程内容，调整课程结构，让未来的职教教师建构起适应职教需要的知识体系。

10.4.1.2 创新为引领

课程设置中要坚持创新为引领。教育应该是超前的、适应社会需求的，创新是教育的内容。课程设置者需要高度的市场敏锐性，需要对未来职业需求有站高谋远的宏观审视和深入细致的微观观察。首先，在知识传授过程中要强调创新能力的重要性，不断提升技术水平。在市场经济条件下，技术创新是提高效率的有效方式。在学习过程中，教师要引导学生深入钻研专业，同时要认真思考专业以外的提升空间。其次，更新教学内容，摒弃陈旧课堂知识。专业课教师要加强自身学习，以最新的技术、最新的市场、行业、专业动态作为授课重点，保证学生在学习过程中做到知识和时代同步，理念和国际同步。最后，要更新硬件设施，加强实践教学。便于学生站在时代前面模拟实训实操，率先掌握新技术，提高专业技能。

10.4.2 优化课程结构

10.4.2.1 以三大课程群为基础

"双师型一体化"师资培养要将学科专业知识、专业技能与职教师资综合素养养成紧密结合。从课程体系来看，主要包括通识课程、专业课程、教育教学课程三大课程群。通识课程主要培养职教师资所应具备的思想政治素养、人文、科学素养、心理健康素养与通用能力，如时间管理、情绪管理、语言能力等。通识类课程在职业教育教师培养中发挥着重要的作用，它能促进学生形成拼搏、奋进、友善、和谐的积极人格。专业课程主要培养作为职教师资所掌握的专业知识与专业技能，一般包括专业基础课和专业核心（主干）课程。专业基础课是培养学生从事专业教学工作的基本能力和素质的课程，比如职教师资本科财务管理专业，专业基础课包括微观经济学、宏观经济学、会计学、金融与贸易、管理学、经济法、公司法、税法等专业课程。通过这些课程，学生能够掌握一定的经济管理基本理论和方法。专业核心（主干）则培养学生系统分析问题、解决问题的能力。教育教学课程包括职业教育学、职业教育心理学、职业教育专业教学论、专业教学法、职业教育管理以及专业教学实习等。教育教学课程可以培养学生从事教学工作与教育理论的基本能力和素质。

10.4.2.2 整合专业课程和教育课程

专业课需要从职教师资工作岗位的典型工作任务出发，按照业务过程导向来进行教学设计，以完成实际工作任务所需要的知识来整合课程内容。专业课程整合要求一是要进行工作过程分析，二是要进行职业能力研究。专业类课程具有较强的专业性与背景性，是职教师范生学习的重点，可以采取分主题学习的形式，实现培养主体与学科之间的交叉整合。在这一过程中，培养主体应充分整合教学资源，科学管理与设计课程内容，使用探究性学习、项目教学、案例教学等教学方式。

教育教学类课程设置、教学内容、课时安排的选择应该围绕职教师范生的专业和教师教育类课程进行。通识教育类课程综合设计的关键在于开发校本课程资源和教材，合理调整教学计划，以叠加覆盖的方式进行课程整合。要不断深化教学改革，重点解决"用什么教、教什么、怎样教"的问题，形成理论实践相结合、校内校外相结合、教学科研相结合、教育学与专业学科相结合的整合设计。

教师教育类课程的整合是职业教育教师课程整合的关键。这类课程的整合应双向发挥职教师范生专业类和教师教育类课程的优势，通过综合设计建构具有复合型特征的专业类课程与教师教育课程知识体系，形成一种"专业课程＋职业教育课程＋教师教育课程"的特色课程结构。整合教师教育类课程，重点要放在培养学校，对职教师范生的教育基本理论、教育教学基本技能、教育研究能力和教育实习实践能力进行综合考量，将职教师范生的专业知识、教师教育理论体系和教育实践进行融合与优化。

10.4.2.3 模块化课程设计

根据当前新经济时代对财经职业教育的要求，应贯彻“学做合一”或“做、学、做”的双向程序模式。既加强学生基本技能教学，达到一年练基本功、两年能熟练独立操作、三年能满足企业服务岗位要求。因此，在实施财经课程的教学过程中，专业教学计划应设计好四大模块：一是人文基础类课程模块；二是专业基础课程模块；三是基本技能模块；四是专业课程(技能)模块，该模块密切结合职业技能鉴定开展教学。基本课程模块如图 10—1 所示。

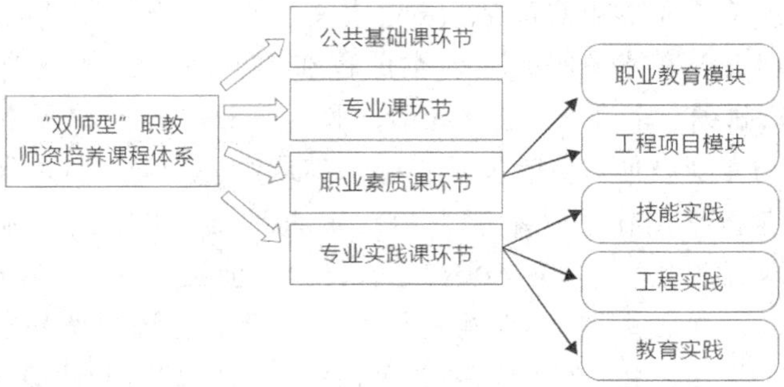

图 10—1 “双师型”职教师资培养课程体系

10.4.3 加强特色课程开发

课程开发是职业教育课程实践长期积累与总结形成的课程组织与内容序化的方式。要研究开发适合我国国情的、针对不同类型教师胜任力的多元化的职教教师培养课程。由新的课程建设者，秉承新的课程理念，以新的课程内容组织设计，构建新的课程体系。

10.4.3.1 科学开发课程体系与内容

从课程开发的主体上看，汲取传统课程开发的经验和教训，应采用合理的组成结构，由培养院校、用人单位、企业实践专家、职业院校教师和职业教育研究人员共同参与，发挥相应的作用。

从课程目标的确定上看，课程目标一般包括知识、能力和素质三个相互联系的维度，不存在纯粹的知识性课程，也不存在纯粹的应用性课程。知识性课程的最终目标是确保知识能够得到运用，应用性课程也涉及知识性的认知目标。

从课程类型的选择上看，要以适应未来技术变化和职业发展需要为目标。有四个主要特点：一是以学生为中心，鼓励和引导学生在团队氛围中主动参与分析和解决问题，将学生职业能力发展作为基本教学目的；二是创设合理的学习情境，让学生顺利进入某种“岗位角色”，结合实际问题探索解决问题的途径；三是综合运用所学知识，从学生熟悉的日常生活情境和矛盾冲突出发，而不是依据学科知识逻辑组织教学；四是强调教学创新，教师根据现实条件确定合理的“任务载体”和“活动载体”，提高教学效果。

10.4.3.2 加强专业教学论课程的开发

专业教学论在职教师资培养中起着极其重要的作用。它是职业教育的学科教学论，涉及教材教法，在教育学课程和专业课程之间起着桥梁作用，对培养职业师范生构建专业教学能力十分重要。例如专业课中教什么，如何教；专业人员的能力分析及开发；职业教育如何适应技术和职业的发展、劳动组织变化和对劳动者素质的新要求；等等。国际上职教发达国家（如德国），不仅对专业教学论十分重视、理论研究深入，而且对职教师资都有明确的专业教学论要求。专业教学论是德国职教师资培养的必修课程。相对基础教育，我国在这方面的研究和教学还很薄弱。该课程在内容上跨越专业学科和教育学科两个领域，在教学实施上涉及理论与实践两个方面，可以在教室中进行教学，也可以在实验室中进行。

在财经商贸职教硕士培养中，在会计、金融事务、市场营销等方向，《课程开发与教材分析》《教学设计与案例分析》两门专业课需要重点开发设计，在课程单元的划分、单元教学目标的确定、教学活动“支架”载体的选择、教学“任务”载体的选择及教学目标与任务的整合方面还有极大的开发空间。

10.4.4 推进教材革新

教材是课程的载体，教材改革是人才培养的核心。教材改革必须坚持以立德树人为根本任务，教材内容必须体现新时代中国特色职业教育理念、必须凝聚中国职业教育智慧、必须反映现代职业教师教育特征。

10.4.4.1 加强特色教材开发

我国非常缺乏专门的财经类专业课程教材教法的专业教材，且该方面的专业师资也紧缺。目前选取的教学内容和使用的教学方法与一般师范本科专业区别不大，因此，加强财经类专业职教师资教学理论体系研究，完善财经类专业教学论、学科教育学、教材教法等课程教材建设任务十分迫切。

10.4.4.2 鼓励教师编写讲义

鼓励教学经验丰富的教师结合教学实际需要，抛开现成的、陈旧的教材，精心编制真正适合培养职教师资的教材。教师可以凭借自己多年的教学实践、丰富的教学经验、深厚的学术功底编写符合教学大纲要求、适应经济社会发展、科学技术进步和学生基础的特色讲义。要重视编写实践教学讲义，及时吸收新技术、新工艺、新材料，扩大学生的知识面。实践教学讲义与理论教材相配合，理实一体，训练学生成熟技能。可以增加部分超前性的技术训练，突破传统模式，突出创新意识，促进双师型职教师资培养。校本讲义可以通过几年的试用，不断地修改、更新，进而编写成教材，正式出版后提供给学生使用。为鼓励教师积极编写、大力推广使用“校本教材”，学校要制定相关的政策措施，如设立“校本教材”编写基金，给予一定资助或奖励，并纳入考核评价和职称评审。

10.4.4.3 开发校企双元教材

校企双元教材开发是一体化培养的重要内容。校企双元教材不是直接将传统教材进行简单的重构，而是教师经过学情分析、过程提炼、教学设计、教学实践、信息反馈之后形成的新的教学模块。因此，在教学过程中要研究专业理论与专业实践之间的关系、探讨专业基础课与专业核心课程内在联系、挖掘职业素养与课程思政契合点，将教师积淀的教学经验融入教学模块，以开发符合培养目标的课程体系。新构建的课程体系内容应源自原有的学科体系，要架构项目或任务条目的教学模块，并在项目和任务中融入“高深”的专业基础理论。应以国家制定的专业教学标准、行业标准、人才定位和不同职业教育体系层次为原则，取舍所融入的专业基础理论，最后按照一定逻辑关系形成活页式、工作手册式教材，即校企双元教材。

10.4.5 加强课程平台建设

信息技术时代为课程平台建设提供了支撑条件。培养单位要加强建设适合职教师资培养的教学资源系统平台，促进教学资源（尤其是实践教学资源）的丰富并提高共享程度、利用程度。中国大学 MOOC 的推广应用，“国家职业教育智慧教育平台”正式上线，都给了我们一个很好机遇。但是目前其应用主要是在理论教学方面，与职业教育侧重以实践为主的教学理念、以技能培养的目标还有一定的差距。新道、网中网等企业也在不断开发、推广适用于职教实践教学的网络、信息平台，但目前这种应用还比较松散、共享程度不高。要加强与企业和职业学校之间的合作，适应信息化时代要求，组织构建适合职教师资培养的专门性教学资源系统平台。

10.5 培养方式：多元融合

10.5.1 校一企一校协同赋能

创新培养职教师资模式，建立多方联合的立体师资培养制度。

10.5.1.1 加强校企合作

党的二十大报告指出，加快建设高质量教育体系，进一步深化产教融合。深化产教融合，需要加强校企合作。借鉴成功的国际经验，支持职业技术师范院校建设、高水平学校、职业学校和企业的良性合作，建立高等学校、行业企业联合培养双师型教师的机制，共享实训师资和资源条件。普通师范大学主要定位于培养职教师资扎实的专业理论能力与初步的专业实践能力，企业主要定位于培养职教师资岗位技术能力。企业教师为学生教授专业技能，也可承接高校专业教师去企业进行技能培训，缓解职教师资实践能力不充足的问题，提高教师教学质量。

通过与企业合作，有助于联合培养职教师资专业技术能力。基本做法是：首先，培养院校成立产教协同办公室和专业建设委员会，成员由“政”“行”“校”“院”等专家组成。其次，建立有效的承诺机制，建立共识和合作愿景。消除合作参与者的顾虑和行业壁垒，共同探讨有效的合作途径。最后，建立校企合作的职教师资培养导师体系。如图 10－2 所示。

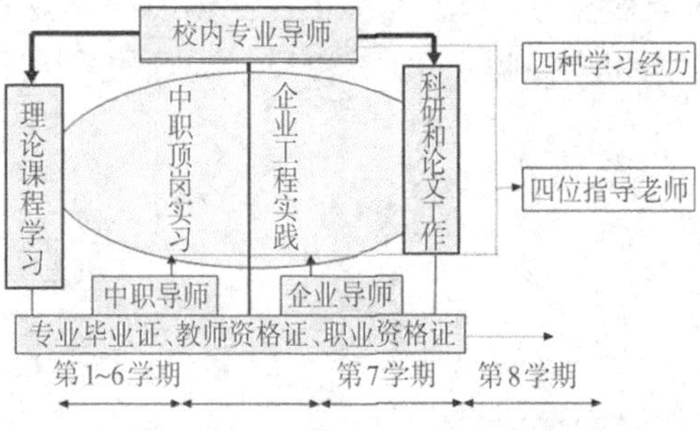

图 10－2　基于校企合作的职教师资培养导师体系①

① 陈伟等.卓越职教师资培养模式的建构：依据、内容及挑战[J].广东第二师范学院学报，2018(2)：2.

最后，针对拟实现合作共赢的目标，合作伙伴将深入沟通和明确分工，完善制度安排，并引入动态调整机制以实现有效的协作。大学应与企业建立良好的合作协商机制，以期达到资源配置的帕累托最优状态。

10.5.1.2 注重校校合作

普通高校应与职业院校加强合作，联合培养职教师资的教育教学能力。一方面，普通高校具有与职业院校合作的资源条件。综合性大学和专业性高校具有专业优势，普通师范大学教育学科发展相对比较成熟，普通高校在培养职教师资专业能力、教育理论与实践能力方面有着明显的优势。另一方面，职业院校是职教师资最终的工作去向，因而有条件为职教师资培养搭建一个良好的实训平台，如配备优秀的实训导师，建立科学的考评机制等，从而提高职教师资的实践教学能力。因此，普通高校主要培养职教师资专业知识、教育理论能力以及初步的教学实践能力，职业院校主要培养职教师资岗位教学技能。为进一步实现这一培养目标，双方应建立灵活的沟通机制，实现资源共享，优势互补。不拘泥于短期的教育实习，要延长教育实习时长，增加短学期教育实践，形成长期的密切合作，真正成为教学技能的实践训练主阵地。

10.5.1.3 建立“校—企—校”联盟

“校—企—校”是职教师资培养的良好途径。吉林工师在国内率先创立了“校—企—校”联盟，实现了职教师资人才培养培训体制新突破。联盟突破了以往职教师资单纯由高校培养的封闭教育格局，实施了三方共同人才培养，即职教师资培养院校(吉林工师)、职教师资用人单位(职业学校)以及行业企业三方共同培养。在市场机制的运行下，联盟建立起教育与产业、学校与就业、人才培养与岗位要求对接的多元主体协同、区域统筹协调、资源互补共享、培养培训一体、系统开放灵活的职教师资人才培养新体制。联盟按照“政府统筹、协商决策、责利驱动、资源共享、协同育人”的运行机制，成功实施了“校—企—校”三方共同设计培养方案、共同开发教学资源、共同实施教学过程、共同评价教学效果的“校—企—校互融、工—学—教结合”的职教师资培养新模式。通过建立“校—企—校”协同育人，实现了企业和职业学校对职教师资人才培养的全程参与，着力解决了教学内容与就业岗位要求相脱节、教育资源不足、实践教学环节薄弱等制约职教师资人才培养质量提升的关键问题。如图 10—3 所示。

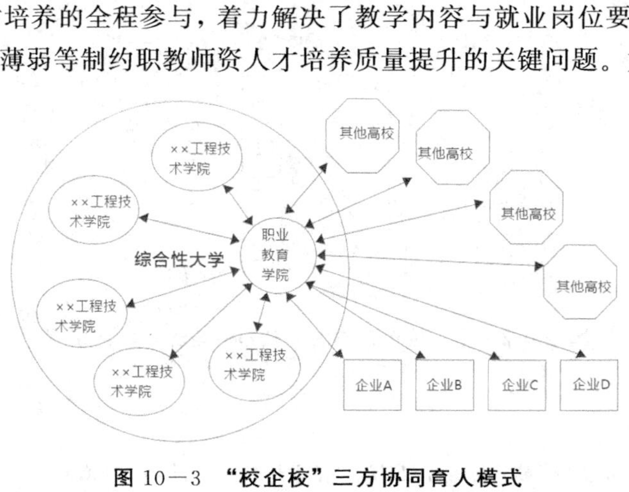

图 10—3 “校企校”三方协同育人模式

在职教专硕的培养中，需要实行三导师制，包括校内、中职和行业导师。在立德树人的基本方针指引下，校内导师作为第一导师，主要职责是思想引领，传授知识，开展科研活动、学术训练、论文指导；中职导师侧重于中职教学指导、教育实习指导和职校调研等；行业导师主要负责行业实践、专业技能训练和行业调研等。如图 10—4 所示。

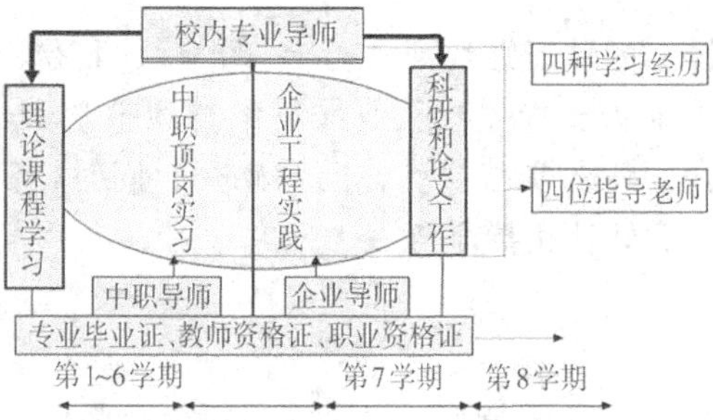

图 10—4　职教师资“三导师”制示意图

10.5.2 加强实践教学

实践出真知。实践教学是以培养职教师范生的专业技能和教育教学能力为主要目标的重点教学环节。通过有计划、有组织地实施专业实践、教学实践、模拟实训、教育实习等环节来加深和巩固学生的专业理论知识，掌握从事本专业领域实际工作的基本能力和技能。该教学环节既区别于理论教学，又与之密切相关。实践教学主要包括专业实践、教学实践和综合实践等形式。

10.5.2.1 专业实践

（1）实训室虚拟仿真模拟教学。搭建学生职业核心技能实训平台，通过仿真实训模拟、岗位认知实习实训、专业技能实训演练以及创新创业项目模拟训练等内容，培养学生职业核心创新实践能力。以商科人才培养为例，可以进行岗位能力分级实训，建立以商科素质课程实训、商科专业课程实训、专业综合实训、跨专业综合实训、商科实习实训五阶段的完整实践教学课程体系。实训以真实企业案例、仿真实践环境和创新技术平台为支撑，着重培养创新型新商科人才，提升学生就业和创业竞争力，实现人才培养供给侧改革。

比如金融课程，对实践性要求很高。因此，教师可充分利用实训室资源，借助金融教学软件模拟真实的金融交易环境，通过模拟交易系统使学生将掌握金融操作和市场运作等理论知识在实践中加以应用，在模拟系统中进行证券、期货、外汇投资和模拟交易。一方面，加强学生对理论知识的理解，熟悉交易流程；另一方面，在模拟实践中训练提升学生的实际分析能力和操作能力。又如会计课程，通过会计实训，包括从原始凭证的填制、审核，到登记记账凭证、编制科目汇总表，再到各种明细账和总分类账的登记，最后进行会计报表的编制，基本上覆盖了整个会计流程和所有会计实操技能。整个过程是对学生的操作技能一次综合性的、极具挑战性的训练和检验。在这些不断反复的操作中，学生可以积累提高操作效率的技巧和经验，例如查错账等一些系统科学的方法，这些都会让学生们少走弯路、受益良多。

（2）校外实训基地教学。除了模拟实践教学，到社会中参加社会实践也是训练学生实际操作能力的有效途径之一。教师可积极地联系一些与财经专业相关的单位，如会计事务所、证券公司、银行、期货交易所等，带领学生进行认知实践，了解企业工作具体的业务流程、操作过程、基本技能和操作方法等，使学生进一步了解企业的实际需求和工作岗位的业务操作模式等。

（3）行业实战专家讲授。可聘请财经商贸行业如银行、证券、会计事务所及各类有代表性的企业中有实践经验的专业人士专家或从业人员参与到教学中，通过讲座、报告、实践指导等形式，使学生获得较强的业务实战操作体验和感受。同时，教师也可以借此汲取实际的工作经验，以便于在教学中更好地指导学生。

10.5.2.2 教学实践

教师技能训练有很多环节。一般情况下，内容包括：教师语言技能训练、现代教育技术应用技能训练、教学设计、实施及评价技能方面的训练、专业课程教学技能训练、微格教学、教育研习、教育见习、教育实习，等等。师资培养要充分体现职教师资师能的培养，可以建构“微格教学＋教育实习＋多媒体课件制作实训＋‘五个一’标准”的师能培养模式，通过微格教学、教育实习、多媒体课件制作等实践环节的训练，最终实现人才培养目标。“五个一”标准是指学生具备一口普通话、一手规范字、一份标准教案、一堂观摩课、一套多媒体课件，但随着时代的发展，标准将不断变迁、扩展。对于教师技能训练，要注重与学科知识结合，实施“学科＋教学”一体化课程，提升职教师资综合能力。学科教学一体化课程就是将学科知识与教师技能训练相结合，理论与实践相结合，用微格教学等教师技能训练的方式来呈现专业学科知识。

（1）微格教学

微格教学是一种利用现代化教学技术手段来训练教学技能的系统方法。微格教学创始人之一，美国教育学博士德瓦埃·特·爱伦认为微格教学“是一个缩小了的、可控制的教学环境，它使准备成为或已经是教师的人有可能集中掌握某一特定的教学技能和教学内容”①。微格教学要求在一个短的时间内，如5～20分钟，尝试小型的课堂教学，并把教学过程进行录像，课后再回放进行分析评价。这是训练准教师、提高教学水平的一条重要途径。

微格教学训练要以专业核心课项目教学为载体。每个项目可以以三周时间为一个周期，让学生完成一个项目课程的教学设计、教学实施、教学评价和教学反思。如图10－5所示。

① https://baike.so.com/doc/5409334－5647346.html.

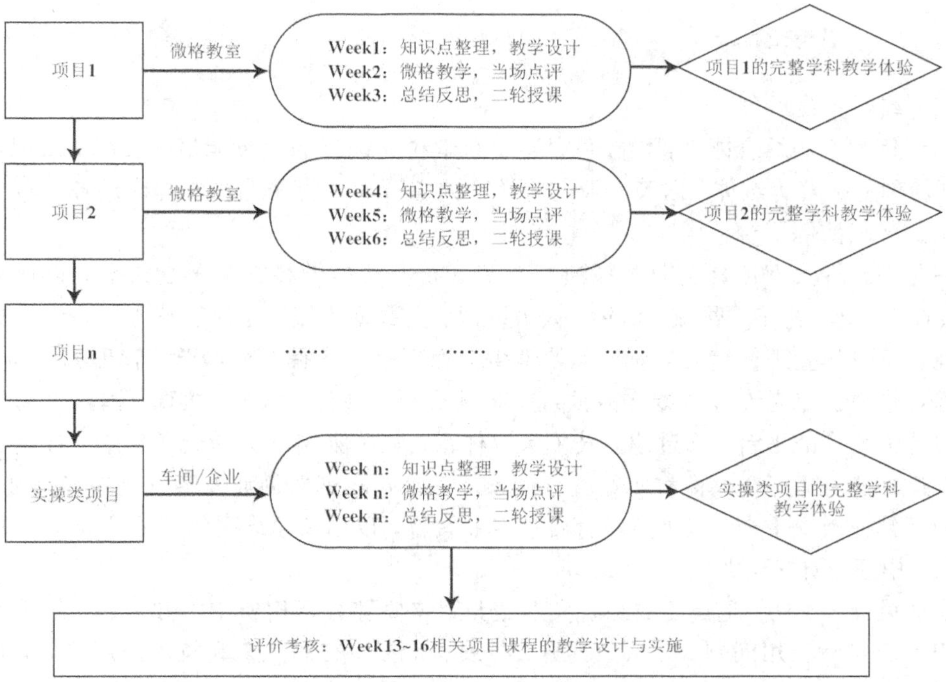

图 10—5　学科教学一体化微格教学实训步骤图①

（2）教育见习、实习

到中职学校及相关企业进行教育实习、专业顶岗实习与毕业设计是财经专业实践教学行之有效的方式。组织学生到职业学校进行顶岗实习。各个实习环节都应该实行集中安排，统一管理。

教育实习中，实习的内容要严格按照教师工作任务进行。内容涵盖教学设计训练，听课、评课训练，教育研究技能训练，班主任工作技能训练以及学生心理辅导技能训练等教师核心技能训练。学生要尝试转换身份，实习教师也是教师。便于毕业后大大缩短他们的岗位适应期，尽早走上工作岗位。

当前，职教硕士的培养方案中，实践教学占 8 学分（总学分 36），包括教育实践和企业实践。要求实践教学采取教育实习、教育见习、企业实践、微格教学、教育调查、行业企业调查、课例分析、班级与课堂管理实务等实践形式。实践教学时间原则上不少于 1 年，包含校内实践、企业实践和中等职业学校教育实践，其中到中等职业学校和企业进行实践活动的时间分别不少于 3 个月（尽可能采取顶岗实习的方式）。实践结束后，学生需以“职业学校课程开发、专业建设、教学设计的实践与应用”和“企业生产过程与岗位能力专题调研”为主题，提交 2 份研究报告，每份报告均不少于 4000 字；填写完成“实习手册”。导师组对研究生的实践过程、研究报告进行考核，考核合格后获得实践教学学分。但在实际执行中，很多

① 刘冬.职教师资培养的课程体系优化研究——以《机械电子工程（师范）》为例[D]. 浙江工业大学，2015：45.

时候流于形式，效果不尽如人意。以后要进一步将方案落实、落细，加强对实践教学的考核。

10.5.2.3 综合实践

(1) 综合实践平台

为训练学生的综合能力，学校可以基于跨学科的综合职业技能培养目标，以职业技能大赛、创新创业大赛为载体，以跨专业与跨学科的综合实训模拟为依托，构建各专业资源整合与共享的实战演练平台。

一是综合性大型仿真实训模拟演练。基于新商科多学科交叉融合理念，以构建包括金融、会计、管理、电商、物流、营销、人力资源、大数据应用、连锁经营等多个专业的大型商业环境，组织学生进行综合实训，促使学生全面理解和掌握企业经营、管理流程知识，提高学生综合素质。二是专业技能实战演练。搭建金融、会计、营销、电商、国际贸易等各专业职业技能大赛实战平台，通过建立技能大赛体系，完善大赛学分转化等机制，鼓励学生参与大赛，并通过大赛打造大商科实践教育体系。三是建立创新创业大赛及成果转化机制，搭建学生创新创业教育平台，以创业教育带动专业教育，以创新思维引领人才培养。

(2) 毕业设计（论文）

毕业设计（论文）是重要的综合实践成果，需要综合运用所学的知识、技术等来解决与岗位相关的实际应用问题，并从中提升、扩展、完善原有的知识和技术应用能力，最终形成职业岗位专业能力的一系列实践过程。职教师资培养的毕业设计（论文）不仅要体现学术性、职业性，更要体现出师范性。因此，应该充分考虑教师教育的特色，体现教师专业发展的理念。要按照教师岗位的技能要求进行，如完成职业学校某门专业课程的设计与教学研究等。

应推行毕业设计（论文）多样化改革方案，实现从单一学术性论文到多样化毕业设计转换。在确保质量的前提下，除传统的学术论文形式外，也可以是反映学生创新能力且与专业相关的作品与设计，如旅游行业和旅游中职教育的调研报告、旅游项目策划、参加科研训练和学科竞赛取得的成果、在报纸杂志发表的优秀文章等。

(3) 社会实践

鼓励学生参加社会实践。可与证券公司、商业银行、期货交易所、会计师事务所、商贸企业等合作建立校外实践基地，让学生在实践中学习，为毕业后尽快进入角色奠定基础。如带领学生去证券公司了解股票交易业务的流程，去银行了解存贷款融资业务的基本技能，去会计师事务所了解相关会计、审计、税务服务、管理咨询、资产评估、工程造价等业务。让学生切身感受专业知识在实践中的应用，深化对理论知识的学习，也体会到职场和学校很多不一样的东西，为以后担任职业教师培养职业人才打下基础，同时也为自己的就业选择、职业规划提供帮助。

如在“网络营销”课程教学后期，就可以鼓励学生到企业进行实践，参与电商客服活动，甚至开设网店、做微商，在特定的岗位上学习和体验网络营销的知识和重点。在一系列的网络营销实践中也的确发现，学生的网络营销能力得到了很好的锻炼，很多企业都对学生的网络营销能力给予肯定。

(4) 创新创业

“纸上得来终觉浅，绝知此事要躬行。”当前，“大众创业，万众创新”已成为新常态下推动中国经济前行的引擎之一。职教师资作为职业教育人才培养的重要保障，更应该立足当前创新创业形势，探索“双创”背景下创新创业型职教师资人才的培养模式。可以鼓励学有余力的学生开展创新创业活动。创新方面，学校设立创新项目，鼓励学生参与，比较成熟的有“挑战杯”“互联网+”等。创业方面，可以利用自己的某一方面优势，寻求市场机遇，将课堂上学到的知识、技能应用到创业创新实践中，“反哺”学业。经验表明，一些学生也会在创业创新的市场活动中发现自己真正的志趣所在，依照新政策转入相关专业学习，从而更好地提升自己。

10.5.3 更新教学方法

在教学方法上，应改变以往单纯注重知识传授，代之以启发式、讨论式、研究式等多种教学方法，培养未来教师的自主探求和主动反思等方面的意识和能力。在教学中，应开展微格教学、课堂观摩等教学活动去丰富未来教师的情感体验。比如案例教学、情境式教学、项目驱动、小组合作教学等都是财经课程行之有效的教学方法。

10.5.3.1 启发式教学

教师应根据当前经济发展中的热点问题和热点现象适时更新教学内容，设计一些引发学生思考和探究的教学模块，启发学生自主发现问题、分析问题、解决问题，从而培养学生独立观察、分析市场动态，总结问题并寻找解决方案的能力。例如讲会计课程时，企业会计机构的设置中出现了好几个容易混淆的概念：“会计主管”“主管会计”“主办会计”“财务经理”“财务总监”，可以要求学生自己找资料，总结这些概念的特征，找出区别，进行自主学习。在进行“会计主体”相关知识内容的教学过程中，可以向学生提出“个人的财务收支是否要归于家庭财务收支中?”的问题。可以引导学生对个人财务状况进行分析，分辨自身财务的主要来源以及支出方向。财经课程与时代发展联系紧密，每天都有新情况、新问题，启发式教学有助于培养学生自觉探究知识、自主学习的能力。

10.5.3.2 互动式教学

教学互动是重要的师生交流。教师在授课过程中可以引入一些与课程相关的热点问题，组织学生进行分析、讨论，改变传统的单向灌输模式。学生通过课堂讨论、辩论等发表自己的见解，教师帮助进行点评、梳理，从而得出正确结论。学生在课堂中参与互动可以加深对知识的理解和印象，从而达到更好的教学效果。

10.5.3.3 案例式教学

案例研讨是财经类专业教学最常见、最有效的教学形式。案例可以分为模拟案例和现实案例。模拟案例可能是教师自己根据实际情况进行改编，比如金融课程中商业银行信用创造职能、单（复）利计算，都可以采用模拟案例来说明问题。现实案例是现实经济生活中真实发生过的经济事件，比如 2008 年全球金融危机事件、历史上比较典型的通货膨胀事件、新冠疫情下经济下行央行降息、房地产优惠措施等，让学生在事实面前更深刻地理解理论的意义。

在会计教学中，可以以某个制造业工厂的一个会计循环为例。要求学生亲自动手建账、填制凭证、登记账簿、编制试算平衡表和会计报表，重点把握会计信息的生成过程，让学生了解整个账务处理程序，引导他们怎样通过凭证、账簿和报表来获取他们所需求的会计信息。

案例式教学可以使学生在模拟场景中真正掌握知识，有利于学以致用。但选择案例时要注意：首先，案例要具有典型性。依照实际生活进行举例，保证所举的案例通俗易懂。其次，要具有创新性。让学生能够对案例进行深入了解后学以致用，举一反三，提高类推思维。最后案例要有时效性。需要反映最新的可供研讨、具有不同见解的社会现象。教师在进行案例课程设计时要理顺教学流程，创设思维情境，给学生充分的想象空间，激活学生思维。在交流中，碰撞出创新的火花。在创设情境过程中，学生打开思维，开动脑筋，既能够让学生对新知识有深刻的了解，又能够提升和优化学生的思维方式，让他们在思维方面更具有开阔性和深刻性。

10.5.3.4 项目教学法

就是通过完成某个工作项目，使学生获得知识和技能，并促进学生职业能力发展的教学方法。教师结合教学内容设定工作项目，给学生布置工作任务，由学生组成项目小组，自主搜集与教学内容相关的项目案例资料，在教师指导下进行研讨，找到项目存在的问题和解决方案。在项目完成过程中，学生是主体，一切活动都是在教师指导下自主进行，教师的主要任务就是指导学生、启发学生，帮助学生掌握解决实际问题的能力。

就目前的中职会计教学而言，有很多适合实施项目教学法的知识点，诸如账务处理、成本核算、工资核算、固定资产核算等。教师可以根据教学内容及学生的学习现状选择最为适宜的项目。以“基础会计”课程为例，可以以实际会计项目为教学素材，将企业项目的会计记账方式、账户管理等工作过程引入教学实践中，把课程内容按照项目分解为若干个部分，针对各个部分设计教学任务，通过实际项目的账目计算，让学生把理论知识应用到其中。项目任务一般来自现实企业的实际案例，具有很强的针对性，有助于增强学生亲自参与项目的体验感。实现教学环境和企业岗位环境的近距离或零距离，更好地适应未来职场的需要。

10.5.3.5 角色扮演教学法

角色扮演教学方式是为了实现教学目标，教师在教学过程中组织学生分别扮演职场中某个岗位的工作角色，使学生能够在课堂上亲自体验真实的岗位工作内容以及工作职责。

比如“基础会计”课程，在课堂教学中应用角色扮演的方式开展教学有着良好的教学效果。以“报销差旅费”业务的教学为例，教师经过对教学材料以及学生实际情况的综合考量设置合理的教学目标，可以将学生分为财务组、经办组及审核组三个小组，引导每个小组做好角色扮演之前的相关准备；然后引导各小组的学生进行财务工作模拟，每个人都扮演一个相应的岗位角色，其他的学生进行观察和评价。同时，采用轮换角色扮演的方式，让每个学生都能参与到其中。最后，老师对本次模拟活动进行评价和建议。在这样的课堂教学下，学生能够更加牢固地掌握会计核算方式，明确会计监督职能，从而全身心地投入课堂学习，进而使教学质量得到提升。在金融信贷等课程教学中，也可以叫学生分别扮演债权人、债务人、贷款中介等角色，进行类似的教学。

10.5.3.6 行动导向教学法

行动导向教学是以“行动导向驱动”为主要形式，在教学过程中充分发挥学生的主体作用和教师的主导作用，从完成某一方面的“任务”着手，通过引导学生完成“任务”，从而实现教学目标。在教学中，教师先要明确教学任务，把大任务分解为小任务，然后分层次地给学生下达任务，布置行动导向，并合理规定完成任务的数量、质量以及时间。行动导向教学法注重对学生分析问题、解决问题能力及完成任务的责任心的培养。从学生接受知识的过程看，知识来源于实践，并回到实践中去，有助于深化学生对知识的理解，学以致用，知行合一。

在“基础会计”教学过程中，可以参照具体的教学任务开展教学。教师以企业会计岗位的职责、经济业务操作的流程为基础，将课程内容合理地整合与分解，针对每一个教学项目都可以设计若干个教学任务。在教学任务展开的过程中，将财会理论知识充分贯彻落实，教师在做中教，学生在做中学，培养学生的财经职业道德，提升学生的财经知识技能。以会计凭证教学为例，教师先设计所需的会计要素，明确划分经济业务以及会计科目类型；引导学生应用借贷记账法在记账凭证上编制会计分录；要求学生审核会计凭证，为会计信息质量做出保障，培养学生责任感，提升职业道德。当教学任务完成后，教师进行总结，对学生的操作情况进行评价，对学生的不足进行指导，对学生产生错误的原因进行分析，进而使教学质量得到显著提升。

10.5.3.7 情境教学法

情境教学法是指教师在教学过程中，根据教学内容有目的地引入或创设具有一定情绪色彩的、以某种形象为主体的具体生动的场景，引导学生进入情境相关角色，通过“共情”给予学生一定的情境体验，从而帮助学生理解教材，掌握教学内容，以提升学生专业知识水平与专业技能的教学方法。情境教学法的核心在于激发学生的情感共鸣。情境教学法能够营造良好的教学氛围，激发学生的主观能动性，有助于培养学生的表达能力、团队意识、探究能力与创新精神，形成学生综合的职业素养。

一般而言，财经类课程的应用性都比较强，但其内容往往又比较枯燥，因此，情境教学法是非常适合的教学方法。比如，在会计的教学过程中，可以模拟企业的实际工作环境，在学校里打造出职业环境。老师设定人物，学生扮演角色，如总经理、销售部长、财务部长、银行出纳等一系列与会计有关的岗位人物，让学生融入真实的财务环境中，了解企业会计部门所涉及的各岗位工作，提高会计专业学生的实际操作能力，实现零距离就业。在学习财务清查时，可以收集一些企业年终盘点时的图片或者视频资料，使学生直观地感受现实职场环境，更加了解不同岗位的工作内容和清查方式，而后教师可结合这些素材加以讲解总结，使学生能够更好地掌握相关知识。情境教学过程中，要注重师生互动，通过问答、互问、互辩等多种方式，让学生在情境氛围中接受理性的知识传授，厘清知识点间的联系，从而更好地掌握知识点。

又如，在市场营销课程中教学“商务谈判”“品牌管理”“零售管理”“营销策略”时，教师可以利用“微课”“短视频”等，插入有关商战、企业品牌宣传、商场日常零售管理、企业营销策略案例等各种微视频进行辅助教学，增强学生的直观感受，或者录制反映某些知识点的专题“微课”，事先通过微信群、QQ群等途径发布，让学生提前预习，疑难问题学生可以在课堂发问，这既能节省教师的课堂讲授时间，又能达到突破重点与难点的目的。

10.5.4 教学手段信息化

教学方法需要借助一定的教学手段，二者相辅相成，相得益彰。在互联网时代，在教育结构及教育生态变革的背景下，利用5G技术、大数据、人工智能等，正在形成一套新的教育生态系统，一种面向未来的教育模式。这为多元教学方法的应用，实现师资培养线下和线上相结合提供了有力的支持。

在教学过程中，为吸引学生更加积极主动地参与到教学活动中，教师应采用多元化的教学手段，将抽象的理论转化为感性的认知。要充分利用网络化、信息化、智慧云、智慧课堂等现代新技术，实现教育网络化、现代化、信息化。利用现代化的教学方式和资源平台能够提高学生学习的主观能动性，延伸学习半径，充分利用课上、课下时间进行学习。同时，互联网、智慧云等又方便了学生与教师的联系，使教育、教学更具个性化，有助于提高教学质量。

在资源共享方面，互联网平台为教师提供了便利。在财经商贸课程的教学过程中，教学资源和案例都可以通过信息化平台与其他教师做到教案共享，既解决了收集资料的问题，也可以相互学习、相互探讨，有利于更好地开展教学工作；在教学形式方面，网课、微课等被广泛利用。依托“互联网+”技术的便利，可以让学生不受时间、地点的限制，更好地学习。财经商贸课程知识迭替较快，“互联网+”可以及时更新知识体系，很好地做到了知识的更新交替，对于课程知识的整合和梳理具有重要作用。如在会计课程教学中，教师可以利用互联网软件技术，以视频、Flash等的形式来描绘会计的概念；以各种实践案例和各种实物的动态形式来阐述会计要素的记录和确认；以电子游戏的操作形式来阐述借贷记账方式和账户的管理等，并根据不同学生的特点采用启发引导式、课堂研讨式、任务驱动式等教学方式进行教学。这种个性化的教学模式有助于将枯燥的理论学习转化为生动形象感官体验，让学生可以更容易理解会计理论，提高学习会计的兴趣，并积极参与到和教师的互动中。

10.5.5 加强技能大赛

技能大赛是训练学生综合能力的有效方式。在第二课堂中，鼓励学生积极参加各级各类技能竞赛活动，包括专业技能和教学技能大赛。将以赛促教、以赛促学的理念渗入教育教学中。通过开展各专业领域学生以及教师的综合技能竞赛，不仅提升了师生实际动手能力，还培养了师生在竞赛中的团队合作精神。因此，要坚持商科教育技能竞赛制度，不断将新思维、新技术、新要求融入竞赛内容，以督促师生发挥积极主动性，不断完善教与学的方式方法，才能提高师资培养水平。

10.5.5.1 专业技能大赛

专业是基础。要积极组织增长专业技能的实践活动。如组织各种创意竞赛，包括创新创业大赛和其他需要发挥创意的比赛，激发学生的创造潜能，特别是要利用全国大学生“互联网+”

大学生创新创业大赛、“挑战杯”全国大学生课外学术科技作品竞赛、“创青春”全国大学生创业大赛等契机，组织校内初赛，扩大参与面，为更多学生提供创新演练的机会。还可以搭建校级科研创新训练平台，结合大学生创新创业训练计划项目实施的实际，在学校层面设计更多、更广的平台，吸引更多学生投入到训练中来。

10.5.5.2 教学技能大赛

教学技能是师资培养的核心。讲课等技能竞赛是培养教师师范技能，提高教学能力的有效途径。可通过定期举办讲课、说课、粉笔字书写和主题班会设计与主持等师范技能竞赛，让学生在激烈而紧张的比赛中，更好地磨砺教学基本功，提高学生的教学能力。

技能竞赛中，学生从教案编写、板书设计、PPT 制作、讲课到说课的能力可以得到全面训练。当前，很多学校、省市乃至全国都有不同层次的师范技能竞赛。参赛人数越来越多，形式越来越新，内容更加丰富，组织更加规范，要求一次比一次严格，热情一次比一次高涨，效果更是一次比一次明显。技能竞赛充分展示了青年学子和教师讲课方式、手段、目标的多样性和创造性，使优秀学子和青年教师不断涌现。比赛其实就是训练、展示和切磋技能，以及同行之间进行交流学习的平台。对选手更多是机遇，是鼓舞，是激励，极大地促进了职教师资教育教学能力的提高。

在职教师资培养中，可以定期组织大学生教师基本功竞赛，钢笔、粉笔规范字书写大赛，教育技术应用能力竞赛，以及师范生教学技能创新大赛。

10.6 评价体系：发展开放

“双师型”教师的培养是一个复杂而持续的过程，必须构建一个发展、多元、开放的过程性的评价体系，是实现这一培养目标的必要条件。

政府应该组织独立的第三方教育评估机构、企业、职业学校定期或不定期对培养院校的理论及实践教学效果、培养质量进行评价。评价内容方面主要包括培养方案、教学计划、课程设置、培养模式、培养绩效等。要时刻关注科技、行业发展趋势，关注劳动力市场动态变化对人才培养规格的影响，及时调整和修正教学计划和课程设置，使师范生具备与时俱进的专业知识和技能，以及一定程度的行业转换能力。

10.6.1 评价理念发展化

发展性的评价理念是在建构主义学习理论指导下提出的一种评价思想，其核心是促进学生的长远发展。发展性评价，考察学生的过去，重视学生的现在，更着眼于学生的未来。因此，要培养具有潜力和创造力的研究型“双师”职业教师，必须打破传统以检查、判断、考核为核心价值取向的评价模式，树立促进学生发展的评价理念。评价的目的不仅仅是检查知识、技能的得分高低，更重要的是关注学生获取知识、技能的过程及方法，建构知识、运用知识的能力，发现问题、分析问题与解决问题的能力。发展性评价突出评价的导向和激励功能，关注学生成长与进步情况，通过分析和指导，提出改进措施来促进学生的全面发展、和谐发展、个性发展和终身发展。为此，要构建科学的职教师资培养的评价机制，成立专门的评估与反馈机构，全过程跟踪、把控整个师资培养总体规划、培养方案、信息收集、课程设置、教学实施等各个环节。在师资培养的过程中，不断整合与调整参与师资培养的多方利益相关者的意见和建议，并且根据教学开展的实际，对整个教育模式进行修订并重新付诸实施。

因此，要建立有效的奖惩机制，加强职教师资培养的积极性，实现职教师资的可持续发展和有效发展。

10.6.2 评价维度多元化

评价内容体系要多维度设计。要突破过去以记忆性知识、技能操作为主的评价内容，建立知识技能、实践能力、科研能力和创新能力以及专业精神并重的多维度、多元化评价内容。评价的关注点由死记硬背转向探究事物现象、发现问题、分析问题及解决问题的能力上。不仅关注学生的学业成绩，更重要的是发现和发展学生的潜能。在新的评价内容体系下，全程独立而衔接的专业课程都必须设计出实践、科研能力和创新能力培养的教学内容并纳入考核范围。

按照能力导向的教育质量观，设计科学、合理、可操作的指标体系和质量评价标准是确保能力目标实现的重要保障。在培养目标评价上，可将专业能力、方法能力和社会能力具体的要求作为评价标准；在教学内容与组织实施上，可将“是否有具体恰当的项目和任务，并能通过这些项目和任务的完成，达到对学生专业能力、方法能力和社会能力的培养要求”作为一项评价标准；在教学方法上，可将是否“体现项目导向、任务驱动、案例教学等行动导向的教学方法，并实现教—学—做一体化”作为评价标准；在教学效果上，可将能否“充分激发学生学习兴趣，学生积极参与，具有动口、动脑、动手的学习氛围，较好掌握知识和技能，达到预期的目标”作为评价标准。

10.6.3 评价方法多样化

传统的教育评价，价值取向单一，多采用以闭卷式纸笔考试为主的量性评价方法，用分数高低来量化学生的发展。这种评价方式，极易导致学生成为考试机器、“考神”，而严重制约学生的探究意识和创新能力，不利于培养创新型职教师资。

“双师型”教师培养要求必须打破闭卷式纸笔考试为主的僵化量性评价方法，建立灵活的量性与质性相结合的多样化测评方法，实现评价的导向和激励功能。根据学习内容的要求，采取灵活多样的形式，除了开卷、闭卷、口试 、笔试外，通过研究报告、文献综述、学术论文、个案分析、设计创新教案、制作课件、实验设计、调查报告等开放性、个性化的学习方法和成果，来考核评价学生实践、探究和创新能力。

实践教学以技能为主进行考核。注重形成性考核，实现考核方式的多元化，将口试、模拟情景作品设计和笔试相结合；开卷和闭卷相结合；基本技能与专业技能相结合，采用多元化考核方式。

可以推行弹性学制与学分制。采取“学分银行”方式，实行课程学分积累制，零存整取，架设沟通学习、工作、休闲的桥梁，为学生提供更多的学习选择和机会；实行多功能、多元化课程学分相互认可的制度，对课程学分进行评估，架设沟通不同层次和专业之间的“立交桥”；在有条件的学院实行职业资格证书培训、职业技能鉴定，与课程学分互通，用相应的职业技能鉴定、资格证书代替或者转换某些课程考试；重视分散学习制，将非正规、非正式学习成果纳入教育活动范畴。

注重学生通过过程获得创造性的“产品”，如新的想法、计划、技巧等。如广西师范大学职业技术师范学院在学生评价中，除传统的课程成绩评价外，还综合各种“非传统”的评价，如行为观察、个人档案袋、项目研究、技能大赛、作品集、日志、作品展等。

质性、多元、开放的评价方式有助于学生提高探究意识和自主学习的能力，养成创新精神，提高创新能力。

10.6.4 评价重心过程化

过程性评价是关注学习过程和重视非预期结果的评价，评价视野更为开阔，投向学生整个学习过程和经验领域。终结性评价更多地侧重于评价和测量学生表层式学习所产生的学习效果。在学习过程中，学生可能会运用到不同的方法，从而产生不同的学习效果。因此，应突破过去过分强调考试结果的终结性评价，建立注重过程的终结性评价与形成性评价相结合的评价模式。过程性评价，它关注学生学习的过程、求知的过程、努力的过程、探究的过程，促使学生独立思考、主动参与知识的建构，从而帮助学生养成“双师型”教师所必需的探究品质，促进学生激发潜力，提升水平，发展身心，实现个体价值。

学生能力与素质是一个复杂的结构，作为教育培养的结果，都必定有其形成过程。此外，教师的专业发展是一个终身过程，因此，在对教师教学能力评价中，应遵循过程评价与结果评价相结合的原则。

在学习过程中，学生可能会运用到不同的方法，从而产生不同的学习效果。为此，从评价重心来看，应突破过去过分强调考试结果的终结性评价，而要将评价重心过程化，建立注重结果的终结性评价和注重过程的形成性评价有机结合的评价模式。

10.6.5 评价模式一体化

（1）定性与定量相结合

定性评价与定量评价各有侧重，各有所长，也各有所短。职教师资特殊、复杂的工作性质决定了对其能力的评价要将定性评价与定量评价相结合。定量评价就是从量的方面考核、评价职教师资的专业素质和教学能力，有助于通过量化指标说明对教学能力做出测评。定性评价侧重于从质的方面，对教学能力进行质的、深层次的分析评价，有助于对职教师资的专业素质和教学能力进行性质判断。二者各有长短，定量评价有助于提高评价的精确性、客观性，明确区分测评等级，但是其形成性表征较差，对于后续改进的作用不大，不利于促进职教师资专业核心能力的提高。定性评价能详细分析、说明和解释职教师资专业核心能力的特色、优势和不足，因此，能更有效地帮助职教师资获得改进和提高。因此，对职教教师核心能力的评价，应遵循定性评价和定量评价相结合的原则。

（2）理论与实践相结合

教师的素质要求包括知识、能力和价值观等。为此，考核评价应坚持理论知识和实践能力评价相结合、行为评价及课堂观察评价相结合的原则。

比如考核学生的教学技能，通过实践考核给予反馈信息，有利于学生结合理论学习，初步构建对教学技能的认知。在此，可以借鉴德国、美国经验，要求学生在校内学习与实践考核合格之后才有资格进入后续的教育实习。要高度重视教育实习的考核。教育实习中设计了多项教学技能，如学生课堂教学能力、教具选择使用能力、组织活动能力、研究能力等，学生参与实习项目众多，因此要进行分项的精细考核。可以借鉴德国经验，给每个学生配备实习指导老师对教育实习过程进行全程跟踪，教育实习考核过程中由实习指导老师作为第一考核老师，与学校的上级领导共同参与学生的教学技能考核。

(3) 教学能力与专业能力一体化

该评价旨在检验师范生专业类课程和教育类课程学习的效果。改变过去更多侧重对专业能力评价的方式，适当增加教学能力评价的权重。专业能力评价方面，要求培养院校与行业、企业以及第三方独立教育评估机构合作，研发专业能力评价指标和方案，除了评价专业知识和专业技能，还应该注重评价行业职业道德等。教学能力评价方面，除了评价师范生的教育教学理论外，还应该积极与职业院校合作开发教学实践能力评价方案，建立教育实习的监督、自我评估和指导教师评价机制。

(4) 自评（内部评价）与他评（外部评价）相结合

自评（内部评价）指在评价主体中，来自学校自身的总结、反思及校内教师、学生的评语评价；他评（外部评价）指来自政府、中职学校、企业、用人单位等外部主体的评价。相对而言，他评（外部评价）更加客观公正，更能促进人才培养模式的完善和人才培养质量的提高。

要坚持内部、外部评价相结合的原则，更有针对性地设计评价指标，选取指标观测点，评价结果才更精准、更客观。要重视自我评价的功能，通过学校、学生的自我分析和自我认识，达到自我修正、自我提高；同时要重视外部社会评价，职教师资的培养质量，既要满足学校教育教学活动的需要，更要符合社会对师资质量的需求。

(5) 终结性评价与形成性评价一体化

人才培养评价要重视学生成长的过程，坚持形成性评价和终结性评价相结合。形成性评价发生在教学开始之前或之中，目的在于指导教学计划的制订；终结性评价发生在教学的完成阶段，目的在于了解学生目标完成的情况。终结性评价可以掌握教学目标的最终实现状况及效果，形成性评价可以掌握教育教学过程的质量。无论哪种评价方式，都要避免用于给学生简单粗暴评定等级，而是通过分析和使用评价结果，及时发现存在的问题并进行诊断和解决，以帮助培养院校更好地作出培养决策。

在财经职教师资培养中，不但要对学生的财经知识、技能及素质进行终结性评价，而且要进行形成性评价。以评价促发展，以评价促建设，不断提高学生的专业技能、教育教学能力及学术水平。

总之，评价体系是多元、开放、发展的。以会计教师培养为例，评价体系可以依据教育部、财政部、会计和职教行业、用人单位、学生和家长的期望等进行预期制定，从多方面、以多种方式衡量学生最终学习成果，更注重学生应用型、技能型、创新型能力的发展。例如校内学习情况、用人单位意见反馈、行业证书获得情况、职业道德素质测试、学生自身发展情况、家长满意度等。创新会计专业职教师资人才培养模式，有利于为社会培养更多的优秀会计专业职教师资。

10.7 保障机制：精准有力

10.7.1 制度保障

以完善教师资格认证制度为例。

首先，针对职教师资特点制定专门的教师资格认定准则、实施条例和具体办法，打破过于笼统的“大锅粥”认证制度，形成独立的职教教师资格认定体系。推进职教师资培养和培训体系的发展，严格执行职教师资资格准入制度和定期鉴定制度。

其次，贯彻落实职业教育“双师型”教师认定工作。2022 年 10 月，教育部印发《关于做好职业教育“双师型”教师认定工作的通知》，出台《职业教育“双师型”教师基本标准》，为“双师型”教师认定提供了指南。各地要结合本地实际，参照制定省级“双师型”教师认定标准、实施办法，明确认证举措，实行分类评价，并适时调整完善。

再次，构建多元化的职教师资资格标准。根据职教师资的不同来源，分别制定专、兼职教师两种类型的资格认证制度，在根源上优化、规范“双师型”教师队伍结构。可以设立具有行业实践经验的专业人士申请职教师资资格的认证标准，鼓励他们通过多种形式参加职业教育教学项目和课程，获取相关学分，取得相关专业的职教师资资格证书。

最后，设定科学的新商科专业“双师型”教师能力标准。由于商科涉及多个学科，简单地将取得某一种技能证书认定为“双师型”教师显然是不合理的，因此，管理部门应结合各学科特点，突出对财经知识、技能的双向考核，制定适应新商科发展的商科专业“双师型”教师能力标准，如“教师资格＋教师职称＋专业技能＋专业经验＋专业培训”的新商科专业“双师型”教师标准。

此外，在校企合作、财政投入等诸多方面均需要完善相应制度。

10.7.2 政策保障

尽管目前我国已经初步形成了多元化的职教师资培养格局，但还需从政策上给予职教师资培养更大的支持。另外，国家出台专门用于支持职业师范院校发展的政策性文件。从办学定位、人员编制、财政投入等领域关注职教师资培养，以更好地解决职教师资培养由于位于职业教育与普通高等教育交界处而常常被边缘化的尴尬。一方面，要不断完善公费师范生教育政策体系，已有政策要落实落地，以提升职业教师职业吸引力，吸纳更多优秀人才加入职教师资队伍；另一方面，进一步完善高职院校单招政策、职教专业硕士招生政策和研究生阶段本硕连读政策等，从根源上保障职教师资质量的数量。

10.7.3 经费保障

目前职教师范专业学费收费偏低。由于普通高校系统视其为“职业教育”，而职业教育系统则视其为“普通高校”，未单独核算教育成本，教育投入没有区别对待，所以各级财政支持很难惠及这类学校和专业。教育专硕（职教领域）不仅收费偏低，而且在事实上被视为普通教育硕士，投入预算并无区别，不像艺体类专业那样核定单独收费标准。而正是由于办学成本入不敷出，又一直缺少必要的专项资金扶持，致使职教师资培养的办学经费缺口越来越大，设备和师资等基础办学条件欠账越来越多，负担日益加重，已经严重地影响了教育质量。建议通过公共财政专项支持、中央和地方共建、省部共建等方式对职教师资培养进行单独成本核算，增加预算投入。

第一，通过公共财政专项拨款支持、中央和地方共建的方式加快建设一批职业技术师范大学，在我国现代化职业教育体系中形成一批高质量的，具有师范、引领和工作母机性质的龙头教育机构，真正使这些学校从硬件及内涵上都成为职教师资培养领域的领头羊。

第二，设立保障职教师资培养院校建设和发展的公共财政专项资金。具体可以通过吸收社会各界及个人对职技高师院校的资助和捐赠、提高培养院校的公共财政教育经费比例、创建项目基金等多种途径来设立。

第三，要拨出专款用于“双师型”教师的培养、培训、考察、引进和建设，做到“专款专用”。

第四，尽量满足培养“双师型”教师的实践教学条件要求。用于教学实践的仪器设备等价格昂贵，学校在资金的利用上要有所倾向，尽量首先满足“双师型”教师的教学需要。

第五，建立职业教育教师政府资助政策。资助的对象包括：一是高校。凡是参与职教师资培养的高校均可以获得一定的资助，以帮助他们建设良好的职教师资培养设施及设立专项奖助学金。二是接受职业教育师资培养的个人。对愿意到职业学校特别是中职学校任教而且合格的教师政府一次性或分阶段给予一定资助。培养一名职业教育的教师不仅时间长，要求也特别高，因此，完全有必要给予一定的政府资助。

第六，建立相应的税收补贴和财政奖励措施。鼓励企业在职教师资培养标准制定、接受教师和学生实践实训、为职教师资培养提供授课指导等方面发挥重要作用。

10.7.4 师资保障

这里的师资是指培养职教师资的教师。培养师资更需要师资保障。作为教师之师，其素质高低是决定职教师资培养质量好坏的关键因素之一。要重视教师队伍建设，鼓励教师学习、掌握新知识、新技术，加快新知识、新技术（如“互联网+”、智慧云、大数据等）在职业教育教学各领域中的应用；鼓励教师开拓创新，不断更新、充实教学资源（如微课课件、操作视频、习题库等）；并建设或完善相关教学平台，以便实现网络资源共享，提高资源的使用率；做好“双师型”教师认证工作，鼓励教师取得相关领域职业资格证书，并将相关政策内容以及变化融入教学；建立院校间相同专业教师的合作机制，促进教师在教育教学方面的各种交流。以“内培外养、专兼结合”原则，通过人才引进、专项进修、互兼互聘、一线锻炼等方式，打造“双师型”师资队伍。

10.7.5 条件保障

主要包括能够满足正常课程教学、校企合作、实习实训所必需的专业教室、实训室和实训基地、设施设备及软硬件条件。

培养机构应该按高职高专教学标准、中等职业学校专业教学标准（试行）、专业认证标准要求建有相对稳定、符合要求的校内外实训基地、专业实践基地和教育实践基地。在建设面积、设备配备等方面符合相应要求。按专业认证标准，学科基础课实验要求每个学生拥有实验仪器设备达到 1 人 1 套，专业课实验要求每个学生拥有实验仪器设备达到每 1～2 人 1 套；实验室生均使用面积不低于 2.5 平方米，学科基础课实验室同时能接纳 2 个班教学，专业课实验室可同时接纳 1 个班（50 人）教学，如每 20 个实习生不少于 1 个企业实践基地和 1 个教育实践基地；实习实训基地场所、设施使用率应该不低于规定标准①。企业实践基地和教育实践基地均能够提供合适的实践环境和实习指导，满足师范生专业实践和教育实践双需求。

构建开放式实训室，提升学生的实训水平。受总学分、课程安排密度、学时以及其他因素的限制，总体而言，学生在校期间能够进入实训室进行技能熟练程度练习的机会不是很多，这必然影响实训课程的教学质量。构建开放式实验实训室是缓解这一矛盾较为合理的解决方案。改变当前很多实训室完成课表时间内的实验、实训课程后就关起门来的方式，将实验实训室对学生开放。学生在课内学会基本技能后，课外可以根据自身学习情况、时间安排到实验实训室进行操作练习，直至满意的程度。这既可以解决当前部分实验室资源空置的问题，也能够鼓励学生参加实训，提高实践技能。

加强实习实训基地的管理，维持良好运行。首先，必须保障实习实训有稳定的经费来源。要提前做好相关经费预算，并保证经费落实到位。其次，培养单位应该将实习实训计划纳入培养方案，并严格执行。培养单位须在实习实训期间加强巡视指导与管理。再次，应安排专人负责与实习实训基地进行沟通，协商解决实习实训的安排问题。最后，培养单位、实习实训单位必须为学生实习实训提供安全保障，包括进行安全教育、进行安全监管、为其购买人身伤害保险等。实习实训结束后，管理部门要认真听取实习实训单位指导教师的意见，并做好学生的实训成绩考评和实习实训的总结工作，保证实习实训有总结、有提高。

10.7.6 监督保障

监督是保证培养质量的最后屏障，必须铸牢这道防火墙。

一是强化政策执行监督。政策制定固然重要，但更重要的是执行。在职教师资培养建设政策执行过程中，监督缺失客观存在，因此要强化政策执行监督。以中职教师准入制度为

① 《职业技术师范教育专业认证标准》.https://fzgh.jsut.edu.cn/2019/1031/c4402a117391/page.htm.

例，国务院及教育部等部委要求严格执行《教师资格条例》，严把教师队伍入口关。但由于监管缺失，有些教育部门及职业学校新进教师仍以应届毕业生为主，难以满足实践教学要求。因此，强化政策执行监督、保证政策执行质量、提高政策执行效率是当前亟待开展的一项重要工作。

二是健全监管机构。要明确监管主体，采用科学方法，客观、公正、系统地监督各地、各培养学校政策执行情况。可借鉴国外经验，建设国家级职教师资培养质量监管机构，对各级职教师资培养工作进行监管和指导；同时，根据当地经济发展水平，也可以建设一批地方级的职教师资培养质量监管机构，量化考评师资培养。

三是健全监督机制。各职教师资培养基地和各大职教师资培养高校，需健全内部质量监督机制，对培养工作中的各项指标进行大数据分析，以提高职教师资培养成效，确保人才培养目标的实现。

结论与展望

本研究基于新商业时代建设新商科的时代背景，对新商科背景下财经职业教育的转型、高素质财经职教师资素质修养、能力结构以职前培养模式创新进行了有意义的探索。构建了一个系统、完整的新商科财经师资培养模式的基本理论框架，并对其构成要素进行深入分析，得出了一些有价值的结论。如：

新时代财经职教师资应该具备“四双型”能力结构，即教育教学能力＋学科专业发展的两位一体的、包含知识、技能、实践及学术研究四个要件的能力结构；高素质财经职教师资要以“双师”＋“双能”作为培养目标，并向智能型和智能＋型发展；新商科背景下高素质财经职教师资培养模式应从培养理念、体制、目标、课程设置、培养方式、评价体系、保障机制等方面进行优化创新。

但是，由于自身研究水平、数据可获得性以及其他因素的限制，未来在以下几个方面还有待于进一步深入研究。

第一，增加实证分析。

对当前职教师资培养的具体情况，本研究主要是根据现有的文献，从经验的角度进行阐述，由于条件的限制并没有大量实地去调查我国职教师资在各培养主体中发展的具体情况。今后待条件成熟后在实证分析方面还应加大研究力度。

第二，加强分层分类研究。

由于条件所限，本研究未对高职、中职教师分别进行分析；在培养层次上，也未特别对本科，硕士、博士研究生加以区分；在师资专业区分上，因存在共性因素，对财经类师资的分类研究并未完全凸显。今后将在此基础上进一步深化。

第三，强化精细化研究。

由于技术和资料限制，对职教师资素质、能力分析缺乏指标权重分析；对“四性”在职教师资培养中未能列出具体的比重，也无法在人才培养评价上做出具体量表。这将成为下一步的研究切入点。

参考文献

著作类

1.中央编译局.马克思恩格斯选集（第四卷）[M].北京：人民教育出版社，2012：32－33.

2.杜威.民主主义与教育[M].王承绪译.北京：人民教育出版社，2013.

3.毛礼锐，沈灌群.中国教育通史（第六卷）[M].济南：山东教育出版社，1989.

4.顾明远.教育大辞典（第 3 卷）[M].上海：上海教育出版社，1991.

5.中华职业教育社.黄炎培教育文集（第二卷）[M].北京：中国文史出版社，1994.

6.陈昭雄.工业职业技术教育[M].台湾：三民书局，1984.

7.李蔺田.中国职业技术教育史[M].北京：高等教育出版社，1994.

8.漆书青等.职业技术教育师资培养模式研究[M].南昌：江西高校出版社，1998.

9.克莱因.教师能力标准[M].上海：华东师范大学出版社，2007.

10.[德]菲利普·葛洛曼，菲利克斯·劳耐尔.国际视野下的职业教育师资培养[M].石伟平译.北京：外语教学与研究出版社，2011.

11.吴全全.职业教育“双师型”教师基本问题研究——基于跨界视域的诠释[M].北京：清华大学出版社，2011.

12.孟庆国，曹晔，杨大伟.中国职业技术师范教育史[M].北京：教育科学出版社，2016.

13.曹晔.当代中国中等职业教育[M].天津：南开大学出版社，2016.

14.赵立群.职业教育与培训的新概念[M].北京：科学出版社，2003.

15.徐国庆.职业教育原理[M].上海：上海教育出版社，2007.

16.高艳.现代教学基本技能[M].青岛：青岛海洋大学出版社，2000.

17.何海翔，章亮.教师的人文素养[M].吉林文史出版社，2012.

18.吴迎峰.教师如何提升人文素养[M].北京：北京教育出版社，2020.

19.安仰庆.四新经济：新技术、新产业、新业态、新模式[M].北京：中国商业出版社，2021.

20.南海.职业教育的逻辑[M].太原：山西人民出版社，2012.

21.闫智勇，吴全全，蒲娇.职业教育教师能力标准的国际比较研究[M].石伟平译.北京：中国致公出版社，2019.

22.张华.课程与教学论[M].上海：上海教育出版社，2016.
23.钱志新.新商业模式[M].南京：南京大学出版社，2008.
24.姜大源.当代世界职业教育发展趋势研究[M].北京：电子工业出版社，2012(12).
25.汤霓.现代职业教育师资培养研究[M].合肥:安徽师范大学出版社，2020.
26.曹晔等.职业教育师资培养模式实践与创新研究[M].北京:社会科学文献出版社，2020.
27.刘海等.独立设置职技高师人才培养模式研究[M].长春：吉林大学出版社，2008.
28.王晞.新时代职业教育教师队伍专业化建设与发展[M].北京：北京理工大学出版社，2019.
29.李体仁.专业教学法和教学设计[M].北京：化学工业出版社，2017.
30.潘林芝.会计专业教学法[M].北京：北京大学出版社，2017.
31.祁占勇.职业教育政策研究[M].北京：教育科学出版社，2018.
32.陈祝林，徐翔一，王建初.职教师资培养的国际比较[M].上海：同济大学出版社，2004(12).
33.教育部师范教育司.教师专业化的理论与实践[M]. 北京：人民教育出版社，2003.
34.伊继东等.教师教育改革与发展研究[M].昆明：云南人民出版社，2007.
35.刘春生.职业教育学[M].北京：教育科学出版社，2002.
36.李岚清.教育访谈录[M].北京：人民教育出版社，2003.
37.陈永明.教师教育研究[M].上海：上海华东师范大学出版社，2003.
38.阴匡叛.比较高等职业教育：发展与变革[M].上海：上海教育出版社，2006.
39.马庆发.当代职业教育新论[M].上海：上海教育出版社，2002.
40.王毅等.高等职业教育理论探索与实践[M].南京：东南大学出版社，2005.
41.沈学初.当代日本职业教育[M].太原：山西教育出版社，1996.
42.石伟平.比较职业技术教育[M].上海：华东师范大学出版社，2001.
43.姜大源.当代德国职业教育主流教学思想研究[M].北京：清华大学出版社，2007.
44.刘建湘，周明星.职业院校双师型教师教育研究[M].长春：吉林科学技术出版社，2005.
45.赵雪春.职业教育师资队伍建设与发展[M].昆明：云南大学出版社.2007.
46.全国十二所重点师范大学.教育学基础[M].北京：教育科学出版社，2014.
47.潘懋元.新编高等教育学[M].北京：北京师范大学出版社，2012.
48.曾煜.中国教师教育史[M].北京：商务印书馆，2018.
49.李梦卿.双师型职教师资培养制度研究[M].武汉：华中科技大学出版社，2012.
50.梅新林.中国教师教育 30 年[M].北京：中国社会科学出版社，2008.
51.石伟平.职业教育课程开发技术[M].上海：上海教育出版社，2006.
52.马骥雄.战后美国教育研究[M].南昌：江西教育出版社，1991.
53.杨金土.职业教育卷[M].北京：北京师范大学出版社，2001.
54.徐英俊，曲艺.教学设计：原理与技术[M].北京：教育科学出版社，2011.
55.王嘉毅.课程与教学设计[M].北京：高等教育出版社，2007.
56.陈元芳.现代会计教育：职业技能教学研究[M].上海：立信会计出版社，2009.

57.曾良骥.高职课程“六位一体”教学设计范例[M].天津：天津大学出版社，2009.

58.上海市中等职业教育课程教材改革办公室.上海市会计专业教学标准[M].上海：华东师范大学出版社，2008.

59.楼建儿.职业学校尝试教学设计[M].北京：教育科学出版社，2008.

60.刘继伟.会计专业教学法[M].北京：中国财政经济出版社，2011.

61.那薇，曹国林.基于职业能力视角的应用型本科会计实践教学体系研究[M].成都：西南财经大学出版社，2014.

62.段琳.会计教学论[M].北京：中国财政经济出版社，2001.

论文类

1.孟庆国.职业技术师范教育——中国高等教育的一个特殊群体[J].职教论坛，2013(1)：61—64.

2.孙翠香. 改革开放 40 年我国职业教育政策体系述评[J]. 职教论坛，2018(2)：70—80.

3.吴一鸣. 我国高等职业教育政策演进、动力与调适[J]. 教育发展研究，2015(19)：6.

4.唐玉凤.职技高师人才培养模式的构建[J].高等农业教育，2004(4)：72—74.

5.唐慧，谢莉花.我国职教教师培养专业设置的历史、现状与发展[J].职业技术教育，2018，39(19)：49—54.

6.袁振国.从“师范教育”向“教师教育”的转变[J].中国高等教育，2004(5)：30—32.

7.温伯颖.职技高师院校本科专业分流培养模式及其实现途径研究[J].职教论坛，2017(30)：35—39.

8.徐莉，魏素珍.培养“双师型”教师队伍的有效途径[J].中国职业技术教育，2008(3).

9.宋梦奇.高等职业技术教育“双师型”教师培养的重要性及途径[J].辽宁师专学报(社会科学版)，2003(1).

10.蔡玉俊等.高层次“双师型”职教师资培养模式的探索与实践[J]. 高教学刊，2015(12)：80—81+84.

11.钱瑶.“多能合一”型高职教师教育能力定位及培育途径构建——基于校企合作视角下的探讨[J].亚太教育，2016(2)：55—55.

12.匡瑛，石伟平.走向现代化：改革开放 40 年我国职业教育发展之路[J].教育与经济，2018(4)：13—21.

13.葛道凯.中国职业教育二十年政策走向[J].课程・教材・教法，2015(12)：3—13.

14.曹晔.我国现代职业教育体系建设历程与发展趋势[J].职教论坛，2012(25)：44—48.

15.何伟，李丽.新常态下职业教育中“工匠精神”培育研究[J].职业技术教育，2017(4)：24—29.

16.曹晔.我国中等职业教育发展面临的十大变革[J].教育与职业，2017(23)：23—29.

17.周晶.中国职业教育发展的根本方向——40 年来职业教育产教融合发展的历程、规律与创新[J].职业技术教育，2018(18)：6—16.

18.闫建璋，王换芳.改革开放40年我国教师教育政策变迁分析[J].教师教育研究，2018(05):7—13.

19.刘晓，沈希.我国职教师资培养：历史、现状与体系构建[J].河北师范大学学报(教育科学版)，2013(11):71 —76.

20.张银霞.西方国家基于专业标准的职教师资培养培训体系建构[J].教育探索，2016(1)：139—143.

21.赵红芬. 我国职业教育教师资格认证制度研究[D].天津：天津大学，2018.

22.刘德强，舒国宋.高职院校教师任职标准研究[J].教育与职业，2012(14)：55—56.

23.俞启定."双师型"教师的定位与培养问题辨析[J].教师教育研究，2018(4)：30—36.

24.李梦卿，刘博.我国省级"双师型"教师资格认证标准建设的实证研究[J].现代教育管理，2018(5)：80—87.

25.张天蔚，甄国红，睢忠林.职业技术师范院校职教师资人才培养课程体系构建 [J].职业技术教育，2013(2):5—9.

26.冉新义，蔡睿.中等职业学校"双师型"教师 TPACK 知识结构分析[J].职业技术教育，2017，38(34):38—44.

27.陈京京，鞠永红.高职院校青年教师核心能力培养研究[J].北方经贸，2016(12):153—154.

28.陈丁玮.高职教师专业化发展的困境及有效对策[J].教育与职业，2017(04):76—79.

29.陈桂娟.职校教师职业能力提升路径的研究[J].科学大众(科学教育)，2018(12):173.

30.朱建柳.高职院校专业教师职业能力模型建构及其应用[D].华东师范大学，2016.

31.宋晓欣，闫志利.我国中职师资队伍建设:现状、问题与对策[J].职教通讯，2016(07):13—17.

32.季春花.校企文化融合视域下的中职教师专业发展新取向[J].江苏教育研究，2018(36):73—75.

33.谢明荣等.中等职业学校教师专业发展需求研究[J].职教通讯，2018(19):37—44.

34.刘大军等.近5年中职教师队伍建设问题研究述评[J].中国职业技术教育，2017(07):74—81.

35.古力文，曾俊榕.中职教师教育中教师专业能力建设及其途径[J].职业技术，2017，16(02):82—86.

36.胡小桃，胡媚.论中等职业学校专业教师培训标准的开发[J].职业教育研究，2018(08):72—76.

37.欧阳元东.中职教师教育科研能力现状及提升路径[J].现代经济信息，2018(10):447.

38.周先进，李伟.中职教师专业素养现状及其提升路径[J].职教通讯，2018(08):68—74.

39.马培忠.中职学校教师信息素养现状及提升策略研究[J].职业教育(中旬刊)，2019，18(01):25—27.

40.涂三广，何美.基于标准的中职教师专业素质调查:问题与建议[J].职教论坛，2016(30):21—29.

41.马秀伟.中等职业学校教师激励机制探析[J].天津职业院校联合学报，2018，20(08):76—79.

42.叶少利.中职学校教师信息素养的培养[J].广东职业技术教育与研究，2017(05):124－126.

43.杨建新.高职新商科数字化教育生态的构建[J].无锡商业职业技术学院学报，2019(4)：1－6.

44.古翠凤，郑思.高职院校“双师型”教师职前培训机制探析[J].职教论坛，2015，(29)：5－9.

45.任翀.基于校企合作模式下的“双师型”教师队伍建设[J].广西广播电视大学学报，2018(4)：41－43.

46.蒋颖丽.会计专业职教师资人才培养研究 [J].教育教学论坛，2014，(12).

47.张红云.卓越会计职教师资人才培养方案创新研究——以广东为例[J].新会计，2016(9).

48.白秀娜.高校职教师资培养中实践教学体系研究——以市场营销专业为例[J].科技资讯 2018(9).

49.杨吉生.“教学做一体化”的职教师资教学模式探索与实践——以市场营销专业为例[J].吉林工程技术师范学院学报，2015(5).

50.陈振隆.产教融合视域下高职“双师双能”师资队伍建设研究[J].山东农业工程学院学报，2020(2).

51.孙建波，钟申.基于“智能+”的职教师资培养研究[J].教育理论与实践，2020(2).

52.牛伟伟.《基础会计》课程教学方法的探析[J].现代经济信息，2017(23)：400－400.

53.高敏.有关高职财会专业“基础会计”课程教学方法的探讨[J].当代会计，2020(16)：48－49.

54.廖卢琴.“双创”背景下高校创新创业型职教师资人才培养模式探析[J].创新创业理论研究与实践，20181(4)：77－79.

55.程雷，薛瞧瞧.职业教育“双师型”教师政策的内容分析[J].学理论，2012(15):186－187.

56.李倩.中职学校金融课程教学方法论析[J].新课程研究：下旬，2018(11)：76－78.

57.陈娟.《基础会计》课程教学方法刍议[J].环球市场，2018(18):195－195.

58.曾朦瑶.“互联网+”背景下高职“基础会计”课程教学方法改革研究[J].环球市场，2022(1)：176－178.

59.欧文静.高职院校“金融会计”课程教学方法改革初探[J].课堂内外（初中教研），2020(10):159－160.

60.刘君义等.职教师资“一导双驱”培养培训模式的探索与实践[J].中国大学教学，2015(8)：40－43.

61.彭礼.高职“国际金融”课程教学方法的改革创新研究 [J].中国市场，2016(8)：190－191.

62.熊倚.职教课程开发演进逻辑及其现代困境[J].机械职业教育，2018(3)：7－9＋22.

63.梁贵青.独立设置职技高师院校职教师资培养的现状与对策研究[D].河北科技师范学院，2011.

64.崔发周，张晶晶.高阶能力导向的职教活动课程开发[J].职业技术教育，2021(4)：19－24.

65.赵瑞，许文静.基于职教师资培养的财务管理专业教学改革探讨[J].读书与作文.低年级版，2013，34(11)：83－83.

66.尹雪飞.高职院校新商科教师能力素养及培养路径探析[J].科教导刊：电子版，2021

(1)：65—66.

67.马燕.高等教育国际化背景下地方财经高校教师“四种能力”培养路径[J]. 广西教育，2021(7)：88—89+95.

68.蒋颖丽.会计专业职教师资人才培养研究[J].教育教学论坛，2014(53)：16—17.

69.任雪浩.发达国家职教师资培养的特点与启示[J].天津市教科院学报，2010(4)：28—29.

70.江军.发达国家职教师资职前培养特点的聚焦及启示[J]. 教育与职业，2016(4)：17—20.

71.刘朝丽.职教本科师资培养中教育类课程设置研究[D]. 湖南农业大学，2014.

72.张洪华.规格上移:职教教师培养模式的发展趋势分析[J]. 职教通讯，2015(31)：32—35.

73.安冬平，张晓丹.日本经验历史追踪下的我国职教师资培养路径创新建构[J].教育与职业，2019(4)：86—92.

74.卢荷.校企合作下的“双师型”职教师资培养[J].教育与职业，2016(22)：74—76.

75.李瑶.德、美、英、澳职教师资培养特点的聚焦与启示[J].职教通讯，2021(6)：112—117.

76.梁杰.中等职教师资培养模式研究——基于三性合一的视角[D].河北科技师范学院，2015.

77.郑齐仁.德国职教师资培养模式评价[J].陕西师范大学继续教育学报(西安) 2003(12)：137—139.

78.马倩美.国际职教师资培养模式的比较[J].文教资料，2019(33)：99—100+36.

79.李慧锋.高职院校财经教师专业技能的培养[J].继续教育研究，2012(8)：62—64.

80.张璐.职教师资培养模式研究[J].学园，2019(12)：78—79.

81.孟庆国.我国职教师资培养工作的回顾、现状及对策[J].2010 中国—东盟职业教育国际论坛，2010.

82.贺文瑾.国外职教教师教育的特点及启示[J]. 职业技术教育，2007(2)：48—51.

83.冯贞贞，华冬芳.高职院校新商科专业“双师型”教师的能力要求、培养困境与提升策略[J].职教通讯，2021(5)：98—103.

84.宋夏.中职专业课教师教育专业课程设置研究[D].河北科技师范学院，2013.

85.曹先仙，关晶.“四新”经济对我国职业教育技能供需体系的挑战与对策——以中职智能楼宇专业为例[J]. 职教通讯，2019(3)：57—62.

86.张新华.职业教育“双师型”教师培训模式的探索与思考[J].陕西广播电视大学学报，2013，15(4)：33—37+56.

87.苏伟英.关于构建高职会计理论实践一体化教学探讨[J].企业文化，2016(1)：298—298.

88.张英楠，武依林.财经类专业教师实践教学能力提升分析——基于校企合作模式[J].辽宁高职学报，2020(4)：69—73.

89.谭积明，徐国胜.职教师资职业能力职前培养创新探索[J].职教论坛，2015(17)：8—11.

90.叶中亮.产教融合背景下职教师资队伍建设研究[J].现代职业教育，2021(15)：70—71.

91.高忠明.中职专业课教师教育专业课程设置现状分析——以 S 职业技术师范学院工科专业为例[J].职教论坛，2011(21)：44—46.

92.赵福君.职教师资培养中实践教学的问题及对策研究[D].天津大学，2010.

93.刘冬.职教师资培养的课程体系优化研究——以《机械电子工程(师范)》为例[D].浙

江工业大学，2015.

94.杨丽波.职教教师职前培养问题及对策研究——从教师专业发展角度分析[J].职教通讯，2017(1)：74—76.

95.何建."双师型"师资培养问题及对策研究[D].东北师范大学，2012.

96.陈选能.高师院校职教师资培养的问题与对策[J].中国职业技术教育，2005(26)：51—51.

97.林景亮等.职教师资人才培养课程设置与教法的实践探索[J].教育教学论坛，2013(14)：208—209.

98.曹继华，张巍，曹晔."三导师三基地"研究生层次"双师型"职教师资培养机制研究[J].职业教育研究，2019(4):71—75.

99.胡秀英等.终身教育理念下的职教师资培养探讨[J].化工时刊，2021(6)：60—62.

100.徐朔.职教师资培养的基本属性和课程设置问题[J].职教通讯，2005(10)：12—14.

101.伍鹏，傅远柏.旅游类专业卓越职教师资本科人才培养研究——基于"三位一体"协同培养机制[J].教育现代化：电子版，2017，4(22):1—4+39.

102.李春虹，袁丹.国际金融课程教学方法改革探讨[J].海峡科技与产业，2017(12)：162—163+168

103.吕宁.职业能力导向下"网络营销"课程教学方法的创新[J].黑龙江人力资源和社会保障，2022(2)：23—25.

104.罗平. 职教师资培养模式的思考[J].教育与教学研究，2015(2)：43—46.

105.任毅梅，刘春分.关于职业教育教师培养模式的研究[J].教育与职业，2005(35)：41—42.

106.石伟平，付雪凌.职教师资培养体系需重新系统设计[J].河南教育：中旬(B)，2018(5)：2—3.

107.谢俊文.普通师范大学职教师资培养的功能释放[D].湖北师范大学 ，2019.

108.陈伟等.卓越职教师资培养模式的建构：依据、内容及挑战[J]. 广东第二师范学院学报，2018(2)：1—8.

109.潘懋元，吴玫.从师范教育到教师教育[J].中国高教研究，2004(7):14—18.

110.孔德娥.从"师范教育"到"教师教育"[D].西北师范大学，2013.

111.胡秀英，张纪霞，文颖频，杨廷海."双师型"职教师资培养探究[J].化工时刊，2021(8)：55—56.

112.邓文新，曹 丽."双师型"职教师资培养的理论基础与创新实践综述[J]. 广东教育·职教，2021(7):68—70.

113.解媚霞.高职财经类教师实践教学能力培养探讨——以浙江高职院校为例[J]. 财会通讯，2013(28)：37—39.

114.臧亮.我国职业教育政策演变研究（1978—2008）[D]. 浙江师范大学，2010.

115.李梦卿，张碧竹."双师型"教师队伍建设制度的回顾与思考[J]. 教育与职业 ，2012(06):16.

116.李欣旖，闫志利.我国职教师资培育的制度演进、目标定位与范式转换[J].教育与职业，2018(3)：63—68.

117.卢德生，刘瑶.新中国成立七十年我国职教教师教育政策变迁与展望[J].中国职业技术教育，2019(9)：35—40.

118.唐林伟，周明星.职业院校“双师型”教师研究综述[J].河南职业技术师范学院学报（职业教育版），2005(4)30—33.

119.赵艳云.基于胜任力理论的高职“双师型”教师队伍建设研究[D].沈阳师范大学，2018.

120.卢双盈.职业教育“双师型”教师解析及其师资队伍建设[J].职业技术教育，2002，20(10)：40—43.

121.时锦雯等.“双师型”教师专业发展研究报告[J].广西广播电视大学学报，2019，30(1)：22—30.

122.雷呈勇.论高职院校“双师型”教师培养的几种模式[J].成人教育，2009，29(9)：72—73.

123.金祥志.国内外“双师型”教师培养模式比较分析[J].中小企业管理与科技（中旬刊），2014(5)：296—297.

124.袁潇.职业教育教师协同培养探析[J].教育与职业，2018(11)：26—31.

125.冯胜清.政校企协同下“双师型”教师培养模式探讨——以张家港为例[J].职教通讯，2017(4)：74—77.

126.逯长春.新政策背景下职业技术师范教育的使命与改革创新任务[J].中国职业技术教育，2020(10)：41—45.

127.李梦卿，李鑫.我国职业教育“双师型”教师队伍建设：盘点“十三五”、谋划“十四五”[J].职业技术教育，2021(6)：13—19.

128.陆宇正，刘晓.建国七十年我国职教师资培养的历史演进与现实思考[J].职教发展研究，2019(3)：44—52.

129.张红贤.职教师资人才教学能力提升研究[J].教育教学论坛，2015(44)：23—25.

130.王建华.职教师资人才培养模式改革创新研究[J].职业技术教育，2011(1)：51—56.

131.曹晔，刘宏杰.我国中职师资队伍培养培训主要政策60年演变进程综述[J].职业技术教育，2010(25)：18—24.

132.和震.我国职业教育政策三十年[J].教育发展研究，2009(3)：32—37.

133.周昊昊，张棉好.改革开放以来我国职教教师教育的历史演变及未来走向[J].教育与职业，2018(3)：69—75.

134.李美忱，曹晔.我国职教教师教育：40年变迁与成就[J].职教通讯，2019(23)：45—52.

135.闫建璋，王换芳.改革开放40年我国教师教育政策变迁分析[J].教师教育研究，2018，30(5)：7—13.

136.蓝欣.对适合我国国情职教师资培养模式的几点思考[J].河北师范大学学报(教育科学版)，2012(7)：73—76.

137.汤秋丽，赵英.新中国成立以来我国职教教师教育政策的变迁分析——基于历史制度主义的视角[J].现代教育科学：中学教师，2021(3)：91—97.

138.王晓平.现代职教师资培养模式及手段研究[D].同济大学，2003.

139.张明.我国职教师资培养存在的问题及破解路径探析[J].黑龙江高教研究，2019(9)：76—79.

140.魏明，郝理想.论中国特色职教师资培养培训体系的建设及发展趋势[J].职教论坛，2011(24):35—38.

141.杜鹃，陈永芳.中职教师培养培训现状分析及其对策[J].中国职业技术教育，2010(13)：39—42.

142.陈雪，曹晔.改革开放以来我国职教师资培训的回顾与展望[J]. 教育与职业，2020(16)：54—61.

143.李德方，基国林.企业参与职教师资培养对策的研究[J].中国职业技术教育，2012(28)：72—75+84.

144.张洪华.中国职教师资培养的探索与创新(1978—2018 年)[J].职业技术教育，2018(28)：42—47.

145.柯婧秋，石伟平.改革开放 40 年我国职业教育师资队伍建设的历史演进与未来展望[J].中国职业技术教育，2018(21)：22—27.

146.贾长胜，张爱珠，阎满富."三位一体"培养应用型高校教师模式探究[J]. 唐山师范学院学报，2015，37(6)：144—146.

147.李春来.高职院校师资培养模式的创新研究[J].吉林省教育学院学报：中旬，2014，30(12)：76—77.

148.郭艳峥，金惠新，赵瑞.会计职教师资培养模式改革与创新研究[J].中国证券期货，2012(12)：135—135.

149.涂三广.我国职业教育教师队伍培养——现实困境与道路选择[J].职教论坛，2014(30)：11—17.

150.李高伟.关于财经类高职青年教师培养的长效机制[J].职教论坛，2012(2)：81—83.

151.王靖会，王朝辉，王贵.我国职教师资培养存在的问题及对策[J].河南科技学院学报：自然科学版，2005(3)：28—30.

152.李光.高职院校投资与理财专业人才培养模式探讨[J].中国成人教育，2013(2):172—174.

153.冀晓琦.产教融合视角下中职学校金融事务专业人才培养研究——以 X 学校金融事务专业为例[D].福建师范大学，2019.

154.平和光，程宇，岳金凤.推进职业教育师资队伍建设 夯实职业教育立教之本——改革开放 40 年我国职业教育师资队伍建设综述[J].职业技术教育，2018(27)：6—15.

155.肖庆东.应用型本科高校师资培养模式研究[J].吉林省教育学院学报：中旬，2019(2):45—48.

156.黄朝阳.论"高技能"职教师资培养的必要性、障碍及措施[J].现代营销：上，2012(5)：298—299.

157.柏晶，周周.高等职业教育转型背景下发展性师资培养模式的建构[J].职业教育：下旬刊，2015(2)：36—39.

158.孙翠香.职教师资培养：一个亟待关注的问题[J].职教论坛，2013(25)：63—70.

159.叶丽霞.中职学校双师型教师的培养[D].华中师范大学，2008.

160.韩海燕，王靖会.中外职教师资培养途径的比较及其启示[J].长春大学学报，2006.16(5)：107—108.

161.易玉屏.非定向型职教师资培养模式研究[D].湖南农业大学，2006.

162.李芹.论高职师资培养新平台的构建[J].职教论坛，2006(20)：26－28.

163.冯宝晶."一带一路"视角下我国职业教育国际化发展的理念与路径[J].中国职业技术教育，2016(23)：67－71.

164.孟庆男.论教师的职业能力结构[J].渤海大学学报：哲学社会科学版，2002，24(2)：113－115.

165.牛红玲.我国中等职业技术教育师资培养及培训研究[D].西南大学，2007.

166.李霄鹏.我国职教师资培养模式建构[J].职教论坛，2010(1)：56－60.

167.李偲玮.教师职业能力提升与发展策略研究[D].河南师范大学，2014.

168.黎卫.职教师资能力培养体系构建与实践[J].继续教育研究，2015(12)：71－73.

169.吴霏，徐朔.职业能力及其相关概念辨析[J].中国职业技术教育，2022，43(6)：22－25.

170.韩雪军，曹晔.教师职业能力标准化：新时代中职教师教育高质量发展的基本路向与行动方略[J].职业技术教育，2022，43(6)：20－24.

171.李庆芳.教师职业能力的培养探究[J].山西广播电视大学学报，2022，35(3)：90－91.

172.王光明，张永健，吴立宝.教师核心能力的内涵、构成要素及其培养[J].教育科学，2018，34(4)：47－54.

173.陈岩.高职院校师资素质能力界定探究[J].天津商务职业学院学报，2018(3)：77－81＋86.

174.武方红.校企联合培养"双师型"教师研究[D].浙江师范大学，2012.

175.崔恒义.双师型教师的素质结构浅析[J].科技信息（学术研究），2008(09)：42.

176.张丽霞，郭桂英.天津市职教师资能力现状分析及对策研究[J].天津职业技术师范大学学报，2014，24(2)：58－62.

177.林杏花.高职院校师资能力构成及培养浅议[J].广州城市职业学院学报，2009(13)：50－53.

178.王铁钢等.先进制造领域职教师资能力提升方法分析[J].教育教学论坛，2018(6)：231－232.

179.吴泽.高职专业教师职教能力结构模型研究[J].职业技术教育，2007，28(4)：57－59.

180.邓宏宝.工匠精神：职教名师必备素养与成长动力[J].中国职业技术教育，2019(17)：10－13＋17.

181.宋迎春.网络营销课程教学方法与教学内容改革——基于"互联网+教育"与"微营销时代"的共融[J].营销界，2019(33)：271－272.

182.宋明江.高职院校"双师型"教师教学能力发展研究——基于行动学习理论的视角[D].西南大学，2015.

183.周香，闫文平.基于任务驱动的AutoCAD课程知识点的解构及重构研究[J].知识经济(中国直销)，2019(3)：83－83.

184.梁卿.我国职教教师核心能力及其评价[J].河北师范大学学报：教育科学版，2009(9)：79－82.

185.吴全全.职业教育"双师型"教师内涵及能力结构解读[J].中国职业技术教育，2014(21)：211－215.

186.贺文瑾.职教教师教育的反思与建构——基于专业化取向的研究[D].华东师范大学，2007.

187.郭晓彤，张英华.天津财经大学教师教学能力缺失与提升途径研究[J].华章，2013(2):130—131.

188.谢莉花.职教师资培养中专业科学课程体系研究[J].职业技术教育，2013(22):55—59.

189.张彩虹，刘佳.高职院校教师专业能力建设研究[J].学理论，2015(26)：122—123.

190.尹克寒.高职院校“双师型”教师专业能力建设研究[J].教育与职业，2022(11):57—61.

191.王金震等.职教师资培养课程开发研究——基于学科教学知识的视角[J].职业教育研究，2016(7):59—63.

192.于巧娥，王林毅.论高职电子商务专业师资队伍的能力结构及优化措施[J].辽宁教育行政学院学报，2010(8):57—58.

193.丁一珊.高等财经院校青年教师提高教学能力与综合素质的探析[J].教育教学论坛，2020(20):52—54.

194.王夫艳.教师专业实践能力的三维构成[J].高等教育研究，2012(4)：72—76.

195.吴卫东，骆伯巍.教师的反思能力结构及其培养研究[J].教育评论，2001(1)：33—35.

196.闫英琪，刘淑红，景丽.职教师资信息技术能力培训内容体系建构[J]. 河西学院学报，2015(5)：115—118.

197.李赟，林祝亮.信息化环境下职教师范生的教育技术能力培养探析[J]. 职教通讯，2015(28)：73—77.

198.王蒙.独立学院“双师型”教师队伍建设研究[D].延安大学，2019.

199.聂昭丹.职教师资秘书学专业培养标准研究[D].云南大学，2015.

200.王峰.实践“DSTT 模式(工教交替)”提升高职会展师资五种能力[J]. 经济研究导刊，2016(11)：69—70.

201.齐娇娇.职教师资教学技能培养模式优化研究[D].湖北工业大学，2020.

202.唐瑗彬，牟向伟.“双一流”背景下职教专业硕士教研能力提升策略研究——以广西师范大学为例[J].职业技术教育，2019(20)：44—49.

203.杜学文，徐巧宁，顾容.信息化背景下职教师资多维一体人才培养模式研究[J].高等工程教育研究，2017(5)：181—186.

204.凌琪帆.新时代我国本科职教师资培养现状与发展对策[J].河南科技学院学报：自然科学版，2019，39(6)：1—7.

205.王晓红，薛晓霞.职业技术教育专业硕士研究生教学能力培养研究——以北京联合大学为例[J].教师之友，2021，20(3)：34—38.

206.王颖等.职教师资能力体系的构建及分析[J].职业教育研究，2014(4)：61—64.

207.王明生，董显辉.构建“两序列，五三制”职教师资培养实践教学体系探索[J].职教论坛，2013(6)：85—88.

208.王光明等.教师核心能力的内涵、构成要素及其培养[J].教育科学，2018，34(4)：47—54.

209.范建波.高职教育师资能力标准构建研究[J].高等工程教育研究，2013(3)：149—153.

210.孟庆国，张燕，蓝欣.职业技术师范院校在职教师资培养模式转轨中的地位和作用

[J].职业技术教育，2011(1)：57—61.

211.宁虹.教师能力标准理论模型[J].教育研究，2010(11)：77—82.

212.陈曦萌.基于能力分析的“双师双能”型职教师资培养教学改革思考[J].广西科技师范学院学报，2016(2)：85—90.

213.连智平.基于核心能力的职教师资培养方案设计与实践[J].厦门城市职业学院学报，2014(2)：50—54.

214.岳梦.国际视野下上海市职教师资能力标准开发与资格认定体系的研究[D].同济大学，2009.

215.吴丹.基于OBE的会计专业职教师资人才培养模式创新研究[J].科教文汇，2019(12)：107—108.

216.申文缙.汉堡大学理实一体化职教师资培养模式探析[J].中国职业技术教育，2015(9)：65—70+73.

217.吴红霞，梁露.新商科院校教师国际化素养培养机制研究[J].中国现代教育装备，2021(9)：145—148.

218.宋瑞芳.财经院校实施人文素质教育对策研究[J].内蒙古财经大学学报，2010(6)：32—34.

219.刘江华，王世鸿.浅谈职业学校教师工匠精神培育之机制与方法[J].职业，2020(36)：58—59.

220.王海燕.论高校教师职业情怀、底蕴、能力的自觉修炼[J].齐齐哈尔大学学报：哲学社会科学版，2021(12)：170—173.

221.高峰.职业院校教师工匠精神培育和践行的有效途径[J].现代职业教育，2018(22)：247—247.

222.曹学坤.新时代职业院校教师“工匠精神”的强化与实践[J].天津职业院校联合学报，2020(2)：85—88+102.

223.李妙娟.产教融合视域下高职院校“工匠型”师资培养困境与路径选择[J].福建教育学院学报，2020(10)：93—95.

224.薛茂云.用“工匠精神”引领高职教师创新发展[J].中国高等教育，2017(8)：55—57.

225.邓宏宝.“工匠精神”——职教名师必备素养与成长动力[J].中国职业技术教育，2019(17)：10—13+17.

226.韩冉冉，孙建波.“工匠型”职教教师的价值意蕴及培养路径[J].宁波职业技术学院学报，2021(4)：80—85.

227.符德学.论高等职业院校教师的工匠精神[J].焦作大学学报，2017(1)：103—105.

228.黄孙伟等.中国大学生财商研究——基于问卷调查结果[J].财富时代，2022(1)：164—166.

229.吕秀莲，甘文启.论新时代视域下大学生财经素养现状与对策研究[J].黑龙江教育：教育与教学，2021(5)：22—24.

230.中国财经素养教育协同创新中心.中国财经素养教育标准框架[J].课堂内外：高中版(A版)，2018(1)：9—35.

231.黄孔雀，许明.美国大学生财经素养教育：背景、模式与特征[J].丝路视野，2020(4)：105—112.

232.王湘蓉，邢晓凤.如何培养财经素养？[J].教育家，2020(4)：33—33.

233.陶丹.基于新时代新课程视域下教师职业素养的分析[J]. 丝路视野，2017(34)：36—36.

234.孟万.教师的专业素质及其立体架构:校长的视角[J].高等教育研究，2004，25(6)：57—62.

235.教育情怀：教师德性自觉与职业坚守[J].教育研究，2018(05)：83—92.

236.郑立群，马莉.新时代中国特色职业技术师范教育的内涵特征与发展路径[J].职业技术教育，2020(09)：58—64.

237.苗文婧.我国人才市场对财经类人才需求状况的调查研究[J].全国商情(零售)，2016(14)：99—99.

238.毛青.对“新商科”人才培养的创新性探索[J].中国教育学刊，2018(07)：145—145.

239.柳西波等.新商业时代高职“新商科”教育改革的思考[J].商讯，2019(18)：103—104.

240.曹朝洪.“新商科”理念下的商科专业人才培养策略[J].高教学刊，2020(2)：152—154.

241.吕乐等.“新商科”背景下财会人才培养体系创新与实践研究[J].现代商贸工业，2021，42(2)：77—78.

242.宣昌勇，晏维龙.“四跨”融合培养新商科本科人才[J].中国高等教育，2020(6)：51—53.

243.肖安法.“新”之所在——新商科的内涵及建设路径探讨[J].南通职业大学学报，2019，33(4)：47—50.

244.张兆诚，曹晔.新中国成立70年来我国中等职业教育发展历程与成就[J].职教通讯，2019(23)：16—22.

245.陈晓芳等.新时代新商科的内涵及“多维度协同”培养体系改革[J]. 财会月刊（中），2021(5)：107—113.

246.张辛雨.创业生态视阈下高职院校新商科人才创业实践教育体系构建路径分析[J].吉林广播电视大学学报，2020(5)：32—34.

247.艾青益.新商业时代高职“新商科”教育改革的思考[J].现代营销：下，2020，(4)：243—244.

248.陈瑾.浅析高职会计教学方法改革——以厦门软件职业技术学院为例[J]. 财富时代，2021(5)：46—47.

249.田娟娟.新商科背景下金融学专业人才培养探讨[J].合作经济与科技，2019(4)：112—113.

250.姚玲.数字化经济时代高职商科人才商业思维素质培养思考[J]. 经济研究导刊，2020(4)：130—131.

251.王晓卉，翁伟斌.制造业转型背景下职教师资培养策略研究——以上海为例[J].职教论坛，2015(29)：14—19.

252.陈寿灿.基于融合创新的“大商科”人才培养体系构建及实践[J].2017年中国高等财经教育论坛，2017(9)：22—26.

253.赵锋，杨世信.“双师型”商科教师培养目标模型及评价体系探析[J].高教论坛，2015(6)：69—71+95.

254.刘潇.教学型新商科师资队伍建设研究[J].现代职业教育，2018(33)：30—31.

255.宁宇新.基于“新商科”的财务管理专业人才培养方案研究[J].黑龙江教育：高教研究与评估，2020(8)：86—87.

256.张俊瑞，刘东霖.我国人才市场对财经类人才需求状况的调查分析[J]. 会计研究，2005(9)：75—79.

257.俞婷婷.“互联网+”背景下新商科人才培养研究[J]. 山西农经，2019(24)：115—116.

258.王艳丽，宋晓杰. 高职财经类专业人才培养与需求现状的调查分析与对策[J].当代职业教育，2016(1)：45—48.

259.张国平.新商科人才培养模式与实现路径[J].中国高等教育，2021(2)：43—44+50.

260.杨建新.建设“新商科”，探索新路径[J].江苏教育，2021(29)：42—43.

261.王海滨.财经会计新思维方式的应用研究[J].财经界，2020(10)：189—189.

262.姚建凤.关于高职“新商科”人才培养理念的探索[J].中国商论，2018(14)：187—188.

263.吕朝晖.新商科：学科内涵与实现路径[J].河南工程学院学报：社会科学版，2020，35(4)：79—84.

264.华冬芳.新经济背景下高职教育新商科人才培养研究[J].无锡商业职业技术学院学报，2019(4)：7—11.

265.王慧.新商科背景下会计专业人才培养模式探索[J].科教文汇，2020(27)：120—121+126.

266.杜志永，张海军.高职院校财经商贸类专业工匠精神构建——以会计专业为例[J].现代经济信息，2020(9)：171—173.

267.朱晶晶.新商科人才综合素质与培养思路研究[J].河北企业，2020(6)：141—142.

268.刘纯，肖功为.新商科模式与创新人才培养探索与实践——邵阳学院新商科“复合型”方案[J].教育信息化论坛，2022(6)：75—77.

269.王玉，杜勇.新文科建设背景下再看新商科的内涵、外延和特征[J].商业经济，2021(7)：174—176.

270.刘琛.数字经济背景下的职业教育[J].中国人民大学学报，2020(6)：40—49.

271.游思淳.新技术对教育的影响及未来国内教育发展趋势的研究[J].考试周刊，2018(65)：1—2.

272.陈意新.基于互联网金融背景下的高职金融专业人才培养模式探析 [J].现代职业教育，2016(4)：156—158.

273.祁琳.财务机器人的出现对于高校会计人才培养模式改革的影响[J]. 经营管理者，2017(24)：21—22.

274.申琦，石伟平.互联网时代我国商科职业教育的创新发展[J].无锡商业职业技术学院学报，2019(19)：1—5.

275.雷新军.上海创新驱动发展：四新经济新特征与新动态[J].检察风云，2018(9)：35—36.

276.张乐融.新商科人才需求与培养[J].合作经济与科技，2021(1)：92—93.

277.刘灿.高等财经教育创新型人才培养模式的探索[J].中国大学教学，2007(4)：39—42.

278.刘倩等.财经应用创新型人才培养的校企“共振双赢”实习实践模式及管理探讨[J].

智库时代，2019(31)：28—29.

279.樊丽明."3+3"财经人才培养模式的思考与探索[J].中国高教研究，2015(5)：55—58.

280.王秀芳等.基于创新型人才培养的财经类专业实践性教学体系构建[J].河北农业大学学报（农林教育版），2009，11(4)：415—418.

281.张智荣，韩庆龄.国际化、数字化背景下市场营销专业实践教学模式创新研究[J].内蒙古财经大学学报，2016，14(2)：85—89.

282.李体仁等.职教师资培养专业课程模块化体系的构建[J].职业教育研究，2014(09)：73—75.

283.谢莉花.论职教教师教育标准、体系及课程的构建[J].职业技术教育，2012，33(07)：62—67.

284.徐丽华.开放式职教师资培养模式的研究[D].东南大学，2004.

285.南海.论我国职教师资培养培训理论创新的基本问题[J].教育理论与实践，2015(15)：26—28.

286.李永敏.我国高职教育人才培养模式改革研究[D].福建师范大学，2018.

287.李鹏.广西中等职业教育师资培养模式的探究[D].2013.

288.胡海员.高职"双师型"教师的内涵、能力及培养策略研究[J].黑龙江高教研究，2011(12)：57—59.

289.黄纯国，贺文瑾，习海旭."一体化双师型"职教师资培养模式的研究与实践[J].湖北工业职业技术学院学报，2009，22(5)：10—13.

290.马文姝.教师胜任力研究述评[J].西北成人教育学院学报，2020(1)：87—92.

291.于京波，潘立国.现代职业教育师资培养培训体系的思考[J].中国成人教育，2012(13)：29—31.

292.罗梦佳.我国先前学习认定研究综述[J].河北大学成人教育学院学报，2022(3)：36—42.

293.叶飞.系统科学理论视角下的非全日教育硕士培养模式为例[J].高等教育研究学报，2020(3)：72—77.

294.李海宗，陈沈依.基于系统要素分析的职业技术教育专业硕士研究生培养模式研究[J].内江科技，2020(4)：76—78.

295.刘洋.卓越教师"三位一体"协同培养新机制研究[D].山西师范大学，2018.

296.李玉娇.不忘初心 争做新时代"四有"好教师[J].智库时代，2019(51)：151—152.

297.姜大源.跨界、整合和重构：职业教育作为类型教育的三大特征[J].中国职业技术教育，2019(7)：9—12.

298.陈晶晶.跨界协同的职教师资一体化培养路径研究[J].中国职业技术教育，2021(21)：74—78.

299.王龙，卢红."三螺旋"理论和"五秀"模型下的职教师资课程体系构建[J].职业教育研究，2016(4)：68—72.

300.朱建柳.高职院校专业教师职业能力模型建构及其应用[D].华东师范大学，2016.

301.王乐夫.技术性、学术性与与师范性相结合培养"双师型"中职师资[J].中国职业技术教育，2009(3)：51—53.

302.周明星.中国职业技术师范教育论纲[J].河北师范大学学报：教育科学版，2013(7)：72—76.

303.江涛，苏德.高水平职业技术师范教育个性特征的时代审视[J].职教论坛，2021(11)：101—106.

304.葛宏伟，王志华.卓越职教师资“六·三”培养体系构建与实施——以江苏理工学院为例[J].职业技术教育，2021(2):48—52.

305.欧阳光华.高师学术性与师范性关系的透视[J].内蒙古师范大学学报：教育科学版，2004(7):16—19.

306.陈慧梅，谢莉花.“学术性”与“职业性”：新时代职教教师教育发展的核心问题探究[J].职教论坛，2021(1):88—95.

307.于京波.我国高等职业教育师资培养的模式研究[D].东北师范大学，2006.

308.陈任.“专升本”双专业职教师资培养中课程体系实证研究——以云南师范大学职业技术教育学院为例[D].云南师范大学，2019.

309.王启龙，徐涵.职业教育人才培养模式的内涵及构成要素[J].江苏技术师范学院学报，2008(6):21—24.

310.宋建军.职教师资培养模式的构建与探索[J].职教通讯，2012(6):67—68.

311.王振刚，孙翠香.跨学科博士层次“双师型”职教师资培养机制研究[J].职教论坛，2016(23):5—10.

312.申文缙.教师专业发展视域下德国职教师资培训体系研究[D].天津大学，2017.

313.左芊.美国职业教育师资培养的特色、经验及其借鉴[J].职教论坛，2019(08):171—176.

314.孙翠香，卢双盈.“双师型”教师政策变迁:过程、特点及未来态势[J].职业技术教育，2013，34(28):48—54.

315.曹晔.我国职业技术教育师资培养的历史和现实选择[J].教育与职业，2010 (6) :5—8.

316.张炳耀.职业技术师范院校发展的回顾与启示[J].职业技术教育，2009 (19) :57—61.

317.曹晔，刘宏杰.我国中等职业教育教师资格制度的历史与现实[J].职教论坛，2011 (19):57—61.

318.周伟，卢双盈.关于我国职教师资培养宏观上存在的问题探讨与建议[J].职业教育研究，2014(6):51—54.

319.李梦卿，万娥.“双师型”视阈下职教师资培训工作发展研究[J].教育发展研究，2014 (5):26—32.

320.王晓东.新世纪我国商科高等商科教育发展战略的思考[J].首都经贸大学学报，2005，4:95—100.

321.曾爱琴.提高中职会计教师专业能力研究[A].《教师教学能力发展研究》科研成果集(第十三卷) [C].2018:2.

322.肖瑞利.高职院校会计实践教学考评国际比较及借鉴[J].财会通讯.2012(13).

323.陈瑞玲，游小娟.浅谈中职会计专业教师的教材处理能力[J].知识经济，2015(10)：176—177.

324.翟敏.高职院校教师职教能力的结构和内涵探析[J].内蒙古教育，2018(6):26—28.

325.杨嵩，杨大伟.地方院校联合跨界培养“双师型”教师机制研究[J].职教论坛，2021，37(04):96—101.

326.肖江.我国职教师资建设政策演进及启示[J].高教论坛，2021(04):74—77.

327.张建荣，谢莉花.职教专硕研究生培养的课程与教学——以两门专业必修课程为例[J].中国职业技术教育，2021(11):40—44+50.

328.孔巧丽.新时代高职教师队伍建设的成效、问题与出路[J].教育与职业，2021(06):70—76.

329.念潮旭.中职师资培养的逻辑、困境与路径[J].教育与职业，2021(04):87—93.

330.王芳，罗小芳，吴娟.改革开放以来我国职教教师专业发展政策的回顾与思考[J].职业教育研究，2021(02):4—10.

331.王红云等.“新师范”背景下职教师资人才培养质量标准及课程体系构建——以广东技术师范大学汽车服务工程(师范)专业为例[J].才智，2021(03):99—101.

332.杜学文，吴向明.STEM教育理念下卓越职教师资培养课程体系开发[J].中国高教研究，2020(10):96—101.

333.张丹，朱德全.从单一到多元：新时代职业教育师资队伍建设的改革设想[J].职教论坛，2020，36(10):80—89.

334.张学英等.人工智能下应对技能人才需求的职教师资培养研究[J].理论与现代化，2020(04):64—72.

335.唐海标.基于产教融合的职教师资培养模式探究[J].知识文库，2020(13):164—165.

336.左和平.“三性统一”和“三新”融入:职业技术师范教育的解析与重构[J].职教论坛，2020，36(06):95—99.

337.孙琳.职业教育师资队伍建设改革的成就、问题与发展趋势[J].职教论坛，2020，36(05):87—96.

338.王坤，王胜男，董毅.“3+2”双专业职教师资培养模式实证研究[J].教育与职业，2020(05):75—82.

339.杨小丽.中日职教师资培养的比较研究[D].苏州大学，2020.

340.曾茂林，曾丽颖.STEAM教育理念下卓越职教师资“三维”培养模式[J].职业技术教育，2020，41(5):54—58.

341.李素君，周丽楠，魏丽丽.校企协同视角下卓越职教师资培养模式探究[J].中国成人教育，2020(2):89—91.

342.胡重庆.职技高师院校职教师范生培养的困境及化解策略研究[J].中国职业技术教育，2020(3):61—67.

343.许琪奇，武志峰.职教硕士的一体化培养体系研究[J].职业技术，2020，19(4):11—14.

344.崔志钰.打好“双师型”师资队伍建设“组合拳”[J].河南教育(职成教)，2020(1):15—16+22.

345.韦林利等.校企协同育人DNA模式的“双师型”教师队伍建设的思考[J].农村经济与科技，2019，30(20):262—263.

346.刘颋，陈亮.教学能力比赛反思的职业院校青年教师发展研究[J].济南职业学院学报，2021(1):68—70.

347.杨晓平，余燕青，杨登伟.非正式学习视域下高职院校“双师型”教师专业成长探析[J].教育与职业，2020（24）:86－89.

348.单文周.“双师型”教师的内涵解读及培养对策[J].职业技术，2021，20(1):19－24.

349.黄嫣嫣.终身教育背景下中职会计专业教师素质培养探究[J].财会学习，2017（10）：217－218.

350.永春光.地方本科院校转型背景中“双师型”教师队伍建设研究[J].科技资讯，2019，17(32):162－163.

351.余薇，邵碧琳.职技高师院校实践教学体系的构建与创新人才培养——以江西科技师范大学为例[J].职教论坛，2014（05）:62－65.

352.应森林等.产教融合视域下新商科教师成长路径 1&X 协同赋能的实证研究[J].高教学刊，2021(12):173－176.

353.徐宏伟.新时代职业教育教师队伍建设的发展趋势——关于职教师资队伍建设的若干文件解析[J].江苏教育：职业教育，2021(64):25－31.

354.姜大源.论职业教育专业的职业属性[J].职业技术教育，2002(22)：9－10.

355.曹晔.职业技术师范教育“三性”办学特色辨析[J].职业技术教育，2012(25)：9－13.

356.孙二军，李国庆.高师院校“学术性”与“师范性”的释义及实现路径[J].高教探索，2008(2)：95－99.

英文文献

1.What does it mean to study business? [EB/OL].[2019 －06 －08].https://www.world-widelearn.com/online－education－guide/business/business－major.htm.

2.Wharton undergraduate brochure[EB/OL].[2019 －06 －18].https://undergrad.wharton.upenn.edu/admissions.

3.Marynchenko Yevhenii.Innovative Approaches to Vocational EducationTeachers′ Training Within the Educational Space of European Countries[J].ComparativeProfessional Pedagogy，2017，(Vol.7):81－85.

4.Sanna Ruhalahti; Helena Aarnio; Heli Ruokamo. Deep learning evaluation invocational teacher education: Conducted on the principles of authentic and dialogicalcollaborative knowledge construction[J]. Nordic Journal of Vocational Education andTraining，2018 No.2(Vol. 8)：22－47.

5. Tony Gremaud. Vocational education in Canada [J]. Journal of Vocational Education&Training，2017 No.2 (Vol.69)，282－285.

6.Liao，Cai－xia. Status Analysis of Entrepreneurship Education for Constructionof Teaching Staff in Higher Vocational Colleges[J]. International Conference on Modern Education and Information Technology，2017：328－331.

7.Garg Vineet Kumar;Singh Lokendra Vikram. Importance of dual vocationaleducation[J].International Journal of Management, IT and Engineering, 2017 No. 2(Vo1.7):174—182.

8.Christoph Bohne, Friedhelm Eicker and Gesine Haseloff Competence— basedvocational education and training (VET) ——An approach of shaping and networking[J]. European Journal of Training and Development, 2017(Vol. 41):28—38.

9.Deutscher Bildungsrat(1973).Empfehlungen der Bildungskommission: Strukturplan fur das Bildungswesen. Lehrerbildung_fur berufliche Schulen. Stuttgart: Klett, 242—244.

10.Ohio Department of Education. Paths to Obtain an Ohio Career —Technical TeacherLicense [EB/OL]. https://education. ohio. gov/getattachment/Topics/Teaching/Educator — Licensure/Prepare—for—Certificate—License/CTE—Teacher —Prep—and—Licensure/Hiring—a—Career—Technical —WorkforceDevelopment—Te/TeacherLicensureProc 11111.pdf.

11.Ruhland, S., &Bremer, C. Alternative Teacher Certification Procedures and Professional Development Opportunities for Career and Technical Education Teachers [M]. Columbus, OH:National Dissemination Center for Career and Technical Education.2002.

12.Zirkle, C.J., Martin, L., &McCaslin, N.L.Study of State Certification/Licensure Reguirements for Secondary Career and Technical Education Teachers[M]. National Research Center for Career and Technical Education.

13.Jacques, C., &Potemski, A. 21st Century educators, Developing and Supporting Career and Technical Education Teachers: Special Issues Brief [M]. Center on Great Teachers and Leaders.2014.

14.Lucia, A.D. & Lepsinger, R. The Art and Science of Competency Models: Pinpointing Critical Success Factors inOrganizations[M].Jossey—Base/Pfeifer, San Francisco, 1999.

15.Terhart E.Standards ffir die Lehrerbildung: Eine Expertise mrdie Kuhusministerkonferenz [M].Universit/it MOnster ZentraleKoordination Lehrerausbildung, 2002.

16.Terhart E.Standards und Kompetenzen in der Lehrbildung[M]//.

17.Hilligus A H/Rinkens D(Hrsg.): Standards und Kompetenz—neue Qualitat in der Lehrerbildung? Mfinster: LIT—Verlag, 2006.

18.I Chesbrough H. Business Model Innovation: Opportunities and Barriers[J]. Long Range Planning, 2010, 42(2—3).

19.Pahl, J.—P., Volkmar Kerkner.Handbuch der Beruflichen Fachrichtungen[M].Bielefeld: W. Bertelsmann Verlag, 2010.

20.Zholdasbekova S, Nurzhanbayeva Z, Karatayev G, et al. The Conceptual Model of Future Teachers Training to Dual Education in VET (Vocational Education & Training).[J]. International Journal of Environmental & Science Education, 2016, 11.

21.Hippach—Schneider U, Krause M, Woll C. Vocational education and training in Germany : short description[M]. Office for Official Publ. of the Europ. Communities, 2007.

22.KMK.Stand der Lehrerbildung in den Einzelnen Bundeslandern [EB/OL]. http://www.ewipsy.fuberlin.de/einrichtungen/arbeitsbereiche/allg_paedagogik/media/izll/Reform.

23.Marios, Koutsoukos, Iosif, Fragoulis. Teachers′ Opinions Concerning Microteachings as a

Training Technique: A Case Study from ASPETE, Greece.[J].Journal of Education & Training Studies, 2016, 4(11).

24.KMK.Mglichkeiten der Einführung von Bachelor—/Masterstrukturen in der Lehrerausbildung sowie Strukturierung/Modularisierung der Studienangebote und Fragen der Durchlssigkeit Zwischenden Studiengngen.[EB/OL].http://www.kmk.org/fileadmin/Dateien/veroeffentlichungen_beschluesse/2002/2002_03_01—Bachelor—Master—Lehrer.pdf (2002) .2016—05—02.

25.Hajji E, Mohamed|El Bouzaidi, Rachid Drissi|Douzi, et al. New Blended Learning Strategy Based on Flipped—Learning for Vocational Work—Linked Training.[J].Journal of Education & Practice, 2016, 7.

26.Klerk S D, Veldkamp B P, Eggen T J H M. A framework for designing and developing multimedia—based performance assessment in vocational education[J]. Educational Technology Research & Development, 2017, 66(12).

27.Felix Rauner International Perspectives on Teachers and Lectures in Technical and Vocational Educational[M].Dordrecht:Springer Press, 2007.

28.Greinert. W. D.: Berufsqualifizierung und dritte Industrielle Revolution. Einehistorischvergleichende Studie zurEntwicklungderKlassischenAusbui 1dungssysteme, Baden—Baden 1999.

29.Emily N.JohnsonandGregoryC.Chow." Rate of Return to Schooling in China" .Pacific Economic Review..V01.2, No.2, June, 1997.

30.US—Department of Labour/SCANS: What Work Requiresof Schools: A SCANS Report for America 2000.Washington 1991.

31.The general report: Reference to the experience of German Dualsystem, improving the research and experiment our country vocational technology education reform(in Chinese).Vocational technology education bulletin.No.3—4, 1997.

32.Human Performance Engineering, A Guide for SystemsDesighners, BellTelephone Laboratories, Inc., Prentice—Hali, Englewood Cliffs, N: J: 1982.

33.Verduin, J. R. &Clark, T. A. (1991). Distance education: The foundations of effective practice.San Francisco, CA: Jossey—Bass Publishers.

34.Willis, B.(1993).Distance education: A practical guide.Englewood Cliffs, NJ: Educational Technology Publications.

35.Martin fischer, Experience as an Element of Work Process Knowledge, Second conference, Work Process Knowledge "in Paris, October 19—21/1995.

36.Klaus Ruth, Tuning difference into Advantage—East/West Characteristics of industrial Culture and their impacts on innovation in the 21st Century.Proceedings of the International Conference on manufacturing Mi lestones toward the 21st Centry—MM21, by the Japan Society of MechanicalEngineering, July22—25, 1997a.Tokyo , Japan.

37.KlausRuth, Some practical Implications for Enhancing cooperativeinnovation. IFAC Automated SystemsBased on HumanSkill, Kranjska, Slovvenia, 1997.

38.Moore, B., Hickox, M.: Vocationalism and educationalchange.In: The CurriculumJournal,

V01.5，№.3.. Baeumler。Claus. E.：Lernen mitdemComputer/ClausE. Baeumler. — Weinheim：Basel：Beltz，1991IX；BN 3—407—36006—1.

39.Achtenhagen，P.U.a.：Lernhandeln in KomplexenSituationen.Wiesbaden 1992.

40. H. Marmolin："Multimedia from the Perspectiyes of Psychology，" In Multimedia—Systems，Interaction and Applications，" EurographicsWorkshop，Stockholm，April 1991.

41.P.Hoepner：" Synchronizing the Presentation of Multimedia Objects—ODA Extensions." Multimedia—Systems，Interaction and Applications，"Eurographics Workshop，Stockholm，Apri 1 1991.

42.IFAC Workshop ON Production in Process Industry，Dosseldorf，March 1993.

43.Chuen—Tsai Sun，Chien Chou.Experiencing Coral：Design and IⅢplementation of Di stance Cooperative Learning，IEEE Trasactions on Education，1996：39(3).

后记

蓦然回首，毕业留校已近三十年。“逝者如斯”！忽然间，对时间产生了一种莫大的敬畏。或许是想给自己近三十年商科教学生涯一个交代，或许是想把内心对商科教学的感悟付诸笔端，或许是母校西南财经大学“经世济民，孜孜以求”校训的感召，或许是任教师大“陶冶化育、铸魂励教”精神内核的浸润，或许是对财经师资培养的莫名忧虑和期待……曾几何时，心里就种下了这个执念：写一本有关财经教育方面的书。

但究竟写什么？最初的方向是混沌的，目标是模糊的。是财经课程教学、财经教育感悟？还是财经人才培养模式、财经师资培养？多年思索，却总无答案。直到2016年，我校作为教育部首批招生教育硕士（职业技术领域）（以下简称职教硕士）试点单位，我有幸成了该专业方向的硕士生导师并分管学院研究生教育。后来我才知道，这个学位点是前辈们历经十年的探索、争取才得以获得招生资格的，来之不易，意义重大，可以说是职教师资培养的一个里程碑。作为培养单位，一切从头开始，在“摸着石头过河”的探索中，我渐渐明白了国家设置该学位点的初衷，理解了教指委人才培养指南的用意，也一步步摸索出了财经商贸方向职教硕士的培养路径。几年职教硕士导师和研究生教育管理者的经历，让我在混沌和模糊中看到了光亮，照亮了研究的方向：财经职教师资培养。几年来，在探索中实践前行，大量的文献阅读，也让我对财经职教专业教师培养有了更深刻的认识。原来这个领域真的还有很多空白，需要研究，需要探索，值得研究，值得探索！实践的大幕已经拉开，前辈的研究已经开花结果，在时代的车轮下，我们怎能不加以传承、加以创新呢？

选题最终确定，思路日渐清晰，但接下来的写作之路却非常艰辛坎坷。教学、科研、管理工作交织，异常的忙碌；专业跨度大，需要学习的东西太多；海量的文献既启迪了思路，又密云重重，时而遮蔽前进的方向，时而扰乱前行的脚步；统计数据量大，口径不一；访谈常常遇阻；2022夏天连续近一月超42度的高温、酷暑，一波又一波的新冠疫情突如其来……早起晚睡，日复一日。字数时而超速增长，时而又被删得七零八落。写作计划推进异常困难。

但内心的呼唤是迫切而真实的。我知道有股力量在引领我前行，强大而不可阻挡。我愿意在它的引领下去追寻那束刺破黑暗的亮光，就像雪山悬崖上的雪莲一样珍贵，那就是梦想！从教近三十年，作为一个教育工作者，做好这份职业、这份事业就是我纯粹而纯净的目标，无问东西，无所谓名与利。在写作过程中，尽管高强度的劳动几乎使我身心俱疲，殚精竭虑，但我相信付出就有收获；尽管常常因为“山穷水尽”而困苦，但也因为“柳暗花明”而喜悦。守得云开见月明！

职业教育，其实是一个普遍的存在，可有时却觉得离自己很远很远，甚至也曾对其有一种特别的感受。一度职业教育发展比较艰难，曾记得一个在中职学校工作的朋友，当时为了完成招生任务，需要到处托人找关系，让她倍感压力。但现在，“职业教育是与经济社会发展最息息相关的教育”这一观念已逐渐深入人心，人们逐渐体会到了发达国家之所以发达，无不归功于其发达的职业教育。值得欣慰的是，《中华人民共和国职业教育法》已于 2022 年 4 月 20 日公布，自 2022 年 5 月 1 日起施行。我国职业教育已经成为推动职业教育高质量发展的重要教育类型，受到党和国家的高度重视，进入快速发展的机遇期，它将为国家培养大批高素质技能型人才，为经济社会的发展做出更大的贡献。

教育大计，教师为本，职业教育的发展必然需要高素质的师资队伍作保障。在我国，师范教育在事实上成为普教师资培养的代名词，职教师资培养只是一个小众的存在。财经商贸类专业作为高等教育和职业教育的热门专业，学生人数巨大，但财经师资培养渠道却并不畅通。面对当前学历层次、队伍结构还不尽人意的职教师资队伍，培养一支高素质的职业教育师资队伍，已是我国一项十分紧迫的任务。

古罗马思想家普罗塔克曾说：“学生不是一个需要填满的罐子，而是一颗需要点燃的火种。”这句话也同样点燃了我，这正是多年教学生涯一直找寻的答案。教育不能没有温度，教育者不能没有情怀。教育的情怀，就是爱与责任。鲁迅说过，没有爱，就没有教育。教育是春风化雨，陶冶化育，是大爱；师范教育更是要铸魂励教，立范育人。作为教育工作者，爱教育、爱学生、爱工作，这是我们前行的动力，是我们坚守的支撑。作为教师，我们要用爱去倾听、去感染每一个学生。爱的升华就是责任！

书稿虽已完成，却并能未让我如释重负。面对浩若烟海的文献和纷繁复杂的数据，深感拙作只是沧海一粟。理论总是灰色的，而生命之树常青！

书稿付印之际，要特别感谢西华师范大学教育发展研究中心李化树教授的拨冗赐教；感谢西华师范大学周明友在资料收集、整理和观点凝练、文字表述等方面的参与和贡献；感谢中国商业出版社蔡凯老师的耐心、包容和指导；感谢研究生潘伟、赵桂玉、官毅、官雪、陈娇等的学术帮助；感谢家人的理解与支持！

虽然很想做得更好，把遗憾降到最低，但拙作依然有些粗糙。加之本人才疏学浅，文中定有诸多疏漏和不足，恳请各位专家、学者和读者批评指正！

邱爽

2022 年 11 月